■ 中国·美国与当代世界论丛

以小搏大

——越美巴黎谈判(1968—1973)

程晓燕 著

南京大学出版社

图书在版编目(CIP)数据

以小搏大：越美巴黎谈判：1968～1973 / 程晓燕
著. 一 南京：南京大学出版社，2015.12
（中国·美国与当代世界论丛）
ISBN 978 - 7 - 305 - 16185 - 8

Ⅰ. ①以… Ⅱ. ①程… Ⅲ. ①巴黎和谈(1968－
1973)－史料 Ⅳ. ①D833.3②D871.2

中国版本图书馆 CIP 数据核字(2015)第 272339 号

出版发行 南京大学出版社
社　　址 南京市汉口路 22 号　　　　邮　　编 210093
出 版 人 金鑫荣

丛 书 名 中国·美国与当代世界论丛
书　　名 以小搏大——越美巴黎谈判(1968—1973)
著　　者 程晓燕
责任编辑 郭艳娟　施　敏

照　　排 南京南琳图文制作有限公司
印　　刷 江苏凤凰通达印刷有限公司
开　　本 787×960　1/16　印张 20.25　字数 332 千
版　　次 2015 年 12 月第 1 版　　2015 年 12 月第 1 次印刷
ISBN 978 - 7 - 305 - 16185 - 8
定　　价 60.00 元

网　　址 http://www.njupco.com
官方微博 http://weibo.com/njupco
官方微信 njupress
销售咨询热线 025-83594756

总　序

《礼记·学记》有云:"虽有嘉肴,弗食不知其旨也;虽有至道,弗学不知其善也。是故学然后知不足,教然后知困。知不足,然后能自反也;知困,然后能自强也。故曰:教学相长也。"教与学原本一体两面,是师生共同的事业,非独教师单方面的"传道、授业、解惑"。进而言之,教师亦须不断追求新知,一流的教学有赖于一流的研究。

育人与问学,乃高等教育的两翼,相辅相成,缺一不可。大学之本是育人,育人之旨,在"养成人格",非徒灌输知识、传授技能;大学之根是学问,学问之道,在"善疑、求真、创获"。两者之上,更需有一灵魂,是为大学之魂。大学之魂乃文化,文化之内核,即人文价值与"大学精神":独立、开放、理性、包容、自由探索、追求真理、秉持理想与信念。大学之为大学,盖因有此三者矣。

"南京大学—约翰斯·霍普金斯大学中美文化研究中心",是中国和美国的两所著名大学共同创办的教学与研究机构。它于1982年经国务院批准开始创建,是中国改革开放以来最早建立的高等教育国际合作机构,旨在培养从事中美事务和国际事务的专业精英,专业方向涵盖国际政治、国际经济、国际法、环境—资源—能源、美国研究和中国研究等领域。

自1986年以来,联合证书项目已连续招收了28届学生。自2006年以来,联合硕士项目已招收八届学生。来自中国、美国和其他国家的近三千名具有杰出才能的学生从"中心"毕业,他们活跃在中美两国以及世界各地的政府、企业、高校、科研机构、媒体、非政府组织等部门。

跨语言、跨文化、跨学科的交流氛围,中外学生共同学习、生活,中外教授联合执教、相互切磋,以及与国际教育体制接轨的管理制度等特征,构成了"中心"迄今在全国仍属独一无二的运行模式。在两校领导人的大力支持下,经过几代人的辛勤耕耘,"中心"如今已成为国际知名的跨国教学与研究机构,被海内外誉为高等教育国际合作的典范。

时光荏苒,物换星移。唯有与时俱进,方能长盛不衰。在"中心"即将"三十而立"之际,为了更好地利用"中心"独特的国际化学术资源,加强对外交流,凝聚研究团队,促进学术发展,展示"中心"师生的学术成果与研究心得,反映南京大学的学术风格与研究水平,"中心"的几位中方教授经反复商讨,决定编辑出版《中国·美国与当代世界论丛》。

海纳百川,有容乃大。办教育、兴学术,蔡元培先生主张"囊括大典,网罗众家,思想自由,兼容并包"。本丛书的编纂,亦将遵循此种方针。

"中国·美国与当代世界"之命题,其义有三:首先,基于"中心"学术架构与办学特色,我们鼓励就中美关系以及中美两国在政治、经济、社会、文化诸领域的各种具体问题展开全方位、多层次、跨学科的研究。其次,鉴于全球化时代世界各国相互依存、各类问题密切关联的现实,我们不但要研究中美两个大国各自的发展状况及其相互关系对当代世界可能产生的影响,更要把中国、美国以及中美关系问题置于当代世界的大环境中加以考察。复次,当今世界各种关乎人类和平与发展的重大问题,无论是全球与地区层次上的政治、经济、贸易、金融问题,还是诸如暴力冲突、武器扩散、恐怖主义、跨国犯罪、移民、难民以及环境、生态、资源、能源等传统与非传统安全议题,乃至国际体系的制度变迁与秩序改良、多元文明的对话与交融,也理当进入我们的研究视野。总之,探讨各类国际与国内问题,考察各种双边与多边国际关系,我们不仅强调中国视角与本土关怀,也倡导全球意识与世界眼光。

我们不仅期待海内外校友惠赐大作、玉汝于成,也欢迎学界同仁不吝赐教,共襄此举。

举凡个人专著、合作成果、优秀论文、会议文集,乃至特色鲜明、裨利教学的精品教材,海外名家、学术前沿的移译之作,只要主题切合,立意新颖,言之有物,均在"网罗"、出版之列。必要时我们还将出版各类专题系列成果。我们希望,将来集腋成裘,或可蔚为大观。

一事之成,端赖众力。让我们携手浇灌我们的精神花园,共赴思想之旅,同铸大学之魂。

论丛编委会

序

　　"史学研究之不断推陈出新,与档案史料的挖掘、整理并有系统出版,若马车之两轮,似鸟类之双翼,缺一不可,乃史学发展的不二法门。"用著名史学家陈三井教授的这段话来解释程晓燕博士这本专著的成功最恰当不过了。晓燕天资聪颖,勤奋好学,在历史学科中磨练二十多年,已深窥史学研究之门径,《以小搏大——越美巴黎谈判(1968—1973)》一书,便是她良好学术素养的见证。晓燕从 8 年前潜心做这项开拓性研究,极其注意用外交档案做探索基础,力争言必有据,由此得出许多难得的独到见解,将使我们对越战历史的认识向前大大推进一步。

　　该书对越美巴黎谈判的历史进行了较为详实、系统的叙述,细致入微地呈现了谈判过程,并着重考察越南谈判代表中央政治局委员黎德寿、外交部长春水与尼克松总统国家安全事务助理亨利·基辛格之间近五年的秘密会谈,尽可能真实、生动地还原了这一重大历史事件。值得称道的是,作者以"吹尽黄沙始到金"的态度多方搜集、发掘、甄别史料,锱铢积累。书中依据的黎德寿、春水与基辛格会谈纪录的材料近两千页之多,且是第一次呈现在读者面前,不仅给予研究者诸多便利,而且有助于促进研究风气,提升研究水准。作者驾驭材料颇为得心应手,从其清晰的思路和引人入胜的描述中可见一斑。

　　读者将不难看到,该书闪耀着史学大师陈寅恪倡导的所谓"问题意识"之灵光。晓燕从旧说中发现漏洞和不足,提出问题,经过仔细的论证,提出新创见,其中最具新意有以下两点:

　　(1)反对"唯冷战论"。作者认为,"唯冷战论"完全把越南民族解放战争纳入到冷战框架下解读,完全用大国政策与冷战拆解越南抗美战争,大有不恰当之处。将两者等同、重叠起来,越南不只是大国博弈中一颗微不足道的棋子、一个背景因素,而恰恰是这场冲突的中心,越南战争的本质不应被模糊乃至漠视。尽管越战发生在东西方冷战的大背景下,含有厚重的冷战色彩,但如果将越南抗美战争首先贴上冷战的标签,那么从某种意义上说,学术研究也陷入了冷战思维。同样,作为结束战争的巴黎谈判,虽然离不开大国博弈的背景,但如果把这个背景作为问题的实质对待,就忽视了战争与谈判的越南属性,有喧宾夺主之嫌。

(2)对"越战国际史"提出商榷。从 20 世纪 80 年代初以来,不断有学者倾向于从多个"行为体"来描述越南战争,可谓之"越战国际史"。《美国外交文件集之越南卷》的主编约翰·M.卡兰德曾解释说,除了美国,还有其他角色在战争中发挥了重要影响——他们有身份,有能力作为,因此影响了战争和相关事件。这种看法从研究角度讲无疑是可取的。但"越战国际史"的学术意图究竟是什么,学者们讳莫如深。晓燕同志则通过其研究道破了其中的天机,她揭示称,迄今为止"越战国际史"所作讨论的含义似乎都是在模糊越南战争的本质,对侵略和反侵略不加区分,对正义与邪恶不加甄别,进而将结束越战的巴黎谈判冠之以诸如"破碎的和平""失去的和平""苦涩的和平"等名称,而歌颂越南民族解放和国家统一的声音则难得一见。晓燕同志力图表明,史学研究重在客观,但不等于没有情感,没有价值观判断。历史本身具有的真善美内涵,需要研究者把它们投射出来,这样的史学才是有生命和活力的。

越战已过去 40 年整,冷战也已消逝了 25 年,但当今世界却远未摆脱强权政治的阴影,国际舞台上种种丑恶的行径依然横行不止,令世界上爱好和平的人民深恶痛绝并忧心忡忡,以致有不少人在讨论爆发"新冷战"的可能。在这个时候,回顾越战和巴黎谈判的历程以求探究现代国际政治的本质,无疑是大有裨益的。我衷心希望晓燕的这本著作能给读者带来一些有用的启示。

计秋枫

2015 年 7 月

目　录

绪　论

　　1968—1973 年的越美巴黎谈判是最终促成侵越美军撤出越南,越南取得民族解放战争胜利的重要事件。1973 年 1 月,越美在巴黎签署和平协定,美国从越南撤军,结束其在印支长达近二十年的干涉。但比之美国为什么卷入越南,战争的经验、教训等,学界对它的关注远远不够。在过去二十多年里,史家讨论的重点虽然转向了现代化、文化、后殖民和国际冷战史视角下的越战等问题,但越美谈判的历史依然模糊。美国对外关系评论历史学家协会前主席戴维·安德森就曾指出,对越南战争外交层面的研究比战争层面少得多。① 尽管如此,他认为"巴黎谈判仍取得了杰出的研究成果"②。在 2012 年举行的美国对外关系史学家协会"关于尼克松和越南战争的圆桌会议"上,安德森谈到,"1973 年 1 月的巴黎和平协议一直以来都是学术界关注和争议较多的",围绕协议"形成了对谈判和协议的四种基本解释"。第一,尼克松和基辛格的回忆录中提出的"背后被捅"说,即虽然他们的外交是有效的,但首先是河内未能遵守协议,接着是国会拒绝在河内背信弃义之时提供援助;第二,"体面的间隔"论,这种观点指出尼克松和基辛格作为领导人出于国内和国际需要,要维护他们的信誉,白宫的目标就是为美国撤离时留下一个完好无损的越南共和国,并使之能支撑得足够长,以把美国为西贡最后的陷落所付的责任义务限制在一定范围内;第三是伯曼提出的"永恒战争"说,在他看来,尼克松和基辛格迫于国内政治压力,搞了这样一份协定,但私下里却计划重新部署武力以在河内破坏协议之时支持西贡;最后,以皮埃尔·阿瑟林和阮莲芃等学者为代表从国际史视角审视越战,既从北越的角度看待战争与和平的进程,也从南越、苏联、中国和美国的

---

　　①　Anderson, D. L., "The Vietnam War", in Robert D. Schulzinger, *A Companion To American Foreign Relations*, Blackwell Publishing, 2003, p. 310.

　　②　"Roundtable on Richard Nixon and the Vietnam War", in *Passport*(该刊物系美国外交关系史学家协会 The Society for Historians of American Foreign Relations Review 的通讯), Vol. 43, Number 3, Jan. 2013, p. 9. 该圆桌会议的参加者是《美国外交文件集:越南卷》(2010 年出版)的编辑和越战研究领域的一些权威学者。

角度看待那段历史。①《美国外交文件集:越南卷》(1972年1月到1973年1月卷)的主编约翰·M.卡兰德在会上对上述四种解释做了如下回应。

1. 针对"背后被捅"说,卡兰德特别提起了一个小插曲。2010年8月,他与大使理查德·霍尔布鲁克就下个月国务院举行的关于越南战争的会议上的发言顺序会谈的时候,霍尔布鲁克拒绝在基辛格之前发言,如果那样的话,就必须改变会议安排。因为霍尔布鲁克是主题发言人,应该(在国务卿希拉里简短的致辞之后)第一个讲话。霍尔布鲁克却说,基辛格一生的主要目标就是保护他的越南战争与和平协议,而唯一的方法就是指责国会政策失败和为南越的陷落买单。如果基辛格用这个调子说话,他就要做出反应。到时,作为会议的组织者和协调人,卡兰德就得担心发生尴尬的事情:霍尔布鲁克拒绝第一个发言,基辛格拒绝让霍尔布鲁克第二个讲话,其中一人或两人都选择退出会议。但最终,基辛格同意和霍尔布鲁克交换发言顺序。基辛格的讲话捍卫尼克松政府的谈判和战争政策,霍尔布鲁克紧随其后,告诉他美国卷入越南整个就是错误,一个巨大的错误。关于国会的影响,基辛格讲了几句温和的话,火药味不是很浓,霍尔布鲁克并未马上反驳,显然,他打算用重型武器来对付基辛格指责国会为西贡②陷落负责。因此,卡兰德认为,"考虑到《被抛弃的胜利:越战》(2006)、《一场美好的战争》(2007)、《黑色的四月:南越的陷落(1973—1975)》(2012)这些持"背后被捅"观点的著作,再联系上面的小插曲,那种由于领导人在国内这个战场上的错误行为而输掉战争的看法仍然在我们中间很有市场,尽管几乎没有任何材料证明这一点"③。

2. "体面的间隔"论一直是其赞成者无法用证据支持的观点,认为尼克松和基辛格都是如此只顾自己和不够坦率,以致他们一定形成并执行"体面的间隔"。卡兰德认为它"如果不是不可能成立的至少也是困难的"。对它最令人信服的驳斥是皮埃尔·阿瑟林对《越南战争档案》的书评。阿瑟林认为所谓的(关于疯人理论和体面的间隔论)原创性结论至多是根据情形证据猜测和推断构成的,该书所谓"冒烟的枪"实际上没有一个是真冒烟的。那

---

① "Roundtable on Richard Nixon and the Vietnam War", *Passport*, Vol. 43, Number 3, Jan. 2013, p. 15.

② 西贡即今天的胡志明市,当时是南越共和国的首府,越南统一后改为胡志明市。

③ "Roundtable on Richard Nixon and the Vietnam War", *Passport*, Vol. 43, Number 3, Jan. 2013, p. 23.

些倾向于这个观点的人往往在尼克松和基辛格与中苏打交道的材料中寻找支持。如此就必须证明,用安德森的话说,"白宫的目标就是为美国撤离时留下一个完好无损的越南共和国,并使之能支撑得足够长,以把美国为西贡最后的陷落所付的责任义务限制在一定范围内"。这个目标需要事先谋划,就尼克松和基辛格的意图而言,有关的证据简直就不存在(当然,也许可能有,但费尽心力至今也还没有发现)。也不能说,"在1970年到1971年间的某个时候,尼克松和基辛格出于需要,有意选择追求一个体面的间隔办法"。还有些问题需要用证据回答和支撑。这个决策何时发生?围绕这个决策的情景是怎样的?关于这个内容决策前的会议?肯定有会议,所以什么时候?会上有哪些人说了什么?证据何在?

3. 伯曼的"永恒战争"论:这个观点是站不住脚的,逻辑上证据上都不能说明,在历史学界几乎没有起到抛砖引玉的影响。

4. 其他实体的角色(身份)理论:这个概念在过去十来年里一直得到诸如阿瑟林和阮莲芤这些学者直接和间接的主张。其核心是一个较有说服力的概念,即这并不是一个新思想,早在1983年,拉尔夫·史密斯的开创性著作《越战国际史》就已经提出来了(本来应是五卷本,在他去世前已经出版了三卷)。《美国外交文件集》关于越南战争的各卷本与身份角色理论并不矛盾,尽管它们聚焦于美国的政策。事实上,在各卷本里,难以读到、也认识不到美国的行为有多少是对其他行为体行为的反应的材料。

很显然,"体面的间隔"论最具争议。即使不是绝大多数,也有很多历史学家要么拒绝,要么忽视尼克松—基辛格体面间隔的解释。那些多少都接受体面间隔说的又定义不同,因而也只是草草提及。金布尔坚持"间隔论",他说:"约翰逊和尼克松政府对避免失败的定义意味着维持或者保留西贡的非共产党政府,尽管基辛格现在还否认尼克松政府追求体面间隔的战略,但他近来承认了这样几点:历史文献记录证实政府就体面的间隔发表过声明,巴黎协定是一个脆弱的协定,尼克松政府愿意遵守政治竞赛的结果,我们不会为维护一个政府无止尽地投入自己,而全然不顾所有能想到的后果。从那个意义上说,'体面的间隔'这个词是有一定涵义的。"[1]

毋庸置疑,关于巴黎协议的争论还将继续,圆桌对话代表了美国学界近

---

① "Roundtable on Richard Nixon and the Vietnam War", *Passport*, Vol. 43, Number 3, Jan. 2013, pp. 28 - 29.

年来的研究状况,却不免一叶障目之感。笔者认为透过它们远不够探究巴黎谈判的真相,有关谈判的研究仍需要系统的梳理和分析。

加里斯·波特的《被抛弃的和平》(1975)和艾伦·古德曼的《失去的和平》(1978)是20世纪90年代中期前描述河内和华盛顿之间关于巴黎对话的权威性著作。1970年代资料缺乏,但加里斯·波特采访了当时亲历谈判的美国官员、国际监察委员会的成员和部分越南劳动党中央委员会委员,因此,这部早期作品尽可能地分析了美越双方的政治、军事和外交战略,波特认为双方从一开始就没打算认真履行和平协议,实现越南和平的外交是失败的。[①]《失去的和平》指出越美双方都错失了许多使战争尽早结束的机会。[②] 同样受资料的限制,艾伦·古德曼的描述多是推测甚至臆想,现在已经过时了。更重要的是,古德曼的观点有失客观。

结束越南战争是尼克松政府的头等大事。尼克松是凭借结束战争的竞选口号才上台的,所以但凡关于尼克松—基辛格外交的探讨都回避不了越美谈判,可是对该问题的关注在1990年代末以前并不多见,即使有也多从美国的政策视角出发。其中比较有代表性的成果,如杰弗里·金布尔的《尼克松的越南战争》叙述尼克松政府面临的一系列困境,把美国的政策描述得富于变化,对手则显得死板简单,对越美谈判则轻描淡写。杰弗里·金布尔的《越南战争档案》用他自己的话说,是"根据新证据检测《尼克松的越南战争》所做的结论,尤其要对一些关键的历史性问题重新进行思考"[③],"体面的间隔"论就是在此处提出的。如前所述,这个观点目前在美国学界争议很大。总体来看,该书点评文献资料,内容空泛,结构松散,以至于被认为"证据的拼凑,证据的筛选也不严格"。[④]

冷战结束后,原苏东国家公布了一些档案材料,越南近来也披露了新证据,夏威夷大学教授皮埃尔·阿瑟林曾指出,更多源自越南的情况"对我们

---

① Porter, G., *A Peace Denied : The United States, Vietnam and the Paris Agreement*, Bloomington: Indiana University Press, 1975, p. vii.

② Goodman, A. E., *The Lost Peace : America's Search for a Negotiated Settlement of the Vietnam War*, Stanford, CA: Hoover Institution Press, 1978, p. x.

③ Jeffrey Kimball, *The Vietnam War Files : Uncovering the Secret History of Nixon-Era Strategy*, University Press of Kansas, 2004, p. 3.

④ Pierre Asselin, "Kimball's Vietnam War", *Diplomatic History*(30), Jan. 2006, p. 166.

已经构成挑战"①。皮埃尔·阿瑟林本人 2002 年发表的《苦涩的和平：华盛顿、河内和巴黎协定的形成》对河内在谈判过程中的积极努力予以肯定。阮莲芫高度评价该书"有史以来最公正地"看待越美两方，学术价值"超过 70年代的作品"，指出阿瑟林提出了"一直被学界忽视的越美战争中的两个'真相'"，外交中心和谈判行为体。② 阿瑟林认为外交问题在越战史研究中凤毛麟角，至于谈判行为体，除了华盛顿外，作者主要聚焦"铁幕的另一边"——民族解放阵线和河内，主要是河内的作用。著作的不足主要是：一、所谓的"外交中心"体现得不十分明显。金布尔在 2003 年第 27 卷第 5 期《外交史》杂志上就《苦涩的和平》发表的书评认为，外交和军事是齐头并进或交错而行，没有哪一个是中心，可能某个时刻是其中一种考虑压倒另一种考虑。对共产党方面而言，其口号是"边打边谈"，对尼克松政府，其手段是胡萝卜加大棒。③ 皮埃尔·阿瑟林还谈到西贡在谈判中的作用，奇怪的是没采用位于胡志明市的国家第二档案馆收藏的越南共和国的材料，关于中苏在谈判过程中的角色，作者着墨较少。二、全书结构布局失衡，七章中有五章都集中于描述 1972 年的情况，虽然 1972 年是和谈的关键阶段，但作者对整个谈判过程的描述是不完整的。

　　阮莲芫的《河内的战争：为越南实现和平的战争的国际史》(2012)较好地弥补了上述缺陷。该书前四章考察了在共产党领导下，自南越 1950 年代末开始进行的"叛乱"到 1968 年新春攻势之间北越的军事和政治战略。第二部分考察了阮所说的"实现和平的战争"——1968 年后各方都试图向对方提出和平条件的战争。黎笋和黎德寿的关系就像是尼克松和基辛格的关系④，每一对搭档都确信将战争升级，配合新的外交行动就能迫使对手在谈判桌上让步。尼克松和基辛格没有在柬埔寨和老挝的行动中取胜，也未能通过越南化巩固南越，但和中苏的三角外交成功地推动北京和莫斯科对河

　　① Pierre Asselin, "Update on Vietnam's 'New Evidence'", *Passport*, Vol. 37., Issue 1, April 2006.

　　② Lien-Hang T. Nguyen, "A Bitter Peace: Washington, Hanoi, and the Making of the Paris Agreement by Pierre Asselin", *The Journal of Asian Studies*, Vol. 63, No. 1, Feb., 2004, p. 127.

　　③ Jeffrey Kimball, "Fighting and Talking", *Diplomatic History*, Vol. 27, No. 5, November 2003, p. 764.

　　④ Lien-Hang T. Nguyen, *Hanoi's War: An International History of the War For Peace in Vietnam*, The University of North Carolina Press, 2012, p. 129.

内施加巨大的压力接受美国的条件。北越被他们的大国赞助人"出卖"了[1],1972年共产党的春季攻势也被击败了。关于阮文绍在面对尼克松和基辛格的背叛时的关键作用,不像以往描述得那样无能。阮莲芃认为阮和他的官员们非常精明灵活,通过地区外交和他们的能力从华盛顿得到让步。在她看来,为和平而战的战争中"没有真正的赢家",巴黎协定与其说是一个突破口不如说反映了军事和外交上的失败。[2]

爱德华·米勒在《黎笋的战争》这篇书评中写道,"该书正如其名,表现越南中心的历史——特别是聚焦北越和它的领导人的战略以及战争目标。然而,该书也是一本真正的国际史,对美苏中的角色和他们提供的档案材料给予相当的关注。此外,对南越领导人的思想和行动也做了令人着迷的描述。她虽然远不是第一个这样书写这些角色的人,但她能驾驭各方情境,提出了许多非常原创性的见解"[3]。这个评价在笔者看来,颇多溢美之词,与事实不相符。

首先,就其基本观点而言谈不上原创性,作者依然视巴黎协定为外交失败,与以往所谓"破碎的和平""失去的和平""苦涩的和平"如出一辙,即使使用了最新的证据,如黎笋妻子的回忆录,充其量也不过是新瓶装旧酒。其次,作者提到"将河内而不是华盛顿置于越南战争国际史的中心"[4],力图表现跟以往的研究确有不同。即使从头至尾都强调越南的角色,使用再多的越南材料,但没有站在越南国家和人民的立场上,也不是真正的以越南为中心。

迄今为止,美国学界对越南战争有两个主要的研究取向:第一是"美国中心",即对越南战争的研究都是从美国的政策视角出发,长期以来的一个"学术禁忌就是反对从北纬17度南北两边来解答那段不正当的战争岁月"[5]。安德森认为,造成"美国中心"现象的原因,一是美国和越南缺少长

---

① Lien-Hang T. Nguyen, *Hanoi's War*, p. 311.

② *Ibid.*, p. 11.

③ Edward Miller, "Le Duan's War", *Diplomatic History*, Vol. 37, No. 5, November 2013, p. 1171.

④ Lien-Hang T. Nguyen, *Hanoi's War*, p. 4. 昂晨观(Ang Cheng Guan)《来自另一边的越南战争》(2002)概括总结了共产党政策和外交的经历。罗伯特·伯明翰《游击外交:民族解放阵线的外交关系和越南战争》(1998)追溯民解的外交立场的演变。阮先雄(Nguyen Tien Hung)的《独立宫档案》(1986)则提供了西贡的视角,其中包含了许多有用的关于西贡的信息,阮富(Nguyen Phu Duc)《越南和平谈判》(2005)也是如此。

⑤ Lien-Hang T. Nguyen, "A Bitter Peace", p. 127.

期打交道的经验,因而较少研究双边关系;二是许多档案材料来自美国方面。① 然而,过去 10 多年来,相当一批学者不再对"铁幕的另一边"置之不理,"将河内而不是华盛顿置于越南战争国际史的中心",较多反映越南的政策、战略和活动,他们也因此被称为新生代学者。A. J. 兰古思在《美国在越南的战争(1954—1975)》的扉页上写下了越南人的一句话"美国人认为越南是一场战争,我们知道越南是我们的祖国"就较为鲜明地体现了这些学者的主张。这股"发展中的史学动向"虽然尽可能多地展现越南抗美力量的政策、战略和作战努力,力求突出越南的重要性,貌似抛弃了某些偏见,但依然一律视越南南方人民革命为"叛乱",仅此一点就足以表明他们仍然是以美国的价值观为其评判标准,反对殖民侵略的人民革命、民族解放和国家统一的主题在美国的越战史学中是根本不见踪影的,从这点上说,美国的越战史研究还是未能脱离"美国中心"的窠臼,也可见该研究取向与缺乏"铁幕另一边"的档案材料没有必然关系。因此,尽管皮埃尔·阿瑟林、阮莲芃等新生代学者主张尽可能多利用越南的材料,但终究还是反映美国人的立场。

值得注意的是,新生代学者一方面聚焦越南,另一方面提出所谓"行为体"的概念,倾向于从多个行为体来描述越南战争,即除了美国,还有其他角色在战争中发挥了重要影响——他们有身份,有能力作为,影响了战争和相关事件。因此,谓之"越战国际史"。这并不是一个新思想,早在 1983 年,拉尔夫·史密斯的开创性著作《越战国际史》就已经提出来了,只不过在近年来学者更多探讨越南角色的趋势下,"越战国际史"显得略为丰富些而已。从研究角度讲,这无疑是可取的,但"越战国际史"的学术意图究竟是什么,学者们讳莫如深。甚至有人主张"越南战争事实上是许多个战争,历史学家只是刚刚开始探求它们之间的联系"。在它们那里,历史没有正义与邪恶的区别,看不到是非曲直,只有成败,每一个人都是"行为体",对侵略和反侵略不加区分,在这些新生代学者的视野里,歌颂越南反殖民侵略的民族解放和国家统一当然就难得一见了。

第二个取向是以冷战史的视角解读越战。冷战结束前后到 90 年代中期,美国学界刮起了"新冷战史学",即利用多国档案材料相互印证,重评冷战。在挪威、俄国和英美等国学者的共同推动下,"国际冷战史"研究兴起。学者们在一般意义上反思什么是冷战的同时对具体的冷战危机关注尤多,

---

① Anderson, D. L., *op. cit.*, p. 310.

印支冷战就是热议的话题之一。显而易见,如果不在冷战视角下审视越南战争,那么冷战各方的行为和动机将变得更加难以理解。然而,即使越南抗美战争和印支冷战密不可分,但是越南抗美战争本身的独立性也是不言而喻的。越南人民坚持斗争数十年,伤亡近百万,经济损失更难以估量,而美国在越南甩下的炸药相当于第二次世界大战中的四倍,耗费数百亿美元,5万人抛尸于异国荒野,仅仅这些数字就说明用大国政策与冷战拆解越南抗美战争是很不恰当的。尽管它发生在东西方冷战的背景下,具有很厚重的冷战色彩,但如果将越南抗美战争首先贴上冷战的标签,那么从某种意义上说,学术研究也陷入了冷战思维。与本书直接相关的研究成果主要有:苏联学者伊利亚·盖杜克的《苏联和越战》(1996),她考察了莫斯科从1964年到1973年在越战中所起的作用,认为苏联奉行的是"双轨政策",即一面大力援助越南,一面敦促谈判解决冲突,两者不矛盾。莫斯科清楚战争打下去是极其危险的,但出于维护在社会主义国家中的形象这样的意识形态因素,必须表明不是只有北京才有和帝国主义斗争的决心。因此,莫斯科处理和河内的关系非常谨慎,对来自美国敦促莫斯科向河内施压的要求一推再推。[①]华裔学者翟强的《中国和越战》、陈兼的《毛的中国和冷战》有关中国档案的新证据很详细,但有研究认为"他们过于依赖中国材料使得他们从中国眼中看越南,反倒比他们和北京交流获得的实际情况要被动,特别是跟中苏分歧有关的方面"[②]。学者们普遍认为,1960年代中国外交政策表现出一定程度的支持世界革命的狂热,并指责苏联缺乏革命的战斗精神,越南抗美救国战争被赋予了同时具有反对美帝国主义斗争的第一线和代表世界革命的一面旗帜的双重意义,"北京是世界革命的中心"和所谓的输出革命等对中国外交造成极大干扰。

笔者以为,对1960年代中国外交政策怎样评判是个需要以理性对待的问题。美国经典现实主义学派的代表人物摩根索一直是越南战争最坚定的反对者,在他看来,虽然中国外交政策表现出一定程度的支持世界革命的狂热,但从整体上看,新中国基本上还是按照传统国家利益来处理对外关系的,中国对非洲和拉美革命运动的支持是一种边缘性的事业,可以说带有一

---

① Ilya V. Gaiduk, *The Soviet Union and the Vietnam War*, Ivan R. Dee, Chicago, 1996, pp. 248 - 249.

② Pierre Asselin, "'We Don't Want a Munich': Hanoi's Diplomatic Strategy, 1965—1968", *Diplomatic History*, Vol. 36, No. 3, June 2012, p. 549.

定的意识形态色彩,不是中国长远的国家利益之所在,1949 年后中国领导人在亚洲追求的是中国的外交政策而不是共产主义的政策。虽然 1963 年中共发表了国际无产阶级革命中心在广大亚非拉地区的宣言,随后林彪也在 1965 年 9 月 3 日宣布要将中国革命经验应用到世界场合,但这些其实都是中国传统民族中心主义的一种表现,与中国自古以来就把自己当做世界中心的观念密切相关,言辞虽激烈,却不能由此认为中国真的要将此付诸实践,更不能将林彪的讲话看做《我的奋斗》的翻版。实际上,中国领导人在外交实践中特别在涉及中国传统利益时仍然保持着审慎和节制。[①]

　　中外学者讨论最多的是中国对越美谈判的态度问题。1968 年,中美关系开始解冻,继 1971 年基辛格访华和第二年尼克松访华后更有了突破性进展,与此轨迹基本一致的是,多轮谈判仍未果的越美巴黎谈判也于 1972 年加速进行。这两者间的关联引起了各种猜测。越南认为中美和解是对越南的"出卖、背弃","为美国牺牲了越南的利益"。已有的研究基本分为两种截然不同的结论:一是中美和解是对越南的"出卖、背弃"[②],中国在中美和解前一直反对越美巴黎谈判,"阻挠、破坏和谈"似乎更成了佐证[③];二是反对过于片面简单的看法,主要成果有以下诸种。沈志华和李丹慧的文章《中美和解与中国对越外交(1971—1973)》认为,"尽管中国没有采取可能导致破坏中美和解进程的更为激烈的措施来消除美国对越南施加的军事压力,但也没有损害盟友的任何利益"。《中美会谈与越美和谈——兼论越南战争期间的中美越三角关系(1971—1972)》较为充分地说明了中国在这一阶段对越外交上的两难困境,"中国坚持了既定原则,坚持中美缓和",也尽一切努力挽回中越关系。[④] 英国学者克里斯·康诺利(Chris Connolly)的《美国因素:中美缓和与中国对越南战争的态度(1968—1972)》指出,"一味接受中国'出卖'越南的解释,或者中国自 1968 年以后因为自己和美国对话的诉求而在印支冲突中'失去利益'的解释,是对北京对越南战争的态度和政策的过

[①] 转引自史文涛《现代版的"西西里远征":摩根索对越南战争的批判》,载《外交评论》2013 年第 4 期,第 114—115 页。

[②] 沈志华、李丹慧:《中美和解与中国对越外交(1971—1973)》,载《美国研究》2000 年第 1 期,第 99 页。

[③] Qiang Zhai, "Opposing Negotiations: China and the Vietnam Peace Talks, 1965—1968", *The Pacific Historical Review*, Vol. 68, No. 1, Feb., 1999. p. 12.

[④] 邵笑:《中美会谈与越美和谈——兼论越南战争期间的中美越三角关系(1971—1972)》,载《中共党史研究》,2014 年第 4 期。

于简单化的解释","中国一边努力改善和美国的关系,以应对来自苏联的日益增长的威胁,一边继续支持北越的抗美战争","北越领导人最鲜明的记忆,不是中国已经做到的,而是中国没做到的"。① 到目前为止它们都是对这个问题较为合乎逻辑和科学的解释。如果说有区别的话,那就是后者在字里行间透露着对中国的同情和更多理解,这一点对一个西方学者而言难能可贵。

毋庸置疑,在我们能够聚焦"铁幕另一边"之前,大国的政策被描述得富于变化,越南则显得死板简单,甚至历史真相被扭曲、歪曲。基辛格的《结束越战》是一部叙述美国从入侵越南到脱身的通史性著作。作为一个曾身居高职的决策者,他的回忆当然重要,但同时又不免文过饰非,不能都看作信史。美国中央情报局前副局长弗农·阿·沃尔特斯的回忆录《秘密使命》讲述自己如何为基辛格秘密来到法国以及向越南人传递讯息而进行安排的一些细节,并没有太大的价值。他还毫不隐讳地声称"在美国参加过的历次战争中,越南战争是最高尚、最无私的一次"②,书中充斥着对越南谈判代表的偏见甚至丑化③。尼克松的回忆录也大抵如此。用美国学者的话说,他们的讲述"不完整、不客观,服务于他们自己的目的,甚至采用一些手段延迟有关他们的政策、战略和动机的文献材料的公布"④。当然,并非所有的官方人员都是一个腔调讲话。麦克纳马拉一度是约翰逊政府的主战派,且主导了美国的战争升级政策,但此人后来站到了主和派阵营,在卸去公职后为他所谓的"越战悲剧"到处寻找答案。1998 年 7 月,美国布鲁金斯学会在意大利举行题为"越南战争再思考:它的历史和教训"的国际研讨会,越南也参加了会议。麦克纳马拉因此撰写了《无尽的争论:寻找越战悲剧的答案》一书,他在其中辩解道,"当年许多亲历战争的美国人对越南共产党——他们的看法、他们的历史甚至连对手的姓名和背景不感兴趣,不了解他们,因而错过

---

① Chris Connolly, "The American Factor: Sino-American Rapprochement and Chinese Attitudes to the Vietnam War, 1968—72", *Cold War History*, Vol. 5, No. 4, November 2005., pp. 521 - 522; p. 523;沈志华、李丹慧,前引文,第 116 页;相关的文章还有李丹慧《中国对越美和谈的立场方针及其变化(1965—1968),载于冷战中国网(2005 年 6 月 28 日)。

② [美]弗农·阿·沃尔特斯:《秘密使命》,商务印书馆,1982 年,第 436 页。

③ 同上,第 539—556 页。

④ Jeffrey Kimball, *The Vietnam War Files*, p. 297.

了许多使战争得以避免或早点结束的机会"。① 麦克纳马拉首先自我检讨，批评华盛顿的失败，"早在 1965 年第一次重大的和平机会出现时，美国本可以无须通过军事手段在越南实现其政治目标。我们本应该进行讨论，但没有像 1962 年古巴导弹危机期间那样展开热烈而又直率的讨论。直到今天都难以解释为什么我和其他政府人员没有把关键问题拿到桌面上充分讨论并在形成结论的基础上执行。假如我们这样做了，我们的外交倡议或许更加深入，更加有效"。如此，批评对手自然顺理成章，"当然，这决不是单方面造成的，河内也犯了错误"，他们质疑河内"为什么坚持对话前非得要华盛顿接受他们的条件……简单地讲，为什么河内不肯冒哪怕一丁点风险推进会谈，而非要承受巨大的损失"。② 另有前美国国务院官员切斯特·库珀的回忆录《输掉的十字军战争》也试图回答美国"为什么不能"为解决战争"找到一个出路？"他们自认为找到了答案，即华盛顿和河内都应该为错失了的许多和谈机会受到指责。这种对两边各打五十大板的态度貌似客观，其实是一锅煮的方法，并不足取，但有些研究自觉或不自觉地受到了这些解释的影响。弗雷德里克·洛奇沃尔的《选择战争：丢失的和平机会和战争在越南的升级》(1999)就持这一观点，认为战争进行期间的 1964—1965 年存在外交解决的可能性，而约翰逊总统有意拒绝谈判。上述讨论或者补充了一些细节，而越美谈判复杂而又艰难的过程却并不为人所熟知。

越南出版的《黎德寿和基辛格巴黎谈判》(1996)比较详实地记录了黎德寿与基辛格长达四年、八轮三十六次秘密会谈的过程。两位作者亲历对话，广泛采用越南档案，对观察河内的决策提供了罕有的特写。正如书中所言，"众所周知，越南把军事斗争和外交斗争相结合，贯彻'边打边谈'战略，并最终促成巴黎协定的签署，但越南究竟是如何做的，事实上鲜为人知，本书就是回答这个问题的"③。该书具有重要的史料价值。

越南人民抗美战争是现代史上最为艰苦卓绝和坚韧不拔的革命斗争之一，体现了反帝民族解放斗争的巨大力量，而美国在越南的失败构成了美国霸权的一次具有深远意义的重大挫折。越美巴黎谈判自然也就成为反映这

---

① McNamara, R. S. and J. G. Blight, *Argument Without End: In Search of Answers to the Vietnam Tragedy*, New York: Public Affairs, 1999, p. xiv.

② McNamara, R. S. and J. G. Blight, *op. cit.*, p. 221.

③ Luu Van Loi and Nguyen Anh Vu, *Le Duc Tho-Kissinger Negotiations in Paris*, The Gioi Publishers, Hanoi, 1996, p. 10.

一进程不可或缺的重要一环。本专著用较严格的历史学方法对越美巴黎谈判进行了较为详实、系统的叙述,细致入微地呈现了谈判过程,并着重考察越南谈判代表、中央政治局委员黎德寿和外交部长春水与尼克松总统国家安全事务助理亨利·基辛格之间长达四年多的秘密会谈,尽可能真实、生动地还原这一重大历史事件。(黎德寿和基辛格因签署巴黎协定共同获得了1973年诺贝尔和平奖)

显而易见,本研究决不是对美国越战史学的补充,而是突破了以往的"美国中心",打破国际冷战史和"越战国际史"的窠臼,力求展示越南身为小国、弱国的外交活动和外交艺术。这场旷日持久的谈判使得越南问题最终以符合越南根本国家利益为前提得到妥善解决,不仅是越南独立自主外交的典范,而且充分体现了越南在谈判中的主导作用。它充分证明弱小民族不仅应当而且能够主宰自己的命运。

全书主要依据第一手史料,绝大多数是英文档案,其中尼克松国家安全档案(1969—1974)之《基辛格的秘密越南谈判》是经本文第一次披露,翻译水平有限,但衷心希望给研究者提供一定便利。这批材料目前只有缩微胶卷的形式,共计15卷。本研究成果依据的黎德寿、春水与基辛格会谈纪录的材料就近两千页之多,笔者的观点和视角就是根据这些材料而形成。另一个经本书首次披露的材料是由越南国家政治出版社(National Political Publishers)出版的《关于国家统一的斗争》,这批文件涉及河内对美国从1954年到1975年的干涉的反应,对于认识越南重要决策极有帮助。由于是越语,所以是通过笔者和越南留学生之间的沟通、交流,由笔者整理而成。虽数量很有限,但尤为珍贵。《美国外交文件集:越南卷》1968年1月—8月卷,主要包括约翰逊政府围绕三个问题的决策过程,分别是总统和国务院讨论结束战争的谈判;春节攻势后华盛顿有关增兵的争论;寻找会谈地址的问题。1968年9月—1969年1月卷,本卷提供约翰逊政府最后4个多月在越南问题上的决策。1969年1月—7月卷,本卷收录有美国对越南、老挝和柬埔寨的政策,侧重对越南的战略、在老挝的秘密轰炸、入侵柬埔寨,和基辛格与春水、黎德寿初次私下会谈。1970年7月—1972年1月卷,主要内容包括,入侵柬埔寨的后果、在柬埔寨和老挝行动的设计与决策、兰山719号行动及影响,和寻求谈判解决、军事和外交僵局。这些材料有助于清楚地说明美国的战争困境和谈判态度,也是第一次呈现在人们面前。另外,威尔逊国际学者中心冷战国际史项目公报第16期(2007年秋—2008年冬)刊登的

《苏联集团关于越南和中苏分裂问题的 24 份文件(1964—1966)》也是来自前苏东国家的文献。1964 年到 1966 年美国侵越战争升级,与此同时中苏分裂不断加剧,这一时期就成为我们理解中苏越关系的重心。

　　本书在研究过程中,主要囿于语言和资料获取途径有限这两方面的原因,也留下了明显的缺憾。专著中对越南共和国即南越在越美谈判中的立场、反应及活动着墨甚少。其实,阮文绍集团内部各方力量面对谈判,心态极为复杂,越南南北统一后,阮文绍本人逃亡美国,最后也亡故于斯。越南南方共和临时政府作为四方会谈参加者之一,其外交也有力地配合了越南民主共和国即北越在战场和谈判桌上的斗争。如果能对上述内容展开详细、充实的论述,相信有助于丰富对越美谈判和巴黎协定的研究,进一步加深对越南人民为争取民族独立和解放而奋斗的艰难历程的理解。

第一章 推动谈判到来

1968 年 4 月 3 日,越南民主主义共和国外交部部长阮维桢发表政府声明,表示随时准备派遣代表同美国代表接触,这一声明揭开了越美停战谈判的序幕。越南决定和美国谈判并非面对军事压力而采取的骤然举措。其实早在 1961 年,越南劳动党中央就指出,跟敌人进行谈判是必须面对的现实,是越南抗美救国战争的组成部分。及至 1965 年美国扩大侵越战争,越南劳动党中央明确提出了战斗和谈判相结合的总方针,始终不断地为对美谈判创造各种可能的条件,终于在 1968 年实现了边打边谈以解决越南问题。

第一节 努力促成边打边谈

无论是在二十世纪六七十年代的越南抗美救国战争中还是战争硝烟散尽后,越南劳动党和政府非常清楚的一点就是,弱小的越南无法凭借实力击败美国。1990 年,武元甲将军对来访的美国记者斯坦利·卡尔诺说,"我们还未强大到能够将 50 万之众的美军部队赶出国门的地步"[1]。而美国派地面部队到南越直接参战,扛起战争责任就是根本没把拿竹尖当武器的越南人民放在眼里。正是基于双方实力对比如此悬殊,越南劳动党中央针对美国侵越战争提出,解放南方取决于军事斗争的同时,"跟敌人进行谈判和妥协是必须面对的现实和斗争的组成部分"[2]。

从 1961 年到 1964 年末,劳动党曾多次试探谈判解决越南冲突的可能性。1962 年 7 月,有关老挝问题的日内瓦协议似乎为北越和南方民族解放阵线展示了一种较为可能的前景,即"就越南问题达成一个类似的协议也是有可能的"。[3] 20 日,民族解放阵线发表四点声明:呼吁大国签定国际协定

---

[1] 〔美〕莫里斯·艾泽曼:《美国人眼中的越南战争》,当代中国出版社,2006 年,第 105 页。

[2] Porter, Gareth, *A Peace Denied*, p. 1.

[3] *Ibid.*, p. 17.

保证南越独立、领土完整和中立;建立一个柬埔寨、老挝和南越组成的中立区;包括吴庭艳本人在内的有关各方停止战争;建立一个联合政府。民族解放阵线还寻求法国和流亡法国的越南中立派的支持。8月,北越代表在日内瓦会见了保大时期的总理陈文友,表示越南问题以中立化方案解决是适宜的,统一问题可以等15—20年再谈。①

此期正逢美吴矛盾激化。1961年底开始,美国驻西贡军政人员急剧增加,这很快就使吴庭艳和他的兄弟吴庭儒感到不满。在他们看来,这些无法控制的美国人是对自己统治地位的潜在威胁。到1963年初,吴氏兄弟已公开表示美国应减少驻越人员,引起美国的强烈不满。美吴矛盾的加深导致吴庭儒于1963年春天采取了一个大胆的行动:同北越和民族解放阵线秘密接触。吴氏兄弟召见国际监察委员会的波兰代表团团长,通过他听取河内的停火条件。根据澳大利亚记者贝却敌1963年5月底对胡志明和南方解放武装力量领导人的采访,他们要求美国干涉者必须撤离,在此基础上,南方解放武装力量和吴庭艳军队可能停火,愿意通过谈判建立一个联合政府,其中甚至包括吴庭艳的支持者。胡志明、范文同和国际监察委员会波兰代表团讨论建立联合政府问题,北越甚至最终同意吴庭艳可以领导这个政府。② 这和吴庭儒的判断基本一致,他相信只要对美国人下逐客令,北越就很可能尊重他们在南越的统治地位。③ 到1963年9月,吴氏兄弟已经准备签署一个有限的协议,可就在吴庭艳的全权代表计划于11月与北越代表在新德里完成最后谈判的前夕,美国策划了倒吴政变,吴氏兄弟死于非命,和平计划随之夭折。

华盛顿感到西贡政权的分化正在以比他们预料得快得多的速度发展④,高级幕僚们迫不及待地怂恿约翰逊总统进行战争升级,以阻止越南内部举行停战谈判。为把侵越战争从越南南方扩大到越南北方,美国策划了"东京湾事件"。虽然北越立即吁请日内瓦会议两主席国苏联和英国召开国际会议,对联合国秘书长吴丹撮合越美谈判的尝试给予积极回应,但美国侵越战争升级已箭在弦上,谈判的大门被关闭了。

---

① Porter, Gareth, *op. cit.*, p. 18.

② Mieczyslaw Maneli, "Vietnam'63 and Now", *New York Times*, January 27,1975.

③ Kahin, G. M., *Intervention: How America Became Involved in Vietnam*, New York, 1986, p. 155.

④ Porter, Gareth, *op. cit.*, p. 49.

美国在南越进行所谓"反叛乱"的特种战争时期,北越尽最大可能奉行温和路线,很大程度上是为巩固北方经济建设和阻止美国更大规模武装干涉。一旦发生美国大规模入侵,北方经济建设有可能受阻甚至中断,这反过来又不利于阻止美国的干涉。1964年中旬,北越总理范文同坦率地对加拿大外交官布莱尔·西伯恩说:"越南民主共和国不愿进行战争,我们不会主动向美国挑衅。"①越南冲突"美国化"后,范文同曾在河内提出这样的问题:"你们美国人到底想要打多久? 一年? 两年? 二十年? 我们将乐于奉陪。"②1966年3月8日的一份民主德国外交部致政治局的报告谈到:"越南同志一再讲,在南方的斗争破坏了美军的进攻,苏联则认为因为美国人还未作好充分准备,美军在越南使用现代技术还有诸多困难,他们熟悉环境还要三到五个月,所以越南同志对局势估计有误。越南说自己已经对敌人很了解,虽然不可能再搞一个奠边府,但1966年计划在南方举行一系列袭扰战,就是要让美国人相信没可能打赢,解决越南问题的出路只有根据越南的方案才有可能。范文同曾表示关于怎样和平解决,怎样促成政治解决以及决定何时机会来到,他们考虑过很多,还不清楚,也还没有决定什么样的时刻才是合适的时机。目前会和美国人保持接触,但不会贸然行动,他们说'我们还要好好考虑'。"③基于跟法国谈判和1954年日内瓦会议上的经验,越南劳动党对跟美国谈判的一个总的指导原则是:一个决心将其意志强加给越南人民的大国只会在它迫不得已的时候才会接受谈判。④

从1967年的战场形势来看,美国的侵越战争还没有走到山穷水尽的地步,尽管越南人民武装力量进行了坚韧不屈的努力,美军被打得焦头烂额,狼狈不堪,但它依凭巨大的火力和兵员数量,仍然拥有总的优势,美国的战争意志还未动摇。使形势更为严峻的是,美国国内的反战运动虽然有所发展,但尚未严重影响政府坚持战争升级的政策。所以,只要迫使美国人承认打不赢就是越南的胜利。据越南外交部的一位官员在战后所言,约翰逊政

---

① "The Report on The Diplomatic Volumes of the Pentagon Papers", in *Washington Post*, June 27, 1972, A13.

② [美]威廉·富布赖特:《跛足巨人》,上海人民出版社,1976年,第75页。

③ Document No. 17, "Letter from GDR Foreign Minister Otto Winzer to [SED Politburo Members], March 8, 1966 [excerpts]", in Twenty-four Soviet-Bloc Documents on Vietnam and The Sino-Soviet Split, 1964—1966, *Cold War International History Project Bulletin*, Issue16, Fall 2007/Winter 2008, pp. 389-390.

④ Porter, Gareth, *op. cit.*, pp. 2-3.

府的南打北炸使越南"原来打赢一场特殊战争的战略部署被打乱了,转而要打一场有限战争。这是一个新局面和新问题,即如何能打败一个世界上最强大的、自信会取胜的国家,我们没有充分的准备打一场有限战争。为此,我们必须考虑什么是我们的具体目标,最后我们决定:我们的目标就是为挫败美国的空中战争,在南方把美军拖得筋疲力尽,动摇美国政客和军队的战斗决心"[①]。这就是说,越南没有必要取得对美军的常规胜利,甚至亦无必要打赢一场关键性战役。国防部长武元甲在 1967 年 9 月发表的长文《巨大的胜利,伟大的任务》中就指出,抗美救国战争是一场持久战,这场持久战打得越久,美国遭到的困难就越大,这些困难将集中表现为美国国内的分裂。他和劳动党的其他领导人断言,悲观情绪正在美国统治阶层中蔓延,美国政府现在正处于是继续升级还是就此止步的十字路口。[②] 当美国人最终认识到他们的现状,就是战争的最后阶段"边打边谈"的阶段到来的时候。1966 年 3 月,越南劳动党三届十一中全会确定了关于谈判问题的总方针。全会认为战斗和谈判相结合是抗美救国战争的基本战略,是以弱胜强的正确方法,但鉴于美国目前仍决心迫使越南人民接受美国的和平条件,谈判的时机还不成熟。劳动党重新统一部部长阮文永将军在同年 4 月为详细说明全会有关精神而举行的中央南方局会议上的讲话中指出,战争将经过三个阶段:战斗阶段、边战斗边谈判阶段、谈判和签定协议阶段,"直到出现双方都不能决定性打赢的局面为止,到那时边打边谈的局面自然而然就出现了"[③]。劳动党眼前的战略任务就是把还不成熟的谈判局面转变成现实。但怎样实现这一战略目的,劳动党内部是有分歧的,直到 1968 年初人民武装力量在南方发动春节攻势。

进入 1967 年,美国海军陆战队登陆岘港已经两年,美国人仍然看不见"隧道尽头的光芒"。即便如此,美国统治集团的战争意志仍未彻底瓦解。美军源源不断地开进南方,搜剿战一步步地消耗人民武装力量,南方的战争处于空前困难的境地。这种局面导致了越南劳动党中央内部关于基本军事战略的辩论。辩论双方的代表人物分别是武元甲和南方人民武装力量总司令阮志清。他们在南方战争务求摧毁美国的战争意志这一点上没有根本分

① McNamara, R. S. and J. G. Blight, *op. cit.*, pp. 226 - 227.

② McGarvey Patrick J., ed., *Visions of Victory*: *Selected Vietnamese Communist Military Writings*, *1964—1968*, Stanford, 1972, pp. 199 - 252.

③ Porter, Gareth, *op. cit.*, p. 32.

歧,但他们在作战方式上的看法完全不同。武元甲强调越南应当退回到游击战阶段,认为这样有利于保存有生力量,有利于阻止美国的增兵速度,而北方有时间组建和训练足够的人民军部队。[①] 阮志清极力主张以革命战争升级来对抗美国的升级,即不惜重大牺牲,发动大部队进攻战,大量杀伤美军,这是摧毁美国战争意志的制胜手段。[②] 但是此种看法在劳动党领导层中受到越来越多的怀疑和批评,主张修改战略以适应形势的意见逐渐占了上风,拟采用一个把遍布南方全境的游击战、重点战略地区的阵地战和对所有中心城市的进攻战三方结合的新战略。它的总目标是在基本保存南方人民军主力的前提下最大程度地打击美国的战争意志,迫使美国政府谋求谈判解决,把战争推进到边打边谈的阶段。[③]

到 1967 年年底,南方抗美战争也到了紧要关头,越来越艰难的斗争条件影响到解放武装力量的士气。重重困难之下似乎有一个希望的方面,那就是敌占区城市的不稳定以及由此而来的城市武装起义的可能性,还有一个希望所在,即美国国内的形势,那里不仅反战运动正在兴起,而且行政当局内部的分歧日益严重,悲观情绪正在美国统治阶层中蔓延,这些必然会随着美国 1968 年大选的临近而进一步加剧。这是一个可以把握的转折点,甚至越南劳动党政治局大部分成员认为,解放武装力量此时给已经陷入不利的美国以猛然一击,可能导致美国被迫停止战争升级。1968 年 1 月越南中央三届十四中全会通过的决议指出,1965 年初美国"特种战争"失败后转向"局部战争",同时破坏越南北方的社会主义建设,这证明美国在南方的战略有些困难。现在越南革命很紧急,越南共产党的方向和任务是动员全党和全越南南北两边人民,用总攻击和总起义之方法来决定越南战争的胜败,彻底达到党提出的目的。[④] 在整个中央领导层中,只有少数声音反对总进攻,尤以国防部长武元甲最不赞成。他认为美国政府虽然现正处于继续升级还是就此止步的十字路口,但解放武装力量还没有到那个程度能结束美国的侵略,(因此)要慢慢来。[⑤] 党中央总体认为,只有对各大中城市的总攻配合

---

① 时殷弘:《美国在越南的干涉和战争:1954—1968》,世界知识出版社,1993 年,第 226 页。

② 同上。

③ 同上,第 231 页。

④ 《英勇进攻,实现总攻击和总起义,取得抗美救国战争的胜利》,载《关于国家统一的斗争》(越语),越南国家政治出版社,2005 年,第 288—289 页。

⑤ 同上,第 288 页。

普遍的城市起义,才能造成最大的军事、政治和心理效果,才能足以剧烈晃动敌人的意志,甚至结束美国的侵略战争。而总攻的最低限度是加剧所有将促使美国政府改变战争升级政策的压力,使抗美战争摆脱两难的境地,进入边打边谈的新阶段。为使基层干部、战士了解斗争形势,南方局特别在行动前下发了为"旨在建立联合政府的谈判"而进攻西贡的指示。

1968 年 1 月 31 日正值越南春节。这天凌晨 3 点,以解放武装力量为主的近 10 万兵力同时对南越全部 6 个自治市、43 个省会中的 36 个和 242 个区府中的 64 个城市发起进攻,占领了 100 多座城市,南方的大城市、也是美伪军的军事重地顺化几乎全部落于人民武装控制之下。西贡美国大使馆也遭到解放武装力量一支 19 人突击队的猛攻;突击队员还进入了大使馆门内,与守兵激战至天亮,全部牺牲。最后,解放武装力量以伤亡万余人的代价杀死 1 100 名美军士兵以及约 1 900 名南越士兵。

很显然,在战场上跟美国人较量不是那么容易,但重要的是,这一战取得了政治上的重大胜利,它极大地刺激了美国的反战舆论,打垮了美国统治集团的作战意志。春节攻势中美军阵亡人数的激增导致美国人发问:"在越南倾注了所有这些国家财富,但得到了什么?"[1]美国统治集团的感受与一般公众没有多大区别,不仅如此,如后所述,美国统治集团内部惊慌失措,爆发了侵越战争以来规模最大、最激烈的争吵。美国社会上下陷入了南北战争以来最严重的国内分裂和动乱之中。在这次攻势之后,美国统治集团无奈地承认,要以美国人能承受的代价取胜已无可能,必须下定决心收缩战争,走向谈判。

从之前对敌我力量对比的基本认识,1966 年越南劳动党三届十一中全会确立谈判和战斗是抗美救国战争的基本战略,以及对美国国内形势的准确判断等方面来说,春节攻势的确实现了越南战争的转折,它是一次改变整个战争进程的战役,为边打边谈这一影响战争最后结局的阶段铺平了道路。劳动党四届一中全会报告对此作如下总结,"这一大胆而又让敌人猝不及防的进攻,取得了极其辉煌的胜利,沉重打击了敌人的战略态势,挫败了美帝国主义局部战争的战略,迫使约翰逊政府实行战争降级,并在巴黎坐下来和

---

① Krepinevich, A. F., *The Army and Vietnam*, Johns Hopkins University Press, 1986, p. 250.

我们谈判"①。

第二节　回应华府和谈试探

有研究证明,约翰逊政府搞逐步升级战略的目的,是要改变对手的意志,这就需要在军事打击过程中不时试探北越的意图。另一方面,维持美国国内舆论和盟国政府对于轰炸的支持和容忍是实施逐步升级的一个重要条件,这又需要使升级尽可能带有合理的外观,制造北越咎由自取的假象。②这两个因素的确导致了 1968 年以前约翰逊政府进行多次和谈试探,但还有一个非常重要的原因,那就是美国统治集团内部一场又一场的关于侵越政策何去何从的大争吵,一连串的争吵不但是后来权势集团共识破裂的开始,而且迫使约翰逊政府一而再再而三地祭起"和谈"的破旗。

本来,美国统治集团内部的争吵一直是约翰逊政府侵越政策带来的沉疴痼疾。最为激烈的争吵高潮,在 1965 年就出现过三次。随着战争升级、失败加重,争吵一次比一次激烈。1966 年初的争吵,其激烈程度又较前三次有过之而无不及。

这次争吵的规模更大,卷入的人数更多,范围更广。一些通常不大公开讲话的议员也站了出来。执政的民主党党内一些有影响的头面人物,或者是第一次出来同约翰逊总统唱反调,或者是比过去更激烈地对约翰逊总统进行攻击。华盛顿的大批军政要员,上百名国会议员,许多在野政客和退伍将军,以及华尔街的谋臣策士,几乎倾巢而出,唇枪舌剑,乱成一团。无怪乎参议院外交委员会主席富布赖特说,这次争吵的激烈程度,为侵朝战争甚至第二次大战中所未见。③

这场大争吵的中心是,恢复还是停止对越南北方的轰炸和进一步扩大战争,还是采取"固守"战略这两个问题上。反对约翰逊政府进一步扩大战争的一派人认为这样做风险太大,担心继续升级就"势必""导向同中国交

---

① "The Great Victory, The Historic Turning-point of the Vietnamese Revolution", in *75 Years of the Communist Party of Vietnam 1930—2005*: *A Selection of Documents from Nine Party Congress*, The Gioi Publishers, 2005, p.341.

② 时殷弘,前引书,第 242—243 页。

③ 《世界知识—半月谈》,1966 年第 4 期,第 3 页。

战"。他们认为"整个事情的中心"是对付中国的问题,"向中国挑衅是危险的",而同中国作战更是"一场大灾难"。在朝鲜战争中吃尽苦头的李奇微等人,纷纷出来现身说法,竭力要求避免重犯错误。这派人还担心美国过深地陷在南越一隅之地,会"打乱美国政策的平衡",使美国无力应付亚非拉广大地区的革命运动,在国内外更加孤立。他们认为,美国"不应当装得无所不能",否则就会使美国"总战略地位"遭到削弱。因此,他们主张利用现有兵力在南越稳住阵脚,通过"和谈",利用联合国等其他手段,求得有利于美国的解决。①

为了缓和并平息统治集团内部一派人的批评和争吵,约翰逊极尽威胁、拉拢之能事。他一面同两党头面人物"私下讨论"并派人解释,力图停止这场辩论,一面连续发表公开讲话,作出欢迎辩论的姿态,并掩饰这次争吵的严重性质,硬说"没有什么很大的意见分歧"。② 实际上,他是寸步不让,坚持要把扩大侵越战争的政策推行下去。但是,对那些唱反调的势力,他也不能不有所顾忌。

在上述情势下,从 1965 年 5 月到 1967 年 8 月,约翰逊政府搞了几次为时短暂的停炸,以显示美国的"诚意"。其间,无论是在国际上大张旗鼓地发动"和平攻势"还是与北越进行秘密接触,华盛顿都向北越提出预期其无法接受的条件,以便摆出一副合情合理的姿态。正如一名白宫顾问后来评论说,约翰逊当时根本不想谈判。③

总体而言,美国的"和谈"试探有一些基础性条款。这些条款来自于助理国务卿威廉·邦迪和国防部长助理约翰·麦克瑙顿在 1964 年秋设计的,和逐步升级战略同时出笼的一个与北越谈判的具体方案。他们主张一面轰炸,一面通过某种渠道同北越联系,以索取让步和许诺报偿,北越必须做出的让步是:停止向南越输送人员和物资,命令越共(即南方解放武装力量,西方俗称越共)停止"叛乱",将北越部队和干部撤出南越,停止向南越做广播宣传,一句话,北越和民解必须投降。而美国的报偿仅仅是安排南北越之间的大米换货物贸易以及在上述条件得到彻底执行的前提下撤出美国部队。在策略设计方面,麦克瑙顿建议必要时暂停轰炸几天,以便显示"诚意",并

---

① 张和宋:《脱出常轨的美国统治集团内部大争吵》,载《世界知识》1966 年第 5 期,第 7 页。
② 同上,第 8 页。
③ Goldman, Eric F., *The Tragedy of Lyndon Johnson*, New York, 1969, p. 379.

在北越不肯就范的情况下,作为轰炸升级的起点。①

越美第一回合外交折冲发生在1965年5月中旬,美国将与此有关的计划称为"五月花"方案,分两步进行。第一步,停炸,但美国不公开宣布;第二步,由驻苏大使福伊·科勒当面转告北越驻苏使馆美国政府的声明。声明说,停炸只是试验期,在此期间,民解的军事行动若不急剧减少,美国将更清楚地显示报复的决心。5月12日,停炸当天,约翰逊敦促北越考虑"政治解决",科勒则提出与北越官员会面。然而,北越使馆以同美国没有外交关系为由拒绝接待科勒,后者只得将声明以书信方式递交北越使馆。第二天,信被原封不动地退回。

"五月花"方案之所以没有促使北越和美国直接对话,一个根本的原因是,北越认为如果举行对话,美国必须停炸,撤走军队。这才是严肃认真的态度,这也是北越在之后的和谈中始终坚持的立场。具体说"五月花"方案,北越把它仅仅看成一次短暂的停炸,是1965年4月7日约翰逊在巴尔的摩演说背景下的产物,这个演说本身就是美国施放的烟幕弹,目的就是转移人们对美国增兵南越的关注。约翰逊大谈美国在南越的目的是帮助朋友抵抗侵略,实现和平后将投资援助东南亚经济发展。约翰逊宣称进行"无条件讨论"。他还规避使用越南民主共和国的国名,只称河内,而且把民解排斥在外。紧随其后,美国以国务院名义发出的信函仍直呼河内。在北越看来,美国的上述举动就好像北越是"顽劣的孩童"②,只有乖乖顺从,才有奖励,否则就要受罚。这表明美国仍然不接受北越的存在,"五月花"方案只是美国为停炸装点门面,博取世界舆论的同情。因此,1965年5月15日,河内广播电台抨击美国散布停炸谎言,以行欺骗威胁之诡计。5月18日起,美国恢复轰炸。

就在轰炸恢复后约8小时,北越驻法国经济代表团团长兼驻法高级专员梅文蒲打电话给法国外交部亚洲司司长马立克,表示要求法国向美国转达以下讯息:北越宣布的关于解决越南问题的四点立场不是谈判的先决条件,而是原则。这四点是:(1)美国从南越撤军和停止对北越的轰炸;(2)严格遵守1954年日内瓦协议;(3)按照民解纲领解决南越内部事务;(4)在没有外来干涉的情况下实现越南和平统一。如果美国承认这些原

① 时殷弘,前引书,第242页。
② McNamara, R. S. and J. G. Blight, *op. cit.*, pp. 264-265.

则,就奠定了以 1954 年日内瓦协议为模式的会谈的可能性。华盛顿收到以上信息时,国务院的反应是它为什么是在轰炸恢复后几小时,而不是在停炸期间呢?① 而且,无论北越怎样表明四点只是原则,美国都认为它们是谈判的先决条件而拒不接受,美国人也没有以任何方式立刻对梅文蒲的姿态表示回应。迟至两个月后,一个美国商人和梅文蒲会面,后者再次表现了温和倾向,不仅不坚持美国承认四点是谈判基础,而且不提美国停止对北越的轰炸。在得到这位美国商人的报告后,退休外交官埃德蒙·古里安同梅文蒲秘密进行了 4 次代号为"XYZ"的会晤。

根据 1997 年的越美对话,越南认为开通这一渠道的唯一目的在于确保美国理解四点声明,但华盛顿还是要征服南越,摧毁北越。在梅文蒲和古里安的最后一次会见中,后者警告北越将会招致美国更猛烈、更广泛的打击,大谈北越也必须撤军。这一时期是美国战争升级最厉害的一次,正如范文同在 XYZ 会谈即将结束的时候强调说:"我们不能只看美国统治集团说什么,而要看他做了什么,他们做了什么呢? 他们正在深入对南越的侵略战争,加速战争升级……一句话,约翰逊总统口口声声讲和平,无非掩盖其战争阴谋,他讲得越多,他加紧战争的步子就越快。"②

越升级越惨败,越升级越困难,越升级越孤立,因此,1965 年和 1966 年之交,美国展开了一次自称为"最有力、最雄心勃勃的"③和平攻势,即从圣诞节前夜开始执行长达 37 天的停炸(后在麦克纳马拉的建议下延长至 40 天)。美国政府的要员们兵分六路,发动了声势浩大的外交活动。1965 年 12 月 29 日,美国驻缅甸大使亨利·拜罗德向北越驻仰光总领事武友平递交一份备忘录。拜罗德得到了武友平的接待,他奉令提醒越方注意这次暂停轰炸,希望对方也能以暂停向南方渗透人员和装备来回报美国。在美国停炸期间,南方人民武装力量的作战有所减少,但美国没有把它解释为北越的"回报"。1966 年 1 月 31 日,在尚未得到北越的正式答复之下,美国恢复轰炸北越。当晚,武友平约见拜罗德,向他宣读了北越的正式答复——拒绝美国的和平条件。2 月 1 日,河内电台用英语向世界播发评论,"约翰逊除和平外,把所有东西都放到了和平的篮子里"。2 月 19 日,武友平再次约见

---

① McNamara, R. S. and J. G. Blight, *op. cit.*, p. 269.

② *Ibid.*, pp. 246-247.

③ Gelb, L. and R. K. Betts, *The Irony of Vietnam: The System Worked*, Washington, DC: Brookings Institution Press, 1979, p. 141.

拜罗德,提出继续对话已不合适,决定停止秘密接触。

从 1965 年 12 月 24 日到 1966 年 1 月底,约翰逊政府无论在搞"和谈"阴谋还是扩大侵越战争方面,都大大地升了一级。约翰逊政府发动和平攻势之时,也正是它紧张部署、积极准备进一步扩大战争之日。它两次增兵南越,使侵越美军总数增加至近 21 万人。它在南越更疯狂地施放毒气,更野蛮地推行"烧光、杀光、毁光"的焦土政策,对北方的轰炸已扩大到河内市中心。它还声明将"毫不迟疑"地要求增加拨款,把征兵人数从每月三四万人增至八万人。因此,约翰逊政府恢复轰炸北方,自是北越意料中的事。美国的那些"和平倡议"还远远不够,不足以超越滚滚而来的战争升级。美国国内尽管确有主张妥协的声音,甚至国防部长麦克纳马拉对这场战争的思想、情绪也开始发生变化,但北越当时无从详加了解,他们认为华盛顿决心继续一面升级、一面试探和谈的两手政策。另一方面,北越要求的是无条件停炸,而美国却索要"回报";在越方看来,美国还缺少对越方的信任,总是担心北越利用停炸向南方输送人员、武器。当年亲历和谈的越南外交官们说,"事实上,即便武友平提出停止进一步对话,谈判的大门也仍然是敞开的"①。不久之后,1966 年 3 月,北越欣然接受加拿大退休外交官切斯特·朗宁访问河内。他受加政府委托、经约翰逊和国务院同意作为特使到西贡和河内为争取和平谈判进行斡旋。在朗宁的回忆录里,他为河内之行的结果感到高兴,用他自己的话说是,"太好了,好得不真实了!"②在经过和越方正式的和非正式的会谈后,总理范文同明确回答他,如果美国政府宣布永远停止一切军事行动和对民主共和国的攻击,而且是无条件的,北越就愿意会谈。范文同"对南越一个字也没有提","唯一的要求就是美国发表一个关于明确地无条件地停止对越南北方的敌对行动的声明"。朗宁返回渥太华和加拿大政府讨论后立即把这个建议和立场带给美国,然而华盛顿"迟迟不回答河内的建议",当被问及原因时,国务院借口说"注意力太集中到西贡骚乱与僧侣在街头自焚的事上了,没时间考虑范文同的建议"。③ 朗宁带着"沉重的心回河内",途经香港从报纸上看到华盛顿的报告,宣布如果河内停止援助越共,美国就可以停止对北越的轰炸。朗宁"认为发表这东西的唯一目

---

① McNamara, R. S. and J. G. Blight, *op. cit.*, p. 277.
② [加拿大]切斯特·朗宁:《朗宁回忆录——从义和团到人民共和国》,孙法理译,中国工人出版社,2008 年,第 207 页。
③ 切斯特·朗宁,前引书,第 208 页。

的,就是把北越人描写为不可理喻,从而为美国人接受对北越轰炸的升级做好准备"。他说:"我感到了良心的折磨,开始怀疑是我的报告鼓励了美国人,使他们认为河内的让步是因为真给炸得吃不消了,因此华盛顿有了更大的决心,认为轰炸还需要残酷地继续,直到把北越炸垮。"①事实上,这位善良的加拿大人无需自责,他在西贡见到美国大使洛奇时,后者指着地图上标记的越南东部沿海的多个登陆地点说(美国正使用它们从美国经海上直接运来物资,因为即使是送上前线的军需物资,西贡港口也无法满足),"无论什么力量也阻挡不了我们,我们要把他们吃掉"②。

1967 年 1 月 28 日,北越外长阮维桢在会见记者贝却敌时再次表示,只有美国无条件停炸和停止一切针对北越的其他战争行为,北越才可以和美国对话。对阮维桢的讲话,美国称其"桢信号",反复揣摩他的谈话时表示北越将要和美国谈判还是表示相反的意思,以至于国务院官员切斯特·库珀后来自嘲地说,"几乎有一年的时间,美国人将它当作犹太法典来讨论"。③

到 1967 年初,逐步升级战略不能奏效已是明显的事实。1967 年 1 月 10 日,美国向北越驻苏联使馆建议举行绝密的直接会谈。1 月 27 日,北越以备忘录回复说"无条件停止进攻北越要具体落实,越南民主共和国可以就接触的地点、时间与美国交换意见"④。第二天,阮维桢就发表了前面的那番讲话。美国认为它和备忘录是同一意思的表态,31 日,美国答复北越,反对阮维桢声明,但表示可以在"找到一条停炸的模式前就解决方案举行秘密对话"⑤。同年 2 月,一个代号为"向日葵"的和谈试探开始了。直到今天,有关"向日葵"和谈的情形仍很复杂,有各种各样的诠释。⑥ 笔者综合这方面的资料加以阐释。

1967 年 2 月 2 日,下面的模式经过北越驻苏联使馆递交河内:美国政府充分意识到越南民主共和国对停炸和河内承担的回报性措施之间任何公

---

① 切斯特·朗宁,前引书,第 209 页。

② 同上,第 202 页。

③ Chest Cooper, *Lost Crusade*, New York, Dodd, 1970, p. 350, p. 353.

④ George Herring ed. , *Secret Diplomacy of the Vietnam War*: *Negotiating Volumes of the Pentagon Papers*, Austin University of Texas Press, 1983, p. 330.

⑤ *Ibid*.

⑥ John Dumbrell and Sylvia Ellis, "British Involvement in Vietnam Peace Initiatives, 1966—1967", *Diplomatic History*, Vol. 27, No. 1, Jan. 2003, p. 113.

开联系都很敏感……出于这个原因,我们提醒越南民主共和国注意美国政府的建议即停炸显然是单方面行动先行发生。这样做之前,我们希望和越南民主共和国达成私下谅解,就是其后采取的步骤将和回报性削减敌对行动相一致。① 这个设计出自库珀的主张,他认为如此,双方都可保全面子。他本人也对此次行动抱有很大期望。作为和谈试探的联络官,库珀首先于1967年1月18日在伦敦和英国首相威尔逊举行了一次会晤。他们谈话的内容虽不详,但从后来事态的发展看,苏联和英国共同斡旋:在苏联总理柯西金访问伦敦之际,柯西金和威尔逊以日内瓦会议两主席国身份磋商越南问题。②

威尔逊希望柯西金亲自保证如果美国停炸,北越能开始对话。柯西金显然不愿意做这样的承诺。莫斯科不止一次地跟美国说,从长期来看,暂停轰炸将大大改善气氛,柯西金要求威尔逊和他发表声明,敦促华盛顿停止轰炸北越以换取河内举行谈判,并表示"要害问题就是一个:支持北越的建议,即美国应当停止轰炸,北越就可以开始谈判"③。1967年2月6日当天的会谈,威尔逊很受鼓舞,感到这位苏联领导人是"准备认真对话的"。威尔逊在他的回忆录里说:"我怎么能认为自从我们会见以来,他(柯西金)都是在消磨时间呢?"④虽然库珀并不认为威尔逊取得进展,但他也报告国务院:柯西金显然是从河内得到了承诺,"如果我们停止轰炸,他们就开始对话"⑤。

华盛顿时间1967年2月7日凌晨,白宫在经过数小时讨论后,约翰逊总统致函威尔逊,敦促他将讨论政治进程和军事行动分开,邀请他转达美国的建议:如果北越同意有保证地停止向南越渗透,美国就将停止轰炸北越和增兵南越。⑥ 柯西金不满足于威尔逊的口头传达,要求看到美国的书面答

---

① "Various USG-Approved Formulations of Phase A-Phase B Proposals and Related Matters," undated, "SUNFLOWER Vol. I", Box 255, CF, Vietnam, NSF, LBJL. Emphasis in Original. cited from John Dumbrell and Sylvia Ellis, *op. cit.*, p. 129.

② John Dumbrell and Sylvia Ellis, *op. cit.*, p. 129.

③ "Record of the first formal meeting between Harold Wilson and Alexei Kosygin, 6 Feb. 1967, FCO, 15633, PRO.", cited from John Dumbrell and Sylvia Ellis, *op. cit.*, p. 130.

④ Harold Wilson, *The Labor Government 1964—1970: A Personal Record*, London, p. 347, p. 349.

⑤ John Dumbrell and Sylvia Ellis, *op. cit.*, p. 130.

⑥ George Herring ed., *op. cit.*, pp. 437-438.

复。但是,伦敦方面在经过了两天的等待后,且柯西金已经登上去往苏格兰的专列时,才得到了华盛顿的答复。更令威尔逊大为恼火的是,美国的建议已经改为北越先保证渗透停止,然后美国才依次停炸和停止增兵,这就是所谓的"时态"之争。英美关系已如履薄冰,这次威尔逊更指责美国言而无信,使他在柯西金面前难堪。就连库珀等人也感到吃惊,不赞成华盛顿在数小时内限制河内答复,更无法理解政府为何做这样的更改。

约翰逊改变主意可能是受国家安全顾问罗斯托等人的影响。罗斯托提出,美国必须确认渗透已停止,他还建议英国和苏联要为北越做担保,即便如此,"我们也不会进行下一步,直到美国单方面确认渗透已实际停止"[①]。1967年2月12日起,美国恢复轰炸。北越随即向苏联表示,决不在美国炸弹之下进行任何谈判。北越还认为美国又提出了新的条件,并只给河内九个小时的时间考虑,这无异于最后通牒。

近年来,西方学者提出"向日葵"和谈试探之所以失败,是"诸多因素导致的,没有任何一方,没有一个因素是要负完全责任的"[②]。其实,包括"向日葵"行动在内,实际情形却是这些和谈试探正是美国轰炸——暂停——再轰炸的恶性循环的记录。约翰逊政府的"暂停轰炸",表明它在南越战场上碰得头破血流,不得不祭起"和谈"的破旗。它的恢复轰炸,表明它的廉价的"和谈"骗局屡屡破产,不得不又回过头来乞灵于战争。

几个月之后,受行政当局委托,哈佛大学教授基辛格着手进行代号为"宾夕法尼亚"的行动。和前面的试探相比,美国这次的立场有较大软化。事情原委是这样的:基辛格曾经致信国务卿腊斯克,建议通过一个法国科学家小组与北越高层对话,但是一直没有得到国务院的回音。麦克纳马拉得知后极力主张实施行动。此时的麦克纳马拉已经不是个主战派,作为总统的高级幕僚,他和总统、将军们之间在这场侵越战争的目标上已经很难找到什么共同语言了。麦克纳马拉向约翰逊总统提出了建议,而后者在没有更好的途径情况下也只有同意。

法国微生物学家赫伯特·马尔科维什和法国驻联合国粮农组织官员雷蒙德·奥布吕克来到河内,得到了胡志明和范文同的接见。范文同对法国客人表示,北越"可以接受事实上的停炸,停炸和谈判之间是否要有间隔不

---

①　John Dumbrell and Sylvia Ellis, *op. cit.*, p. 137.

②　*Ibid.*, p. 149.

成其为问题。采用何种对话渠道也不是问题,但必须是双方的全权代表。最初的谈判应该围绕北越和美国间的问题,涉及南越的问题,民解必须参加"①。会见结束后,范文同还对法国客人说:"亲爱的朋友,你们也许认为白来了一趟,实际上,你们给了我们很多需要考虑清楚的东西。"②

1967年7月28日,他们返回巴黎,将谈话内容跟基辛格做了通报。北越高层传达的信息虽然让约翰逊总统等人怀疑,但却使麦克纳马拉倍感欣喜。8月11日,基辛格在库珀的陪同下来到巴黎向两位中间人转告美国政府的建议。马尔科维什和奥布吕克要求得到美国在他们待在河内期间暂停对河内10英里半径范围内轰炸的保证。

然而,美国却以所谓按照原定的轰炸计划,从8月20日起连续猛烈轰炸河内地区。河内通知法国朋友出于安全考虑不要来河内。8月25日,两人只得向梅文蒲递交了美国的书面建议——美国愿意根据下述理解停止对北越的轰炸:停炸将迅速产生美越之间"富有成效的讨论",而且北越将不利用停炸加强对南越的渗透。③ 这不同于美国先前关于北越停止渗透必须先于美国停炸或至少与停炸同时的立场,但仍是有条件的。半个月后的9月11日,北越正式对美国的建议予以拒绝,除了美国的建议仍然是有条件的这个因素外,还有一个具体的原因。

此时,越南春节攻势计划正在酝酿中,那些主张推迟对"宾夕法尼亚"行动给以回应的力量占了上风,北越外交部也认为,该建议虽接近北越要求美国停炸的立场,但终究不等于停炸的承诺。越南当年参与了这些外交行动的人员后来在和美国学者的对话中认为,"从我们的立场看,'宾夕法尼亚'建议的意义非同寻常,因为它向我们传达了一个信息。我们第一次相信,美国很快就要坐下来跟我们谈判。……'宾夕法尼亚'行动向我们外交部和领导层表明对话即将开始……我们很受鼓舞,它为巴黎和平进程的开始奠定了基础"。④ 当然,这并不能说明美国有多少"和平诚意",恰恰相反,从1965年到1967年,美国不断以暂停轰炸诱使越南举行和谈,却统统没有奏效。有学者认为,"河内有时对和谈表现某种兴趣仅仅是为了诱使华盛顿停止轰

① McNamara, R. S. and J. G. Blight, *op. cit.*, p. 293.
② George Herring ed., *op. cit.*, pp. 720-721.
③ 时殷弘,前引书,第254页。
④ McNamara, R. S. and J. G. Blight, *op. cit.*, pp. 300-301.

炸"。① 然而,根据越美接触的诸多情形来看,北越并非为空话式的宣传,即便被指为宣传;美国的"和谈"也是姿态,说是骗局也不为过,不过是追求舆论效应而已,因此一味或简单否定北越对和谈的反应是狭隘和片面的,正如越南所言:"美国可以利用外交支持其军事目的,我们也一样可以。"②1968年5月,巴黎谈判启动前,越南一面加倍痛击来犯之敌,一面保持和美国对话的渠道,作为正式谈判到来之前必要的准备,足以说明越南最终做出接受谈判的决定绝不是仓促之举,而是有备而来。1966年4月,劳动党中央统一委员会主任阮文永在南方局会议上传达中央三届十一中全会的精神时就指出,苏联和东欧国家认为谈判时机已经成熟,这是错误的。中国认为谈判时机在今后好几年内仍不会成熟,也是错误的。未来的形势可能导致谈判。③

第三节　平衡对中苏的关系

作为越南的邻国和重要盟友,中国坚决反对越南和美国谈判,其中既有与谈判本身相关的策略因素,即谈判时机未到,也有更深层次的原因,就是中国对苏联威胁的担心。中苏关系自1950年代末起逐渐恶化,到1964年,毛泽东开始明确提出了苏联攻打中国的问题。尽管这时毛泽东认为苏联大规模进攻中国还不大可能,但在他看来,与美国的威胁相比,苏联的威胁似乎更为现实,也更加紧迫。1966年1月,苏联与蒙古签定了为期20年的具有军事同盟性质的友好合作互助条约。这一情况与苏联向中苏边界地区增兵的现实相结合,使毛泽东进一步感受到了苏联对中国的军事压力。中国高层认为"长期以来,美国对中国实行半包围政策,现在苏联也在包围中国。除了越南这部分外,包围圈已接近完成"④。因此,中国领导人不能不担心,如果越南让步,美苏联合的现实将使中国陷入双重包围之中。除了军事上潜在的威胁外,中国还担心苏联的另一种威胁,那就是它在越南乃至整个印

---

①　Qiang Zhai, *op. cit.*, p. 37.

②　McNamara, R. S. and J. G. Blight, *op. cit.*, p. 259.

③　时殷弘,前引书,第249页。

④　1968年4月29日周恩来、康生与范文同的谈话,载杨奎松、沈志华等著,李丹慧编《中国与印度支那战争》,天地图书有限公司,2000年,第291页。

支扩大影响,如果越南在苏联的影响下对美国妥协,将是中国最不愿意看到的状况。而苏联自赫鲁晓夫后期开始调整对越政策,改"脱身"为"插手"。1967年苏联外交部提交政治局关于未来政策的分析报告,被认为是苏联对越政策的基石,报告指出,"我们一方面应继续向越南民主共和国提供全面援助,以加强其击退侵略的防御能力,同时也不要直接卷入这场战争。我们必须让美国人知道,摆脱目前局势的唯一途径是在尊重越南人民合法权利的基础上达成一项政治解决协议"①。所以,苏联一方面加强援越,一方面对美国提出的和谈建议表示支持,鼓吹在谈判桌上解决越南冲突。早在1965年2月6日,苏联总理柯西金访问越南路经北京,向中国表示要帮助美国"从越南找到一个出路"。②

很显然,如果仅仅是时机问题,事情反倒简单了,就是因为中苏迥异的态度使得越南处在夹缝中难以左右逢源。劳动党中央高层对谈判问题也有不同意见。1965年年终,黎笋等部分越南领导人想请苏联充当中间人,同美国谈判解决问题,但又怕胡志明主席不同意,便拐弯抹角地说,同美国谈判是沿用中国"谈谈打打"的经验,胡志明说:"如果是这样,那还得听下去。在战场上没有解决问题的时候,哪能在谈判桌上解决问题。要以打为主,同时也可以表示同意谈判。但这个问题要同中国同志仔细商量。"③1966年8月23日,阮文永跟苏联驻河内大使馆武官普里维洛夫争论要不要立即开始谈判的问题,阮说,"现在的形势不利于谈判,现在谈判对我们意味着什么?就是失去一切,首先就是和中国的友谊,中国非常反对谈判"。④ 不难看出,中国的立场此时对越南影响颇大。

苏联自插手越南问题后,为了说服河内与美国举行谈判,试图利用经济援助施加压力,有时还拉上兄弟国家。当北越内务部部长雍文谦向东德提出更多援助要求时,他得到回答:越南不是唯一一个"与美帝国主义进行斗

---

① 阿纳托利·多勃雷宁:《信赖》,世界知识出版社,1997年,第180页。
② 广西社会科学院印度支那研究所编:《中越关系史大事记》,1980年版,第65页。
③ 郭明主编:《中越关系演变四十年》,广西人民出版社,1992年版,第68页。
④ Memorandum of Conversation, Soviet charge P. Privalov-Nguyen Van Vinh, August 23, 1966. SCCD, f. 5, op. 58, d. 264, pp. 173 - 174. Emphasis added. , cited from Ilya V. Gaiduk, *op. cit.*, p. 80.

争的战场",东德由于自身的问题也是一个"战场"。① 河内因此经常抱怨莫斯科的援助很不充分。苏联学者盖杜克认为,"尽管也有其他因素影响苏联援助河内的规模,但可以肯定,给河内加点压力促使其跟美国对话是毫无疑问的"②。姑且不论越南接受附带条件的援助与否,首先苏联运用援助杠杆的空间有多大就是个问题。苏联驻河内大使馆在 1967 年 4 月给克林姆林宫的报告中特别强调,莫斯科和社会主义兄弟国家不能以拒绝提供援助作为诱使河内谈判的手段,甚至连考虑一下都不需要,因为"苏联在河内的影响下降就意味着中国力量的上升"。③ 也就是说,中苏的分裂和敌对对越南抗美斗争也许造成诸多不利,却也未必不是好事。阮文永告诉普里维洛夫,越南在意中国的看法,既出于对客观情形的判断,谈判时机的确未到,但也不排除这个意图:利用中国平衡苏联的影响,不使自己过多依赖于任何一方。

这种小心平衡自中苏关系恶化之日起就成为河内的行动指针,越南试图以"加强社会主义阵营和国际共产主义运动的团结",希望中苏联合起来共同援越。④ 1966 年 1 月,北越驻古巴大使馆参赞黄莫对联共(布)中央书记谢列平说:"苏联尤其应该主动与中共的关系正常起来,但越南不能主动倡议,否则和中国的关系就会恶化。越南此刻必须把一切问题从属于抗美斗争,任何一步走错都会对越南造成严重后果,单方面绑定苏联或中国都将极大地破坏越南革命斗争。……尽管苏联的援助对越南抗美斗争意义极其重大,也决不意味着越南就听命于苏联。"⑤对中国有关苏联正在出卖越南的说法,越南不但不抱以认同,甚至以期暗中通过苏联与美国接触,于 1966 年 6 月通过印支国际监委会的波兰代表亚诺什·莱万多夫斯基表示,希望

---

① Memorandum of Conversation, Soviet attaché V Sviridov-German attaché Klaus Matzke in Hanoi, Feb. 28,1967. SCCD, f. 5, op. 59, d. 330, pp. 109 – 112, cited from Ilya V. Gaiduk, *op. cit.*, pp. 79 – 80.

② Ilya V. Gaiduk, *op. cit.*, p. 79.

③ *Ibid.*, p. 111.

④ 俄罗斯解密档案 SD01830,佐林与武文松会谈纪要(1971 年 3 月 17 日),华东师范大学冷战国际史研究中心网站。

⑤ Document No. 18, "Note on two Conversations with the Minister Counselor of the DRV Embassy, Comrade Hoan Muoi, on 26 Jan. 1966, in the Cuban Embassy, and on 27 Jan. 1966, on the Occasion of a Farewell Visit to Our Embassy, 27 Jan. 1966 [Excerpts]", *Cold War International History Project Bulletin*, Issue 16, p. 391.

将来预备性谈判能通过苏联绝密地进行,以免引起中国反对。[①] 为了不因此限己于被动,越南也注意和苏联拉开距离。1965 年年底至 1967 年 2 月间,苏联和西方某些通讯社一再造谣,说中国阻挠苏联援越军事物资过境。为此,1966 年 6 月 19 日越南政府授权越南通讯社发表声明,澄清谣言,声明说:"中国对苏联等国援助越南的军事物资都尽力帮助按计划转运过境,西方通讯社机构散布的所谓'过境援越物资受阻'完全是捏造和极为卑鄙的挑拨阴谋。"1967 年 2 月 28 日,越南方面再次发表声明,指出美国和其他西方通讯社散布的消息纯属捏造,声明间接、委婉地驳斥了苏联。

经历了和美国的数次试探性接触,越南对能否与美谈判有了较大把握。1967 年年初,美国秘密发出和谈邀请,北越正式答复,美国无条件停止对越南民主主义共和国的一切战争行为,北越可接受对话。同一天,劳动党中央对外联络部部长春水就通知中共中央,越劳动党中央十三中全会确定:如果美国接受并真正停炸,并要求同越南进行会谈,越南可接受。[②] 1968 年 2 月,北越向被中国批评为"华盛顿邮差"的联合国秘书长吴丹表示,他们"不能相信北京,北京现在说还要三年时间才会解决问题,那是北京的立场、看法"[③]。所以,当约翰逊总统宣布美国单方面降级两天后,北越外长阮维桢发表政府声明,表示随时准备派遣代表同美国代表接触,宣布这一决定前两个小时通知了中国。

1971 年 4 月,苏联驻越使馆报告说,"越南劳动党近几年立场发生了有利于苏联的变化……对于中美关系解冻表示疑虑,虽不便公开反对,但在比较重大的问题上坚持'捍卫自己处理此类事物的独立性',苏联应对这种独立性继续给予支持和鼓励"[④]。显然,若越南倒向中国一边同样也是苏联所不愿意看到的。自中苏关系破裂后,越南在中苏关系的夹缝中步步谨慎,注意不受其左右,既与他们就有关问题进行一些必要的协商,又坚持不受干扰地和美国接触,较为自主地掌握对美谈判的步调。有学者这样评价北越决

① 时殷弘,前引书,第 251 页。

② 曲星:《中越在印度支那战争中的策略差异》,杨奎松、沈志华等著,李丹慧编,前引书,第 119 页。

③ "Record of Meeting, Meeting Between U Thant And The President, Washington, February 21, 1968", *Foreign Relations of United States* (FRUS,以下皆缩写成 FRUS), 1964—1968, Vol. VI, Vietnam, Jan.-Aug., 1968, p.231.

④ 沈志华:《中美和解与中国对越外交 1968—1973》,杨奎松、沈志华等著,李丹慧编,前引书,第 235 页。

定与美国和谈的意义:北越 1968 年 5 月开始和美国进行谈判的举动,固然是从越南抗美战争的需要出发,但对中国而言却具有重大意义。这就是,越美和谈使越南的战争相对降温,中国国防重点得以完成向北转移,中国后来也决定打开中美关系的大门。如果北越自己没有首先迈出调整与美国关系的步伐,那么这些历史机遇的出现即使不是不可能的,也是困难的。①

---

① 牛军:《60 年代末中国对美政策转变的历史背景》,杨奎松、沈志华等著,李丹慧编,前引书,第 208 页。

第二章 华府战与和的抉择

对美国而言,1968 年是它侵越战争发生转折的一年。战争"逐步升级"的结果使美国在南越的地位更被动,在国内外的处境更孤立。美国《新闻周刊》这样描写笼罩在华盛顿的悲观气氛,三十年来,没有哪一次"美国军事冒险事业"使人感到像这样"痛苦或沮丧"。① 这年北越发动春节攻势,使自 1966 年以来美国统治集团在这场对外侵略战争问题上产生的分裂空前严重。内外交困中,约翰逊总统终于下了退却的决心。

第一节 战争能力趋向衰竭

1967 年年终总结,没有一件事是约翰逊政府称心如意的,而侵越战争的惨重失败,则使他最为伤心。

约翰逊政府面临的一个最直接的问题是兵力日趋吃紧。早在 1965 年夏天酝酿大量增兵南越时,美国全国可征入伍的单身役龄男子只有 75 万人,其中一级人员即检查身体后马上能入伍的,仅有 15 万人,其余的 60 万人中有 45% 的人不合格。为了大量搜刮炮灰,约翰逊在当年 8 月底下令修改选征兵役条例,已婚而无子女的男子也将被征召入伍。11 月,美国国防部又宣布降低入伍标准,被征或"志愿"入伍的中学毕业生不需要再通过"智能测验"。而且,一些征兵局开始在大学研究生身上打主意。不仅如此,美国国防部还呼吁退役军官和后备军官服现役,但响应者寥寥。此外,美国还利用苏联在德国和柏林问题上的大搞缓和,采取了拆东墙补西墙的办法,从西欧抽调部分兵力到南越去。

随着战争升级,大量增兵使兵力不足的致命伤暴露得更加明显。到 1967 年年底,侵越美军在南越已达 56 万,动用了近二分之一的陆军、四分

---

① 《越升级越惨败,越升级越困难,越升级越孤立》,载于《世界知识》,1966 年第 1 期,第 10 页。

之一的海军和五分之一的空军,这几乎达到了美国能动用的兵力的极限。春节攻势后,美国驻西贡最高指挥官威斯特摩兰接连向华盛顿请求到1968年年底前应该再向南越增兵20万5千人,其中一半须在5月1日前到位。对他所要求的这个数字,经过政府内阁班子等大小会议三番四次的争论,仍拿不出一个切实可行的方案,美国统治集团内部一片悲观沮丧,惊呼美国"正处在危机关头"①。

美国此时首要的难题是,威斯特摩兰反对用平民来补充、代替作战部队。为此,他在第一封电文中说,"就作战要素而言,我需要补充战斗力"②,并建议取消服役时间限制。当然,增兵并非威斯特摩兰一个人的主张,如后所述,参谋长联席会议的将军们也持同样意见。但当时美国夏威夷和海外的美军基地,已经无一兵一卒可调。即使是从越战老兵中挑选,仍需要14天来急训,而新兵至少需要至少8到12个星期的培训,如果取消服役年限"更会对部队士气有影响"。③ 总统特别助理麦克弗森主张,美军应停止对每个省份和省会城市的防御,只保护关键地区,停止"发现并摧毁"战略。④

美国报刊认为,约翰逊政府将不得不征召后备人员服现役,而这却是他慑于美国人民的反对一直不敢采取的严重步骤。万般无奈之下,约翰逊转而求取盟国支持,但其实也不能根本改善窘境,最后一个选择就只剩下乞灵于南越伪军这一条出路。春节攻势后,约翰逊催促西贡当局大力搜刮炮灰,把入伍年龄门槛降低至18岁。

上述情况都说明了一点:美国已经到了几乎无兵可派、无计可施的地步,不仅难以向南越派出更多部队,而且前线部队的状态也糟不可言,最严重的是部队士气低落和凝聚力逐渐瓦解。血肉横飞的战场,瞬间死亡的恐怖场景,这是平时喝着可口可乐、听着摇滚乐的美国年轻人不曾承受、也无法承受的。一位下士在1968年1月给父母的家书中写道:"经过几周来对

---

① "Notes of Meeting, Washington, February 27, 1968", *FRUS*, 1964—1968, Vol. Ⅵ, p. 262.

② "Telegram From the Commander, Military Assistance Command, Vietnam (Westmoreland) to the Commander in Chief, Pacific Command (Sharp) and the Chairman of the Joint of Staff (Wheeler), Saigon, February 12, 1968, 0612Z", *FRUS*, 1964—1968, Vol. Ⅵ, p. 184.

③ "Notes of Meeting, Notes of the President's Meeting With the Joint Chiefs of Staff, Washington, February 9, 1968", *FRUS*, 1964—1968, Vol. Ⅵ, p. 160.

④ "Notes of Meeting, Washington, February 27, 1968", *FRUS*, 1964—1968, Vol. Ⅵ, p. 261.

悲惨死亡和巨大破坏的亲眼目睹,我现在觉得自己像一个老人。"①

更令人堪忧的是相当多营一级单位尽可能消极避战,"搜避"成了士兵们的一项主要作战原则,"保命回家"成了他们中间的流行语。②空军则发明了出击任务储存法,因为白宫和五角大楼每月发布一次三十天的轰炸定额,轰炸范围又大,空军几乎无法寻找合适的目标。这样,把在指定时间内无法执行的飞行任务,放在以后一起执行。有些军官甚至建议谎报公开报告上的出击次数。一位军官说,"我们并不需要如此之多的战术出击,因为没有真正的目标。"③所以,空军消耗的人力和飞机比实际需要的多。听到谈判的消息后,美国兵欢呼庆贺这一消息,他们成千的人聚集在一起收听关于谈判的新闻广播。当美国下令要打时,有的美国兵在帽子上写上"我马上就要回美国去了,请不要杀我"④。美国第一步兵师的一个旅拒绝去打仗,该师师长被打死后,这个师的美国兵喝酒开庆祝会。美国兵欢迎谈判,希望回家的人很多。还有其他一些极伤脑筋的问题,诸如士兵吸毒成风,军内种族问题的日益严重,往不得人心的军官们床下扔手榴弹,军用商店里的营私舞弊案件等等。

大量增兵还使后勤供应不足的困难日益严重。劳师远征,兵家所忌。美国远离南越一万多公里,从它的本土经过冲绳、关岛和菲律宾,商船要走12天,就是飞机,不包括加油所用的时间也需要三天。这样长的运输线在历史上是少有的。希特勒进攻非洲,从汉堡到埃及亚历山大港,只有3 449里。

美国兵消耗之大,十分惊人。据美国报刊报道,美国海运一个旅(约6 200人)的兵力到南越,需要用的总载重量82 900吨,即每人平均载重量13吨。步兵师每一个兵打一次仗需要供应弹药、物资28公斤之多,吃的啤酒、火鸡都得从国内运去。⑤

侵越战争"逐步升级"也使军需供应量不断上升,因而美国的海运和空运已全面吃紧。美国侵越的后勤工作90%是由海船担任的。1967年底,供

---

① 莫里斯·艾泽曼,前引书,第141页。

② 时殷弘,前引书,第260页。

③ [美]塔德·肖尔茨:《和平的幻想——尼克松外交内幕》,商务印书馆,1982年,第67页。

④ 1968年11月17日,毛泽东与范文同的谈话,载于杨奎松、沈志华等著,李丹慧编,前引书,第303页。

⑤ 《日益吃紧的后勤运输》,载于《世界知识》,1966年,第2、3期合刊,第44页。

应物资激增至约 150 万吨,需要船只 200 艘。如此巨大的运输任务,已经使美国海运动员逐渐接近侵朝战争的水平。美国力图摆脱航运危机,一方面起用"退役"的船只,另一方面租用外国商船。无奈,"退役"船只陈旧不堪,可用的甚少;租用外国商船也遭到许多外国海员反对,无法启航。航运危机终究解决不了,美国政府军事海运局局长多纳霍承认,"美国船只缺得厉害"①。

美国空运也吃紧。美国军事空运司令部司令埃斯蒂斯说,美国空运潜力已经有四分之三用来向南越空运人员和物资。这就是说,仅仅为了应付侵越美军的需要,美国空运能力的老本已经动用了一大半。

美国历尽艰辛,好不容易把物资装备运进南越,但紧跟着的,就是南越缺乏港口、机场、仓库,从而造成供应拖延、物资壅塞等一片混乱现象。堆在西贡、岘港等地的物资要等待几星期或几个月才能运走。就是上岸的物资,由于南越人民武装控制了陆上交通线,在紧要关头也到不了战场。难怪美国驻太平洋部队总司令夏普惊呼:"后勤是我们的大问题。"②

美国侵越军费也随着战争的"逐步升级"而直线上升。1965 财年为 47 亿美元,1966 到 1968 财年逐年为 68 亿、201 亿、270 亿美元。实际上,美国侵越军费还远不止预算中所列的数字,还有许多开支埋伏在其他项目里,例如,从政府库存中提取的原料、为配合侵越战争在东南亚军事部署的基本开支等。况且,预算也未能束缚住约翰逊政府的手脚,侵越战争扩大后,它三次大幅度追加军费。在 1967 年度预算咨文中,约翰逊明确表示,他对侵越战争开支的要求决不是最后的,今后还要不断增加。1967 年 5 月,联合百货公司总经理、商业委员会委员拉尔夫·拉扎勒举行记者招待会,公开批评约翰逊的战费预算。如果把威斯特摩兰的增兵要求付诸实施,又将使1968、1969、1970 财年的预算分别增加 250 亿、100 亿和 150 亿美元。③

约翰逊政府扩大侵越战争,花钱如同决堤的洪水,使财政日益枯竭,赤字急剧上升。1967 财年赤字高达 98 亿美元,1968 财年的赤字更大,为 270 亿美元。为了弥补庞大的财政亏空,美国政府不得不增借公债、增加税收和增发通货,以致美国经济陷入不可收拾的境地。

---

① 《日益吃紧的后勤运输》,载于《世界知识》,1966 年,第 2、3 期合刊,第 45 页。
② 同上。
③ "Notes of Meeting, Notes of The President's Meeting To Discuss General Wheeler's Trip To Vietnam, Washington, February 28, 1968", *FRUS*, 1964—1968, Vol. VI, p. 275.

美国政府通过增税等把越来越重的军事负担加在纳税人身上,削弱了他们的购买力,美国生产和市场之间的矛盾越趋尖锐,日益逼近的生产过剩的经济危机更无法遏阻。战后二十年来,美国已先后爆发四次较大的经济危机。在上次危机(即 1960 至 1961 年危机)过后,美国垄断资本在市场日趋萎缩、竞争更加激烈、资本严重过剩的条件下,又指望增加越战的军费开支、财政赤字和信用膨胀等饮鸩止渴的措施能够刺激呆滞的美国经济,结果适得其反。

在通货膨胀的刺激下,到 1966 年,美元币值已经跌至战前的 44%。这年 3 月底,约翰逊总统在演说中承认美国"物价上涨太快",呼吁各方,包括家庭主妇,少买东西,削减"不必要"的开支,以制止通货膨胀。[1] 1968 年时美国的消费品价格比十年前上涨了 121%,说明形势不妙。

美国的公私债务也增加到惊人的地步,整个金融体系已经走到"灾难的边缘"。战后美国借助放宽信贷来刺激经济。侵越战争扩大以来,由于销售愈来愈困难,以致于美国不得不主要依靠高度信用膨胀来维持它的经济发展。号称世界上最富有的国家,成为负债最多的国家。到 1967 年初,美国的公私债务已超过 14 000 亿美元,约为国民收入的两倍半。按人口平均,每个美国人负债 7 000 美元。债务如此泛滥,大大增加了爆发金融危机的危险。

越战还大大削弱了美国的国际经济地位。美国一直靠对外贸易的顺差来弥补部分国际收支逆差。但由于国内通货膨胀、物价不断上涨,削弱了美国商品在国际市场上的竞争力。自 1958 年以来,美国国际收支逆差日益扩大,1960 年到 1964 年平均每年 28 亿美元,1965 到 1969 年平均每年 34 亿美元,美元的信用日益恶化。约翰逊政府早在 1965 年被迫实行限制资金外流等所谓的"自愿控制"措施,企图减少资金外流。但美国垄断资本家为了自身利益,岂肯受政府的约束。当年,国外投资的 73 亿美元中就有 34 亿是从美国流出的。美国国际收支恶化,美元信用动摇,而美国更以转嫁其通货膨胀的手段对外进行经济扩张,故而导致外国政府、中央银行和私人纷纷将手中的美元兑换黄金。1966 年美国只有 136 亿 3 400 万美元的黄金储备,而它所欠的外国短期债务,却已达 290 亿美元。这就是说,全部黄金储备还不足以抵偿这些债务的一半。美国垄断资本家在国外开办了大批厂矿,但

---

[1] 施集:《危机四伏的美国经济》,载于《世界知识》,1966 年,第 7 期,第 9 页。

他们不会出售国外资产来弥补国际收支逆差。恰恰相反,他们因怕外国人大量提兑黄金可能造成美元贬值,还会把资金抽调国外。这样,美元地位就更危殆。

约翰逊政府愈是扩大侵越战争,就愈要加紧向美国人民进攻,美国统治集团的国内困难也就愈加严重。约翰逊承认,由于侵越战争,“我们所应该做的事或者愿意做的事我们不能全都做到”。他不得不减少用于建立“伟大社会”的开支。他要求“暂停”仅仅实行了 12 天的“减税”。他要求美国劳动人民勒紧裤带,在争取提高工资方面“采取克制态度”,并且在战争“需要”时“作出新的牺牲”。①

约翰逊政府一方面,为了扩大侵越战争和刺激美国经济,需要进一步增加军费,扩大财政赤字和信贷膨胀;另一方面,通货膨胀和美元地位不稳,又要求采取紧缩银根措施。但是,约翰逊政府又害怕紧缩银根会使主要靠信贷膨胀来支撑的美国经济的虚假繁荣垮台。美国经济放也不行,收也不行,面对这种情况,《纽约时报》等报刊认为“约翰逊怕采取这些措施会让人们对越南战争更觉忍无可忍”②。

主要由于越战巨大的开支,还有通货膨胀、信贷膨胀、财政困难、国际收支逆差、大量黄金流失等一系列财政经济上的问题存在。所有这些问题,互相交叉,互相影响,使约翰逊政府顾此失彼,陷于重重困难之中。约翰逊总统 1968 年 2 月在行政会议上,阴郁地谈起美国财政和经济状况,“极度令人担忧,我们现在大约有 20 亿的赤字,增税议案又通不过,赤字肯定会超过30 亿。利率还得上调。英镑贬值,加拿大元也可能贬值,美元的地位岌岌可危。除非增税,否则不堪设想”③。

很显然,美国经济即使没有病入膏肓,也已经是危机四伏。美国无力长期承担在南越的所谓义务而不严重损害其经济。在种种困境之下,约翰逊总统终于作出了可以被视为对越战争扩大以来的第一个收缩举动,这就是他要求国务卿和预算局长采取一项缩减美国海外人员的计划。1968 年 2月,他在给驻西贡大使埃尔斯沃斯·邦克的信中强调,“我强烈认为你和威

①　《半月谈——大失败,大争吵》,载于《世界知识》,1966 年第 2、3 期合刊,第 4 页。

②　[英]亨利·布兰登:《美国力量的收缩》,三联书店,1974 年,第 20 页。

③　"Notes of Meeting, Notes of The President's Meeting With General Earle Wheeler, JCS And General Creighton Abrams, Washington, March 26, 1968", *FRUS*, 1964—1968, Vol. Ⅵ, p. 462.

斯特摩兰将军应该拥有必要的资源以应付困难局面,但是我也认为我们必须以最低限度的人员来完成这些任务。为了这个目的,我希望你们能拿出方案以减少留在越南的美国人和美国资助的人员"[①]。在这个计划中,美国尽管还不打算削减那些直接与作战有关的人员,甚至是削减作战部队,但可以看出美国已经力不从心了。

如果说兵力、财政、经济等是美国继续越战的硬性条件,那么公众对战争的态度则是软性条件。两者环环相扣,犹如一条绞索把约翰逊政府勒得喘不过气来。在1968年,用厌恶、愤怒、咒骂来形容美国人的思想状态真是再合适不过了,而这一切都随着一场发生在万里之遥的且遥遥无期的战争起起伏伏,终于酿成了1968年遍及全美各地的反战运动。

大多数反战的美国人的深层意识里不是"反战",他们对战争的想法是美国要么胜利,要么从越南撤出。尽管民意测验表明许多美国人认为美国最初卷入越南是个错误,但他们还是不愿意通过支持立即全面撤军而承认败在了共产主义国家之手。对他们来说,越战时间长,代价大,而且根本看不到胜利的影子,对战争的失望和反对情绪越来越大。反战参议员尤金·麦卡锡在新罕布什尔州的初选中击败约翰逊,并不说明每位投麦卡锡票的人都是因为反对越战才这样做,一些人是为了表示对约翰逊未能赢得战争胜利的不满。

厌战还导致人们重新看待越战的必要性。美国人难以理解为什么美国的领导人为了一个代理人政权,要这样固执地抱住胜利的幻影不放,而这一政权的存在,既不会给美国人、也不会给越南带来任何好处。世界上那个狭小的角落发生的事并不是一种对美国人生死攸关的问题。和越南战争比起来,犯罪问题更是一个近在身旁的恶梦,人人都为之不安。

和大多数美国人不同的是,一些比较激进的人士则出于人道、道义而加入反战队伍。他们认为自己生活在战争机器的阴影下,战争吞噬生命,摧毁一切,把死亡传播到全世界,必须要关掉这些战争机器。特别是大学校园中的年轻人质问:"美国究竟是什么样的社会? 是谁用凝固汽油弹和有毒的针剂回应南越的贫穷与压迫?"[②]

---

① "Letter From President Johnson To the Ambassador to Vietnam (Bunker), Washington, February 2, 1968", *FRUS*, 1964—1968, Vol. VI, p. 105.

② 莫里斯·艾泽曼,前引书,第127页。

反战运动最重要的形式是大规模游行。随着侵越战争升级,反战游行的参加人数和发生频率也不断升级,还经常伴有暴力冲突。1967 年 10 月 21 日,5 万多名示威者步行通过波托马克河上的阿灵顿纪念大桥,40 多分钟后抵达五角大楼。在五角大楼前,他们同警察发生激烈冲突,共有 600 多人被捕。抗拒征兵是反战运动的另一个重要方面。许多年轻人或公开焚烧征兵卡,或逃亡,或不惜自残来躲过兵役。根据五角大楼统计,1960 年代末期,被征而逃避服役者每年超过 3 万人。

1968 年春节攻势促使反战风潮达到了空前强烈的程度。对公众舆论而言,最大的问题是美国人的伤亡率,美国公众能容忍低伤亡的漫长战期,或高伤亡的短期战争,而越南战争却两个坏处都兼有。该年 3 月份的民调显示 69% 的受访者赞成政府从东南亚分阶段撤军。[①]

战争是实力的较量,更是耐力的较量,美国的战争能力已经到了极限。财政上捉襟见肘,人民的反抗斗争,逐步升级政策已经是强弩之末。伴随美国战争能力的严重衰竭和日益破产的战争升级,统治集团内部爆发了一连串的大争吵,美国对越战争处在"无可奈何花落去"的穷途末路。

第二节 越战共识严重破裂

约翰逊政府大规模升级战争时,从白宫到国会山,内部表现得相当一致,没什么分裂可言。约翰逊总统的大多数顾问"赞同美国必须做更多的事情去提高南越政府低落的士气"。仅有的与这些普遍观点不一致的意见,来自华尔街银行家、副国务卿乔治·鲍尔和参院多数党领袖迈克·曼斯菲尔德。有时,加上一个中央情报局局长约翰·麦科恩。[②] 曼斯菲尔德早在 1963 年 8 月就告诫肯尼迪:美国不要在越南卷入太深。[③] 在约翰逊政府上台的头六个月里,曼斯菲尔德又致函约翰逊,"赞同在越南停战,使整个东南

① "Telegram From the Chairman of the Joint of Staff (Wheeler) to the Commander, Military Assistance Command, Vietnam (Westmoreland), Washington, March 16, 1968", *FRUS*, 1964—1968, Vol. Ⅵ, p. 400.

② 张海涛:《尼克松在白宫——祸起萧墙》,北京:世界知识出版社,1991 年,第 85 页。

③ "Mike Mansfield to President Kennedy, August 19, 1963", *FRUS*, 1961—1963, Vol. 3, p. 585.

亚和平,而不是为这种战争撑腰"①。可是,这些谨慎的言论被逐渐吞没在战争的狂啸之中。随着侵越战争从不断失败走向彻底失败,美国统治集团充满着绝望的呻吟、无穷的叹息,失败愈惨,争吵愈凶。

1965年1月,"特种战争"彻底破产,约翰逊政府做出进一步扩大侵越战争的决定后,美国统治集团内部围绕着怎样在南越打下去的问题,爆发了一场争吵。6、7月间,约翰逊政府轰炸越南北方的战争讹诈政策彻底破产。美国统治集团内部的争吵于是进入一个新回合,争吵的焦点是对越战争特别是对越南北方的轰炸是否要继续升级下去。10到11月间,约翰逊政府派到南越的十几万地面部队,接连遭到南越解放军痛击,伤亡惨重,在美国国内引起广泛震动。要不要在南越把一场大规模地面战争继续扩大下去的问题,又在美国统治集团内部激起了一场争论。而1966年年初的争吵,其激烈程度又较前三次有过之而无不及。参院外委会的听证会由美国三大电视网向全国转播,其中有的还是实况转播,从早上十时到晚上六时连续不停地播送。这场辩论挤掉了电视中通常的广告和文艺节目。结果,全国约有三千万人听到了这场辩论。美国国会的一个委员会通过电视向公众表达自己反对政府的意见,根据美国报纸说,这种做法是美国历史上前所未有的。

这次争吵所以引人注目,是因为它已由对越南战争失败的抱怨,发展成为对约翰逊政府扩大侵越战争的权力根据的怀疑和否认。参院外委会主席富布赖特、那位给《东京湾事件决议》投反对票的参议员莫尔斯等民主党内有影响的人物,公开怀疑约翰逊政府对越战争的"法律基础",抨击约翰逊的"保卫南越的义务"大半是"自己制造出来的"。他们有的对投票赞成国会授权总统任意扩大侵略的决议表示"后悔",有的干脆要求宣布这项决议"停止生效"。他们攻击约翰逊政府不通过国会就采取了许多扩大战争的步骤,要求禁止它在没有得到国会批准的情况下把征召来的人员派到东南亚去。美国报刊说,这是对约翰逊的总统权力的"严重挑战"。②

美国统治集团内部的这场争吵,既有争权夺利的一面,也有具体政策分歧的一面。美国统治集团内部由于利害关系不同,一直存在着许多相互倾轧的派系。这次起来反对约翰逊政府现行政策的,主要是执政的民主党党

---

① 〔美〕罗伯特·舒尔辛格:《约翰逊政府、中国和越南战争》,载于姜长斌主编《1955—1971年的中美关系缓和之前:冷战冲突与克制的再探讨》,世界知识出版社,1998年,第141页。
② 张和宋:《脱出常轨的美国统治集团内部大争吵》,载《世界知识》1966年第5期,第6页。

内的所谓"自由派"。在美国人民反战运动声势日益壮大的情况下,这派议员公开表示不同意约翰逊政府扩大侵越战争的政策,做出同这种政策并无瓜葛的姿态,他们的一个重要目的就是捞取政治资本,争取选民支持。

民主党内另有一些颇具野心的人物,他们别树一帜,处处同约翰逊为难。前总统肯尼迪的弟弟罗伯特·肯尼迪在 1965 年 7 月曾要求战争"逐步降级",这次又提出在南越组织吸收民解参加所谓的"联合政府",一时在华盛顿政界引起强烈反响。他这样做,是企图纠集所谓"自由派"的人马,使之成为自己麾下的一支力量。《美国之音》评论说,罗伯特·肯尼迪的主张之所以引起人们注意,是因为他是"在 1972 年——即使不是 1968 年——可能成为总统候选人的五六个美国人之一"①,显然不是空穴来风。

在民主党已经由于争吵而陷入约翰逊上台以来"最大的分裂"的时候,共和党认为转而采取暂时不介入的策略对自己更有利。它认为,这样能使自己处于主动地位,而坐得民主党内部争吵失去的选票。

这场大争吵中更为重要的问题是,在对进一步扩大对越战争后果,特别是对"中美对峙"前景的估量上,以及随之而来在挽救对越战争败局的具体做法上,美国统治集团内部存在着一系列分歧。这种分歧集中在是进一步扩大战争还是采取"固守"战略这个问题上。

反对约翰逊政府进一步扩大战争的一派人认为这样做风险太大,担心继续升级就"势必""导向同中国交战"。他们认为"整个事情的中心"是对付中国的问题,"向中国挑衅是危险的",而同中国作战更是"一场大灾难"。这派人还担心美国过深地陷在南越一隅之地,会"打乱美国政策的平衡"。他们认为,美国"不应当装得无所不能",否则就会使美国的"总战略地位"遭到削弱。因此,他们主张利用现有兵力在南越稳住阵脚,通过"和谈",利用联合国等其他手段,求得有利于美国的解决。

美国前驻法国大使、曾任美国陆军部计划和作战处处长的退伍将军加文,在 1966 年 2 月号的《哈泼斯》杂志上提出将美国的军事活动限制在"固守"西贡和南越沿海据点的主张。这个所谓"固守"战略一经提出,几乎成为反对约翰逊政府现行政策的一派人的纲领性主张。

在这次大争吵中,另一派人认为,"丢失"南越会引起美国全球侵略战线的动摇和崩溃,而"固守"南越沿海据点,也难免全军覆没的命运,因此主张

---

① 张和宋,前引文,第 6—7 页。

增加赌注,用进一步扩大军事冒险的办法来"取胜"。众院军事委员会主席里弗斯甚至叫嚷要"一直炸到北京"。①

美国统治集团内部两派人的争吵,并不涉及美国侵越的根本方针。相反的,无论是主张多用"和平"欺骗手段的一派,还是主张继续扩大战争的一派,都没有人主张从南越后退。他们的区别只是维护美国侵越战争利益的方法之争,他们的分歧只是用什么方法赖在南越不走的分歧,争吵各方都是一丘之貉。正因为他们都坚持侵略越南的政策,他们哪一派也不可能找到真正的出路。他们的争吵只是进一步加深了约翰逊政府的困难。约翰逊试图平息美国统治集团内部的争吵,却一概不能奏效。议员们对约翰逊反唇相讥说,分歧不是很小而是很大,"看不到经验、听不到希望"的正是约翰逊自己。②

战争——失败——争吵,再战争——再失败——再争吵。约翰逊政府沿着这条恶性循环的路走下去,必然使美国统治集团内部更加分崩离析。毛泽东论述美帝国主义集团内部的公开争吵时说过:"公开暴露代替了遮藏掩盖,这就是美帝国主义脱出常轨的表现。"③

美国统治集团内部爆发了这样大规模的公开争吵,尤其是在执政党内部有那么多议员公开反对政府现行政策,使约翰逊一举一动都受到攻击。两派辩论哪一派的方法更为高明,竟至需要这样激烈的公开摊牌的地步。这种异常现象,不能不是美帝国主义脱出常轨的表现。约翰逊政府时期美国统治集团内部围绕在印度支那是战是和而展开的一场恶战也由此发端。④

1965 年年底临近,美军在前线被打得焦头烂额、狼狈不堪,连一点胜利的影子也没有,国防部长麦克纳马拉决定亲自到越南南方去看一看,结果是令人沮丧的:美国在这场战争中根本没有取胜的希望,过去种种乐观的估计统统没有根据。这位代表总统领导军方活动的国防部长的思想、情绪从此开始发生急剧的变化。麦克纳马拉任职五角大楼的头几年,对于打印支这一仗,劲头很大,是个十足的主战派。他在反驳曼斯菲尔德时认为,美国在

---

① 张和宋,前引文,第 7 页。
② 同上,第 9 页。
③ 《为什么要讨论白皮书?》,载《毛泽东选集第四卷》,人民出版社,1991 年,第 1500 页。
④ 美国统治集团越战共识破裂的来龙去脉《尼克松在白宫——祸起萧墙》有精彩论述,本文此处(第 44—47 页)根据《尼克松在白宫》加以删节编写。

保护反共的南越上所下的赌注"如此之高,以致于我们必须全力以赴去获胜"。可是,在他的越南南方之行结束后,麦克纳马拉给约翰逊总统写了一份备忘录,对战争提出了两种抉择。第一是现在就实行妥协性解决。第二是继续大量增兵。在备忘录的最后,他含蓄地写道:"我所建议的兵力部署并不能保证胜利。美军阵亡人数预计将达到每个月 1 000 人。即使如此,到 1967 年初,我们在更高的战争水平上面临没有定局的可能性还将要占50%。"1966 年 1 月,麦克纳马拉又将这份备忘录改写了一遍,把"我"改为"我们",变成"我们所建议的这种兵力部署并不能保证胜利"。国防部长的思想倾向及其态度在政府内部就摆开来了。它不仅仅说明行政当局内部对战争前景的分歧渐露端倪,而且更严重的是,象征美国东部权势集团,首先是肯尼迪家族对这场侵略战争的态度已经发生变化,统治阶级内部已发生分化。为了清楚理解统治集团内部的这种分裂,在此有必要了解麦克纳马拉的社会背景:他是肯尼迪的人。麦克纳马拉曾任教于哈佛大学,后出任福特汽车公司总经理,结识了一批东部知识界以至商界、政界、军界的人士。而美国东部的一些富有家族很重视在学术界培植亲信,网罗人才,肯尼迪家族是其中最著名的一家。1960 年,约翰·肯尼迪当选总统,他接受华尔街银行家罗伯特·洛维特的推荐,邀请麦克纳马拉出任国防部长。肯尼迪遇刺身亡后,麦克纳马拉同这个家族在政界的其他代表人物继续保持密切的关系。就在麦克纳马拉备忘录送出不久,1966 年 2 月,代表纽约州的联邦国会参议员、肯尼迪家族当时在政界的主要代表人物罗伯特·肯尼迪发表了一项公开声明,声称美国在越南的这一仗不应再打下去了,西贡政权应当吸收越共代表,搞一场政治妥协算了。参议员公开抛出这个方案,说明统治阶级内部围绕这一场侵略战争的裂痕已经出现,主和派、主停派已经露头并公开拿出自己的方案与主战派对立。

然而,主战派是不肯轻易让步的。1966 年 9 月,美军太平洋舰队司令夏普一再向五角大楼发电,要求将 1967 年底派往南越战场的美军兵力限额提高到 57 万。但美军现役部队只有 100 万,国内外都要驻守,兵力实在不够用。因此,他们教促约翰逊总统把三军的预备役近 69 万人全部动员起来,全部转入现役。这就意味着战争规模的进一步扩大。

麦克纳马拉决定再走南方一趟,回到华盛顿后,他给总统递交了一份重要的备忘录,总结了他对战争前景的看法,并提出了导致他随后被迫离职的建议。此时的麦克纳马拉对战争升级已经完全失望。在这份备忘录中,他第一,主张限制驻越美军数量,把美军兵力限额砍掉 10 万人,限定为 47 万,比军方要求的少 10 万,而且此后不再增加。第二,适当的时候,应考虑无限期停止对越南北方的轰炸。第三,努力促成谈判。这些主张得到了五角大楼文职官员的普遍支持。这明显是跟军方唱对台戏,惹怒了那些主战派的将军们。他们对麦克纳马拉的备忘录进行攻击,敦促总统发表声明,坚持把这一仗继续打下去,扩大对越南北方的海空袭击规模。在随后的一份备忘录中,这些将军们明确提出派到南方的美军限额为 55.6 万。他们还建议将战争正式延伸到老挝和柬埔寨。结果,以参联会等为首的军方主张得到了总统的认可和批准,以麦克纳马拉为首的五角大楼主和派遭受了一次打击和挫败。这次交锋之后,军方乘胜出击,提出了进一步增兵和扩大战争的主张。1967 年 3 月,威斯特摩兰要求华盛顿增兵 20 万。如此,驻越美军人数将达到 67 万,把地面战争扩大到北越。在越南北方的港口布雷,美军轰炸越南北方的堤坝和水闸,把战争扩大至整个印支三国。这些要求在行政当局内引起了广泛的批评。

在这种情况下,麦克纳马拉于 1967 年 5 月 19 日向约翰逊总统提交了一份长篇备忘录,其中建议放弃美国在越南的基本目的,以便为通过妥协解决越南冲突铺平道路,反对军方扩大战争的方案。他对美国在这场战争中“所承担的义务”连讲了几个“不是”:“不是把在南越重新集结起来的那些南越人赶出去;不是确保某一个特定的人或集团继续掌权,也不是确保这个政权的管辖范围扩展到这个国家的每一个角落;不是保证那个自命的政府是一个非共政府;不是坚持那个独立的南越继续与北越分离。”

麦克纳马拉所做的这些陈述不仅与几届美国政府的既定国策相悖,而且与他本人还是一个主战派的时候所拟订的文件也大不相同。就一位美国高级决策官员而论,麦克纳马拉的立场已经是一种激进派的观点,难怪参联会的将军们将其斥为“悲观主义、惊惶失措、实在荒唐”。① 这样,国防部长就很难在五角大楼里继续待下去了。1967 年 11 月,麦克纳马拉挂冠而去。

但事情远非如此简单,因为离开政府的东部权势集团的代表,并不只是一个麦克纳马拉,除他之外,前后还有副国务卿乔治·鲍尔,同洛克菲勒家族关系密切的纽约律师、副国防部长塞勒斯·万斯,同肯尼迪家族、福特家族关系密切的哈佛大学教授、总统国家安全事务助理麦乔治·邦迪等人。

---

① 时殷弘,前引书,第 278 页。

他们或是坚决的反战派,或是任职后期对战争持有越来越多的异议。他们相继离开政府,在东部权势集团中不能不引起重大的反响。凡此种种表明,美国政府在这场对外侵略战争问题上发生分裂是一个确凿无误的事实,美国统治集团内部主战、主和两派的斗争进一步激化,矛盾进一步加深。

美国统治集团内部的大争吵,是侵越战争危机深重和没有出路的产物。争吵越激烈,表明美国统治集团面临的危机愈加深重和找不到出路。约翰逊政府既然还要把侵越战争扩大下去,就不可避免地要遭到更加严重的困难和失败,美国统治集团内部的争吵也就不可避免地会更加深刻和激烈。这样的大争吵在春节攻势后进入了高潮,要求进一步尽早从越战脱身成为主和派议员们的明确政策,从而使约翰逊总统最终下定了退却的决心。

1968 年,春节攻势带来的巨大冲击波还在美国上空回荡,紧接着在 2 月,侵越美军司令官威斯特摩兰又伸手要增援,获得参联会主席惠勒鼎力支持。2 月 28 日,惠勒代表军方提出了增兵方案。按照这个方案,美国的战场兵力限额将提高至 73 万,追加战费 120 亿美元。局势充满爆炸性。围绕着要不要在南越把一场大规模地面战争继续扩大下去的问题,华盛顿的军政要员,上百名国会议员、政府各部门班子唇枪舌剑,乱做一团,美国统治集团内部激起了侵越战争以来最大规模的一次争吵。

3 月 1 日,中情局对美国的现行政策进行了全面评估。这份长篇报告分析了未来 10 个月的战争和战场态势,它说:“共产党不可能把美国的军事力量赶出南越,美国和西贡也不可能清除共产党武装。但是,未来 10 个月南越的形势总体上会出现决定性转折。这个转折不可能朝着有利于美国和西贡的方向变化。因为共产党方面虽然也出现了攻击点,但没有迹象表明西贡军队能振作起来。抓住机遇,我们怀疑他们没有这种意志和能力。所以,实际上整个战争负担终将落到美国的肩上。”[1]备忘录还指出,“如果美国继续增兵,”无论多少,“共产党会继续打下去,我们无法预见美国增兵的作战后果。而且增兵未到达之前,第一战区就可能已被占领,并对老挝构成压力,迫使美军抽调兵力。最终,除非战争结束,否则美国就得继续扩大其承担的义务”[2]。这些分析无论怎么看都说明美国在越南的这场战争是个

---

① “Memorandum Prepared in the Central Intelligence Agency, Washington, March 1, 1968”, *FRUS*, 1964—1968, Vol. Ⅵ, pp. 289-290.

② *Ibid.*, p. 290.

无底洞,不管美国还将投入多少人力、物力、财力到战争机器中去,都填不满这个洞。以中情局的备忘录为契机,开始了自1965年夏天美国侵越战争升级以来对越战政策的重新审议。

惠勒报告提出的当天,代理国防部长克拉克·克里福德奉命组织一个高级咨询小组,即"克里福德小组"审议军方要求,提出对案。这个小组主要由有关部门的高级文武官员组成,成员主要包括麦克纳马拉、罗斯托、前参联会主席马克斯韦尔·泰勒、国防部负责远东事务的助理部长威廉·邦迪、副国务卿卡曾巴赫、财政部长亨利·福勒、中情局长赫尔姆斯和负责国际安全事务的助理国防部长保罗·沃恩克等。在对待战争的态度上,他们基本上分为两派,即反对维持升级的一派和赞成维持升级的一派。1968年3月2日,该小组初步讨论后由沃恩克起草了一份备忘录,指出:单纯的增加兵力不会有助于实现美国在南越的政治、军事目标,共产党能应付任何增兵。额外的增兵只会让70万人的部队变成战争的全面美国化。备忘录主张改变以美军为战争主力的政策,迫使西贡政府军承担大部分作战任务。美军要改变搜剿和消耗的战争方式,把保护人口密集的城镇,并为西贡政府军提供支持当作主要的军事任务。^① 但是,罗斯托、泰勒等认为应坚持现行政策。罗斯托还在3月4日向约翰逊总统提交了报告,他虽然未主张提供具体的增援,但支持征召预备役。惠勒在得知沃恩克的备忘录后立即向小组表示震惊,认为战略的改变包含着致命的弊端。最终,经过连续三天的辩论,主张维持升级的意见在小组内占了上风,很快重新起草了致总统的备忘录,作为小组的正式建议。3月4日的文件包含美国的谈判立场等各个相关问题,但关键的部分是主张立即增兵22 000人,征预备役262 000人,延长现役人员的服役时间等。也就是说,还要把战争继续打下去,而且准备大打。尽管这次增兵的数量远远没有满足军方的胃口,但它同反对升级的一派差距更远。

作为麦克纳马拉的继任者,克里福德是极力反对维持升级政策的。他在1968年3月4日的会议上说:"即使派兵也只能在5月份派出2万人。我们不能再只依赖这位战场指挥官了,他会索要更多的部队。我们应审视这场战争对我们的全面影响。看一看经济形势和世界上其他地区的问题,

---

① "Editorial Note", *FRUS*, 1964—1968, Vol. Ⅵ, p. 307.

我们得想一想这件事是否束缚了我们的手脚。"①就是说这位新任国防部长及其助手沃恩克也是与主战派对立的。主战派与主和派的斗争并没有随着麦克纳马拉的离去有丝毫改变,而是来到了一个新的阶段。

克里福德原是华盛顿的律师,在1960年大选期间,他就进入了肯尼迪的竞选营垒中。因此,克里福德也算得上是一个"肯尼迪派"。但约翰逊总统以为不管克里福德是不是自己的亲信,至少在这场战争问题上是个主战派,可他错了。克里福德原先是主战派,但是在前线失利,后方反战风暴兴起,东部垄断资本集团对战争的态度已经变化的背景下,他很快成了麦克纳马拉那样的战争降级的提倡者,而且更懂得如何改变总统的立场。②

五角大楼里的文官换了新面孔,但主战派和主和派的阵线不但依然如故,而且双方的力量对比也越来越朝向主和派一端倾斜。春节攻势后,原先的主战派军人也开始了急剧的转变。1968年3月14日,空军副参谋长汤森·胡普斯致克里福德的一份备忘录是美国政府内部打不赢论调的集中代表。胡普斯认为,"美国卷入越南的历史,特别是自1965年来,始终以对'打败侵略、安抚农村以及南越无须美国的支持而自立'所需的力量和时间的反复错估而著称。美国兵力的每一次增加都由于是完成这项工作所需的最后一次而变得合情合理。我们低估了北越/越共的力量和耐力,孕育出了不严谨的观念,即美国的军事力量可以在东南亚的政治和地理环境中起得了作用。在我们权衡摆在面前的选择时,牢记这些错误的判断是重要的"③。这样的声音响彻政府内每一个角落,深入推动了主和派的斗争。

1968年3月6日晚,约翰逊总统在白宫召集国会领袖开会长达3个小时。这些议员们背上都刻有支持战争的标记,随着形势的变化,他们改换门庭,从主战派的巢穴投奔到主和派阵营中,千方百计地设法与这场不得人心的战争脱钩,好似躲避瘟疫一样。在他们当中有一个著名人物,他就是富布赖特,当年在参议院带头主张立即通过东京湾决议案,现在这位参院外委会主席把自己在其中所起带头的作用看成是"他政治生涯中最丢脸的一幕"④,这样他又跟主和派站到了一起;他清楚地告诉总统,美国"打的是自

① "Notes of Meeting, Washington, March 4, 1968", *FRUS*, 1964—1968, Vol. VI, p. 320.

② 张海涛,前引书,第112页。

③ "Memorandum From the Under Secretary of the Air Force(Hoopes)to Secretary of Defense Clifford, Washington, March 14, 1968", *FRUS*, 1964—1968, Vol. VI, p. 380.

④ 亨利·布兰登,前引书,第191页。

己,一无所获,根本就是在玩共产主义的游戏",美国"应该用尽一切方式走出来"①。

1968年3月11日,国务卿腊斯克上国会山接受参院外委会质询。一些议员就扩大印度支那战争问题,特别是那个臭名昭著的东京湾决议案向腊斯克严厉盘问,结果国务卿难以招架,两天才得以下山。几天后的3月17日,国会139名众议员联名提出议案,倡议国会对政府的东南亚政策立即进行重新审查。

作为行政当局内另一个高级文官决策者,此时的腊斯克已经和克里福德一样倾向于给越战降级。他深信再派部队只会造成美国的军事资源过多卷入越南,而不会引导美国走向问题的解决。因此,他主张给美军兵力设一个最高上限,其余的麻烦交给南越自己去干。

当政府内部激战正酣之时,主和派在政府以外,在社会上开辟了新战场。这两个战场内外夹攻,对主战派的首领约翰逊总统步步进逼,重重围困。这个战场就是1968年的大选斗争。以东部为根据地的一些垄断资本集团的代表人物纷纷乘竞选之际,高喊主和、主停口号,力求把约翰逊总统赶出白宫。当时,反对扩大战争、赞成谈判解决,在不同程度上对约翰逊形成威胁的总统竞选人有三个人:国会民主党参议员尤金·麦卡锡,和罗伯特·肯尼迪出身名门相比,他是一个名气不大的人物。一个记者问他如果当选了,将做些什么。他借用艾森豪威尔1952年的话回答说:"我要到五角大楼去。"②还有一个就是时任纽约州州长的纳尔逊·洛克菲勒。他是垄断资本集团的头面人物之一,曾代表共和党。他们的竞选纲领几乎全都是反对扩大战争政策,主张从越南撤军,政治妥协和谈判解决,洛克菲勒甚至提出越南南方的政府形式"即使是一个共产党政权也可以"③。

1968年3月12日,在第一个举行预选的新罕布什尔州,几个月前还不为选民所知的麦卡锡参议员竟然获得了42%多的选票,这个结果给约翰逊的震动很大。新罕布什尔州的预选不是一个孤立的测验。接着,威斯康星州传来的消息同样糟糕,甚至更糟。约翰逊原先还抱着一丝侥幸心理,但他的政治工作人员打电话提醒他说,"我们在这里真是困难极了,别指望威斯

---

① "Editorial Note", *FRUS*, 1964—1968, Vol. Ⅵ, pp. 341 - 342.
② 〔美〕戴维·哈尔伯斯坦:《出类拔萃之辈》,三联书店,1973年,第1174—1175页。
③ 张海涛,前引书,第114页。

康星州的选票会超过35％,可能还在30％以下"①。民意测验显示,他在公众中的声望跌到了任总统以来的最低点。

重重打击之下,约翰逊的决心不能不产生动摇。尽管他在1968年3月16日、3月18日分别在全国商人联合会和全国农业联盟发表了措辞强硬的讲话,"希望和平,企求和平,渴望和平并不总是带来和平……如果他(指北越——笔者注)继续坚持战场见分晓,那么,我们将通过支持我们正在那里从事这项事业的军队赢得战场上的和平"。② 但几天之后,他突然发出了被视为退却的第一个信号。3月22日,他宣布解除对越美军司令威斯特摩兰的职务,将其召回华盛顿。促使约翰逊最终改变现行政策的事情就是3月25日至3月26日在国务院召开的"高级非正式咨询小组"会议,即所谓"贤人"会议。

这一批"贤人"是曾经亲手把美国推上全球干涉轨道和促其步入越战泥潭的权势集团精英,他们中有前国务卿艾奇逊、前副国务卿罗伯特·墨菲以及乔治·鲍尔,前参联会主席布莱德利和泰勒,前财长狄龙、前国家安全事务助理麦乔治·邦迪,曾任驻西贡大使的亨利·洛奇,前驻德高级专员约翰·麦克洛伊以及在朝鲜战场上吃尽苦头的李奇微将军等人。他们早在1967年11月向约翰逊指出,越战之经年累月和胜负不决是美国国内动乱最重要的原因,建议改行美军伤亡较轻、美元支出较少的战略。这次会议,实际上是这批"贤人"进一步催促总统在战争问题上改弦易辙的步骤。1968年3月14日,艾奇逊就建议约翰逊组织人马评估越南政策,并认为"参谋长们简直是不知所云"③。当时约翰逊仍对军事形势表示乐观,艾奇逊讥讽地说:"总统先生,你正在被牵着走向铺满鲜花的路。"④

第一天会议在作战中心会议室举行,"贤人"们听取有关春节攻势后的军事前景的汇报。美国驻联合国大使阿瑟·戈德堡几乎单枪匹马地驳倒了军方增派20万军队的要求。一个军官报告说,对方在春节攻势期间伤亡了45 000人。于是,戈德堡问道,美国自己的受伤与阵亡比例是多少。那个军官回答是7比1。戈德堡又问对手的兵力和受伤与阵亡的比例分别是多

---

① 戴维·哈尔伯斯坦,前引书,第1183—1184页。

② "Notes of Meeting, Washington, March 20, 1968", *FRUS*, 1964—1968, Vol. Ⅵ, p. 441, footnote 11.

③ 戴维·哈尔伯斯坦,前引书,第1182页。

④ "Notes of Meeting, Note of President's Meeting With His Foreign Policy Advisers At The Tuesday Lunch, Washington, March 12, 1968", *FRUS*, 1964—1968, Vol. Ⅵ, p. 371. ; Douglas Brinkley, Dean Acheson, *The Cold War Years*, New Haven, 1992, pp. 256 - 259.

少。军官回答是 160 000 到 175 000 人之间,比例为 3.5 比 1。戈德堡说:"那好,如果那是真实的,那么他们就没有什么实际的兵力留在战场上了,那么究竟还有多少人需要我们去对付?"①在他说完之后是长时间可怕的沉默。另外,中央情报局高级官员乔治·卡弗和负责东南亚事务的助理国务卿帮办菲力卜·哈比卜分别汇报绥靖计划②和南越的政治形势,前者的情况"比预想的要困难得多",后者"极其灰暗"。③

第二天,"贤人"们被邀请至白宫和总统共进午餐。这次,约翰逊头脑不再膨胀、野心不再发作了,因为绝大多数"贤人"告诉总统,"军事胜利无法实现","美国应当立即使战争降级,必须开始想办法从越南脱身"。④ 这些人对战争所持的态度,使约翰逊深为震惊。作为一个在政界钻营多年的政客,约翰逊深知,没有东部垄断资本集团的支持,这场战争打不下去,他在白宫的椅子上也坐不下去。而那篇象征着他的总退却决心的演说稿正是克里福德等人的杰作。3 月 28 日,腊斯克、克里福德和已调任助理国务卿的威廉·邦迪共同拟定了一份总统演说稿,强调谈判和降级。这是一篇主和派的演说词,总统不得不接受。

1968 年 3 月 31 日,约翰逊总统发表全国电视演说。首先,他宣布停止对北越 20 度线以北地区的轰炸。这与先前历次停炸诱和不同,因为美国并不期望它将导致北越的积极响应。也就是说,这是美国单方面的退却,是战争降级的开始。

约翰逊宣布的第二条消息更加令人意外。他说考虑到"世界和平"和"全国团结"的利益,他决定不谋求连任,这是他临时加到演说稿中去的。约翰逊毕竟还有预感大势不妙的自知之明,因而自动引退了。著名记者亨利·布兰登幽默地说:"美国的威信全部押在越南了,于是,林登·约翰逊当总统的命运就不是由宾夕法尼亚大街(国会和白宫所在地——笔者注)来决定,而是由胡志明小道来决定了。"⑤

约翰逊被赶下台,不是全然因为越战,还有他无法控制的历史潮流,但

---

① "Editorial Note", *FRUS*, 1964—1968, Vol. Ⅵ, p. 458.

② 即美国推行的"民政行动和乡村发展援助计划",试图安抚人心,并镇压越共基层组织和残杀越共干部,以扩大南越当局的影响。

③ "Editorial Note", *FRUS*, 1964—1968, Vol. Ⅵ, p. 458.

④ "Notes of Meeting, Summary of Notes, Washington, March 26,1968", *FRUS*, 1964—1968, Vol. Ⅵ, p.471.

⑤ 亨利·布兰登,前引书,第 14 页。

可以说,他的下台最有力地证明了由他主持的战争升级政策的破产。

从上述事态发展、变化的过程中,不难看出,美国统治集团发生分裂以及主和派的出现,对这场战争逐步停下来,具有十分重要的意义。如后所述,统治集团内部的这种争斗、分裂并没有随着约翰逊的下台而划上句号。非但如此,反而在尼克松政府时期围绕这场战争是停是打的问题继续着这种争斗,引发了轰动世界的"五角大楼文件案"。而在这个过程中,没有越南人民顽强、英勇的斗争,美国统治集团内部的种种矛盾也就不可能爆发。也就是说,美国统治集团内部在这场对外战争问题上之所以出现裂痕,冒出一个主和派、主停派,首先是因为在战场上碰了壁。

第三节　收缩战争走向谈判

侵越战争期间及战争结束后的三十多年来,无论美国人如何描述这场战争,他们几乎都无可奈何地供认一点:拥有最现代化武器的美国,打不赢只有弓弩、尖桩、大刀、手榴弹的南越人民武装。当美国进行所谓"反叛乱"的特种战争时不曾想到这一点,美国垄断资本集团气焰嚣张、张牙舞爪地扩大侵越战争时,更不曾相信这一点。然而,事实正如麦克纳马拉亲口承认的那样,"我们错了,彻底地错了"①。

面对源源不断涌来的几十万装备一流的美军,越南人民凝聚智慧,发明创造的土制武器让敌人在战场上头破血流,鬼哭狼嚎,闻风丧胆。整个战争期间,美军从未相信过他们能够在地面作战中掌握主动。

多年来,湿洼的稻田成了美军和南越伪军的葬身之所,而越共游击队总有办法迅速穿越这种可怕的地带。他们使用着一种以棕叶和竹子编就的、形似茶碟的单人小船,一个人把一只膝盖跪在这一小碟上,用另一条腿作桨,可以滑过最粘稠的泥沼。美军和南越伪军却背着成吨重武器的包袱,一筹莫展地陷入泥沼之中。在敌人眼中,这还不算越共最厉害的发明。美伪军最害怕的武器是一种直径不过一英寸半、长度三英寸的铜制子弹,它不是普通的子弹。它的圆筒部分是一截水电工用的铜管子,焊在管子底部的是一枚中间有孔的法国旧硬币,孔里嵌上雷管,这就成了效果很好的榴弹。这

---

① 麦克纳马拉:《回顾:越战的悲剧与教训》,作家出版社,1996年,第2页。

种子弹正好配在越共用废铜管和木头制成的"天马炮"上发射,早先被用来对付法国人,现在又被用来对付美国人。

那些枪榴筒是跟美国手榴弹一样粗的钢杯。每个钢杯都配上一个螺丝口,可以把步枪口旋在上面。钢杯外面再焊一个钢环。射击时,在步枪里装上空弹,把钢杯转上枪口,在杯里塞进一颗普通的手榴弹,手榴弹的保险把穿过钢环露在外面。然后,拉掉手榴弹的轴针,战士就可以瞄准射击了。射击时,空弹里的气体把手榴弹推出,当手榴弹离开钢杯时,保险把自动脱开。跟美国的枪榴筒相比,这玩意儿出奇得简单和便宜。它的最大优点是完全适合于利用缴获的武器。

迫击炮筒是用大钢管精确地截磨而成。管上焊接加固的钢环。迫击炮的两脚架和炮盘是用废钢仔细拼焊成的。在越南,美国的六零迫击炮很多,也很容易缴获,因此越共造土炮时就选中了60毫米为口径。这些迫击炮一丝一毫也不比美国货和法国货次。它们没有光学瞄准器,但好的迫击炮手并不需要这种装置。

这些武器竟然是在所谓军工厂——很简陋的茅屋里制造出来的。一位美联社驻南越记者亲眼目睹了越共的军工厂后,称越共是"战地应急法的奇迹创造者"。通常这样的工厂有一台土车床,由一个破旧的日本海船柴油机带动。工厂用电来自一个和凡斯巴汽艇马达相连的发电机。屋子一角靠近砖砌烟囱的地方,有一座烧木炭的熔铁炉,连上一个风箱。这个大风箱是用自行车踏板操作的,只要三个小孩高速踩踏板,就能很容易地把炉子扇得通红。

武器的使用是和地形相适应的。在荒芜淫雨的森林地带,常规武器和弹药是不容易缴获和制造的,但越共和人民群众善于使用简陋的武器:山地弓弩。这种武器在小股游击队伏击时能够发挥重要作用,较小、较轻,弓长大约两英尺半,弓弦由于是革制的,开弓需要一百斤的拉力。箭是短短的竹签,用棕叶作羽。在越南弓弩比弹道导弹显然是更加实用的武器。

在修筑工事方面,越共也有新发明。特别是挖地道,地道相互连接,像个大迷魂阵,每隔50码左右,就有一个伪装起来的通到地面的通风口。美国人企图摧毁地道网的各种尝试都失败了。有时,虽然坦克可以压坏一部分地道,但绝不能破坏全部。由柴油机发动的烟雾发生器把烟注入地道,但从来也没有把游击队员熏出来。爆破炸药会炸掉大段地道。但游击队继续挖掘,地道网不断扩大。一个美国军官说:"如果我发现这些倒霉的地道中有一条一直通到我在西贡的办公桌底下,我也不会感到吃惊。"[1]

美军进攻地道网往往是非常吃力而血腥的事情。地道网的上面和附近布满成千的伪装起来的钉签陷阱,陷阱里插着朝上的带刺的钉签,很容易穿透军靴底。踩上它,就要吃苦头和丧失作战能力。有时钉签上还涂有带破伤风菌的水牛尿。

除了地道外,美伪军还经常进入越共的堡垒地区。像地道一样坚固的工事巧妙地隐蔽在数以千计的村庄里。看起来平平常常的稻田埂上,炮眼星罗棋布,就连坟地也变成了越共巨大的掩体网。美伪军一般的对策就是用大炮、空投炸弹、火箭和凝固汽油弹来猛烈轰炸这些工事。第二天,进入村庄或丛林,却连一个越共的影子都找不着。

美国空中力量在南越战场上的大量运用充分体现了美国在高新技术和物质资源方面的实力,执行着几十种任务。尽管如此,在确保战争胜利方面,飞机出动架次和投掷炸弹吨数的统计数字与地面作战中给对手造成的伤亡统计数字相比,并没有作出太大贡献。华盛顿始终将轰炸视为外交谈判中讨价还价的筹码,实际上,轰炸行动对越南战争能力的破坏作用非常有限。海军航空兵的雷达引导员皮特·希拉里把轰炸效果描述为"将垃圾从路北边挪到了路南边,第二天,我们再把这点垃圾从路南边挪到路北边"[2]。飞行员们发现轰炸行动困难很大,极具风险并且常常徒劳无功。北越的交通体系是主要的轰炸目标,而北越投入了大量的力量采取了各种措施降低轰炸带来的破坏效果。

一个由政府倡导而由民间科学家完成的关于美军轰炸北越效果的研究报告表明,截止到 1966 年 7 月,"美国的轰炸对河内当局在目前的水平上发动并支援其在南越的军事行动的能力并没有产生明显的直接效果"[3]。基于此,专家们认定,即使更大规模的轰炸行动也不能完全切断来自北方的人员和后勤供应。

截至 1968 年,美军飞机已沿胡志明小道空投了 20 000 枚电子传感器,可以收集声音、气味,或者部队和卡车通过时产生的震动波。但这种传感器无法区别人和附近通过的其他物体。一只水牛在旁边游荡,非常不幸地成

---

① 《越共的新发明》,载于《世界知识》,第 2、3 期合刊,第 24 页。
② 莫里斯·艾泽曼,前引书,第 116 页。
③ 同上,第 117—118 页。

了美军数吨昂贵炸弹的牺牲品(B-52轰炸机起架一次,就要花费美国纳税人3万美元)。据估计,在胡志明小道上炸死一个北越战士,需要耗费100吨炸弹。北越有时缴获了一些传感器,就对着它放卡车开动的隆隆声的录音来扰乱侦察。有时候美军持续几个小时的轰炸,还炸不死三五个人。

越共的装备从十分缺乏,经过聪明的创造达到基本能满足需要。与此相反,美国的计划则在于使美国的高新技术和军事经验适应于新的环境。在某些方面,这种进化过程变成了倒退,例如最初介绍直升飞机的人现在却来研究改进脚踩陷阱的办法了。

美联社记者马耳可姆·布朗感叹美军在南越打的是一场"新型的战争","痛苦地使自己适应于新的,而且往往是原始的战争面貌,而取得成功的程度是极不平衡的"①。其实,"新型战争"者,人民战争也。主导战争升级政策的麦克纳马拉等人设计的在纸面上看来是如此合乎情理、合乎逻辑的理论,在人民战争面前却变成了一个神话、一种失策,使用武力、武力威胁迫使对手屈服的想法已经是一种妄想。即使是空军参谋长柯蒂斯·李梅"把北越炸回石器时代"那种臭名远扬的恐吓,也无法改变这个事实。美国统治集团发现并不得不承认要打赢这一仗还真不容易。

约翰逊总统任期的最后九个多月时间里,美国的越战政策有了显著的变化,其中意义最深远的就是出现了后来称为"越南化"政策的雏形。这是美国收缩战争的集中体现。1967年11月,"贤人"们就建议将作战责任较多地移交给西贡当局。春节攻势后,这样的意见更是不绝于耳。美国情报总署一份"越战行动冲击"的备忘录主张"美国在越南的一切活动只是为了帮助越南人自助,而不是帮着他们去打仗"。在几乎每一次内阁班子会议上,高级幕僚们都提出让西贡政权充分承担起责任的意见。克里福德小组的正式建议虽主张维持战争升级,但也认为必须极大地改善西贡政府军的装备,加强其战斗力。约翰逊总统立刻采纳了这一条,指示提供更多的M-16和M-14自动步枪。1968年3月,驻西贡大使邦克向国务院强调美国增兵南越虽为必要,但也只是短期行为,一个更长期的目标是促进越南共和国军队的现代化,当前的重点之一是扩大军队。② 与此同时,"贤人"们再次

---

① 马耳可姆·布朗:《机械化下的稻田战争》,载《世界知识》,第2、3期合刊,第27页。

② "Telegram From the Embassy in Vietnam to the Department of State, Saigon, March 11, 1968", *FRUS*, 1964—1968, Vol. Ⅵ, pp. 361-362.

告诉约翰逊,应集中兵力改善西贡政府军,以便美国逐步脱身。4月,约翰逊和已被召回的威斯特摩兰直率地谈到了这一点,"我们要向阮文绍、阮高其表明如此多先进武器给了他们,我们的任务已经完成,该走了。我们已尽所能搞到这个程度,你们这些人应该扛起来"①。

1968年,美国准备逐渐转移战争负担的实际措施是大力扩充西贡军队。到年底时,西贡军队包括地方民兵武装和警察在内总数达到了82万人。同年4月中旬,克里福德指示制定转移战争负担的方案。第一阶段计划在8月拟订完成,10月中下旬获得批准,美国将向西贡提供更多的武器装备改善西贡地面部队。第二阶段计划在12月获得通过,主要思想就是造就一支在美军撤离后能依靠自己对付解放武装力量的南越军队。

这一构想完美,但现实总不如人意。美国人万里迢迢跑到印支丛林里打这一仗,就是为了阻止共产党接管南方,而现在"有着良好领导、良好训练和装备精良的50万美军并没有能打败越南共产党人"②,美国很难指望越南共和国依靠它自己的力量就能完成这一任务。事实上,包括军队在内整个西贡政府的表现也的确令美国主子深感失望。中央情报局的备忘录认为"春节攻势有力地证明了现在的南越……在没有50万美军的情况下,连自己的疆土都无法守卫,甚至美国大使都无法利用使馆工作"③。虽然春节攻势让美国人觉得很丢脸,但美国人却抑制不住把这种情绪迁怒于西贡当局,认为越共数万人的部队在南越各地发起进攻而西贡当局事先竟然毫无察觉,不仅西贡的情报系统大有问题,更说明整个政府无能。(对西贡当局的日益失望和不满也是导致美国决定与北越对话的原因之一,美国人认为这纯属它咎由自取,美国只是决定要顺应形势。④ 这和美国抛弃中国国民党政权的情形颇为相似。)维系西贡政权及其武装力量也就成为美国转移战争负担的必要前提。正所谓皮之不存,毛将焉附?

因此,美国决定把加强西贡军队的战斗力置于首要地位的同时,也试图逼迫西贡"必须按照美国的指示落实迫在眉睫的计划"。春节攻势后第二

① "Notes of Meeting, Note of President's Meeting With General Westmoreland, Washington, April 7,1968", *FRUS*, 1964—1968, Vol. Ⅵ, p. 546, footnote 2.

② 威廉·富布赖特,前引书,第92页。

③ "Memorandum Prepared in the Central Intelligence Agency, Washington, February 2, 1968", *FRUS*, 1964—1968, Vol. Ⅵ, p. 99.

④ *Ibid*., p. 101.

天,中央情报局建议南越拟定一份紧急行动计划,也必须遵照美国的指示去做。计划必须在春节攻势的100天内(例如五月初)表明其明显效果,包括重新任命南越内政兼国防部长,全权负责军队和警察部门;对官员、军人,特别是军官的业绩、个人档案进行严格整理,立即清除涉嫌腐败的人员,同时从军队基层或别的部门抽调新生力量。备忘录还建议百日之内没有效果或总统阮文绍拒绝实行,那么美国将考虑换马,并告诉阮文绍这100天的表现对美国至关重要,事关美国今后四年的基本政策。如果南越共和国百天内无法显示出某种让美国进一步的支持更有价值的进展,美国届时会审视另外的行动路线。①

与美国转移战争负担相伴随的是美军战略的改变。1968年7月,艾布拉姆斯就任驻越美军司令,他立即停止搜剿战略,重新部署作战方式,偏重小部队出击,美军重点保护美国、西贡控制区内的城市人口的安全,美伪军的大部分用于农村绥靖,夺回在春节攻势中失去的村镇。尽管这一新战略颇显成效,美军所用火力等仍较为猛烈,甚至在南越的狂轰烂炸达到了前所未有的程度,但无论如何,这些都不意味着战争的再度扩大。在这场侵略战争已经无以为继、臭不可闻的时候,美军在战场上所做的也只是无谓的挣扎而已。

这场战争要打是打不下去了,美国要走出战争泥潭,唯一的出路正如美国著名新闻节目主持人克朗凯特在经过实地采访了春节攻势中的顺化城后所言,"现在好象比以往任何时候都更加确定,发生在南越的这场血腥经历将在僵局中终结……越来越清楚地认识到唯一理性的出路就是进行和谈,不是作为胜利者……"②

美国既要走,但又不能一走了之,用总统国家安全事务助理罗斯托的话来说就是要争取实现"体面的和平"。③ 他所谓的体面,就是随着美军和人民军共同撤离,西贡政权得以维持。在美国人看来,"谈判不是成功的标记

---

① "Memorandum Prepared in the Central Intelligence Agency, Washington, February 2, 1968", *FRUS*, 1964—1968, Vol. VI, pp. 99 - 101.

② 莫里斯·艾泽曼,前引书,第144页。

③ "Memorandum for the Record, Washington, February 29, 1968", *FRUS*, 1964—1968, Vol. VI, p. 280.

而是造成某种局面的通道"①。美国在战争和武力政策不能分裂越南的情况下,企图用谈判手段达到这一目的,这就决定了解决越南问题的谈判将是漫长的。尽管美国到 1968 年已经面临很大的国内外压力,约翰逊总统等人还是迟迟不愿正式面对和北越的谈判,并且还继续之前向北越提出的谈判条件,例如北越不利用停炸向南方渗透等。他们害怕马上进行谈判将导致西贡的生存受到极大威胁。他们寄希望于未来一段时间内,在绥靖政策和阮文绍政权有所作为的情况下,形势能朝着有利于西贡的方面转变。春节攻势中,南方人民武装力量遭到巨大损失,也没有在人民群众中引起大起义,美国人随之产生了一个巨大的错觉,即民心仍然在西贡当局一边。一份题为"春节攻势——是加法还是减法?"的报告认为,"民众拒绝对越共大起义的号召做出反应,实际上就是等于给政府提供支持。这是越共行动计划失败的关键,是整个事件中最令人振奋的一面。虽然人们对政府也有不满,但对越共的怨愤比较普遍。我们感到在争取民心的竞赛中,越共已经遭到严重损失"②。驻西贡大使邦克给国务院的工作汇报提出,春节攻势"是阮文绍变被动为主动,把对手的政治、心理优势转变为自己的优势,趁机进行诸多改革,重振政府权威、维持统治的良机"③。

南越政权是美国一手扶植起来的,美国极力保住它的存在,为自己对越战争无可挽回的败局蒙上一层"体面的"外衣,这是美国一方面对谈判极不诚心,另一方面却要求北越表现诚意的原因。实际上,美国是想尽量拖延和北越进行谈判,争取巩固西贡政权的时间。

与此同时,约翰逊政府内关于和北越举行谈判问题出现了三种情势。首先,多数意见认为春节攻势和面向谈判直接相关。麦克纳马拉在共产党发动春节攻势后数小时内通过电话向约翰逊表示,他相信如果共产党很成功,取得了谈判上的筹码,就会在谈判上更加推进。④ 政府各情报部门基本上都认为共产党发动总攻的目的也和谈判有关。甚至对越美军总司令威斯

① "Intelligence Note From the Director of the Bureau of Intelligence and Research(Hughes) to Secretary of State Rusk, Washington, February 3, 1968", *FRUS*, 1964—1968, Vol. VI, p. 109.

② "Vietnam Situation Report, Saigon, February 12, 1968", *FRUS*, 1964—1968, Vol. VI, p. 202.

③ "Telegram From the Embassy in Vietnam to the Department of State, Saigon, February 8,1968, 1115Z", *FRUS*, 1964—1968, Vol. VI, p. 151.

④ "Editorial Note", *FRUS*, 1964—1968, Vol. VI, p. 83.

特摩兰和大使邦克也承认这种关系。威斯特摩兰说:"我被问攻势是否同谈判有关,尽管我没有回答的义务,但私下里我个人的看法是,在对手的考虑中,它们之间肯定有联系。"①在邦克看来,共产党发动如此大规模攻势,有着两手准备。其最大的目标是占领一些中心城市,促使西贡垮台;最低限度使美国受挫,按照共产党的条件举行谈判。两者之间并不矛盾。② 这就是说,主战派与主和派无论怎样水火不容,至少在对春节攻势的主要意图的判断上,他们尚能找到一个起码的共同点。

其次,主和派阵营对谈判的看法存在一些差别。克里福德等虽然支持谈判,但并不代表他们主张即刻推动谈判。克里福德认为,最重要的是让美国人民了解随着南越扩军和对付越共的能力改善,美国已经有一个脱身的计划,而且要不被察觉地唱这个调子尤其重要。因为无人确知谈判会怎样。美国不要对谈判过于乐观,相反,应低调对待谈判。同时把公众的注意力集中到美军人数已到上限,并且开始了虽慢但终会脱身这个构想上来。③ 如果在主和派中做个区别的话,克里福德当属低调派。

而以无任所大使哈里曼和美国驻联合国代表戈德堡等为代表的高级文官和相关情报机构却积极主张较快举行谈判。此其第三种情势。他们向约翰逊总统进言,河内确有谈判的需要和诚意。他们总体上认为虽然共产党仍有实力将战争进行到底,战争负担仍在其可承受范围之内,北越会继续打下去丝毫不令人奇怪,但无论如何都不能认为北越有关谈判的态度没有任何改变。而美国在春节攻势后提出的和谈条件过于严苛,不利于在秋天到来之前实现对话。戈德堡致国务卿腊斯克的备忘录专门指出了和谈的时机问题。他认为"在越南局势中,从不存在一个适合谈判的理想时机。因为军事上顺利的话,自然就把谈判视为没有必要,反过来,军事上不顺利的话,就把谈判视为不利。根据我们过去在越南的经验,可预见的将来,不会产生一个适合谈判的理想时间,倒不如趁现在。将来不会有比现在更好的时机,也不会使一个面向政治解决的严肃举措比此时更显得必要。这样做危险是明

---

① "Telegram From the Commander, Military Assistance Command, Vietnam (Westmoreland) to the Chairman of the Joint of Staff (Wheeler), Saigon, February 1, 1968, 0132Z", *FRUS*, 1964—1968, Vol. Ⅵ, p. 98.

② "Telegram From the Embassy in Vietnam to the Department of State, Saigon, February 8, 1968, 1115Z", *FRUS*, 1964—1968, Vol. Ⅵ, p. 150.

③ "Memorandum From the President's Special Assistant (Rostow) to President Johnson, Washington, April 13, 1968", *FRUS*, 1964—1968, Vol. Ⅵ, p. 573.

显存在的。然而,我认为必须也应该这么做"①。戈德堡在 1968 年 3 月 20 日举行的咨询会上进一步建议政府应该实际一些,不要提不可能被对方接受的条件。他和万斯、鲍尔等主张可以接受北越提出的无条件停炸,美国无需得到北越的口头保证——不利用停炸,最好是由会谈过程中出现的实际情况来确认河内的谈判信用。这么做并没有偏离总统之前公开阐述过的政策。②

在和北越谈判越来越成为一个无法回避的问题的时候,美国接到了来自北越的一些积极信息。和之前越美接触所不同的是,此时此刻,双方的情势和两年前很不一样了。美国的这场对越战争军事上已无胜利的可能,政治上美国统治集团共识破裂,人民反战风暴兴起,经济形势岌岌可危,这一切都极大地动摇了美国人的战争意志。而越南人民武装力量虽然在春节攻势中也遭遇巨大损失,在随后美伪军的农村绥靖政策中还失去了许多村镇,但是其内部凝聚力依然高涨。

第一次是代号"俄亥俄"的行动。1968 年 2 月 10 日,美国驻挪威大使玛格利特·乔伊·蒂贝茨发回国务院的电文称,北越驻中国大使吴明鸾向挪威驻中国大使表示,如果北越与美国的任何潜在性谈判正在进行,不会发生军事行动。吴明鸾还提出与挪威政府进一步交换意见。这封电报当天就被送到约翰逊总统手中。根据总统指示,国务院训令蒂贝茨向挪威政府声明曾被北越拒绝的圣安东尼奥模式,即美国对北越的停炸将导致双方间"富有成效的讨论",北越也将不利用停炸加强对南越的渗透。为了美国的条件看上去不那么强硬,这次美国扔出了一个"胡萝卜"以诱使北越接受。这就是国防部长克里福德提出的一个建议:"美国接受向南越正常水平的渗透。"③

挪威大使于 1968 年 3 月 3 日至 10 日接受北越政府邀请访问河内。北越外长阮维桢郑重声明,北越不接受圣安东尼奥模式,即使是按照克里福德先生主张的淡化处理模式也不行。④

---

① "Telegram From the Mission to the United Nations to the Department of the State, New York, March 15, 1968, 2307Z", *FRUS*, 1964—1968, Vol. VI, p. 391, p. 393.

② 1967 年 9 月 29 日约翰逊总统在德州圣安东尼奥发表演说,公开提出了同年 8 月"宾夕法尼亚"行动中向北越递交的书面建议,北越正式拒绝了这个建议。

③ "Editorial Note", *FRUS*, 1964—1968, Vol. VI, p. 173.

④ *Ibid.*, p. 174.

第二次,与"俄亥俄"行动几乎同时进行的是代号为"Aspen"行动。北越通过瑞典政府表示和美国谈判的意向,计划由北越驻苏联大使阮寿禅率代表团访问瑞典,瑞典也将派代表团回访。美国给瑞典发去了跟"俄亥俄"行动同样的声明。这时,美国已经得到来自挪威的回答,"Aspen"行动也就不了了之。

第三次是北越通过意大利政府传来的消息。1968年2月5日和6日北越驻捷克大使范文秀在罗马和意外长举行会谈。根据后者所说,范文秀表示了北越可以在美国停炸后开始对话的可能性,虽依然拒绝北越对停炸做对等的酬偿,但指出北越会采取某些"有力的措施"。① 意大利驻美大使还向美国国务卿腊斯克宣读了意大利政府的电报,电报负责任地强调,河内迈出了前进性步骤。2月12日,意大利媒体还披露了这次接触。

美国驻意大使戴维森1968年2月26日向国务院建议,能否由意大利驻西贡大使赴布拉格与范文秀进一步会谈,以便得到北越有关停炸和谈判之间间歇时间的确切声明。可行的话,尽量取得北越同意不利用停炸。国务院给戴维森的电文充分暴露了美国此时进退不得的尴尬境地。

首先,美国鉴于意大利积极认真的斡旋,不敢断然拒绝这样的建议,不希望留给盟国美国不负责的印象。其次,美国怀疑河内自春节攻势以来,向有关国家作出了各种不同的承诺,都是出于宣传目的,而非意在谈判。美国试图通过意大利发现北越是的确想谈判还是只图给世界舆论造成和谈的印象。出于这两个原因,美国决定支持意大利的提议。但另一方面,对意大利代表的布拉格之行能否有结果不抱期望,电报说,能否使河内在不利用停炸的问题上明确表明意图是意大利自己的问题,与范文秀的会谈把这点作为一个问题已经没有多大意义。

美国之所以产生这样的态度,一个非常重要的原因是此前几天,联合国秘书长吴丹告之美国:北越考虑停炸后留一个适当的时间证明停炸是有效的。② 吴丹表示,只要美国无条件停止对北越的轰炸,北越立即开始谈判。会谈中,约翰逊反复担心的就是一个问题,即北越根本不会"不利用停炸"。但吴丹认为,北越的态度已有所变化。

---

① "Telegram From the Department of the State to the Embassy in Italy, Washington, February 27, 1968, 0332Z", *FRUS*, 1964—1968, Vol. VI, p. 248, footnote 1.

② "Record of Meeting, Meeting Between U Thant And The President, Washington, February 21, 1968", *FRUS*, 1964—1968, Vol. VI, p. 230.

3月1日,意大利驻西贡大使奥兰蒂在布拉格与范文秀举行了会晤。根据戴维森3月4日给国务院的汇报,只要美国停炸,会谈即可开始。北越还暗示在南越不会发动或继续军事行动。北越的上述两次表态,让美国认为北越事实上确认了圣安东尼奥模式。这也就是后来哈里曼指责北越破坏与美国就停炸达成的所谓谅解之原因。当然,北越自始至终从未接受过圣安东尼奥模式,也没有以任何方式进行事实承认,美国所谓已达成谅解不过是它自己的一厢情愿。因为事实说明,美国人不是不清楚无论美国如何诱使北越,后者都不可能在这个问题上再有丝毫让步。情报与研究司司长休斯早在内部讨论时告诉腊斯克,美国"不要期望河内会在不远的将来答应'不利用停炸',不过也许可能会有某种程度的妥协。例如,他们将不在非军事区采取行动,但仍会加大向南方的输送"[①]。在休斯看来,这并不意味着对话就没有余地,相反,"共产党将继续保留很大的对话余地"[②]。

如前所述,美国的这场对外侵略战争气数已尽,在经济上、军事上、政治上都走到了山穷水尽的地步。面临是战是和这个根本问题,约翰逊政府不得不作出抉择,谈判乃大势所趋。1968年3月31日,约翰逊宣布了战略性退却。越南民主主义共和国政府对此作出了迅速、积极的反应。同年4月3日,它发表政府声明,表示随时派遣代表同美国代表接触,停止美国侵越战争的和平谈判由此拉开序幕。

---

① "Intelligence Note From the Director of the Bureau of Intelligence and Research (Hughes) to Secretary of State Rusk, Washington, February 3, 1968", *FRUS*, 1964—1968, Vol. Ⅵ, p. 111.

② *Ibid*., p. 109.

第三章 握手言和的开始

    1968年春节攻势彻底打垮了美国统治集团的战争意志,对越南而言,自美国扩大侵越战争以来从未有比这一刻更为有利的谈判时机。尽管北越在声明中使用的是接触一词,但无疑意味着正式谈判的到来。从1968年5月至1969年1月初,九个月的越美会谈主要解决了美国停止对北越的全面轰炸问题,为实质性谈判奠定了基础。

第一节 聚首巴黎却不易

    由于北越和美国没有建交,所以双方当时主要通过彼此驻老挝的大使馆交换意见。北越发表正式声明的第二天,美国国务院指令驻老挝使馆尽快把书面信函递给北越,并以最快的速度报告与北越联系的情况。信函指出,美国政府注意到了北越4月3日的声明。几天后,北越提议在柬埔寨首都金边开始会谈。尽管约翰逊曾表示他"准备任何时候在任何地点与北越对话"①,但此刻却以会谈要在有合适的联系渠道和必要设施的地方为由拒绝了这个建议。4月10日,北越答复美国,对美国拒绝在金边会谈感到"不理解",但提出可在华沙会谈。对北越的变化,美国驻老挝大使威廉·沙利文认为河内选择华沙就表明北越不希望"特别安静的接触",邦克认为如果美国同意在华沙会谈,只能给西贡制造麻烦。美国副国务卿卡曾巴赫不客气地对苏联驻美大使多勃雷宁说,共产党世界正在搞宣传。尽管哈里曼极力说服约翰逊接受华沙,但约翰逊此刻根本听不进去,表示"任何一个东欧国家都不行,必须在亚洲选一个中立国"②,华沙作为共产党国家首都,"美

---

    ① "Notes of Meeting, Washington, April 8, 1968", *FRUS*, 1964—1968, Vol. VI, p. 550.

    ② "Memorandum of Telephone Conversation Between the Ambassador At Large (Harriman) and President Johnson, Washington, April 11, 1968", *FRUS*, 1964—1968, Vol. VI, p. 565.

国代表团在那里不大可能不受到骚扰和恐吓"①,会谈地点要有所谓"充分公正的氛围"②。11 日,国务院的回函提出"接触地点公平对等的最低标准",并故做姿态地提供了四个城市供北越选择。

越美在这个问题上陷入拉锯战的时刻,北越通过联合国秘书长吴丹转告美国驻联合国大使戈德堡,河内提议在华沙谈是考虑到北京的反应不会那么强烈,至于美国建议在新德里会谈,河内认为由于印度和中国交恶,新德里也不合适,仰光也大抵如此。北越基本上倾向在华沙举行会谈,同时准备在美国不接受华沙的情况下提出美国是否接受在巴黎会谈。

4 月 22 日,美国国务院直接训令驻华沙大使务必告之波兰政府,美国不接受华沙作为会谈地点,后又通过老挝正式告之河内。助理国务卿邦迪认为,美国暂时不要表明建议,要提也由别人出面,这是最有希望的一条途径。③

与此同时,美国公众舆论对约翰逊政府的指责越来越猛烈,尤其是国会对他战与"和"的两手更不领情,催促政府在会谈地点上早做定论。因此,约翰逊急于取得进展,目的是"让民众相信我们已尽一切可能打破僵局,这符合我们的利益"④。在 1968 年 4 月 22 日的会议上,腊斯克认为最好的办法是,向河内提议在华沙或万象举行大使级会谈,会谈只解决一个问题,在接触的地点上形成一致。虽然约翰逊感到举行大使级会谈不妥,但会议一致认为"这是目前为止美国最公正的一个建议。如果公开的话,相信美国人民也会这么认为。而且,与西贡沟通这个问题也没困难,因为会谈不涉及实质内容。因此,冒点风险也无大碍"⑤。显而易见,美国此举不过是为了追求舆论效应,以求减缓甚至摆脱日益孤立的境地。这次会议后,美国把这个建议再次由老挝方面转告河内。不仅如此,约翰逊总统在三天后的记者招待

① "Memorandum From the President's Special Assistant (Rostow) to President Johnson, Washington, April 13, 1968", *FRUS*, 1964—1968, Vol. Ⅵ, p. 572.

② "Memorandum From the Assistant Secretary of State for East Asian and Pacific Affairs (Bundy) to Secretary of State Rusk, Washington, April 22, 1968", *FRUS*, 1964—1968, Vol. Ⅵ, p. 584.

③ "Memorandum From the Assistant Secretary of State for East Asian and Pacific Affairs (Bundy) to Secretary of State Rusk, Washington, April 22, 1968", *FRUS*, 1964—1968, Vol. Ⅵ, p. 585.

④ "Memorandum for the Record, Washington, April 22, 1968", *FRUS*, 1964—1968, Vol. Ⅵ, p. 588.

⑤ *Ibid.*, p. 589.

会上,指责北越条件苛刻导致会谈地点至今无法确定。

北越 1968 年 4 月 27 日照会美国,准备派驻波兰大使在华沙与美国代表就会谈时间和地点进行讨论。照会还严正指出,美方建议了 15 个地点,这是在有意拖延会谈,与先前约翰逊的表态不一致。而且,美国还在对北越的领海、领空以及北纬 17~20 度之间的领土进行轰炸。美驻老挝大使沙利文注意到北越的照会中使用了"会谈"而非"接触",一再要求北越驻老挝大使馆代办阮陈对这个更改做出解释,被阮陈以大使馆只传递照会为由拒绝。

接到北越的答复后,美国国务院指示驻老挝使馆立即向阮陈递交照会,拒绝把华沙作为初次会谈的地点,但表示准备在 4 月 30 日或之后的几天内进行局部讨论。4 月 30 日正是北越照会中提出的会谈日期,美国不敢承担破坏和谈的责任,所以虽然拒绝在华沙谈,但不得不略表姿态对北越的答复加以回应。同一天,邦迪向腊斯克递交了一份重要备忘,备忘录认为时间不在美国一边,世界普遍的印象是美国耽误了对话,而且共产党任何时候发动新攻势都会给美国造成最困难的处境。就会谈地点而言,备忘录提出布加勒斯特也是不合适的,因为在公众看来,它和华沙并无区别。美国拒绝华沙却接受布加勒斯特只能表明美国是在为时间而战,到头来,还是同样的结果。这样,最没有争议的地点就是巴黎。①

就在约翰逊总统还在为会谈地点犹豫不决的时候,河内接受以巴黎为正式谈判地点。5 月 2 日,劳动党中央第一书记黎笋会见苏联驻河内官员,请苏联出面说服美国同意北越的提议,几乎与此同时,北越通过老挝方面照会美国,建议 5 月 10 日或之后在巴黎举行正式会谈。

5 月 3 日,白宫收到沙利文传回的北越的答复,约翰逊下令在美国未做反应之前,不得对外泄露河内的答复。但罗斯托认为没有机会再建议另外的地点,约翰逊无奈地接受了这个意见。5 月 3 日当天,美国国务院训令沙利文立即告之北越大使馆,美国政府同意接受北越提议的时间和地点。

1968 年 5 月 13 日巴黎时间 10 点 30 分,由越南民主共和国外交部部长春水率领的北越代表团和哈里曼、万斯等美方谈判代表正式在巴黎举行结束越南战争的和平谈判。这是美国扩大侵越战争三年多来,首次在谈判

---

① "Memorandum From the Assistant Secretary of State for East Asian and Pacific Affairs (Bundy) to Secretary of State Rusk, Washington, April 30, 1968", *FRUS*, 1964—1968, Vol. Ⅵ, pp. 610 - 611.

桌上直接面对这个让它在战场上吃尽了苦头的对手。

美国统治集团是在这场侵略战争已经黔驴技穷、走投无路的时刻被迫面向谈判解决的。但就在 5 月 3 日，美国参联会致电美军太平洋舰队司令夏普和侵越美军总司令威斯特摩兰，指示"对共产党的挑衅进行严厉还击将有助于加强美国的谈判地位"[①]。越美会谈开始后，美国统治集团企图以炸迫谈，按照美国的条件即圣安东尼奥模式逐步实施谈判，然而，以炸迫谈这条路到底还是走不通，约翰逊当局不得不在 1968 年 10 月 31 日宣布美国无条件停止对北越的全境轰炸。

第二节　挫败"以炸迫谈"

会谈伊始，春水就明确表示此次会议的目的就是，确定美国必须无条件停止对北越的全部轰炸和其他一切战争行为，之后再讨论其他问题。因为要求美国停止轰炸北越既是一个原则问题，也是具有实际意义的问题。

在 1965 年 3 月 2 日以前，美国对北越的轰炸是零敲碎打、一来一往的报复性轰炸，这种方式缺乏持久压力所具有的说服力。麦乔治·邦迪向约翰逊总统提交的长篇备忘录认为只有逐步升级、持续的轰炸才是最有希望的可行路线，才能使战争出现转机。美国持续轰炸北越的目的，在于迫使越南劳动党中央下令结束南方的战争，或至少停止援助这场战争，从而根本扭转南越局势。这年 3 月 2 日，"滚雷行动"终于开始。依据逐步升级的方针，美国把轰炸范围由北纬 20 度以南地区逐步向北推移，扩展到中越边境的缓冲地带，到后期，开始时列为禁炸区的城市也成了密集轰炸的目标。

"滚雷行动"重点突击的目标是轰炸北越交通运输系统，特别是杜梅和清化两座铁路大桥。杜梅桥位于河内市郊，是连接 5 条铁路的 19 孔钢架桥，是越南北方最长的大桥。清化桥最早是法国人建造的，1957 年，经过整整 7 年，在中国技术人员的援助下，北越最终完成了重建工作。美军认为炸毁这座桥可以瘫痪河内到越南南方的铁路交通，使北方支援南方成为泡影。从 1965 年 5 月底到 1967 年初，美国飞机对清化桥实施多次大规模突击，甚

---

① "Attachment：Telegram From the Embassy in Laos to the Department of State, Vientiane, May 3, 1968, 0418Z", *FRUS*, 1964—1968, Vol. Ⅵ, p. 633, Footnote 8.

至连威力巨大的水雷都用上了,但仍然没有炸毁它,因而被美军称为炸不倒的桥梁,有些美军飞行员认为清化桥有上帝保护。

美国既要达到破坏北方支援南方战争的能力,除了轰炸交通运输系统外,还对油库、弹药库、发电厂等目标进行狂轰烂炸。北越防空部队主要配备萨姆地对空导弹进行对空射击,但由于美军研制综合电子对抗手段和各种新技术对付地对空导弹的拦击,萨姆导弹的命中率越来越低,击落一架美机,1965 年需要 15 枚地对空导弹,1966 年需要 33 枚,1967 年需要 55 枚,1968 年 1 月至 4 月则增加到 67 枚。

直到今天,也没有确切的数字统计来说明北越在持续了三年零八个月的"滚雷行动"中的经济、社会损失究竟是多少,但可以说,北越军民在浴血奋战中付出了巨大的人力、物力和财力。据美国的粗略统计,富裕的美国要给贫穷的北越造成 1 美元的损失,自己要付出 10 美元的代价。[①] 反之推算一下,也可对北越的战争代价略做估计。对美国而言,10 美元不过九牛一毛,但对越南来说,1 美元也弥足珍贵。无论在道义立场上,还是从降低抗美战争负担的角度出发,北越坚持美国必须无条件全面停炸是谈判首先要解决的问题。

美国此时不仅仍然坚持圣安东尼奥模式,即北越将不利用美国停炸来加强对南越的渗透,而且要求达成正式的、不利用停炸的所谓克制协议。美国以为按照它的降级标准,北越 90% 的人口和 78% 的领土面积不在轰炸范围之内已经是美国有诚意的表现了,因此北越必须表示一下自我约束。

面对北越的停炸要求,约翰逊政府内部产生严重的分歧。国务卿腊斯克、驻西贡大使邦克和参联会等认为美国采取强硬立场不可避免,反对全面停炸,只能部分停止对北越的轰炸,而且还要提出一些条件。邦克甚至主张任何情况下,都不能同意完全停炸,因为西贡总是怀疑美国的谈判意图,停炸会更加剧这种疑虑;就维持士气和团结来讲,后果不可收拾。[②] 他还提出共产党对西贡或人口集中的地区的进攻同样可视为利用停炸的行为。而以国防部长克里福德和哈里曼、万斯等为代表,主张美国全面停炸可以提附带条件,但不要无限加码;只要河内减少向南方输送人员、物资,做到这一点就

---

① 胡海波编著:《1961—1975 越南战争启示录》,黄河出版社,2009 年,第 220 页。

② "Telegram From the Embassy in Vietnam to the Department of State, Saigon, May 10, 1968, 0820Z", *FRUS*, 1964—1968, Vol. Ⅵ, p. 656.

是美国所说的"不利用"范畴了。①

在 5 月 21 日的内阁紧急会议上,克里福德明确说:"美国打不赢(战争),美国的希望在巴黎,只能寄望于巴黎获得成功。"②包括约翰逊在内都不同意这个判断,他们认为美国通过武力成功阻止了北越掌控南越。克里福德认为"河内军事上也打不赢,但那不意味着美国已经赢了。他们不缺乏人力,中苏还会支援他们",他强调"我们必须在巴黎解决。除此,我看不到任何前景。我看到的只是无限期拖下去"。③

5 月 23 日,泰勒建议对目前的谈判局面采取三种可行的反应。一是对北越的轰炸恢复到北纬 20 度线;二是对北越全境的轰炸;三是全境轰炸加上在海防布雷。他提出第一种现在即刻进行,第二种可以反复发表公开声明,解释并证实我们所做的是合理的,一周警告期后,如果对方还没动静就可实施全境轰炸④。邦迪也表示过同样的观点,他说轰炸方案的改变"还需要考虑如何表示我们是渐渐失去耐心,在多大程度上失去耐心,避免给人留下随意草率的印象"。⑤ 显而易见,美国搞逐步升级,因此务必给外界造成美国采取行动是迫于无奈,北越纯属咎由自取的印象。但是不要说是对北越实施全境轰炸,就是恢复对北纬 20 度线的轰炸都是有困难的,因为约翰逊 3 月 31 日的演说宣布停止对北纬 20 度以北地区的轰炸,现在和平谈判刚刚启动,在没有足够的理由下,要想恢复轰炸甚至升级到北越全境可以说是冒天下之大不韪。所以,行政当局讨论对北越的轰炸范围集中到了北纬 20 度以南地区。在这个大概范围内,人们看法也不一,而军方更是企图扩大轰炸范围。

5 月 27 日,总统科学顾问委员会特别小组向约翰逊递交了一份题为"在北越和老挝实施空中打击的效果"的报告,该报告指出轰炸并没有严重削弱北越战斗下去的意志,共产党谨慎组织,有计划地以足够弥补损失的速

① "Information Memorandum From the President's Special Assistant (Rostow) to President Johnson, Washington, May 22, 1968", *FRUS*, 1964—1968, Vol. Ⅵ, pp. 697 - 698.

② "Notes of Meeting, Washington, May 21, 1968", *FRUS*, 1964—1968, Vol. Ⅵ, p. 695.

③ *Ibid.*, p. 696.

④ "Memorandum From the President's Special Consultant (Taylor) to President Johnson, Washington, May 23, 1968", *FRUS*, 1964—1968, Vol. Ⅵ, pp. 703 - 704.

⑤ "Tab A: State-Defense-CIA Project Alternative Courses of Action Under Certain Assumed Conditions 'Terms of Reference'", Washington, May 25, 1968", *FRUS*, 1964—1968, Vol. Ⅵ, p. 715.

度向南越运输补给。报告得出的结论是,"我们认为其他因素而非在北越的空战,将在很大程度上决定未来战争的规模,没有任何一个轰炸方案能是令人感到有前景的"①。这个判断是很不能让将领们满意的,后者在和前任国防部长麦克纳马拉较劲的时候就强调,对北越的空中战役"是我们整个战争努力中一个必要的、不可或缺的组成部分,这张王牌不能丢"②。

参联会力主在北纬19度到20度之间实施轰炸,理由是这个区间有北越供给点组成的向南方输送的总中心,是去往南方的必经之路。北越后勤总部设在清化,这里可向南方运进巡逻艇,在清化的北部和西部还有机场,直通南越第一大城市砚港。当然,参联会不满足于仅仅轰炸这个区域,而上面的这个报告更使它理直气壮地指出,在逐步增加的基础上扩大打击目标和区域证明是无效的,并没有迫使北越乖乖就范,海上和空中力量联合行动就足以破坏北越承担损失的能力,因此更进一步建议乘东南亚季风气候到来的时候,抓紧时间对北越进行全境轰炸。③ 不仅如此,参联会主席惠勒还代表军方提出把地面战争扩大到老挝、柬埔寨或北越。④

1968年6月4日,参联会向国防部长克里福德正式递交扩大美国军事行动的备忘录,备忘录说:"到目前为止,美国在东南亚的军事行动在这样一个框架内进行:避免和中苏冲突,不侵犯北越,不谋求推翻北越政权。参联会认为这些原则虽有效,但北越利用种种有利条件使三年来美国的逐步升级未能阻止共产党停止侵略,相反导致美国资源、开支加大,伤亡加重。因此有必要考虑对北越直接实施更大的压力。万一眼前的谈判不能较快产生较大进展或破裂,参联会认为对北越全境的空中和海上进攻应当全部恢复,由政策框架造成的有关限制应予取消。"⑤

虽然主战派气势汹汹,杀气腾腾,奈何谈判乃大势所趋,主和派、主停派是决不会同意任何一个扩大战争的方案的。就在不久前,当美军着手轰炸北纬19度线附近的一个军用机场的时候,克里福德就非常反对,认为这是

---

① "Editorial Note", *FRUS*, 1964—1968, Vol. Ⅵ, p. 721.

② 张海涛,前引书,第104页。

③ "Memorandum From the Joint Chiefs of Staff to Secretary of Defense Clifford, Washington, May 29, 1968", *FRUS*, 1964—1968, Vol. Ⅵ, p. 725, p. 737.

④ *Ibid.*, *FRUS*, 1964—1968, Vol. Ⅵ, p. 738—739.

⑤ "Memorandum From the Joint Chiefs of Staff to Secretary of Defense Clifford, Washington, June 4, 1968", *FRUS*, 1964—1968, Vol. Ⅵ, pp. 748 - 749.

搞战争升级。① 哈里曼 1968 年 6 月 3 日也从巴黎发来电文建议白宫暂时不要考虑在北纬 19～20 度之间实施轰炸,待到他跟北越政治局成员黎德寿预定于星期三的会谈结束之后再做决定。哈里曼等人认为黎德寿的到来将促成更灵活的对话,不排除进行私下会谈的可能。然而,即使是主和派也坚持北越必须做出不利用停炸的保证。在他们看来,"对方有许多条路径让美国了解,可以不失面子地做到这一点",这只是一个"技巧和愿不愿意的问题"。② 事实上,美国在得不到北越让步的情况下,又回到了 1967 年 8 月就已经提出的北越用事实行动,而不一定要语言表态的立场上,表面看这似乎软化了态度,但仍然是有条件的。

北越要求美国无条件停炸立场得到了苏联的积极支持,从苏联驻法国大使佐林和美国谈判代表哈里曼的会谈来看,北越和苏联此期的沟通非常密切。

佐林在 1968 年 5 月 20 日对哈里曼强调,除非美国全面无条件停炸,否则不会有进一步行动甚至是讨论都不可能。北越没有轰炸美国,而美国在轰炸北越。③ 哈里曼于是建议与北越举行私下的非正式会议,形成私下谅解,企图以所谓非正式的步骤先行,并达到美国的目的。佐林表示美国不应当抱有任何幻想,不管什么会见平台,河内决不会在美国停炸前采取任何行动。④

5 月 25 日,哈里曼与佐林再次交换意见,前者明确说:"我们不再就克制达成协议,我们将接受克制的迹象而非承诺。"⑤他还建议双方代表团成员,哪怕是工作人员私下接触。佐林对哈里曼的提议表现了异乎寻常的兴趣。

大约从 1968 年 5 月下旬到 6 月中旬,北越连续数周停止了对西贡等大城市的炮击,南方战事的频率和战斗的激烈程度渐趋平缓。然而,美国军方认为这不是北越有所克制的表现,反倒是大规模军事行动前的寂静。美国

---

① "Notes of Meeting, Notes on the Meeting in the Cabinet Room, Washington, May15, 1968", *FRUS*, 1964—1968, Vol. VI, pp. 668 - 669.

② "Memorandum From Secretary of State Rusk to President Johnson, Washington, May 18, 1968", *FRUS*, 1964—1968, Vol. VI, pp. 678 - 679.

③ "Telegram From the Embassy in France to the Department of State, Paris, May 20, 1968", *FRUS*, 1964—1968, Vol. VI, p. 689.

④ *Ibid.*

⑤ "Telegram From the Embassy in France to the Department of State, Paris, May 25, 1968", *FRUS*, 1964—1968, Vol. VI, p. 712.

军方认为北越只是利用这个间歇做暂时的休整,而行政当局则提出更多条件;尽管对条件加以粉饰,使其看上去不成其为条件。美国还坚持要苏联给予保证。1968 年 6 月 4 日,约翰逊总统在新泽西葛拉斯堡罗州立大学发表演说,呼吁苏联致力于实现越南问题的和平解决,就在一年前,他和苏联总理柯西金在此会晤探讨越南问题。

1968 年 6 月 5 日,柯西金致函约翰逊,信函指出,苏联"坚定地认为由越美双方派出高级代表进行正式对话是解决冲突的有效途径。对北越的轰炸和其他一切战争行为是会谈的主要障碍。如果在美国全面停炸之前,北越已同意正式对话,那么全面停炸后更有可能出现更大进展。我们有理由相信美国全面停炸是会谈取得突破的因素,美国不会因此失去安全利益或声誉。美方希望我们支持越美私下会晤,我们会把这个想法通知越南朋友,因为我们也认为所有形式的接触都应该采用,但形式解决不了问题,决定性因素在于每一方的立场究竟如何"①。

约翰逊政府形成了两派对立的意见。腊斯克、惠勒、泰勒和中情局局长赫尔姆斯等人虽然对柯西金主动致函的判断不一,但都认为莫斯科含义模糊,美国需要从苏联人那里得到一个直截了当、确切的说法,即保证将帮助解决冲突。克里福德、哈里曼、万斯等人一致主张这封信函就是一个突破点,"我们想让它意味着什么它就意味着什么"②。万斯表示,虽然美国确不知道它指什么,但它也许表示苏联人愿意帮助解决。克里福德的态度更激怒了约翰逊,前者认为"应该把信函本身当成保证。如果美国停炸,那么苏联人必定向北越施加压力,这场战争对苏联的代价也日渐增大。柯西金的信调子温和,我们可以放手一试"③。而总统却说:"这样的处理态度根本不切实际。意志软弱就得不到和平。"这位国防部长针锋相对地说:"我们有这么多分歧,但我们得看看分歧背后的问题。你说我的立场不现实,我认为它很现实。我们结束不了战争,即使用大规模火力、巨型 B - 52 飞机和有史以来最庞大的驻越部队。我愿意冒停炸的风险尝试政治解决。"④约翰逊总统

① "Attachment: Letter From Chairman Kosygin to President Johnson, Moscow, June 5, 1968", *FRUS*, 1964—1968, Vol. Ⅵ, pp. 754 - 755.

② "Notes of Meeting, Notes of the President's Meeting With Foreign Policy Advisers, Washington, June 9, 1968", *FRUS*, 1964—1968, p. 768.

③ *Ibid.*, p. 771.

④ *Ibid.*, p. 777.

命国务院将柯西金的信函副本发给西贡,征求邦克的意见。后者极力赞成苏联作出保证,他说:"以我们与欧亚共产党打交道 20 多年的经验,他们理解明确坚定的东西,对我们向他们建议的模糊不确定的行动利用迅速。"①因此,哈里曼奉命与佐林于 1968 年 6 月 14 日举行了这样意图的会谈。为了达到目的,美国以所谓"对话破裂,莫斯科的声誉就会屈居于北京之下"②诱使苏联与美国合作。

让哈里曼意想不到的是,佐林根本不予回应。后者直接表示,他与黎德寿等北越代表会谈了几次,他认为北越的立场可以说有四点:首先,美国是侵略者,不要指望北越做任何让步换取美国的停炸;其次,除非美国停炸,否则不会进一步深入对话;再次,目前情形下不会开始私下会晤;最后,一旦停炸问题解决,北越愿意就所有其他问题畅谈。苏联大使馆一等秘书奥伯莱姆科对万斯坦率指出,如果美国彻底停炸,他个人也不能肯定河内一定不会加紧军事行动的步伐。

正当美苏磋商之际,黎德寿 1968 年 6 月 19 日向美方表明,解决越南问题,政治解决必须先于军事解决,也就是说,不事先就政治协商达成方案,就不可能产生军事解决。这个表态致使鹰派的罗斯托对谈判的看法发生了较大转变。他原先认为,北越在嘲笑美国,美国只有敢于以冒谈判破裂的风险的态度才能维持谈判。③而现在,他却向约翰逊总统承认,他原来认为河内无意认真对话,除非待到下届政府上台的结论证明是错误的。④同时,美方拟向北越代表团提出只要共产党武装不通过非军事区向南方渗透,美国就停炸,这个安排可以在双方之间直接促成。

1968 年 6 月 24 日,佐林向美国代表团成员施赖弗建议,利用礼拜三会谈的茶歇之际,直接向春水建议两阶段方案;他相信美国原则上在某个特定日子停炸,北越就会支持私下接触,商谈第二阶段行动。而施赖弗反应平淡,可以说拒绝了这个建议,他说:"总统不可能为了一纸对话就停炸,和谈

---

① "Notes of Meeting, Notes of the President's Meeting With Foreign Policy Advisers, Washington, June 9, 1968", *FRUS*, 1964—1968, Vol. Ⅵ, p. 777, footnote 6.

② "Telegram From the Embassy in France to the Department of State, Paris, June 14, 1968, 1858Z", *FRUS*, 1964—1968, Vol. Ⅵ, p. 793.

③ "Information Memorandum From the President's Special Assistant (Rostow) to President Johnson, Washington, June 11, 1968", *FRUS*, 1964—1968, Vol. Ⅵ, p. 780.

④ "Information Memorandum From the President's Special Assistant (Rostow) to President Johnson, Washington, June 20, 1968", *FRUS*, 1964—1968, Vol. Ⅵ, p. 799.

也太廉价了。"①佐林又问美方有没有同北越实际讨论过这个问题,施赖弗既不承认也不否认,佐林建议美方直接向春水提出来。

第二天,国务院训令美国代表团与北越代表私下会谈,要求代表团判断北越是否愿意根据美国的条件框架来谈,美方尽量避免主动提出明确的、美国认为满意的状况。也就是说,美方的条件可以不必很清晰,可以模糊一些,但是要求代表团必须将勿以火炮等武器从非军事区袭击西贡以及人员、向南方的物资渗透等这些问题要提出来,但务必表明美国只是关注,并非最后的、不可更改的状况。国务院的训令还指示,如果北越提出停炸和经由双方达成的谅解行动之间应有个时间差,那么美国则认为这是个可以考虑的问题。②

1968 年 6 月 26 日星期三,是越美定期会谈的时间,正是在这次会谈的时候,春水向美方提议,为了增加私下交换意见的机会,每次正式会谈期间,北越代表何文楼和美方代表万斯可以单独会谈。万斯随即作出反应,提出不一定要等到星期三正式会议,春水表示可以考虑。而仅在四天前,苏联大使多勃雷宁和夫人赴哈里曼夫妇的宴会时,多勃雷宁表示他获悉北越代表可与哈里曼、万斯私下会谈,但不知具体何时。

1968 年 6 月 27、28 日,越美高级代表在距离北越代表团驻地不远的一座小型别墅里举行会议,尽管双方都没有声明这是私下会谈,但实际上就是双方正式会谈以来的首次秘密会谈。

万斯提出,在美国停炸前需要讨论北越不利用停炸的问题,就讨论达成私下的谅解,也就是可以不公开表态,彼此都不失面子。③哈比卜曾任驻韩大使,也出席了会谈,在后来的越美谈判中成了基辛格的主要助手。他认为停炸日期确定后,北越根据所谓谅解执行是在停炸后,而非停炸前,所以美国没有向北越提附加条件。何文楼恳切地表示,这些说法与美方以往的那些说法并无本质不同,就是时间顺序颠倒了一下。就问题的实质而言,仍无异于要求北越对美国的停炸作出酬答性回应。不管在停炸前、同时或之后,

---

① "Telegram From the Embassy in France to the Department of State, Paris, June 24, 1968, 2150Z", *FRUS*, 1964—1968, Vol. Ⅵ, p. 810.

② "Telegram From the Department of State to the Embassy in France, Washington, June 25, 1968, 1944Z", *FRUS*, 1964—1968, Vol. Ⅵ, p. 814.

③ "Telegram From the Embassy in France to the Department of State, Paris, June 28, 1968, 0448Z", *FRUS*, 1964—1968, Vol. Ⅵ, p. 821.

这些条件都是要求北越对美国停炸做出回应。何文楼虽然不怀疑美国的确想谋求问题的解决,但感到遗憾,因为美国的建议仍是老调重谈。[①] 他郑重表明,美国要有实际行动而非搞表面文章,必须无条件停止对北越的轰炸和其他一切战争行为。

　　与北越代表会后当天,万斯即与佐林举行了会谈。佐林严肃指出,"不管美国的要求如何伪装,北越都不会接受酬答式回应"[②]。佐林表示他可以提出一个两步骤计划:第一步,停炸;第二步双方执行回应措施。两步骤之间有一个时间间隔。万斯强调间隔尽量短,而且必须是私下,更关键的是美国"必须知道如果停炸,会发生什么状况,至今无人能告之"[③]。佐林认为克制性措施可经双方在时间间隔里协商,但万斯表示美国不接受,需要事先就明确停炸后会出现何种情况。佐林当即执笔,约 5 分钟内草拟了他个人关于两步骤的意见。第二步措施,美国撤回一些部队或关闭某些基地,例如溪山,并提议北越要执行相应行动,为美国和盟国部队撤退时提供安全保护,例如减少军事打击,讨论某些政治步骤,但这是美国的事情。佐林最后声明他的建议只是原则上的,具体措施要美国自己明确,否则北越是不会挑明的。这样一个计划和美国早先酝酿的两步骤计划完全不同:它明确美国也需要执行相应措施,而两步骤计划只是一味要求北越对美国的停炸加以回应。因此,对佐林的建议,哈里曼等人和国务院产生了不同看法。

　　1968 年 7 月 2 日,国务院致电巴黎,认为在这个时刻把第二步行动摆在桌面上谈是不成熟的,目前应等待与北越形成谅解,在此基础上再谈第二步。同一天,罗斯托致总统备忘录中提到,如果北越在佐林提议的框架内跟美国谈判,美国准备在第二步谈什么呢? 另外,第二步要详细表达出来,没有具体到内容,就等于什么也没有。所以,他认为总统需要决定是否及时把两步骤的实际内容向对方提出来。不仅如此,罗斯托很快向约翰逊总统呈上第二份备忘录,备忘录认为每一方的每个行动不必非得要另一方回应,而是可以形成一个整体的行动方案。在这一点上,他和哈里曼、万斯的主张较为接近。

---

　　① "Telegram From the Embassy in France to the Department of State, Paris, June 28, 1968, 0448Z", *FRUS*, 1964—1968, Vol. Ⅵ, p. 818, p. 819.

　　② "Telegram From the Embassy in France to the Department of State, Paris, June 28, 1968, 1735Z", *FRUS*, 1964—1968, Vol. Ⅵ, p. 826.

　　③ *Ibid.*

1968年7月11日,哈里曼、万斯向国务院建议,可以把佐林的建议视为和美国的两阶段设想相似,并向北越抛出美国的方案,因为如果美国想知道北越是否认真对待这个模式,就有必要向对手和盘托出。两天后,国务院回电最后意见,不主张这个时候就将方案详细透露给北越,还要等待时机。在腊斯克看来,"这个问题基本是个时间问题"。① 尽管华盛顿对谈判表现得漫不经心,但身处谈判一线的哈里曼、万斯等人心里非常清楚,拖延下去,美国只会越来越被动。

到1968年7月3日,越美已进行了13次会谈。哈里曼根据国务院1968年7月2日的指示与北越代表见面,因此这次会谈也就不会有实际效果,从美方而言,只是虚应故事。哈里曼建议再安排一次私下会晤。春水表示,"现在我们都很清楚各自的立场,所需要做的就是找到无条件停炸的途径"②,并同意美方私下会谈的提议。7月15日,哈里曼与何文楼会谈。

虽然华盛顿尚未拿出一个明确的方案,它还在索要甚至提高停炸的筹码,但美国谈判代表团仍然可以以此为基础对北越进行试探,所以在立场的表达上总是有些含糊其辞。而北越代表团对每一次会谈都事前作好充分准备,对对方的要求逐字逐句核实含义,避免让对方钻漏洞。在听取了哈里曼的陈述后,何文楼首先问第二步骤所列各项内容何时讨论,美方回答就现在。何文楼说,也就是在美国停炸前。第二个问题是,第二步骤所列各项内容必定执行吗? 美方表示明确执行,而且会在最短的时间内。何文楼进一步阐述北越的立场,"贵方的建议今天更系统、更有条理,但与上次相比,仍无本质变化。第一阶段仍有赖于第二阶段发生什么状况,甚至还要讨论所谓状况"③。当美方辩称,只是先达成一项谅解,现在是从谅解角度看问题,何文楼问,何谓谅解? 而双方争执最多的是美国这次又增加了新的停炸条件,特别是关于非军事区问题。北越认为,如果美国尊重非军事区,那么其状态自然就会恢复正常。但正相反的是,美国希望变非军事区为无人区,非军事区早已不是经日内瓦协议所产生的,可以称之为的真正的非军事区。

———————————

① "Telegram From the Department of State to the Embassy in France, Washington, July 13, 1968, 1807Z", *FRUS*, 1964—1968, Vol. Ⅵ, p. 856.

② "Telegram From the Embassy in France to the Department of State, Paris, July 3, 1968, 1411Z", *FRUS*, 1964—1968, Vol. Ⅵ, p. 838.

③ "Telegram From the Embassy in France to the Department of State, Paris, July 16, 1968, 0228Z", *FRUS*, 1964—1968, Vol. Ⅵ, p. 864.

美国把成千上万的人派到非军事区，摧毁村庄，清洗居民，化学武器在非军事区肆虐。从岘港起飞的飞机把非军事区用做飞机场。军舰和巡逻船也闯入了非军事区的水域。美国应该对这些状况负责，要论对非军事区的保证，也应该是美国必须这么做。①

美国最初所提的北越不利用停炸的问题，主要关注北越通过老挝走廊向南方输送人员、弹药、物资，现在重点转向非军事区；一个主要的原因是，监管在老挝境内的渗透难以实施，可变因素较多，多年的经验证明美国动用了庞大的资源却达不到明显的效果。而非军事区就不同了，一旦就非军事区达成监管，美国可以根据自己的标准来裁准，这样就可随时掌控轰炸北越的理由。

除了非军事区问题外，美国还提出北越停止对西贡等大城市进行无差别炮轰。实际上，美国已经注意到自 1968 年 6 月中旬以后，共产党的作战行动的确减少了，6 月 21 日起连续 6 周西贡没有遭炮击，但美国行政当局多数人认为尚无足够的证据表明这些迹象是北越为了影响谈判之目的，总之，共产党方面缺乏有效的降级信号。而以哈里曼为首的谈判代表团却认为这些情况说明北越和美国在实质和形式上都相差不远，他说尽管北越代表很"顽固、难对付，不承认美国的建议有新内容，但表示会仔细考虑"，而且，他认为北越代表的"态度是认真的，不是为了回避问题"②。

哈里曼与何文楼会见的第二天约见佐林，向苏联方面通报了越美会谈情况，并希望佐林转告北越认真考虑美方的建议。佐林表示他不清楚美国到底提出了什么建议，故无法妥善与越南方面讨论这个问题，他所知道的就是美国需要先停炸，但也想了解美方第二阶段指什么。哈里曼提出了四点内容：第一点是重新划分非军事区；第二点，部队可以更新武器装备，但规模不可再增加；第三点，停炸后，讨论实质问题，包括参加会谈的代表；第四点停止对西贡等城市实施无差别轰炸。除了这一点外，其余内容都是美国首次提出。北越显然不接受。7 月 19 日，佐林约见哈里曼，表示北越出于两个原因反对美方的建议：第一，美国停炸前先就第二步行动达成协议，尽管是私下谅解的形式也是有条件的。对此，北越不接受。第二，第二步行动的实质问题。由于美国完全没有同北越直接讨论，而且美国仍然没有正式表

---

① "Telegram From the Embassy in France to the Department of State, Paris, July 16, 1968, 0228Z", *FRUS*, 1964—1968, Vol. Ⅵ, p. 865.

② "Memorandum of Conversation, Paris, July 16, 1968", *FRUS*, 1964—1968, Vol. Ⅵ, pp. 871 – 872.

示民族解放阵线参加会谈的问题,所以,北越不同意美国的建议。北越坚持美国必须先停炸,并希望和万斯继续对话。

北越的态度让哈里曼等人决心敦促华盛顿采取他提出的"新路线"。1968年7月29日,哈里曼致电国务院,电文称:"如果坚持现在的立场,除了要花费许多时间外,他们所能给予我们的东西都不可能明确到使我们知道停炸后,他们将怎么做。这就迫使我们视未来两个月的情形来决定怎样行动。如果我们什么都不做,就把主动权和时间留给了河内。如果共产党再发动一次大攻势,我们赢的唯一办法就是以迅雷不及掩耳之势挫败他们。艾布拉姆斯很有信心,但共产党能支撑两个月,因此,我们速战速决的机会几乎为零。……而且,我们短期内解决不了一个基本的长远目标,即确保北越从南方撤军,这是个要早做考虑的问题,但也是留待最后解决的问题。"①哈里曼认为,美国"有必要加快自己的时间表"。为此,"美国坚持圣安东尼奥模式,假设河内准备实质性对话,它会遵守非军事区的秩序,不对西贡大城市实施无差别轰炸,不向南方增派部队。同时致函柯西金,不需要他回复,让苏联人自己决定他们是否愿意回复"②。电文还表明,"我们不确定这个方针是否会阻止北越采取攻势,但也许能起作用。停炸除了有助于谈判外,还可挽救许多美国士兵的生命。而如果北越发动大规模攻势,就会失信于世界。在美国,公众会排着队支持政府,即使恢复轰炸也能得到理解。"③哈里曼对美国在谈判中的立场所做的陈述不仅与行政当局的既定政策相悖,与他本人原先的考虑也有一定差距,这是他对美国的谈判立场所提出的"新路线"。很显然,"新路线"其实就是美国放弃强硬态度,对北越不要苛求过多,也不要苏联保证,实际就是主张美国在现有态势下同意无条件停炸。哈里曼很重视这个"新路线",他请示华盛顿允许万斯立即回国做详细报告。哈里曼的建议得到了副国务卿卡曾巴赫和助理国务卿邦迪的初步赞许。然而,这一较为务实的主张激起了军方强烈的反应。

1968年7月30日,惠勒在高级咨询会议上,代表参联会明确反对完全停炸,再次提出北纬19度到20度之间是需要轰炸的重点范围。不仅如此,他还趁机拿出美国侦察机拍摄下的越共在柬埔寨境内活动的照片,说鹦鹉

---

① "Telegram From the Embassy in France to the Department of State, Paris, July 29, 1968, 1925Z", *FRUS*, 1964—1968, Vol. VI, pp. 912-913, p. 915.

② *Ibid.*, pp. 914-915.

③ *Ibid.*, p. 915.

嘴这个距离西贡只有 25 英里的地区应当备受关注,不仅越共第 9 师在该地区活动,而且有证据表明越共南方局总部就在这里。

两种意见,两个营垒,约翰逊总统这次还是同主战派的将军们站在一起,说"应该把这些照片给西哈努克看看,警告他一下"[①],还指示将所有越共的集结区都拍下来。哈里曼的"新路线"未得到白宫的高度重视,国务院指示哈里曼以两步骤方案等待河内的答复。

自巴黎会谈开始两个多月以来,没有取得丝毫进展,这对主和派来说,是一次打击和挫败。哈里曼认为美国没能在 1968 年 7 月末 8 月初停止对北越的一切轰炸行动,"很可能是一个具有广泛后果的历史性悲剧"[②]。就在这个时刻,约翰逊拉来阮文绍在檀香山会谈。

在侵越战争中,每当美帝遭到失败和处境狼狈的时候,它就在檀香山召开会议。自 1961 年开始,美国军政头目在檀香山举行过的会议已不下十次,但每一次会议都没有找到挽救败局的灵丹妙药。尽管这次会议并没有如同历次会议那样叫嚷着要把南越战争打下去,发表美伪联合宣言、公报之类的嚣张气焰,而是约翰逊称之为的"最小范围内的私下交换看法",但它也决不是一次和平会议。美国把傀儡集团的头目拉了来,喋喋不休地说在南越进行改革计划,力图抬高傀儡集团的身价,提高其威信。与此同时,国务院举行记者招待会,腊斯克发表讲话,不但要求北越拿出和谈诚意,而且警告说如果西贡遭到进攻,美国将进行报复性行动。

越美谈判伊始,美国的态度如此冥顽不灵,导致会谈一无所获;北越代表团决定推迟与美方进一步会谈。苏联驻法大使佐林 1968 年 8 月 3 日与哈里曼、万斯举行会谈时确定地说:"美方就在北越认真考虑美国建议的时刻,突然冒出这两件事,北越不得不慎重对待。北越认为美方的建议是外交赌博,美国同时还准备对北越采取新的行动,作出推迟会谈的决定是有意的。"[③]

面对这两位美方高级代表继续兜售老一套的说辞,佐林代表政府严正

---

① "Notes of Meeting, Notes of the President's Meeting With Foreign Policy Advisers, Washington, July 30, 1968", *FRUS*, 1964—1968, Vol. Ⅵ, p. 922.

② "Memorandum for Personal Files, Paris, August 22, 1968", *FRUS*, 1964—1968, Vol. Ⅵ, p. 968.

③ "Telegram From the Embassy in France to the Department of State, Paris, August 3, 1968,1300Z", *FRUS*, 1964—1968, Vol. Ⅵ, p. 936.

表达了苏联的立场。他表示美方的说法"十分片面、狭隘。腊斯克曾在6月21日说停止对西贡的炮击,西贡周边地区战斗减少是美国停炸的充分理由。全世界都看得很清楚,每个人都跟他一样理解美国的讲话。然而,檀香山会议不像是和平会议,倒更像是表明美国强硬立场的会议,腊斯克的讲话进一步强化了美国的立场。美国实际就是坚持北越必须保证他们是好孩子,美国才会停炸。"①佐林敦促美国抓住时机停炸,如果美国拖延等待,会更糟。有利的局面稍纵即逝,现在是时候真正扭转形势。哈里曼认为佐林的发言"更加片面",坚持两阶段建议仍有效,希望"有意的第三方尽最大努力撮合对话"②。佐林立刻斥责说,美国"根本就没有给苏联发挥作用创造条件,美国自己恶化了局面。因为它要求的越来越多。最初只说'任何信号'就足够,现在对西贡的炮击停止了6周,其他战事也大大减少,美国却还说不够,这是在抬高价码。而且美国从提出只要一个信号,到现在又需要苏联保证",佐林敦促美方考虑他的话,指出现在的局面不利于谈判,"设置障碍的不是河内,而是美国自己"③。

北越拒绝了美国关于停炸的两阶段建议,自然是美国不想要的结果。在双方对话陷于停滞的关口,美国人注意到他们视为"胡志明最亲密朋友"的黎德寿此时又返回巴黎,美国将他是否长期留驻河内作为谈判的晴雨表。1968年8月14日的会谈,美方这次显得很诚恳,表示彼此间有路障,作为谈判代表就是要清除障碍,并询问北越有何新想法。春水首先温和地询问了不久前被北越释放的3名美国飞行员的情况,美方表示希望将有更多飞行员得到释放。尽管会谈气氛不热烈,但总算友好。五天后,8月19日,何文楼与万斯举行了第四次私下会谈。美方这次明确提出西贡参加会谈的问题。何文楼表示除非美国全面停炸,否则两阶段建议不必讨论,并拒绝西贡参加谈判。但最后,他指出美国停炸后,有关阶段二和其他问题的谈判将会得到推进。哈里曼由此产生了一丝乐观,"从这刻起,黎德寿接管了谈判……比春水更令人期待"④。

跟会谈较为融洽的氛围相比,1968年8月19日约翰逊总统在底特律

① "Telegram From the Embassy in France to the Department of State, Paris, August 3, 1968,1300Z", *FRUS*, 1964—1968, Vol. VI, p. 935.

② "Telegram From the Embassy in France to the Department of State, Paris, August 3, 1968, 1300Z", *FRUS*, 1964—1968, Vol. VI, pp. 936 - 937.

③ *Ibid.*, p. 937.

④ "Telegram From the Embassy in France to the Department of State, Paris, August 21, 1968, 1403Z", *FRUS*, 1964—1968, Vol. VI, p. 965.

对海外军人退伍协会的讲话不仅继续摇晃其"和平"小旗,而且口气狂妄,"本届政府不打算作进一步表态,直到有足够的理由认为对方严肃地推动和平……一句话,我们彼此都清楚一件事:美国不会停炸,而给他们加速血洗南越的机会"①。

北越对约翰逊演说的反应就是在 1968 年 8 月 28 日的公开会议上对他本人进行谈判开始以来的首次抨击。谈判三月有余,进展缓慢,事实说明不在战场上给敌人以重创,敌人在谈判桌上是不会轻易认输的。而美国人在春节攻势后时刻悬于心头的噩梦就是南越人民武装力量还将发起新的大规模攻势。

美军援越司令部和西贡大使馆都认为尽管共产党武装力量损失惨重,但他们还有能力发动第二轮攻势。威斯特摩兰等人担心溪山将是共产党下一次进攻的主要目标,再三强调重点防守溪山的重要性,"我们在溪山的形势犹如法国在奠边府"。② 溪山位于广治至承天省防御要塞的西北角,恰好在非军事区南面,靠近老挝边界,是美军特种作战部队的一个重要基地。溪山的重要性在于它临近越南军民的战略生命线——胡志明小道。军界将领们认为溪山基地是封锁北越向南方渗透的 5 条通道的结合部,丢了它就等于向共产党敞开了渗透的大门,守住它就迫使共产党军队轻易不能接近渗透线,而要兜一大圈。简言之,溪山基地成为美军切断胡志明小道的桥头堡。坚守派认为从心理因素上来说,美军也不能不守住它。③ 总统和高级幕僚们的看法却不同。总统认为"从共产党部队的动向和情报来看,溪山是他们的攻击目标,但也许武元甲知道我们重点防守这里,所以会从别处突破",麦克纳马拉则认为"如果我是武元甲,我就攻昆嵩或波莱古,对他来说,这是伤亡代价最少的选择"。而克里福德却道:"我想我们并不确定打击会从何处来。"④

1968 年 8 月 18 日,由越南人民军担任主力的、被美国人称为"小型春节攻势"的战役打响。美军重点守卫的三角洲地区和南越北部几个省都遭

① "Editorial Note", *FRUS*, 1964—1968, Vol. Ⅵ, p. 960.

② "Memorandum From the the Chairman of the Joint of Staff(Wheeler)to President Johnson, Washington, February 3, 1968", *FRUS*, 1964—1968, Vol. Ⅵ, 1968, p. 117.

③ "Letter From the Assistant Commandant of the Marine Corps(Walt)to the President's Special Assistant(Rostow), February 8, 1968", *FRUS*, 1964—1968, Vol. Ⅵ, p. 145.

④ "Notes of Meeting, Notes of the President's Meeting With the Senior Foreign Affairs Advisory Council, Washington, February 10, 1968", *FRUS*, 1964—1968, Vol. Ⅵ, pp. 171 - 172.

到越南人民军的进攻,战役一直持续到 9 月中旬。侵越美军总司令艾布拉姆斯和陆军参谋长威斯特摩兰判断共产党军队的第三轮攻势已经开始,而五角大楼的文官们认为下此结论为时尚早。华盛顿的争吵由此又掀高潮。

1968 年 8 月 19 日,总统国家安全顾问罗斯托致克里福德备忘录,继续声称如果美国停炸,河内就会加速向南方渗透云云,但五角大楼内的那些系统分析员们则说不对。这些人用《时代》杂志的话来说,"都是 60 年代冲出美国第一流大学的校门,把数学和精密分析应用于作战的才华横溢之辈,从事防务活动的知识分子"。① 在麦克纳马拉执掌国防部时,这些人和他一样以为自己是运筹帷幄之中、决胜千里之外的能手。可是现在这场对外侵略战争是如此令人泄气:美国的技术并不能使他们稳操胜券。那种认为对北越这样顽强的对手可以先用轰炸来威胁,然后实行轰炸,然后再用全面轰炸来威胁,就一定能使它意志屈服的想法已证明只是一种妄想。

8 月 22 日,五角大楼系统分析助理恩索文·艾伦致国务院政策设计室主任保罗·尼采一份备忘录。备忘录指出轰炸并没有影响南方共产党军队得到补给和增援;相反,一旦停炸,北越会减少渗透,因为其在南方的损耗减少了或者说随着损耗的下降,而相应减少对南方的渗透。② 这也就是说,五角大楼认为美军轰炸越猛,北越向南方的渗透就越强烈;美国不如停炸,也许使对方减少渗透。

罗斯托这个来自麻省理工学院的教授在越南问题上一直是个鹰派,此时与他同声相气的主要就是主战派的将军们。其中,前线最高指挥官艾布拉姆斯无疑最具有发言权,在罗斯托的授意下,他第一个站出来反对停炸。这位将军说,轰炸虽然没有造成对手的军事伤亡,但减少了直接袭击美军的行动③,美国一旦停炸"将大大缩短共产党转运物资、输送人员的时间"④,共产党会在半个月内在非军事区形成一个规模、深度以及持久作战等各方面比过去都增加 5 倍的后勤能力,这就使美军在广治等北部省份的形势变得脆弱不堪。他说:"我无法同意把部队置于共产党威胁之下的决定。"⑤

---

① 张海涛,前引书,第 161 页。

② "Telegram From the Commander, Military Assistance Command, Vietnam(Abrams) to the President's Special Assistant(Rostow), Saigon, August 23, 1968, 1304Z", *FRUS*, 1964—1968, Vol. Ⅵ, p. 969, footnote 2.

③ *Ibid.*, p. 971.

④ *Ibid.*, p. 970.

⑤ *Ibid.*, p. 971.

艾布拉姆斯的电文是在 8 月 23 日呈递华盛顿的。当天,助理国务卿邦迪就提出了相反意见。邦迪指出对方减少运输量主要是重灾所致,他怀疑共产党有扩大其后勤能力至原来 5 倍的能量。邦迪认为北越也要考虑一旦被侦察到渗透量加大、美国恢复轰炸的后果。他最后的结论是"我认为(将军的)这些汇报是过度夸大、言过其实"①。白宫联络处、克里福德代表五角大楼提出了与艾布拉姆斯相反的看法。8 月 26 日国防部每周一次的例会与往常不同的是,行政当局其他各部门也出席了会议,参联会主席惠勒代表军方参加会议。会议首先一个议题就是有关南越战事和东南亚上周的事态。军方基于第一战区和第三战区的美军伤亡率大幅上升和伪军更高的伤亡,以及周末共产党武装也有大量出击的情况,认为共产党的第三轮攻势已经开始。已经是主和派占上风的五角大楼不但认为这个结论下得过早,而且怀疑:既然美国拥有一切挫败共产党的手段,那么对手发动大规模攻势的能力从何而来? 而且攻势对巴黎谈判只能起到反作用,尤其是,如果对手升级,那么我们也会升级。② 主张立即停炸的一派认为只需赌上 5% 的兵力,代价很低,可以冒这个险。军方反对做这样的试验,坚持绝对应该在停炸前要求北越让步。③ 显然,谈判开始后美国统治集团内部的裂痕不是缩小了,而是扩大了,甚至越来越大,主战派和主和派的斗争依旧继续。

华盛顿的主战派们张牙舞爪,巴黎的两位谈判代表则温和多了。1968 年 8 月 28 日会议上,哈里曼和万斯主动邀请黎德寿和春水赴宴,春水很客气地说,9 月 2 日是越南民主共和国的国庆日,之后再考虑接受邀请。

9 月 3 日,哈里曼和万斯与佐林在苏联大使馆举行会谈,佐林跟往常一样耐心地听完美方的谈话,表示了两点看法:一、北越做好了政治、外交途径解决的准备。黎德寿请他转告美方范文同曾经说过的一句话:停炸将会在达成政治协议中起到积极作用。二、关于北越拒绝西贡参加和谈的立场,佐林认为这个难题并非不可跨越的障碍。④ 9 月 13 日,多勃雷宁在华盛顿向

---

① "Telegram From the Commander, Military Assistance Command, Vietnam (Abrams) to the President's Special Assistant (Rostow), Saigon, August 23, 1968, 1304Z", *FRUS*, 1964—1968, Vol. VI, p. 971, footnote 3.

② *Ibid*., p. 978.

③ "Notes of the 591st Meeting of the National Security Council, Washington, September 25, 1968", *FRUS*, 1964—1968, Vol. VII, Sept. 1968-Jan. 1969, pp. 89 - 90.

④ "Telegram From the Embassy in France to the Department of State, Paris, September 3, 1968, 1807Z", *FRUS*, 1964—1968, Vol. VII, pp. 7 - 8.

罗斯托口头传达了苏联政府的照会:"我们认为这样交换意见很有用……越南问题的解决之道不在战场上,如果美国能完全停止轰炸,那么这将成为巴黎谈判的转折点。"①

尽管苏联一味鼓吹谈判解决越南问题,多勃雷宁甚至说"战争继续下去只对那些希望看到美苏之间发生冲突的力量有利,此外无益于任何人"②。这矛头无疑是指向北京,好像北京希望印支继续冲突而莫斯科却极力促成和平一样,但也不能否认,苏联敦促美国停炸也称的上是一种义举。

1968年9月7日,在北越代表团驻地,黎德寿、春水、何文楼和哈里曼、万斯、哈比卜等举行了私下会谈。到这次会谈为止,越美已在两点上形成基本共识:一是北越要求停炸,美国认识到这个问题回避不了,最终总要停炸;二是停炸后,双方就所有问题进行对话。在美方看来,目前的分歧是,在什么情况下停炸。何文楼表示,只要美方停止在非军事区的军事活动,越南知道应该怎么做。据此,美国代表团在会后报告国务院,认为这就等于北越同意不利用停炸。这次会谈结束后,哈里曼返回华盛顿,面呈总统。

作为谈判代表,哈里曼认为对方"是清楚美国的要求的,并已尽可能悉数告知了我方"。③ 而且哈里曼提出,要区别对待对西贡的进攻和对其他城市的进攻,也就是说,美国不容忍共产党对西贡的袭击。至于西贡参加谈判的问题,虽然没有得到令美国满意的答复,但至少对方已同意对话。哈里曼还请求国务院授权自己在下个星期的对话中向北越表明,美国认为关于非军事区的对话是已经解决的问题。哈里曼主张"无论如何,到1969年1月20日之前,我们最好是进入谈判"④他希望总统尽早决定在未来几个星期内停止轰炸北越。国务院指示哈里曼必须向对方阐明接受西贡参加谈判是促使美国停炸的一个主要因素,同时,美国对私下会谈讨论的其他各项也很关注,美国认为对主要城市的袭击将是导致严峻后果的行动。

回到巴黎的哈里曼在1968年9月20日和黎德寿、春水举行了三个半小时的会晤。会议的中心议题是西贡参加巴黎会谈的问题。黎德寿表示这个问题等于是提条件,而哈里曼喋喋不休地说这不过是界定谈判是否有诚

① "Editorial Note", *FRUS*, 1964—1968, Vol. Ⅶ, p. 25.

② *Ibid.*

③ "Memorandum of Conversation, Washington, September 17, 1968", *FRUS*, 1964—1968, Vol. Ⅶ, p. 48.

④ *Ibid.*, p. 50.

意的标尺。越方直接提了两个问题:第一,这是否是停炸的唯一条件;第二,是否只要在这个问题上达成一致,美国就停炸。美方的回答很刁钻,哈里曼表示除非达成谅解,否则轰炸不会停止。对第一个问提,哈里曼说:"我们没讲这是唯一条件,在这个问题上达成协议是促使停炸的主要因素。"黎德寿立即指出,美国不愿意讲明就表示还要提出许多情况,这无异于把越方诱到无止境讨论的所谓情形中,越方没有这么谈下去的打算。①

1968 年 9 月 21 日,阮陈在奥斯陆与挪威外交部部长会谈,这次访问是秘密进行的。根据挪威反馈的情况,阮陈在会谈中强调美国不仅要承认民解,而且更应该和民解在巴黎对话,北越不会在奥斯陆讨论西贡代表参与谈判的问题。对美国提出停炸条件,北越认为这实际上是要一个受害者支付赎金,北越坚决反对对等原则。② 另外,北越也很关注美国即将到来的大选,北越认为就如同两个赌徒的较量,这就是为什么对北越而言,向美国做出任何承诺的危险所在。会谈情况于当天下午就被通报给了美国驻挪威大使戴维森。几天后,挪威外交部还向美国介绍了 1968 年 9 月 24 日晚与北越代表团的餐间谈话。这些接触使挪威政府感到,北越不远千里来到奥斯陆,要求行程和安排保密,即便是在玩游戏,也说明他们是在进行一场诚恳的游戏。美方原本认为北越重新打开挪威联系渠道,试图解决巴黎的僵局,是 1967 年"俄亥俄"行动的继续,但结果令美国很失望,北越还是没有对美国停炸给出实际保证。

10 月 2 日的越美会谈,越方的明确态度是美国停炸后,可以讨论包括参与方在内的所有问题。据哈里曼对国务院的报告,春水强调说,越南想尽早结束战争,越快越好。万斯立即回到华盛顿,要求面见总统。10 月 3 日,焦头烂额的约翰逊不得不在他的起居室里召见万斯,这是他半个月内第三次召见和谈代表。万斯对目前谈判的状态很乐观,他认为对方希望尽早而不想拖延,但约翰逊仍指示三个条件必须得到满足,即西贡参加谈判、尊重非军事区和北越停止对西贡等大城市的炮击。在三者中,真正的焦点还是西贡的代表权问题。

在 10 月 11 日的越美会谈上,春水首先就西贡派代表参加谈判的问题

---

① "Telegram From the Embassy in France to the Department of State, Paris, September 20, 1968, 2033Z", *FRUS*, 1964—1968, Vol. VII, p. 58.

② "Telegram From the Embassy in Norway to the Department of State, Paris, September 21, 1968, 1900Z", *FRUS*, 1964—1968, Vol. VII, pp. 69 - 70.

请美方陈述意见。之后,黎德寿提出两个问题。第一,美方是否在这个问题得到明确答复后停炸;第二,美方得到确切答复后是否认为这个答复是对美国停炸的报偿。美方自然先回答了第二个问题,他们表示西贡参加巴黎谈判并非美国停炸的条件,至于第一个问题,要由华盛顿回答。但作为谈判代表,可以说停炸后,美国继续维持停炸要看是否受到某些因素的影响。黎德寿表示,总不能要求越方在美国未宣布停炸前就同意西贡参加谈判,如果能现在就南越代表权问题达成协议,越方准备讨论。越方希望确定的是,如果越方作出积极反应,美国就会停炸。春水补充说,"如果越方先答复,你们汇报到华盛顿,贵国政府恐怕不会重视,还会借机宣传"①。当哈里曼否认这个判断后,黎德寿随即建议把问题简单化,要求对方向华盛顿提出下面这个问题:如果北越接受西贡参加会谈,美国会立刻停炸吗?黎德寿再次表示,北越清楚看问题要现实,一直抱有严肃的态度和诚意,希望美方也同样有诚意,唯有如此,事情才可以和平解决。只要有一方不积极,那么任何进展都不可能。②

这次会谈犹如重磅炸弹,在华盛顿引起空前反响。罗斯托当天就提交备忘录给约翰逊总统,"以27年的从政经历"敦促约翰逊要抓住机遇,迅速推动谈判。③ 美国驻西贡大使邦克和艾布拉姆斯也联名致电国务院,认为美国不必过分担心停炸的后果。④ 这三位都是约翰逊政府的鹰派人物,谈判开始以来,他们的态度一直很强硬,此刻急转直下就表明他们也清楚美国的谈判筹码不能再增加了。

越美会谈第二天,苏联驻法国大使馆一等秘书奥伯莱姆科紧急约见哈里曼,表示如果美方承认西贡的谈判参与权的要求不是作为停炸条件,而是测试对方诚意的话,那么他有理由认为会谈会在四方之间展开。他进一步告诉哈里曼,现在河内分歧众多,如果再不采取积极行动则挫伤了和平势力。如果美方还要加码,就是制造障碍,河内将不得不从现在的立场上倒

---

① "Telegram From the Embassy in France to the Department of State, Paris, October 11, 1968, 1520Z", *FRUS*, 1964—1968, Vol. VII, p. 157.

② *Ibid*.

③ "Information Memorandum From Rostow to Johnson, October 11, 1968", *FRUS*, 1964—1968, Vol. VII, p. 160.

④ "Telegram From the Embassy in Vietnam to the Department of State, Saigon, October 12, 1968, 1145Z", *FRUS*, 1964—1968, Vol. VII, p. 164.

退。奥伯莱姆科最后郑重表示,"我告诉你们的是河内可以走到的底线"①。

北越一直不承认西贡政权,此刻接受西贡参加巴黎会谈,这是一个重大的转变,让美国人倍感意外,特别是哈里曼和万斯的感受最深。他们原本并不指望北越让步,认为谈判最困难的事情就是使西贡加入会谈,事实上,万斯相信北越永远也不会接受西贡参加会议。② 这个出人意料的结果使那些强硬派幻想对手也能在另外两个问题给美国一个确凿的保证,而不仅仅是达成私下谅解。甚至连克里福德也大放厥词地说,鉴于"河内同意跟西贡对话,美国谈判条件的重点可转移",提出"只有非军事区得到尊重和城市不遭到袭击,我们才会坐下来对话"。③

1968年10月14日,约翰逊总统就停炸问题召集高级幕僚会议,这个几度引起争吵的问题似乎可以暂时划上句号了。会议一致认为只要三个条件得到满足,美国就不得不停炸。威斯特摩兰向众人表示,现在正好是不利于大规模轰炸的时候。每年1月至3月,越南处在薄雾笼罩中,这样的天气连直升机都不能起飞。停炸也没什么可惜的,美国并没有失去什么,况且还可以在老挝采取轰炸行动。④ 而且,美国已经在清化选中了15个打击目标,随时准备恢复对北越的轰炸。腊斯克在会议上还提出恢复轰炸不可过快,例如10天之内就不合适。同一天,白宫函电邦克和艾布拉姆斯询问,如果出现重新轰炸之必要,在停炸和恢复轰炸之间的间隔时间以多长为宜。

这时的约翰逊顾虑重重。停炸,非他内心所愿;不停炸,则政治压力不小。1964年他上台的时候,许多美国人以为有了一位"伟大的总统"。然而,总统的表现却让人大跌眼镜。他许诺的"伟大社会""向贫困开战"终究是画饼充饥,在越南的战争全无半点胜利。他的下台必然是灰溜溜的。威斯特摩兰就认为,约翰逊出于虚荣心,想在历史上留下一笔,故而对共产党让步。⑤ 心理因素姑且抛开不论,约翰逊最终停止轰炸北越还是由于停炸的风险不大。战术空军的负责人威廉·莫迈耶告诉他,停炸的风险是很低

---

① "Telegram From the Embassy in France to the Department of State, Paris, October 12, 1968, 1143Z", *FRUS*, 1964—1968, Vol. VII, p. 161.

② "Draft Notes of Meeting, Washington, October 14, 1968", *FRUS*, 1964—1968, Vol. VII, p. 176.

③ "Notes of Meeting, Washington, October 14, 1968", *FRUS*, 1964—1968, Vol. VII, pp. 188 - 189.

④ *Ibid.*, pp. 192 - 193.

⑤ *Ibid.*, p. 193, footnote 18.

的,在美国能承受的范围之内①,艾布拉姆斯也在白宫亲口承诺停炸没有风险,不会对美军造成进一步的伤亡②,约翰逊总统最终决定停止轰炸北越。事实上,任凭约翰逊再怎么挣扎,再开多少次会,也只有停炸一条路可走,1968 年 10 月 31 日,约翰逊宣布停止对北越的一切空袭。按照一位美国评论家的话,"滚雷行动"最后以失败告终,"因为它从未越过共产党所能承受的痛苦界限"。③

据美国国防部宣布,在历时 3 年零 8 个月、分三个阶段、逐步升级的"滚雷行动"中,美国共投入战术飞机 30.4 万架次、战略轰炸机 2380 架次,轰炸 10.77 万次,投掷各种型号的炸弹 258 万吨。越南北方平均每公里落弹 16.2 吨。轰炸密度远远超出了历史上任何一次战争。但越南粉碎了美国的空中优势,战争负担大大减轻,它得以将人力、物力资源较多地投入到南方的抗美斗争中去。

第三节　四方对话路漫漫

北越准备接受西贡加入谈判后,美国坚持要确认越美形成一个包括西贡参与会谈的谅解。在这样的情形下,北越认为巴黎会谈将是由越南民主共和国、越南南方民族解放阵线④、美国和西贡政权组成的四方会谈。巴黎会谈自 1968 年 10 月 15 日起至该月底美国宣布停炸,主要是四方会谈和双边会谈模式之间的拉锯战。

1968 年 10 月 15 日,春水第一次主动致电万斯,建议当天举行会谈,美方随即提出会谈可在上午九点开始,因为那时是国务院指示到达巴黎的时刻。在 15 日的会谈中,美方提出要北越建议一个停炸后会谈开始的日期,美国按照这个日期对停炸做准备。这是一种模棱两可的表态,美国不但可

---

① "Memorandum for the Record, Washington, October 23, 1968", *FRUS*, 1964—1968, Vol. VII, p. 311, p. 312.

② "Notes of Meeting, Washington, October 29, 1968", *FRUS*, 1964—1968, Vol. VII, p. 404.

③ 胡海波编著,前引书,第 220 页。

④ 1969 年 6 月 6 日至 8 日,越南南方民族解放阵线和越南民族、民主及和平力量联盟在解放区举行越南南方国民代表大会,大会决定成立越南南方共和临时政府。此后,越南南方共和临时政府外交部长阮氏萍率团出席巴黎谈判。

以迟迟不停炸,还可将个中责任推卸给北越。果然,两天后的会议上,美方认为越方到现在还不能确定会谈日期,导致美国停炸日期延误。① 而且,美方提出停炸后第二天就必须开始会谈,春水表示,即使现在就筹备会谈,民解代表也无法在停炸后一天之内就赶到巴黎;任何情况下,北越都无权代表民解发言。

双方16日再次会谈,春水指出美方又提出了停炸的新条件,这就是西贡在停炸第二天参加会谈。因为美方只说第二天开始会谈,并未直接讲明停炸后的第一次会议就得包括西贡,但美方所界定的认真的会谈就是有西贡出席的会议,所以,这等于坚持西贡在停炸第二天参加谈判。就外交措辞来说,春水的这一说法在情理之中。哈里曼和万斯联名致电国务院,表示认同越方的说法。他们还正式建议关于北越停止经非军事区向南渗透和炮击,人民武装力量不进攻南越大城市这两点,北越不必明确承诺,美国就当北越的沉默是默认,可以作为把对话继续下去的足够基础。② 国务院回电同意他们的看法,但指示他们向对方表明,"西贡在停炸后立即参加谈判是美国政策的一项基本内容"。③

1968年10月17日,春水、何文楼和哈里曼、万斯举行了一个多小时的会谈。美方埋怨造成停炸延误的责任应该由越方来承担,春水当即予以驳斥。他说10月15日的会议上,越方不知道如果同意西贡参加谈判,美国是否停炸,也就无法同民解协商确切的会议日程安排。美方曾提出会谈确定日期前24小时停炸,现在又提出确定日期前的2—3天内停炸。春水认为,这两种说法没有什么不同。何文楼进一步指出,美方再次就会议日期另有说法,表面上看是几天的差别,但实际上就是条件,一个条件接着一个条件。他质问美方为何总是在停炸问题上谈条件。美方明知理屈,强辩按时会谈不是条件。至此,越方肯定美国已原则上同意停炸。所以,越方要求澄清以下问题:第一,四方会谈如何安排;第二,代表的级别问题。越方想知道哈里曼和万斯是继续作为总统的私人代表,还是提升至部长级,至于西贡和民解的级别问题,是跟美国、北越一样,还是就称为代表。

---

① "Telegram From the Embassy in France to the Department of State, Paris, October 17, 1968, 1640Z", *FRUS*, 1964—1968, Vol. VII, p. 234.

② "Telegram From the Department of State to the Embassy in France, Washington, October 16, 1968, 1514Z", *FRUS*, 1964—1968, Vol. VII, p. 228.

③ *Ibid.*

哈里曼当即明确他们仍是总统的私人代表,明年 1 月 20 日后,他们不代表新总统谈判。春水指出,北越就当他们在会议上代表美国,哈里曼认可这个理解。关于四方会谈,美国早先表示过纯属美国和北越两边的问题。

美国认为,承认四方会谈就意味着加强民解的地位,自己的麻烦就越大。因为即使美国不纠缠这个问题,阮文绍也不会容忍任何在他看来等于给民解正式承认的举动。[1] 事实上,美国的态度是不过分触及,用邦克的话来说,就是"对方怎么说,让它说好了。总不能控制别人不说话"[2]。然而,1968 年 10 月 18 日西贡当局"外交部长"向美方表示,除非民解地位问题事先谈妥,如果民解作为一个独立实体参加巴黎谈判,那么越南共和国将不出席会谈。美国认为这个问题无法通过协议或事先敲定,最好的办法就是各自解释。西贡的态度也有所软化,提出对方怎样说不重要,重要的是美国不以政治实体的态度对待民解。

美国国务院在两天内就这个问题三次电告邦克(美国驻西贡大使)。1968 年 10 月 18 日,指示邦克务必向阮文绍讲清一点,这就是:清楚地区分越南共和国和民解的地位,特别是要让河内同意越南共和国在民解之上根本就不可能。美国知道不要抱幻想,只满足于越南共和国能参加谈判即可。[3] 国务院希望邦克阻止阮文绍在这个问题上公开表明态度,要求邦克尽最大努力阻拦西贡召开所谓的国民代表会议。美国这么做的原因是担心由于西贡不听指挥而使自己陷于被动。因为伪国大如果形成决议,哪怕是提议都可能捆住阮文绍的手脚,或被河内利用来搅乱美国的立场。电文指出,西贡曾表示没有军事保证,就不会有停炸。如果真的在没有任何这类保证的情况下停炸,就显得西贡让步过多。美国国务院指示邦克,必须尽量了解西贡政权可能采取的底线。[4] 当然,无论西贡的立场如何,美国的既定想法是,这是个技术性问题,不要让技术性问题成为绊脚石。在这种局面下,国务院希望巴黎谈判前线尽快给出关于程序性问题的意见。

---

① "Telegram From the Department of State to the Embassy in Vietnam, Washington, October 17, 1968, 2007Z", *FRUS*, 1964—1968, Vol. VII, p. 238.

② "Telegram From the Embassy in Vietnam to the Department of State, Saigon, October 18, 1968, 1250Z", *FRUS*, 1964—1968, Vol. VII, p. 240.

③ "Telegram From the Department of State to the Embassy in Vietnam, Washington, October 18, 1968, 2210Z", *FRUS*, 1964—1968, Vol. VII, p. 246.

④ "Telegram From the Department of State to the Embassy in Vietnam, Washington, October 19, 1968, 1935Z", *FRUS*, 1964—1968, Vol. VII, p. 265.

1968 年 10 月 21 日，越美会议上，美国完全不同意使用"四方会议"的表述方式，春水就提议对参会方——具体到称谓，但美方坚持以"我方/你方"的意义来体现，并认为一个星期的准备时间太长。越方此次建议召开预备会议讨论程序性事务，还主张对会谈内容发表联合公报以免误解。

国务院获悉了会谈结果后，腊斯克紧急约见多勃雷宁，要求就包括联合公报、会谈模式、第一次会谈时间等问题加强磋商。虽然，腊斯克强调无须在技术性问题上花费大量时间，它是次要的云云，但事实说明正是美国在停炸问题上一拖再拖，设置不必要的障碍。

就在美苏在华盛顿接触的同时，苏联驻法国大使馆一等秘书奥伯莱姆科也紧急约见万斯，1968 年 10 月 22 日一早，他们进行了两个多小时谈话。奥伯莱姆科告诉美方，昨天与北越代表团会面后，他认为越南同志提出的问题是因为翻译过程中的误解造成的。但是他指出，现在越美都难以后退，该由第三方提出一个共识性办法解决危局。他代表政府建议，美国停炸的日期可定在 10 月 24 或 25 日；由各方参加的会议于 11 月 2 日在巴黎举行。奥伯莱姆科表示，他将马上向北越递交同样的建议，并希望美方主动约见下一次会议。

在接下来的一周内，苏联驻法大使馆在越美之间频繁沟通。奥伯莱姆科在与万斯会后，立即通报越方；巴黎时间 1968 年 10 月 22 日下午 2 点 30 分，他再次和万斯会谈。奥伯莱姆科向后者转达了越方的两个想法：一、美国接受完全、无条件停炸的原则；二、如果越方不使用"四方会谈"的措辞，美方也不用"双边会谈"的表达方式，并同意苏联提出的分别具体到称谓的建议。如果能就上述两个问题达成协议，北越准备与美方会谈，拟订停炸日期的最后协定。如果不能就此发表联合公报，至少也要有一个秘密记录。万斯表示，华盛顿认为停炸和第一次会谈的时间间隔过长，对北越在会谈模式上的立场，他的理解是不仅秘密记录中不使用任何一种表达方式，而且北越不会反对今后美方或西贡的公开表态。奥伯莱姆科认为，如果美方有比这更短的间隔，就直接提出来，但北越肯定说"不"。如果美方希望他转达这个建议，他会如实通报给北越。至于会谈模式，奥伯莱姆科明确讲，北越没有万斯所说的这个想法，但他认为北越也不指望美方真的放弃会议是基于两方模式的公开姿态。

腊斯克和多勃雷宁就奥伯莱姆科—万斯会谈交换看法。腊斯克说，河内坚持美国接受无条件停炸，但美国无意提任何附加条件。另外，他表示停炸与第一次会议的时间间隔过长。苏联和北越的沟通很可能也并不令苏联人感到愉快;苏联从它的立场认为北越过于顽固,这从多勃雷宁对腊斯克的谈话就能看出来,因为多勃雷宁表示两三天的差别没那么重要,如果是他和美国人打交道,莫斯科不会坚持不让步。①

1968 年 10 月 23 日,美国国务院指示哈里曼、万斯务必坚持时间间隔为两至三天,但宣布停炸会比停炸提前一至两天。美国的目的是考虑到几天后的总统大选,行政当局避免造成为此停炸的印象;会谈究竟是"双边还是四方",各自解释,只要事实参加,无需明确承认;不要形成一个共识记录,如果对方坚持签定书面记录,可在会谈间隙手抄一份。之前,行政当局的确坚持只有一天的间隔,万斯和哈里曼都不赞成,倾向于七天的间隔,被华盛顿彻底否定。腊斯克提出,间隔越长,麻烦越大。因为第一次会议是唯一在美国宣布停炸时,立即就能解决的事情,至于事实真相需要几天才能观察到,哈里曼的建议、阮文绍的建议都不是着眼于全局,并不足取。而苏联提出了折中方案,万斯随即主张他将向越方坚持两三天间隔,这个想法被行政当局采纳。

1968 年 10 月 24 日,越美举行了四个多小时的会谈。越方表明三点态度:一、既然美方反复要求就非军事区和进攻大城市达成谅解,那么越方坚持在"停止使用武力"前加上"无条件"字样。越方不同意 10 月 30 日或 31 日为停炸日期的建议。虽然美国没有讲明停炸日期为哪一天,但按照间隔期推算,就是 10 月底。越方在谈判细节上非常注意,这就避免给美国人钻空子。二、对参加谈判的各方不做直接称谓,而是在称谓后加代表字样。当然,这不是最后建议,美方还可提出反建议。三、停炸时间向外界公布。最后,越方表示,如果美方同意对前两点内容以他们选择的方式进行秘密记录的话,越方就接受 1968 年 11 月 2 日为第一次会议时间,之后,就实际停炸的日期开始讨论。北越建议 1968 年 10 月 26 日停炸。

会谈结果上报到白宫后,罗斯托和国家安全委员会工作人员等分析河内坚持间隔超过三天的原因,认为北越不可能出于策划军事行动的目的,对方清楚这样做一定迫使美国重新轰炸,军事、政治形势对他们并不因此而有利。轰炸、谈判结束是对方不愿意看到的。他们的坚持是"保留面子,维护

---

① "Telegram From the Department of State to the Embassy in France, Washington, October 22, 1968, 2340Z", *FRUS*, 1964—1968, Vol. VII, p. 296.

尊严的手段,这也正是他们要用'无条件'来平衡'事实行动'的原因所在。总之,我们认为这是事关颜面的问题"①。

在巴黎,美苏的接触紧锣密鼓。万斯与北越代表团会谈结束后当晚,在苏联大使馆与奥伯莱姆科交谈。后者认为差距并没有大到无法妥协的地步,美方应当同意北越最后一次关于参与权问题的意见,直接以名称称呼各方和同意在秘密记录中使用"无条件"。至于间隔问题,奥伯莱姆科表示,过去越方提出两个星期的间隔,如今十天都不到,这就说明不是没有可能妥协的,总之,越美已经离达成协议很近了,在语言表述和时间间隔分歧上应尽快找到一个中间立场。② 因此,1968 年 10 月 25 日下午,多勃雷宁在华盛顿向罗斯托转交柯西金关于越南问题的信函。信函指出,"从越美代表接触的情况看,现在是谈判中很重要的一环,达成协议的可能性是确凿的。通过这样一个协议,可以为越南问题的政治解决取得突破、奠定一个基础,错失现有的可行性,事情就会朝另一个方向发展。我们相信有关各方有必要表现理解和责任。接下来,有四方参加的政治对话会因为细节上的问题受到阻碍,这些细节是三等重要的,实际上没有任何意义"③。

美苏对话和越美谈判交叉进行,把巴黎会谈推向白热化,也预示着停炸谈判即将进入尾声了。1968 年 10 月 26 日,越美双方在北越代表团住处从巴黎时间上午 9 点 30 分开始,进行长达 5 个小时的会谈。经过一番激烈的讨价还价,双方只就一个问题达成妥协,即双方可以自由决定本方代表团的构成和自由解释对方代表团的构成,从而使西贡和民解都能参加谈判而不引起合法性问题。也就是说美国坚持会谈是双边形式,而北越坚持称为四方会谈,尽管不能说服美国同意,但巴黎会谈事实上就是四方会谈。这个主要障碍消除后,剩余分歧如下:时间间隔,北越提出 1968 年 10 月 27 日任一时间停炸,11 月 2 日举行会议,间隔为六天。美方表示间隔最宽至三天;美国不要书面记录,北越坚持必须形成秘密记录;秘密记录中写入"无条件"字样,美方拒绝。北越修改了措辞:"美国代表表示约翰逊总统在停炸声明中

---

① "Information Memorandum From the President's Special Assistant（Rostow）to President Johnson，Washington，October 24，1968"，*FRUS*，1964—1968，Vol. VII，p. 329.

② "Telegram From the Embassy in France to the Department of State，Paris，October 24，1968，2332Z"，*FRUS*，1964—1968，Vol. VII，p. 333，footnote 3.

③ "Information Memorandum From the President's Special Assistant（Rostow）to President Johnson，Washington，October 25，1968"，*FRUS*，1964—1968，Vol. VII，p. 342.

将不使用'条件'一词,北越认为这样的行动是可以在没有报偿的情况下做出的。"美方也拒绝了。

在此,需要注意一点,就是北越提出的停炸日期,北越清楚美国不会在几个小时内就停炸,那北越为何要这么要求呢? 目的有两个:一是在关键时刻给对方一点压力,造成一种紧迫感;二是从最高要求开始谈起。正如四点原则的起草者之一的刘文利后来告诉美国人的那样,"任何一个优秀的谈判人员都会从最高要求来谈,谈判过程就是通过对话,每方都能很好地理解另一方,知道什么妥协可能,最后能形成什么样的协议"①。

哈里曼 1968 年 10 月 27 日再次与春水、何文楼进行会谈。美国国务院对无条件停炸的态度是,美国和北越都不使用"条件"或"无条件"之语。哈里曼和万斯在这个问题上未能得到北越的让步,只好建议美国当局不反对北越使用"无条件"字样,采取怎样的表达方式随他们自便。② 在记录会谈的问题上,北越仍坚持秘密的书面记录。北越提出早于 1968 年 10 月 30 日停炸的问题,因为距离 1968 年 11 月 2 日会谈的日子越来越近了。美方表示宣布停炸之日也同时宣布 11 月 2 日会谈,任何一方不到宣布之日都不得对外界公开。越方立即追问停炸之日和宣布停炸的间隔时间,美方表示很可能同时。

会谈结束后,万斯将代表团意见上报华盛顿,他说:"我们已得到了一切想要的让步,应该接受这次会谈的结果。停炸的时间与我们希望的时间非常吻合。"③1968 年 10 月 28 日,哈里曼和万斯在总结 5 个月来就停炸条件的交涉报告中这样写道:"总之,我们相信解决报偿问题的概念可以通过双方各自解释,使该问题化解。这个策略很成功。我们已成功得到了我们不称其为条件的条件,而让对方把它们叫做什么都可以。"④作为谈判代表,他们不免显得自我吹嘘。而美国也自认为在所谓谅解名目下,得到了北越在停炸条件上的让步,自认为和北越达成了一个谅解。

然而,回顾越美就停炸举行的讨论,包括之前的非正式接触,可以说美

---

① McNamara, R. S. and J. G. Blight, *Argument Without End*, New York: Public Affairs, 1999, p. 230.

② "Telegram From the Embassy in France to the Department of State, Paris, October 27, 1968, 1830Z", *FRUS*, 1964—1968, Vol. VII, p. 362.

③ *Ibid.*, p. 362, footnote 2.

④ "Telegram From the Embassy in France to the Department of State, Paris, October 28, 1968, 1115Z", *FRUS*, 1964—1968, Vol. VII, p. 379.

国是自说自话。从 1967 年 9 月 29 日,约翰逊总统抛出"圣安东尼奥"方案,也就是后来所谓谅解的雏形,到 1968 年 7 月,美国在谈判桌上正式向北越提出达成停炸谅解,美国在停炸问题上先后八次提出条件。① 这些条件虽一次比一次苛刻,口气上、态度上却一次比一次退让。但是,无论怎样粉饰、装扮,这些蛮横无理的要求通通被北越拒绝。不过,既然是谈判,有所让步也是必要的。为了表示诚意,北越对西贡的炮击连续六周停止,这是北越释放善意的表现。除此以外,北越没有以任何事实行动,更不会明确承诺对美国停炸报以回应。美国把北越那些善意的举动理解为对方会执行美国所提的条件,不过是美方自己一厢情愿所致。哈里曼所谓成功的策略,反之也完全可以适用于北越。北越最终实现了美国停炸的目标,而美国怎样理解那些善意的举动或讲话则是不重要的。也就是说,越美之间从未达成停炸谅解,也就不存在北越履行谅解的问题,因而全面停炸成了美国的单方面让步和北越的重大胜利。

1968 年 10 月 27 日,星期天。周末,政府机关本应关门,中止办公。可是,这一天,白宫里却显得格外不平静。约翰逊总统召集顾问们讨论华盛顿时间 10 月 29 日停炸是否过早。腊斯克说:"(29、30 日)差别几个小时而已。俄国人是起了作用的。我们不能因为几个小时的问题就破坏这次会谈的成果。"② 当天午夜,罗斯托拜会多勃雷宁,转交约翰逊总统致柯西金的信函。

信函写道:"美国期待着星期六举行有南越参加的第一次会谈。非军事区和大城市不会遭到进攻,否则,美国将予以报复,中断会谈。美国认为提前知会这一切,总好过停炸后由于所说误解而再致轰炸。美国期望在最后决策之前,慎重对待苏方的看法。"③

10 月 28 日,柯西金回函表示,莫斯科很高兴注意到北越和美国代表在巴黎会议上取得的进展。苏联政府的看法是,"美国在巴黎的谈判代表不止一次地肯定越南同志真诚地寻求两方都能接受的方案。越南领导人也反复

---

① "Notes of Meeting, Notes on the President's Meeting With the Tuesday Lunch Group, Washington, October 15, 1968", *FRUS*, 1964—1968, Vol. VII, pp. 202 - 204.

② "Notes of Meeting, Notes on the President's Meeting With Group of Foreign Policy Advisers on Sunday, Washington, October 27", *FRUS*, 1964—1968, Vol. VII, p. 365.

③ "Attachment: Letter From President Johnson to Chairman Kosygin, Washington, October 27", *FRUS*, 1964—1968, Vol. VII, p. 373.

告诉我们他们的诚意。在我们看来,近来的事实确凿地表明,越南方面正竭尽全力要结束战争,在尊重越南人民合法权利的基础上实现和平解决,怀疑越南方面的立场、态度、想法是完全没有根据,没有理由的"①。

意见交换到这个程度,已经清楚明了。接下来万事俱备,只欠东风。就在此时,阮文绍以时间仓促为由,拒不出席巴黎会议,而且拒绝接见美国大使。阮文绍如此一副不合作的态度,使约翰逊大为恼火,如果指挥不动阮文绍,美国岂不颜面尽失,今后还怎么号令韩国、泰国这些小盟友?②

邦克经过长达七个小时的等待,终于得以将美国政府的意见对阮文绍做了传达,表示"对历经周折才争取到的和谈机会,美国不会轻易放手"③。同时邦克为说服阮文绍出席会谈,向国务院建议停炸和会议都推迟24小时。巴黎会议如没有西贡参加,那场面岂不是太滑稽、太尴尬?因此,当克里福德提出要么阮文绍同意,要么美国单干的想法时,多数人不赞成。另一方面,美国不得不考虑停炸的最后期限。华盛顿时间1968年10月30日晚七点(西贡时间10月31日的早上八点),迟于这个时间停炸,在世界舆论面前,就是美国不守信誉。因为停炸和会议间隔是三天。但是,阮文绍的态度使11月2日的会议眼看就要成为泡影,所以,美国谈判代表团向国务院建议于华盛顿时间10月30日停炸,第一次会议时间推至11月4日或由总统提出他认为合适的时间。同时,万斯也向北越做上述提议。令美方没有想到的是,何文楼说,"无论我们之间的协议记录在案与否,都不重要。重要的是达成了一致。而北越之前之所以有此要求就是要看看美方是否言行一致。我们不再需要一份记录了。你们不会以记录做借口延迟停炸"④。

美国代表团的报告送到白宫时,约翰逊总统正在高级幕僚会议上商讨第一次会议定于何时举行,约翰逊获知北越撤回了秘密记录的要求后,当即

① "Attachment: Letter From Chairman Kosygin to President Johnson, Moscow, October 28", *FRUS*, 1964—1968, Vol. VII, p. 395.

② "Notes of Meeting, Washington, October 29", *FRUS*, 1964—1968, Vol. VII, p. 416.

③ "Telegram From the Department of State to the Embassy in Vietnam, Washington, October 30, 1968, 0232Z", *FRUS*, 1964—1968, Vol. VII, p. 442.

④ "Situation Report by the Executive Secretary of the Department of State (Read)", *FRUS*, 1964—1968, Vol. VII, p. 457, footnote 2.

指示国务院告之阮文绍,"打算今晚就行动(停炸)"①。邦克向总统建议再给阮文绍以最后反应的机会,把停炸时间定于西贡时间 1968 年 10 月 31 日 24 时。约翰逊接受了这个意见,在他看来"只要有 50% 的机会,也要让阮文绍改变态度"②。

1968 年 10 月 30 日下午四点,约翰逊的秀才班子已经为总统起草好了一份宣布停炸的演说稿。他和幕僚们专门就宣布停炸的问题开会讨论。行政当局担心走漏消息的话,就失去了轰动效应。会议最后决定,宣布停炸之时乃停炸正式生效之时,并尽可能晚地通知北越代表团。

10 月 31 日下午一点三十分在越南代表团的住处,哈里曼代表美方向北越代表宣读正式声明,美国政府决定于华盛顿时间 10 月 31 日晚七点或八点,格林尼治时间 10 月 31 日 24 点停止对北越的空袭,务必保密到停炸令宣布之时,11 月 6 日之前不会举行会谈。越方代表团经过协商,向美方表达如下立场:北越认为停炸是无条件的,声明里也无"条件"字样,双方已就会谈代表身份达成共识;虽然美国停炸的时间和第一次会议召开的时间都推迟,但间隔已足够,因此,越方同意就时间所做的调整。

几小时后,1968 年 10 月 31 日晚 8 点,约翰逊向全国发表广播演说,下令正式停止对北越的轰炸,同时宣布 11 月 6 日在巴黎开始和平谈判。当然,华盛顿还需争取阮文绍的配合。果然,阮文绍态度依旧,使美国很被动,罗斯托曾说,克服阮文绍的阻拦是他"自古巴导弹危机以来所做过的最耗精力的事情"③。

1968 年 10 月 31 日,美国国务院以总统名义致函阮文绍,信函称:"我多么希望你不会在这关键时刻弃我而去,在未来的日子里,我需要你的智慧和勇气……"④由于阮文绍和副总统阮高其素来不和,美国试图加以利用,因此,国务院也用相同的口吻给阮高其发去了信函。阮文绍很快提出修改西贡和美国在檀香山会议上通过的联合声明,如果美国不同意做修改,西贡

---

① "Notes of Meeting, Notes on Foreign Policy Meeting, Washington, October 30, 1968", *FRUS*, 1964—1968, Vol. VII, pp. 450.

② "Telegram From the Department of State to the Embassy in Vietnam, Washington, October 30, 1968, 1850Z", *FRUS*, 1964—1968, Vol. VII, p. 454.

③ "Summary Notes of the 593rd Meeting of the National Security Council, Washington, October 31, 1968", *FRUS*, 1964—1968, Vol. VII, p. 485, footnote 5.

④ "Telegram From the Department of State to the Embassy in Vietnam, Washington, October 31, 1968, 1115Z", *FRUS*, 1964—1968, Vol. VII, p. 463.

需要进一步协商才能答复华盛顿。邦克报告国务院,建议限西贡12小时内做出最后答复。这一切,阮文绍根本未加理会。

阮文绍之所以抵制巴黎会议,是因为西贡认为民解不能作为独立实体,而只能作为北越代表团的一个组成部分,要求河内与自己直接对话,在这个基础上解决程序性问题。阮文绍还疑虑美国在共产党向南方的渗透问题上,不但没有得到北越的保证,而且美国也没有做出阻止渗透的军事保证。

阮文绍的这些理由在华盛顿看来,都是能得到妥当处理的。美国要求北越保证不利用停炸,在停炸条件上设置种种障碍,且准备随时恢复轰炸就是对阮文绍的一种保证。约翰逊总统还指示大使馆务必使阮文绍"了解停炸的影响没有他想象的那么严重,何况在老挝还会继续轰炸"①。至于代表权问题,美国反复跟西贡指出,河内根本不会直接口头保证和西贡对话,同时对方也并不要求我们这边保证直接和民解对话。华盛顿以为这是一条最佳的解决途径,进而认为"在这个阶段向河内提出这样的问题是无效的,为了使会谈继续下去,我们当然不准备把这个问题作为一个条件提出来。我们有意不提民解是否作为独立于河内的代表团问题。如果要求得到保证,我们反而被动:要么坚持对方保证,要么同意对方的要求,无论怎样,都会彻底颠覆双边会谈模式"②。也就是说,美国和北越各自解释就回避了合法性问题。可是,阮文绍站在自己的角度,就会得出不一样的结论。阮文绍强烈感到停炸的时机和谈判都不适宜。越共对农村的控制在春节攻势后遭到较大削弱,越共的基层组织遭到破坏,在如此有利的形势下,美国为什么急于寻求解决方案? 只有一种解释,那就是为了民主党的竞选利益。阮文绍更大的担心是被迫接受联合政府。他掌握的有关民解打算停火和建立联合政府的情报又加深了他的恐惧。另外,对哈里曼这个谈判代表,阮文绍认为他不会在关键时刻维护西贡的利益,对代表团的构成各自解释就是一个证据。当尼克松竞选阵营唆使阮不要和约翰逊合作时,阮文绍在绝望之中对尼克松当选的后果产生了不少幻想。

根据美国解密文件,约翰逊总统及其高级幕僚当时就已经掌握了一些

---

① "Notes of Meeting, Notes on Foreign Policy Meeting, Washington, October 29, 1968", *FRUS*, 1964—1968, Vol. VII, p. 440.

② "Telegram From the Department of State to the Embassies in Thailand, Australia, the Philippines, Korea, and New Zealand, Washington, November 2, 1968, 0658Z", *FRUS*, 1964—1968, Vol. VII, p. 520.

共和党竞选阵营干预西贡参加巴黎会谈的情况,但决定对外界封锁一切消息,只有个别议员有所听闻,而在西贡只有邦克一人知道内情。1968 年 10 月 30 日,邦克奉命警告阮文绍,"不要指望在共和党和民主党之间跳来跳去,美国行政当局的决策从来都不会带有党派特征"①。

"目前美国历史学界的共识是,尼克松暗中秘密组织了一次行动,通过陈香梅与阮文绍取得联系,敦促他拒绝约翰逊的和平行动,等待自己任职后更好的交易。"②陈香梅是美国著名的院外援华集团(old China crowd—旧中国帮)"百万人委员会"的主席,这是一个亲台组织,对战后美国对华政策产生过决定性影响。1968 年,陈香梅负责的妇女咨询委员会积极参与共和党竞选阵营。她和旧中国帮分子这样告诉阮文绍:"约翰逊停炸是为了助选,最好坚持到尼克松上台,他不会像民主党出卖中国那样把你们也出卖了。"③在美国国会那场"谁失去了中国"的大辩论中,当时共和党对民主党大加挞伐,指责在民主党手里丢失了中国。可能是出于对民主党挥之不去的痛恨,旧中国帮的积极分子便不失任何机会来打击民主党。

这个策划取得了成功。就在约翰逊宣布停止对北越轰炸作为通向巴黎和谈之门的第一步的几个小时后,阮文绍公开表示反对,给希望和平的投票人兜头浇凉水,阻止了汉弗莱的支持率上升。

长期以来,不确定的是基辛格在这个跨国阴谋集团中的作用,但近来披露的白宫录音似乎显示他是同谋;他把有关幕后谈判的消息透露给尼克松竞选阵营。"目前一个主要的问题还不能回答,就是阮文绍宣布反对谈判在多大程度上影响了美国选民投票支持尼克松。"④

从约翰逊和高级幕僚的谈话中可知,约翰逊也认为尼克松本人是清楚整个状况的,约翰逊曾对支持尼克松的参议员埃弗雷得·德克森表示,"如果他们不出席,受伤害的不会是我,而是即将当选的任何一个人,有可能就是他(指尼克松)"⑤。

尼克松矢口否认自己与西贡抵制会谈有任何牵连,他一口气讲了三个

①　"Telegram From the Department of State to the Embassies in Vietnam and France, Washington, October 30, 1836Z", *FRUS*, 1964—1968, Vol. VII, p. 453.

②　"Roundtable on Richard Nixon and the Vietnam War", *Passport*, Vol. 43, p. 27.

③　"Telephone Conversation Between President Johnson and President-Elect Nixon, November 8, 1968", *FRUS*, 1964—1968, Vol. VII, p. 594.

④　"Roundtable on Richard Nixon and the Vietnam War", *Passport*, Vol. 43, p. 27.

⑤　"Editorial Note", *FRUS*, 1964—1968, Vol. VII, p. 524.

"不":"不成立、不公正、很不幸。"①所以,尼克松获胜的第二天就致信阮文绍,敦促他尽快出席巴黎和平谈判。事情似乎显露转机。虽然之前,他和几位候选人曾写信给阮文绍,可那是为表自己的清白,跟他以当选总统的身份来讲话完全不同。这之前,无论尼克松本人是否为幕后主使,起码都能从中获利,这是竞选利益所致。这之后,尼克松也必须面对约翰逊面对的问题,白宫换了主人,但情形依旧如故。

尼克松当选后向参议员德克森表示,他没有派人唆使阮文绍不和约翰逊合作,并通过参议员告诉约翰逊,他可以去巴黎或西贡。约翰逊则说:"无论他(尼克松)或我本人去哪里都没什么不同,我们只需让西贡代表团去巴黎。至于,在会上他们做什么是另外的问题。当务之急是他(尼克松)捎话给西贡,无论是通过我亦或他自己。"②

华盛顿与阮文绍摩擦之际,越美的对话也在同时进行。1968年11月3日,双方在美方的住地会谈两个小时。万斯提出11月6日在帝王饭店讨论程序性问题和日程安排,而此次会谈是就上述问题交换看法。何文楼首先奉命表达对10月31日约翰逊讲话的态度,认为他的讲话与越美已经达成的共识不一致。没有征得越方同意,美国就单方面宣布第一次会议的日期,越方表示很遗憾。鉴于此,何文楼说,"今天就是来商量会谈要不要定于11月6日。至于会议的程序性问题,应该由四方代表会议决定。在这点上,越方认为即将召开的会议是一次大会,而无论美方使用'会议'也好,'大会'也罢,越方认为这不重要"③。同时,越方对美方的建议颇感意外,因为越方一直认为,停炸后就会立刻投入到谈判的另一阶段,即将由四方代表团和平解决越南问题。美方代表狡辩说,约翰逊的演讲和停炸令之间并无二致,有关会议的日期可以再商量。美方没有料到南越不能确定按时出席,这个责任在于共产党,因为西贡遭到无差别的火炮袭击致使问题复杂化。

越方认为,美国虽然下达了停炸令,但北越现在仍无法明确是否已对整个北越境内生效了,正密切关注局势。美国单方面宣布了会议日期,但北越仍能接受。而现在,美方又借口说西贡的代表无法按时赶到。越方关心的

---

① "Editorial Note", *FRUS*, 1964—1968, Vol. VII, p. 536.

② "Telephone Conversation Between President Johnson and Senator Everett Dirksen, Washington, November 8, 1968", *FRUS*, 1964—1968, Vol. VII, p. 590.

③ "Telegram From the Embassy in France to the Department of State, Paris, November 3, 1968, 2000Z", *FRUS*, 1964—1968, Vol. VII, p. 530.

是 11 月 6 日能否举行会谈。如否，何时可行。越方表示，尽管问题的复杂性还有很多，也需要充分协商，但应该由四方代表集体讨论。如果有关方都有足够的诚意，那么解决程序性问题不是难事。何文楼提出了两条有关程序的建议，第一次会议的准备工作，如发言顺序，每个代表团定员多少，座位安排，便于东道国做准备。另外，还要考虑媒体采访会议。他最后表示，如果美方仍坚持会议开始时的立场，那么越方认为与越美共识相距甚远。那也就是说，必须举行四方会议。如果西贡当局无法及时派全员代表，民解代表可先行加入讨论。而且，西贡已经有一个代表在巴黎，因此立即举行会议不成问题。

这次会议基本都是越方在发言，美方显得很沉闷，几乎无言以对。万斯不得不两次要求中途休息。整个会谈中他只说，到目前为止，美方认为双方对已有的谅解没有发生分歧，而南越代表 11 月 6 日不一定会到。作为谈判代表，他和哈里曼只有建议当局两个选择：要么按既定日期举行会谈，西贡参加与否自便，要么推迟会谈，下次不管西贡来不来都要按时准备，但他们不确定北越接不接受没有西贡参加的会谈。11 月 4 日，他们报告国务院，建议 13 日开始第一次会谈。

国务院对他们的意见作出答复，仍不确定会谈日期，但做好在南越仍不出席的情况下同意 13 日或之后不长的一段时间内举行谈判的准备。国务院还要求他们考虑如果是这种情况，那么会议怎样进行，特别是应付民解的问题。

1968 年 11 月 5 日上午，万斯与何文楼就程序问题的会谈不欢而散。越方表示，北越和民解不管有没有西贡代表参加，都将准备新的更大范围的会谈。这个姿态让美国人更感到自己已无多少选择余地，只有借口讨论程序问题加以拖延。美方还拒绝媒体采访第一次会议。当晚七点，北越代表团口头照会美方，暂时同意美方不让记者现场采访第一次会议的意见。北越建议 11 月 6 日在巴黎国际会议中心举行第一次会议。美方仍以程序性安排未妥拒绝了这个提议。

越美对话陷于停顿，华盛顿和西贡的紧张关系随着美国大选的落幕缓解了一些。1968 年 11 月 8 日，阮文绍提出两个单一的代表团分别由西贡和北越率领，被美国断然拒绝。华盛顿告诉阮文绍，白宫不能容忍西贡代表自己发言,不会把责任委派给别人,"我们不打算让美国成为南越的仆从"①。西贡"外长"则对两方模式提出质疑。他说,一方就是一个代表团与双边模式不矛盾,总比三个或四个代表团被各自解释这种安排好得多,并提出西贡代表参加私下会谈的问题。对这两个要求,美国均不接受。总还是仰美国人鼻息的阮文绍最后不得不做出让步。

1968年11月19日,阮文绍正式表态,南越准备参加巴黎会谈。两天后,邦克终于得到阮文绍接见。在他看来,阮"下决心参加巴黎会谈了"②。可事情的发展证明了大使先生的乐观判断根本就是想象。反倒是国防部长克里福德,虽身在华盛顿,却观察得颇为准确。他说,"除了西贡把邦克弄得晕头转向,让他总是产生'仅再要几天时间'的想法外,任何进展都不会有"。③ 美国此时需要西贡明确定下出席会谈的时间,而阮文绍依然在这个问题上一拖再拖,迟迟确定不了代表人选。到1968年12月10日才由阮高其率团到达巴黎,而这仍不意味着会谈即将开始。克里福德更悲观地认为,"拖延是无限制的,直到(1969年)1月20日,我们看到的仍是一拖再拖","我们希望在1月20日前启动会谈的想法越来越渺茫"。④

1968年12月11日,西贡驻法大使在和万斯的会谈中,认为美国和北越从未在双边模式上取得共识,所谓谅解是有意模糊双边原则。只要河内接受双边模式,那么桌子形状之类的问题很容易处理。⑤ 12月19日和20日在和阮高其的会谈中,西贡驻法大使显然对上述问题不感兴趣,而直接提出了一个"可以跳过程序问题"的三阶段方案。20日的谈话只有哈里曼、万斯和阮文绍三个人在场,他们否决了这个"面临不少问题"的方案。

由于美国和西贡拖延会谈,越美谈判更为艰难。美国不但不化解矛盾,反而在1968年11月13日发表国务院声明,认为11月9日到13日对南越

---

① "Telegram From the Department of State to the Embassy in Vietnam, Washington, November 8, 1968, 2144Z", *FRUS*, 1964—1968, Vol. VII, p. 592.

② "Telegram From the Embassy in Vietnam to the Department of State, Saigon, November 21, 1968, 1050Z", *FRUS*, 1964—1968, Vol. VII, p. 675.

③ "Memorandum From Secretary of State Rusk to President Johnson, Washington, November 21,1968", *FRUS*, 1964—1968, Vol. VII, p. 679, footnote 3.

④ "Notes of Meeting, Notes on the Tuesday Luncheon Meeting, Washington, December 3, 1968", *FRUS*, 1964—1968, Vol. VII, p. 723; "Editorial Note", *FRUS*, 1964—1968, Vol. VII, p. 800.

⑤ "Memorandum of Conversation, Paris, December 11, 1968", *FRUS*, 1964—1968, Vol. VII, p. 744.

的炮击事件表明北越没有遵守达成的谅解。11 月 13 日当天，代理国务卿卡曾巴赫约见多勃雷宁，他拿出标有炮击地点的标识，对北越经由非军事区向南越发起零星炮击提出强烈不满。他还表示，如果美国巡航侦察机继续遭到袭击，那么美国也将还击。同一天，哈里曼和奥伯莱姆科就上述事态进行了磋商。美国认为北越对这些事情的解释是不正确、不明智的。11 月 24 日，万斯奉命与何文楼举行会谈。除了重复上述说辞外，万斯赤裸裸地表示，美国的侦察飞机是非武装的，出于保护美国军人的需要，根本不会危及北越安全，因此还将继续。

越方谈判代表对美国的荒谬之辞进行了严正驳斥。他说，美国说自己有权侵犯北越主权和破坏北越安全实在是荒唐的逻辑，北越拥有捍卫抵御美国非法行为的合法权利。对北越自卫权的否定，北越无法接受。至于越南人民军对非军事区的美军阵地开炮的说辞完全是一派胡言。事实恰恰相反，美军经由非军事区南部对北边开炮，美军船只还袭击北越达五十次之多。美国在停炸不久就再次破坏非军事区，美方政府必须为今日之局面承担完全责任。何文楼进一步提出，在召开四方会谈问题上，美国不断以形势复杂、情况多变为由，逃避执行彼此已达成共识之责任。自 1968 年 11 月 6 日以来，已经三个星期过去。11 月 4 日，民解代表就已来到巴黎。如果四方会谈搞不起来，可以举行三方会谈。万斯拒绝接受越方的陈述，反认为北越应负全责。

越美会谈的第二天，又一架美国非武装侦察机和一架武装护航机被击落。自 1968 年 11 月 22 日、23 日以来，美国接连损失了六架飞机。形势不妙。一是人员伤亡、经济代价的问题，二是距离南越较近，炮火击中村庄，不利于笼络民心，不利于争夺农村民心。而更坏的情况是"如果因侦查这种事情致使巴黎会谈出轨将会是个悲剧"[①]。

虽然美方在谈判中立场强硬，但问题不是靠故做强硬就能解决的。1968 年 11 月 30 日，哈里曼等受佐林邀请赴宴。席间，美国承认它破坏了北越主权，但又振振有辞地辩解绝不会对北越安全构成威胁。美方要求苏联劝阻北越停止射击美国飞机，并将搜集到的所谓北越破坏非军事区的证据摆到佐林面前，甚至提出可以送北越的俘虏到苏联大使馆。佐林回避了

---

① "Notes of Meeting, Notes on the National Security Council Meeting, Washington, November 25,1968", *FRUS*, 1964—1968, Vol. VII, p. 698, footnote 5.

这个建议,说"这是你们和北越之间的事情"。①

12月4日,美方再次和北越代表举行会谈。双方在程序上纠缠于两个问题。除了发言顺序外,最棘手的就是桌子的形状问题,其背后就是会谈模式的问题。北越的建议是四张桌子,桌上摆放表示代表方的名牌等标识,建议被美方拒绝。直到12月19日,北越表示拖延会谈完全由美方和西贡负责。至于美方提出的南越形势问题则现在还不是时候,"我们大家能坐在对话桌上之时,其他问题都可解决"②。北越为了促成第一次会议的召开,提议就用圆桌。如果座位问题解决,越方会在解决其他问题上表现出诚意。

从美国角度,它其实已没有多少选择余地了,至少时间已无多。对美国来说,1968年不平静,对北越而言,1968年不平凡,在僵持的氛围里迎来了新的一年。1969年1月2日晚,越美举行了长达四个多小时的会谈。北越同意不设带有名字的标牌,美方代表接受会议采用光面的圆桌。但这一结果还必须征得国务院同意。1月4日,国务院给予哈里曼等从未有过的自由度来处理发言顺序和桌子形状问题,它说:"我们认为你们在会谈中没有纠缠于此是明智的,今决定放手让你们酌情处置。"③

尽管如此,美国还要继续争取阮文绍的合作。1月4日,国务院指示西贡大使馆,"河内的圆桌建议是可行、合理的,必须不遗余力,不要延误地解决这件事"。④ 邦克已经对阮文绍失去信心,认为他这次很有可能仍是久拖不决,邦克也不愿再吃闭门羹。为此,他报告国务院,自己找阮文绍谈美国的建议是不明智的,不如先由其他官员跟阮的助手黄德雅吹吹风,做些准备工作。1月7日,国务院以约翰逊总统的名义告诫阮文绍"完成未竟之事业":"目前的僵局只会对美国支持贵国维持独立产生最严重的后果……此时此刻,国会和美国公众中的形势和我过去四年来,或者可以说我四十年公职生涯中所经历的一样危险、严峻……在即将结束我们官方关系的时刻,我

① "Telegram From the Embassy in France to the Department of State, Paris, November 30, 1968, 1515Z", *FRUS*, 1964—1968, Vol. VII, p. 715.

② "Telegram From the Embassy in France to the Department of State, Paris, December 19, 1968, 1510Z", *FRUS*, 1964—1968, Vol. VII, p. 772.

③ "Telegram From the Department of State to the Embassy in France, Washington, January 4, 1969, 1539Z", *FRUS*, 1964—1968, Vol. VII, p. 794.

④ "Telegram From the Department of State to the Embassy in Vietnam, Washington, January 4, 1969, 2231Z", *FRUS*, 1964—1968, Vol. VII, p. 797.

满怀希望我和我的同事们能有效支持你们的事业直到将来……"①三天后，阮文绍会见了邦克。

邦克首先告诉阮文绍不要指望新一届美国政府会随西贡的意愿，接着又表示美国和西贡之间没有基本的分歧，在程序问题上，都想得到最好的条件。但他提醒说，"一方在谈判中不可能100％如愿以偿，除非对手是投降的"，"现在基本的问题是美国对西贡的支持重要与否，重要的话，就请考虑美国的意见"。②

邦克此番谈话就是要向阮文绍兜售哈里曼提出的一揽子方案。而阮显然也很清醒，答应立即在美国建议的基础上起草一个方案。当天，邦克把协商的结果连同西贡的意见汇报给国务院。南越当局提了三套方案。

美国国务院没有接受西贡所谓的底线方案，而建议巴黎在第二套方案的基础上达成协议。这个方案又有两个选择。一是铺有桌布的圆桌，但共产党一方不经抽签即可发言，另一个是圆桌上不铺盖任何饰物，但用线条区分两方，用两种颜色抽签决定发言顺序。

美国的方案无论怎么看，都是其两方模式的体现，北越代表根本不予接受。会谈又再度陷入僵局。10个星期过去，从方形、直角形、椭圆形、半圆形、平行四边形到菱形，代表团的讨论就像在上几何课。1969年1月13日，苏联大使佐林以个人名义提出了一个折中方案。具体做法是，桌子以圆桌为主体部分，在距离圆桌两头45公分处相对摆放两张小直角桌。1959年关于柏林问题的日内瓦会议上，两个德国代表团的座位就是这样安排的。哈里曼建议国务院暂时不要急于得到西贡同意，而努力让阮文绍接受底线方案，直到确定苏联的想法被北越接受。

第二天下午，奥伯莱姆科向美方指出，他肯定下面这个建议是北越和民解能接受的：桌子的形状根据苏联提议的折中方案，桌上不摆放旗帜、标牌，发言顺序由东道主法国抽签决定，第一个抽到的那一方可以连续发表两个演说，之后轮流发言。哈里曼和万斯随即通过邦克敦促南越当局同意这个建议。

1969年1月15日，越美双方都接受了这个建议，此时又发生了一个小

---

① "Telegram From the Department of State to the Embassy in Vietnam, Washington, January 7, 1969, 2350Z", *FRUS*, 1964—1968, Vol. VII, p. 806.

② "Telegram From the Embassy in Vietnam to the Department of State, Saigon, January 10, 1969, 1250Z", *FRUS*, 1964—1968, Vol. VII, p. 810.

小的插曲。哈里曼 16 日晚 7 点 30 分从法国外长马立克那里获悉,北越驻法高级专员梅文蒲坚持按照反映四方会议的模式抽签决定发言顺序。哈里曼午夜紧急约见奥伯莱姆科通报这一情况。奥伯莱姆科在苏联大使馆约见何文楼。至今,他们之间谈了些什么还不清楚,但三个小时后,苏联大使馆一秘伯格莫洛夫通知美方说那是个误会。

原定于 1969 年 1 月 18 日召开的第一次四方会谈由于阮文绍的阻挠,迟至 25 日举行。北越在经过了近九个月和美国的漫长交涉之后,终于在巴黎国际会议中心迎来关于在越南停止战争、恢复和平的四方会谈。两天后,白宫换了新主人,对北越而言,谈判任重道远。

第四章 尼克松扩大战争

尼克松入主白宫时,这场对外侵略战争已极其不得人心,撤军呼声四起;越南战争还让包括他本人在内的美国人不得不承认,无论军事上还是经济上,美国的力量都是有限的,美国"愿意背负任何保卫自由世界"的负担的时代已随着越战走向了终结,把全部美军从印支撤出,将是一项"符合民意而易于做到的行动"。① 尼克松一而再、再而三地下令撤军,虽是出于不得已而为之,但总算是和前任有所不同;但另一方面,他又继承了前届政府的政策,且撤且战,战争在升级和"降级"交替进行中继续下去。

第一节 入侵柬埔寨扶植傀儡

白宫的新主人尼克松最初就提醒人们,这场战争是遗留下来的,不是由他发动的,虽然他曾是不折不扣的主战派,甚至还批评约翰逊政府没有使用更大的军事力量。纵然如此,尼克松已经从约翰逊的惨痛经历中吸取教训,终于承认进一步升级在政治上是行不通的:美国人民给了他一项结束战争的使命。但当他警告说,"美国历史上的第一次败仗"会导致人们对"美国领导权的信心的垮台"②时,说明他实际上不愿迅速结束战争,事实也是尼克松接过了约翰逊传下来的接力棒,继续打这一仗。

尼克松政府在执政的近两年时间里,讨论最多的不是撤军、降级、停火、谈判,而是如何在柬埔寨和老挝采取军事行动,因此有评论说,尼克松的"和平大厦"点缀着轰炸的计划和轰炸的威胁③,但其实在约翰逊任期末,军方就已摩拳擦掌,跃跃欲试了。

早在 1968 年 5 月,威斯特摩兰就向美军太平洋舰队司令夏普报告,北

---

① 1969 年 11 月 3 日,总统演说。
② 同上。
③ 塔德·肖尔茨,前引书,第 9 页。

越部队频繁出没于柬埔寨边境的庇护所,请求允许他进入柬埔寨追击北越军队。这样的行动还得到了邦克的认可,他认为这是"对敌人实施最大程度的惩罚的最大机会"。威斯特摩兰又补充说,美军自 1969 年 1 月以来,尤其在第一战区遭到重创,位于柬埔寨、老挝边境的北越的庇护所是造成美军伤亡的部分原因,"要让他们知道我们再也不能容忍这样利用这个人迹罕至的地方"①。仅四天后,参联会在致国防部长克里福德的备忘录中"谨慎建议"把地面战争扩大到老挝、柬埔寨或北越。但是军方也明白,已经处在反战舆论包围中的约翰逊总统不会同意扩大战争,这就需要把情况讲得夸大些、严重些。因此,参联会主席惠勒在 1969 年 7 月 30 日的政策咨询会上故做悲观地报告,宣称柬埔寨境内越共基地越来越多。随后的一些日子里,他更是不遗余力地宣称,"在柬埔寨发现越来越多的补给物资,简直无法容忍,必须采取措施,对柬埔寨境内的庇护所要全力追剿",艾布拉姆斯也乘机表示,共产党正在通过西哈努克港运输物资,量较大。② 约翰逊离职前一个月,军方还在提出美军追击到柬埔寨的问题。这种不断的讨论本身就表明,约翰逊对军方的看法远不是决然排斥的。但他已经来不及做反应了,如哈里曼所言,所有的事情"只有留待尼克松来解决了"。③

1969 年 1 月 8 日,尼克松对基辛格说,"我想确切地知道敌人在柬埔寨境内都有什么,我们可以采取何种行动破坏那儿的设施"④。上任第一天,尼克松就关心如何能"隔离"柬埔寨。因此,白宫一面对西哈努克恢复美柬关系的姿态作出反映,另一方面继续测试西哈努克打击共产党庇护所的严肃程度,或者说多大程度上允许美国轰炸柬埔寨。

参联会立即要求艾布拉姆斯提出意见,并告诉他军方的想法在新政府中将有支持的声音。参联会有关"隔离"柬埔寨的报告很快在 1969 年 2 月末完成。报告提出,封锁柬埔寨的所有港口和机场虽然可行,但要持续一段较长时间,而这将会导致国际上的普遍批评。轰炸式袭击和有限侵犯边境

① "Notes of Meeting, Washington, May 25, 1968", *FRUS*, 1964—1968, Vol. VI, p. 717, footnote 5.

② "Notes of Meeting, Washington, October 29, 1968", *FRUS*, 1964—1968, Vol. VII, p. 407.

③ "Memorandum Prepared by Ambassador at Large Harriman, Paris, December 14, 1968", *FRUS*, 1964—1968, Vol. VII, p. 761.

④ [美]沃尔特·艾萨克森:《基辛格:大国博弈的背后》,国际文化出版公司,2008 年,第127 页。

地区更为可行,尽管和封锁行动是一样含义的敌对行动,但会因为突然和进攻之快使这样的行动在政治上更能接受。而轰炸柬埔寨的行动在这个报告出笼之前就已经开始计划了。

1969年2月9日,艾布拉姆斯从西贡密电惠勒,内容是关于南越共产党指挥部的隐蔽地点,始终飘忽不定的南方局总部据说就在柬埔寨境内一处称为鱼钩的地方。艾布拉姆斯建议用B-52轰炸机对该地进行一个小时、60架次的空中打击。惠勒回电支持他的主张,称他的要求得到了最高层的考虑,但最高层希望此事越保密越好。艾布拉姆斯随即派了两位上校秘密返回华盛顿,基辛格与他们在一次早餐会上商定此事,行动便被命名为"早餐",接着是"午餐""小吃""晚餐"和"甜点",整个计划命名为"菜单行动"。一系列故意掩人耳目的"错误"报告通过五角大楼的日常渠道上呈,另一套报告才指明柬埔寨境内的真正轰炸目标。空军司令和其他将军们根本不知道轰炸这回事。第一次轰炸行动只是有选择地知会了几名议员,但没有告诉他们轰炸会达到何种程度和持续多久。就连执行任务的飞行员也不知道他们在轰炸柬埔寨。

秘密轰炸行动持续了14个月,直到1970年5月,其间B-52共出动3875架次,在柬越边境六处地点投下了10.8万吨炸弹。然而,庇护所和南越共产党指挥部仍然威胁不小,以致尼克松在轰炸结束之际,立即决定对柬埔寨发动地面进攻。

美国军方处心积虑谋求"进入"柬埔寨,不满足于进行轰炸。为此,趁国防部长莱尔德在3月上任后的第一次战场巡查之际,美军援越司令部再次宣称,"共产党部队可以穿越老、柬和北越相邻的边境地区到庇护所,这些庇护所对共产党抵御美军压倒性优势的火力和机动性来说非常重要。而且,柬埔寨在共产党的渗透路线中变得越发重要,共产党向南方渗透的人员中,经由柬埔寨进入南越的居多。应当考虑在边境地区采取行动,至少可以暂时削减一下共产党的优势。然而,除非我们愿意扩大冲突超出地域限制,否则共产党将继续得以依仗庇护所,从而使最终的军事解决成为不可能"①。

尼克松起初考虑在柬埔寨搞隐蔽行动的可行性问题。中情局设计了两个方案:一是针对北越正规武装进行隐蔽的军事袭扰,二是铲除或减少通过

---

① "Memorandum From Secretary of Defense Laird to President Nixon, Washington, March 13, 1969", *FRUS*, 1969—1976, Vol. VI, Vietnam, Jan. 1969—July 1970, p. 111.

柬埔寨向南越共产党武装的输送。但中情局认为,第一个方案高投入、低回报,效果不大,专门负责海外隐蔽行动的303委员会同意这个结论。至于第二个方案,中情局已经掌握了许多柬埔寨军官积极参与输送武器到南越的情报,中情局认为,即使用贿赂等手段也未必能把这些人拉过来,美国的贿赂与他们获得的丰厚利润相比吸引力还不够。这些人还要考虑到跟美国人搅到一起的政治风险。就在这时,参联会给国防部长呈上了一份"隔离柬埔寨"的报告,报告的基本结论称,空中/海上封锁都可行,可以造成共产党在第三、第四战区的补给严重短缺;虽然美柬外交沟通是争取柬埔寨支持美国减少共产党把柬利用为庇护所的一个机会,但最有效的方法还是在柬埔寨采取有限深入式的、先发制人的地面和空中行动。①

然而,柬埔寨是中立国,国家元首西哈努克尽管对北越的庇护所睁只眼闭只眼,对美国的炸弹也视而不见,但不会容忍美国的入侵行动。所以,西哈努克的存在构成了不小的障碍。而就在这个时候,柬埔寨发生政变,1970年3月18日,朗诺和施里玛达等反对势力联手趁西哈努克赴法国疗养之际废黜其王位。

美国究竟有没有直接参与策划政变,迄今为止没有直接的证据证明美国在其中扮演的角色。1979年,基辛格在北京第一次见到了流亡的西哈努克,前者极力辩称美国和朗诺政变没有关系,西哈努克则说,"很抱歉,我不能说我相信您"②。

西哈努克的确有不信的理由。他在由其口授、记者贝却敌整理的回忆录中,详细讲述了他同美国中央情报局的斗争,其中提到了一个所谓的"哥伦比亚鹰"号事件。在解密的美国外交文件中,也记录了这一事件,它是这样写的:1970年3月14日,两名武装分子劫持了"哥伦比亚鹰"号,这是一艘从马尼拉开往泰国的运输船。劫持者迫使船长把船开进距离西哈努克港不到5英里的小岛,这个小岛正处在柬埔寨水域。因为船上有炸弹,24名船员离开"哥伦比亚鹰"号,登上救生艇,随后被另一艘船救起,但还有15名仍留在"哥伦比亚鹰"号上。③ 美国人的说法很模糊,但至少它承认了"哥伦

① "Memorandum From the President's Assistant for National Security Affairs (Kissinger) to President Nixon, Washington, March 25, 1969", *FRUS*, 1969—1976, Vol. Ⅵ, p. 153.

② 沃尔特·艾萨克森,前引书,第201页。

③ "Minutes of Washington Special Actions Group Meeting, Washington, March 24, 1970", *FRUS*, 1969—1976, Vol. Ⅵ, p. 720, footnote 3.

比亚鹰"号的存在。和亲王所言两相印证,真相不难明了。美国中情局向政变集团提供了包括 M-16 步枪在内的军事装备,"被绑架"的船上装载的就是这些用于搞政变的武器。这艘船到达时吃水很深,可是离去时吃水却很浅了。政变当天,西方记者注意到聚集在柬埔寨国民议会大厦外的军队,通通配发全新的 M-16 步枪,而这种枪是柬埔寨陆军所没有的。

如果说还有什么证据的话,那就是尼克松对柬埔寨政变的反应非常迅速,使人很难不怀疑美国的作用。政变第二天,尼克松指示赫尔姆斯:"秘密制定并执行计划,对柬埔寨国内亲美力量给予最大限度的支持——务必不要摆到 303 委员会或者官僚部门面前。按照我们空袭(指秘密轰炸柬埔寨——笔者注)那样处理这件事。"①事实上,政变前,由美国出钱装备和供养的 KKK 突击队被调进金边,而且参加了对南方共和临时政府使馆的袭击。这是一支雇佣军武装,人员大部分是从南越的柬埔寨少数民族中招募来的,隶属美国特种部队编制,一直在南越受训,由美国援越司令部指挥。此外,以泰国为基地的自由高棉军队从 1969 年 10 月起大规模地越过边界向柬埔寨"投诚",这支武装完全由美国中情局建立、拥有并完全听命于中情局。参议员迈克·格拉韦尔在审阅了有关证据评论后说,"白宫采取下面这样一种态度,简直是令人难以置信的:美国雇佣和训练了一个公开宣称要推翻西哈努克的派别的成员,却不知道有人在策划政变"②。

西哈努克被赶下台后,美国人为阻止他重新回到柬埔寨千方百计煽动反西哈努克的游行。就在政变后一个月,邦克通过幕后秘密渠道致函基辛格,分析了"西哈努克归来的后果",认为"西哈努克归来不仅在南越而且在整个东南亚都将产生深远的后果"。③ 他说,西哈努克是"共产党的工具",没有发挥中立角色的能力:他的回归很可能导致朗诺及其支持者被清剿,柬埔寨更适宜共产党建立基地;他的回归使北越比现在更缺乏谈判动力,使共产党撤出柬埔寨作为和平协议的一部分更加困难。一个敌视美国的柬埔寨迫使美国重新审查越南化政策,可能导致美国卷入南越的时间延长。柬埔

---

① "Memorandum From the President's Assistant for National Security Affairs (Kissinger) to President Nixon, Washington, March 19, 1970", *FRUS*, 1969—1976, Vol. Ⅵ, p. 703, footnote 1.

② 诺罗敦·西哈努克口授,W. G. 贝却敌整理,《西哈努克回忆录——我同中央情报局的斗争》,商务印书馆,1979 年,第 51 页。

③ "Backchannel Message From the Ambassador to Vietnam (Bunker) to the President's Assistant for National Security Affairs(Kissinger), Washington, April 22, 1970", *FRUS*, 1969—1976, Vol. Ⅵ, p. 858.

寨落到西哈努克的手里将对南越造成更大的冲击,他接管柬埔寨后,会倚重中、苏、越。周围的共产党国家使泰国日益不安,印尼对该地区的前景悲观氛围日盛。因此,"西哈努克归来将引起我们和西贡问题的增加,使共同撤军更加困难,使政治方案更加复杂,迫使美国长期以高昂的代价维持在越南的存在。要采取谨慎的措施来减少这种可能性"①。简言之就是,西哈努克万万回不得柬埔寨。

从美国诋毁、抵制西哈努克的态度来看,即使不能说明美国策划了政变,起码也可以说明美国人很乐意看到这样的结果。在没有西哈努克的柬埔寨,美国"大恩人搀扶着一帮呆头呆脑的柬埔寨军人和一个腐败不堪的政府",放手策划入侵战争。

1969年4月18日,基辛格首先秘密召见中情局在柬埔寨的代理人,小范围讨论柬埔寨局势。基辛格特别关注西哈努克港的情况,想了解一旦它被关闭,共产党是否得完全依赖胡志明小道。与会人员都认为一旦关闭该港口,中国的援助物资就无法送到越共手中。现在,朗诺集团的士气需要提升,此刻唯一的办法就是给他们枪和一个瑞士账户。基辛格征询陆军参谋长威斯特摩兰,让南越部队进攻庇护所是否可行,后者信心满满地表示,"尽管天公不作美,碰上雨季,但只要能摧毁越共南方局就值得一试"②。

4月22日召开的国家安全委员会会议就柬埔寨行动的三个方案进行辩论。一派主张美国不宜直接干预,而应让南越军队,可能在美国空中支援下进攻庇护所,也就是让南越伪军当炮灰。但将军们力主美军和南越伪军全力出击,彻底拔掉共产党南方局总部。尼克松在两天后召集军方汇报会,这次会议讨论美伪军联合进攻鱼钩地区的问题。根据情报,这里除了南方局总部外,还有北越的后勤设施、弹药仓库、医院和战俘营以及一个师、六个团规模的指挥部。这个情报是相当准确的,以至于在尼克松看来,此役将成为越南战争的"第一个转折点"③。

但尼克松对1961年美国惨败猪湾的教训记忆犹新,担心自己重蹈肯尼迪的覆辙,颜面扫地,在和基辛格私下交谈中流露出一种不自信,甚至一遍

---

① "Backchannel Message From the Ambassador to Vietnam(Bunker) to the President's Assistant for National Security Affairs(Kissinger), Washington, April 22, 1970", *FRUS*, 1969—1976, Vol. Ⅵ, p. 859.

② "Editorial Note", *FRUS*, 1969—1976, Vol. Ⅵ, p. 839.

③ Luu Van Loi & Nguyen Anh Vu, *op. cit.*, p. 110.

又一遍地回味电影《巴顿》，片子描述巴顿这位胆大豪气的二战将军。终于，尼克松做出了第一个决定：西贡部队在美国顾问参加的情况下"进入"鹦鹉嘴地区。

1969 年 4 月 26 日，星期天。政府机关本应中止办公。但是，华盛顿政治气氛紧张，国家安全委员会召开紧急会议。会议根据华盛顿特别行动小组所做的军事评估，审查美军出动可能产生的种种后果。问题的核心很快集中到"进入"鹦鹉嘴的同时是否应该"进入"鱼钩地区。其实，正如副总统阿格纽之前所言，既然根除庇护所，就应该一劳永逸地解决问题，这两个地方都应是袭击的目标。会议认为，不管是一个行动还是两个行动，舆论吵吵嚷嚷的程度大概也差不多。尼克松很少说话，这是他已经有所决定的迹象。

第二天，基辛格通过秘密渠道致电邦克，以总统名义要求他和艾布拉姆斯阐述关于柬埔寨行动的看法。黄昏时分，他们的复电就到达白宫。他们强烈建议由美国和南越伪军联合进攻鱼钩地区，认为这是"更理想"的方案，最好在进攻重要性仅次于鱼钩的鹦鹉嘴的同时进行，因为雨季到来之前，所剩时间无多，行动越早越好，越快越好。至于伤亡将如何，将军态度谨慎，但他保证竭尽全力使伤亡维持在"绝对最低的限度"①。

话已说得如此明白，就差总统拍板定案了。有研究认为，尼克松在公众舆论和预算有限的压力下不得不终止战争，所以秘密轰炸和入侵柬埔寨是尼克松采取的折中办法。然而，"在致力于打垮越南共产党方面，尼克松并不比约翰逊逊色多少"②，他经常炫耀实力，总以为恐吓手段、战争升级能让对手屈从自己的意志。1969 年 4 月 28 日，尼克松正式授权对柬埔寨发动地面进攻。

1970 年 5 月 1 日，美伪军共近 8 万人倾巢而动，扑向柬埔寨的鱼钩和鹦鹉嘴。这天，尼克松在基辛格等人的陪同下视察五角大楼。他大声问将军们，"我们能消灭所有的共产党据点吗？我要它们统统铲掉"。③ 当天，参联会执行主席托马斯·穆尔致电太平洋舰队司令麦凯恩和艾布拉姆斯，电文说，"如果你们认为有必要并希望把打击范围延展至超过 30 公里外，总统会予以考虑，总统认为对基地的行动现在是我们在东南亚的头等任务。为

①　"Backchannel Message From the Ambassador to Vietnam（Bunker）to the President Nixon, Saigon, April 27, 1970, 2222Z", *FRUS*, 1969—1976, Vol. VI, pp. 902 - 903.

②　莫里斯·艾泽曼，前引书，第 152 页。

③　沃尔特·艾萨克森，前引书，第 198 页。

此,授权你们可以不受限制地动用部队。要求你们在调拨资源时自己判断……要倾尽我们所有在庇护所地区对共产党实施最严厉的打击。[①]

美国的入侵行动在两个月后结束。尼克松和基辛格在他们的回忆录里吹嘘入侵"成功",美国发动其亚洲盟友援助朗诺集团如何有效,颇有一种自鸣得意的欣快症。但基本的事实是北越庇护所依然屹立不倒,美国人连共产党南方局总部的影子也摸不着,尼克松消灭共产党指挥中心的目标成了肥皂泡,美国庇护下的朗诺集团更是摇摇欲坠,惶惶不可终日。

第二节　在老挝的秘密战争

和柬埔寨一样,美国把老挝也绑在侵越战争这个笨重的战车上。虽然1962年关于老挝问题的日内瓦协议保证老挝中立,但自那以来,这个人口不足300万的国家从未获得过丝毫平静。美国策划了多次政变,使老挝内战不断、政局动荡。随着美国在越南、柬埔寨进行侵略战争的升级,美国也强化了侵老战争。基辛格一语道破:"老挝真正的问题是完全关系到越南战争。"[②]

在此有必要描述一下老挝的地理和当时的政治状况。老挝是一个多山的国家,地势从北到南逐渐倾斜,自然地形成了三部分:北部为上寮,中部为中寮,南部为下寮。中下寮地区的战略地位极为重要。它东部与越南接壤,西部与泰国相邻。境内有几条主要战略公路,13 号公路与南越相连。从1964 年 6 月起,美国就妄想从南越北部沿 17 度线向西,通过下寮直到泰国,建立一条封锁线,企图把南越封锁起来,实行所谓"关起门来打"的计划。与此同时,美国再次破坏第二届老挝民族联合政府。这届联合政府存在不到两年,1964 年 4 月又被美国支持下的右派势力发动政变推翻。联合政府首相富马基本上是个中间派,此人时而偏"左",时而偏右,因此,美国人并没有赶尽杀绝,继续依赖他维系着老挝王国政府。美国破坏了老挝第二次联

---

① "Telegram From the Acting Chairman of the Joint Chiefs of Staff（Moorer）to the Commander in Chief, Pacific（McCain）, and the Commander, Military Assistance Command, Vietnam（Abrams）,Washington, May 1, 1970, 2239Z", *FRUS*, 1969—1976, Vol. Ⅵ, p. 918.

② "Memorandum From the President's Assistant for National Security Affairs（Kissinger）to President Nixon, Washington, February 27, 1970", *FRUS*, 1969—1976, Vol. Ⅵ, p. 635.

合政府后,于 1964 年 5 月 17 日开始轰炸老挝解放区,并于 7 月下旬指使政府军出动 30 多个营的兵力向位于老挝中部和北部的解放区大举进攻;苏发努冯被迫重新组织巴特寮武装力量与政府军战斗。另外,一直由美国中央情报局豢养的王宝苗族"游击队"四万多人经常深入到解放区进行袭扰。靠着这支反动武装和老挝王国政府,美国勉强抑制巴特寮武装力量,但无法使力量对比更有利于老挝右派军队。1969 年 4 月,王宝匪军的又一个营地被巴特寮攻占,王宝承认除了骚扰共产党外,他再无力承担更多。正是这个营地的"陷落"使美国人骤然崩紧了神经。

美国此前所以"容忍老挝的平衡"主要是由于,作为一条进入泰国的重要通道,纵贯老挝全境的湄公河仍控制在老挝王国政府手中。美国能和富马达成协议,取得他的支持,监视胡志明小道,并主要利用空袭和小范围的地面进攻骚扰小道;最重要的是,如基辛格所言,"要使老挝的平衡稍稍有利于我们一边,还得需要一场较大规模的战争"①。在这份专门就"老挝战争及纳康江营地陷落的影响"致总统的备忘录中,基辛格谈到两个方面问题。他认为"纳康江的失守对老挝内部冲突和越南战争都不是至关重要的,但都有关⋯⋯纳康江失守是富马面对的威胁的一部分,如果他不对要求停止美国轰炸的压力作出让步的话,他会失去更多地盘"②。另一方面,基辛格认为老挝问题在巴黎谈判中处于非常重要的位置。他说:"两个层面的行动指向老挝将为我们在巴黎谈判中提出两个主要问题。第一,就北越取道老挝给南方持续的叛乱提供支持加以规定,就关闭中国、北越给活跃在泰国的共产党提供支持的运输线做出规定;第二,与第一个相关,就是老挝自身取得新的力量平衡的问题,这将保护老挝避免很快被披着巴特寮外衣的北越共产党控制。要实现上述目标,需要比 1962 年协议确立的国际监管更有分量的国际行动,外部力量强化老挝部队或对北越日益增大的压力表现出报复之威胁。"③基辛格把老挝问题说得如此尖锐,如此危言耸听,就连那些极力主张扩大战争的将军们与之相比也大都望尘莫及,但这些威慑措施"没有一个是容易促成的"④。这的确是事实,当时政府内不愿意面对老挝问题的情

---

① "Memorandum From the President's Assistant for National Security Affairs(Kissinger) to President Nixon, Washington, undated", *FRUS*, 1969—1976, Vol. Ⅵ, p. 192.

② *Ibid*., p. 193.

③ *Ibid*.

④ *Ibid*.

绪很浓。

1969年6月10日,已调任负责东亚和太平洋事务的助理国务卿帮办、原驻老挝大使威廉·沙利文给基辛格呈递"关于在老挝增加军事行动的效用"的备忘录。从备忘录所用语言来看,沙利文至少算得上是个明智派。他说,"与美国目前在老挝所做的相比,没有多大的空间再让美国多做点事情。首先,老挝不过是个不足300万人的内陆小国,防御老挝只需用老挝部队加上美国的装备和训练,足以应付。在老挝还有200多名美国军事顾问,这个数字不能再增加了,而且应在政治气候不对的时候立刻抽身。其次,有必要问问行动要达到什么目标,怎样做,谁来做。最低限度也是奔共产党的庇护所而去,这些庇护所可容纳一个团到一个师的部队。因此,扫荡他们的行动也得动用团级或师级作战单位,除了军事效果不论,还要考虑政治影响。所剩下可行的就是空中行动,这又是一个谁来做和在哪儿采取行动的问题。坦白地说,在老挝走廊地区,空袭已经饱和了,除了在人口稠密的地区采取行动,已经没有什么地方可实施轰炸。如果让人口迁出城镇,而这又不可能做到完全保密,泄密就又会导致被打击目标撤离,因此,拟议中的进攻的价值等于零"①。无论这份备忘录怎样言辞恳切,老挝这颗棋子被尼克松越握越紧,特别是1969年7月18日中情局长赫尔姆斯向总统报告老挝局势"正在恶化"后,那些由总统授权、基辛格组建起来的各专门研究小组闻风而动,纷纷就老挝问题献计献策,而这一切都清晰地预示着战争的信号。

中央情报局报告,王宝苗族武装与巴特寮、北越在老挝北部战斗八年来,双方各有得失。雨季时,王宝武装占优势,旱季时,共产党武装占优势。但今年,这个模式却被打破了。雨季几星期以来,北越部队占领了查尔平原边缘的芒绥,正在沿边境的7号公路向与13号公路相连的丛林地带前进,另有迹象表明巴特寮武装正向南和查尔平原西部移动,威胁位于龙镇和桑通的苗族基地。赫尔姆斯分析北越的目标是,或分裂老挝,使得他们有机会在将来的停火上对其控制的地区享有充分的权威,或重建由他们(指北越和巴特寮)控制的三方联合政府。

如此局面就等于老挝将陷于共产党之手,所谓"老挝危机"的字眼又出

---

① "Memorandum From the Deputy Assistant Secretary of State for East Asian and Pacific Affairs (Sullivan) to President's Assistant for National Security Affairs (Kissinger), Washington, June 10,1969", *FRUS*, 1969—1976, Vol. VI, p. 254.

现在尼克松的老挝政策中。在 74 号国家安全研究备忘录中，尼克松要求国务院、国防部会同中情局等主要机构就"老挝可能出现的危机"提出"有效对策"的文件，因为直到那时"提出的方法都不是特别有用"。① 除了需要短期的应急方案和长远计划外，总统特别指示，"如果我们在老挝的其他地区采取行动，准备好有利的公众舆论，防止被指责升级"②。1969 年 9 月 29 日，华盛顿特别行动小组举行它成立后就老挝问题的第一次讨论会。该小组对老挝局势、前景以及北越的意图等做出尚属乐观的估计，基辛格显然对这些判断不甚满意，表示总统本人对增加空中打击很有倾向性，所以动用 B-52 的问题应当在评估范围内。在 10 月 6 日的小组会上，基辛格再次提出"什么时候打出这张牌最合适，是现在还是晚一点？"③这次会议对包括这个问题在内的整体方案仍然议而不决。

两个月后的 1970 年初，驻越美军司令部报告华盛顿，北越在查尔平原一带建立了一个指挥部，估计未来的攻势规模要超过以往，提议 B-52 即刻出击。华盛顿特别行动小组在讨论时基本倾向于政治解决。虽然来自军方和中情局的代表赞成出动 B-52 轰炸，中情局还主张"辅之以外交努力，尽量把升级的影响最小化"④。但远东和太平洋事务助理国务卿马歇尔·格林代表国务院认为在北越的攻势之前，美国就主动发起攻击，就得为冲突升级负责，"重要的是我们要用全部的影响使老挝问题回到政治轨道上来……轰炸只会制造紧张氛围，而且军事效果也不能被过分夸大。就是我们成功了，共产党照样会渗透更多部队，受到更大刺激加大对老挝友好势力的打击"⑤。关于出动 B-52 是否会延迟北越发动攻势，与会人员大都认为，查尔平原并不是关键地区，共产党有能力占据它就是明证，重要的是美国要努力把巴特寮和友邦业已存在 10 年的脆弱平衡继续维持下去，朝着政治方向而非军事行动方向影响富马政府，符合美国的利益。这是美国国务院等文

　　① "Minutes of Washington Special Actions Group Meeting, Washington, September 29, 1969", *FRUS*, 1969—1976, Vol. Ⅵ, p. 414.

　　② "National Security Study Memorandum, Washington, September 17, 1969", *FRUS*, 1969—1976, Vol. Ⅵ, p. 409.

　　③ "Minutes of Washington Special Actions Group Meeting, Washington, October 6, 1969", *FRUS*, 1969—1976, Vol. Ⅵ, p. 438.

　　④ "Minutes of Washington Special Actions Group Meeting, Washington, January 26, 1970", *FRUS*, 1969—1976, Vol. Ⅵ, p. 544.

　　⑤ *Ibid.*, p. 543.

职官员们的一贯观点。副国务卿阿列克西斯·约翰逊曾在 1969 年 10 月对基辛格说,"北越目前的行动旨在补充查尔平原的损失,只有在北越向湄公河进发,控制它作为袭击南越的据点时才会出现问题。因此,没有现实危机的情况下,美国应当遵照一直以来的政策,增加王国政府的力量而非投入部队"①。

但是,自 1970 年 2 月起,随着北越部队在补给线从边境到查尔平原东岸一侧活动,政府内部形成两派意见。一派主张立即行动,理由是北越部队的攻势已经开始,但平原地区的气候多云,限制了战术飞机的使用。动用 B-52 的目的就是要袭扰其补给线,对其后勤的破坏越大,他们越过平原进行活动的势头就越小,而且 B-52 对共产党通讯线路的打击比战术飞机更有效,特别是在天气不好的时候。另一派因为国会和媒体盯得紧,轰炸目标也未确定,最重要的是等到北越越过 1962 年协议的界限时,美国便无牌可打,所以反对出动 B-52。基辛格汇总这些意见后建议尼克松两个选择:一、出于目标和时机两个因素,此时不宜出击;二、一旦共产党进攻盘踞在龙镇的苗族武装,总统可授权实施轰炸。

龙镇之所以重要就在于它是王宝"特种部队"的老巢,也是美国在老挝经营多年的一个规模庞大的间谍情报中心,近千名美国军事人员长驻在此。长期以来,美国千方百计保住这个战略基地,指示王宝匪军与泰国帮凶军对老挝解放区不断进行"蚕食"进攻,指挥美国战略轰炸机对老挝解放区和交通要道实施狂轰烂炸。

其时,美国媒体已经报道了美国政府在老挝进行秘密战争的消息,国会也要求白宫作出解释,尼克松不得不谨慎行事。1969 年 10 月,尼克松和老挝王国政府首相富马谈话,两人曾有过一个约定,这就是美国政府将在被问及有关情况时否认美国破坏 1962 年协议,把美国在老挝的秘密战争说成是美国受到老挝政府的邀请。② 这点小伎俩一时蒙蔽了善良人们的眼睛,却摆脱不了国会的穷追猛打。1970 年 2 月,以富布赖特为首的参院军备委员会要求国务院向他的小组公布关于老挝问题的听证会内容,国务院未能抵住压力,更顾虑一旦公布"无异于打开潘多拉盒子,今后政府不公布敏感材

---

① "Minutes of Washington Special Actions Group Meeting, Washington, October 6,1969", *FRUS*, 1969—1976, Vol. Ⅵ, p. 435.

② "Memorandum of Conversation, Washington, October 7, 1969", *FRUS*, 1969—1976, Vol. Ⅵ, pp. 445 - 446.

料,立场就要受到削弱"。①

很大程度上是为了保密,尼克松拟用泰国军队发动对巴特寮和北越的打击。他在一次高级幕僚会上说:"我们一定不能单打独斗,我们需要亚洲人更多地承担起来。"②约翰逊也曾说过类似的话,"在东南亚作战应当是那些亚洲小伙子干的事"③。

1969年3月23日,华盛顿特别行动小组经讨论认为,即使派兵并不能确保龙镇一定能被守住,泰国方面也表示不能保证守住龙镇。在如此令人颓丧的前景面前,华盛顿特别行动小组连续数天的讨论不但没有一个明确意见,并且他们怀疑"加强龙镇的防守是否能成为老挝问题的转折点",王宝和泰国人在老挝会不会打成又一个"奠边府"?④尼克松权衡的也正是加派泰国部队能否起到阻挡共产党的效果。

第三节　越南化难成救命稻草

此时距离尼克松站在国会大厦的台阶上大谈"和平大厦"仅仅一年的时间,在南越的美军仍有50万之多。因此,尼克松秘密轰炸柬埔寨、老挝的同时,在稠人广众之中一再"呼吁"国际社会保证老挝中立。仅仅这点遮羞布还不够,尼克松手里摇晃着另外两面小旗,一面写着"越南化",一面写着"分批撤军"。这两面旗相辅相成,用基辛格的话来说就是,"美军的撤出必须与南越承担自己的防务责任的能力相协调"⑤。

先看第一面旗,所谓南越自己承担防务责任就是随着美军撤出,美国"把作战负担及时、有效地转移到南越军队的身上",这就需要提高、强化南越政府军的战斗力乃至战斗意志。这项工作在约翰逊政府后期就已着手,现在尼克松政府企图继续依靠越南人打越南人的手段使傀儡政权继续存在

---

①　"Memorandum From the President's Assistant for National Security Affairs(Kissinger) to President Nixon, Washington, February 27, 1970", *FRUS*, 1969—1976, Vol. Ⅵ, p.636.

②　"Memorandum of Conversation, San Clemente, California, May 31, 1970", *FRUS*, 1969—1976, Vol. Ⅵ, p.1023.

③　张海涛,前引书,第22页。

④　"Minutes of Washington Special Actions Group Meeting, Washington, March 26, 1970", *FRUS*, 1969—1976, Vol. Ⅵ, p.733.

⑤　亨利·布兰登,前引书,第85页。

下去。

1969 年 1 月 25 日,新的国家安全委员会举行第一次会议,首先讨论的便是越南战争。会议产生了第一号国家安全研究备忘录,要求有关政府部门回答 28 个相关问题。这张问题清单暴露了许多尖锐的分歧,但关于南越军队几乎所有的机构都承认,虽然南越武装部队现在比过去人数更多,装备更好,战斗力多少也增强了些,但如果没有美国作战部队支援,在当时或可预见的将来,它不能同时应付越共和北越部队。最悲观的是,国防部长办公室,它写道:"按照目前的组织和指挥,越南共和国武装部队不大可能成为对付越共的一支有效的政治和军事力量。"①国防部长本人在 1969 年 3 月视察越南南方,前线将军们反映,"要使局势完全掌握在我们手中,还得花上两年时间"②。莱尔德回到华盛顿,"很遗憾地"报告总统,"令我失望的是,证据表明西贡军队承担更多战争责任的进展是相当低效率的"③。类似的警告或哀鸣,在美国统治集团内部响成一片,这就足以说明"越南化"绝不是什么救命稻草,但尼克松却宁愿把它当成灵丹妙药加以试验。既然如此,美国从越南撤军必须按照"有条不紊、按部就班的时间表"来进行,第一号国家安全研究备忘录中所列方案中就不包括立即全部撤出的方案。

再说第二面旗。尼克松在第一次国家安全委员会会议上的这段话就可以视为美国逐步撤军的指导思想,他说:"我们公开的立场得明显平和,争取时间给南越巩固政权的机会,并加大绥靖力度。三至四个月内,作为独立于巴黎谈判、和它并无交集的行动,单方面撤回部分军队,只是一种平息国内舆论、争取更多时间的权宜之计。"④总统定调,政府上下讲的全是"多少美军从东南亚冲突中撤退"。当时很少有人谈论美国全部撤出的问题,而只是如何削减美军人数,以及留下一支相当数量的留守部队。

1969 年 3 月 28 日的国家安全委员会召开会议,与平日官样文章的公开言论相比,高级官员们私下的讲话更为直接。这次会议讨论要求北越部队和美军一起撤出的问题。

---

① 亨利·布兰登,前引书,第 80 页。

② "Memorandum From Secretary of Defense Laird to President Nixon, Washington, March 13, 1969", *FRUS*, 1969—1976, Vol. Ⅵ, p. 111.

③ *Ibid.*, p. 115.

④ "Minutes of National Security Council Meeting, Washington, January 25, 1969", *FRUS*, 1969—1976, Vol. Ⅵ, p. 40.

美国"共同撤军"的计划最早在约翰逊时期就提出来了。1966 年 10 月 24 日到 25 日,美国纠合澳大利亚、韩国、新西兰、泰国等七国在菲律宾首都马尼拉开会,会议发表了马尼拉公报,以所谓国际和平力量呼吁建设印支和平,要求北越和美国一道撤走部队,但美国不会完全撤出,在北越撤军后六个月,美国才能最后撤军,名曰:马尼拉模式。此后,美国政府在各种场合都要抬出这个模式,坚持在此基础上和北越谈判。

不管马尼拉模式如何荒谬透顶,约翰逊政府至少有一个具体的撤军日期装装门面,可是尼克松连这层皮也不准备要了。此次会议上,高级官员们异口同声:美国可以不必按照马尼拉宣言兑现承诺。

国务卿罗杰斯口气咄咄逼人:"我看不出美国为什么要坚持马尼拉宣言,就应该提出强硬条件,以此为基础谈判共同撤军。"美国谈判代表团副团长哈比卜说:"我们只是在马尼拉提六个月,现在情况有变化,我们需要比六个月更多的时间撤出部队"。① 更惊人之语非尼克松莫属,"我们表面上不能抛开马尼拉宣言,但同时心中要清楚,我们事实上要抛开它来行动,六个月无法全部撤走部队"②。哈比卜立刻表示,近来美国不要再谈六个月的期限问题,尼克松很满意地说,"这就对了,就让它慢慢淡化嘛。"③本应庄严肃穆的场合,尼克松讲起话来,嬉皮笑脸,一副蛮不在乎的口气。他指示如果美国不提六个月期限,北越提的话,就这样告诉他们"你们满足了条件,我们就走,你们走后,我们会买单"④。

如果说期限问题还只是小事一件,那么留守部队就是一个大问题了。基辛格立即提出这样一个问题:"我们究竟是通过谈判保留部分军队,还是开出一系列明知无法得到满足的条件的同时,大谈撤出所有军队?"⑤尼克松说:"我看我们表示同意全部撤军,但提出不会得到满足的条件。"⑥这种江湖术士的手段立刻得到一致附和。国务卿首先发言说,美国主动和直接提出留守一支部队,麻烦会更大,应该提出撤军的条件。这些条件包括确认、监督北越从老挝、柬埔寨撤军,确保上述目标的国际保证等等。

---

①　"Minutes of National Security Council Meeting, Washington, March 28, 1969", *FRUS*, 1969—1976, Vol. Ⅵ, p. 173.

②　*Ibid.*, p. 174.

③　*Ibid.*

④　*Ibid.*

⑤　*Ibid.*, p. 173.

⑥　*Ibid.*

就是在种种幌子之下，尼克松政府着手研究分阶段从越南撤军的方案，这个阶段跟越南化的步骤是趋向一致的。艾布拉姆斯的副手古德帕斯特在会上汇报说，现正处在越南化的第二阶段，即让西贡军队准备单独面对以后的问题。1969 年年中基本完成第二阶段。到 1970 财年，直升机和特种部队的装配不足，要到 1972 财年才能解决，部分海军的装备到 1973 财年解决。第三阶段任务包括后勤和南越的自我维持能力在 1972 年年底之前结束。"实际上，我们正在讨论的是越南人要 2 年时间才能接过担子。"①

经过任职以来 5 个多月的精心策划，1969 年 6 月 7 日，尼克松率高级阁僚们飞到檀香山举行会议。如前所述，美帝国主义在 1961 年在南越发动"特种战争"后，檀香山一直是美国加紧策划侵越政治阴谋的一个场所，约翰逊曾数十次在这里主持会议，每一次会议都是策划扩大战争的会议。但这次有点不同，尼克松要在这里宣布决定从越南撤出 25000 名美军，然后从这里飞到中途岛与南越总统阮文绍会谈，准备对外界公开这个撤军数字。这是美国增兵南越以来第一次宣布撤军人数，虽然跟曾经几十万的增兵相比，这点数字微不足道，但这标志着美国从侵越战争的顶点上开始走下坡路了。到 1969 年 8 月中旬，尼克松又宣布还有另外 25000 美军在年底前回国。

美军一旦开始撤出，这个进程就不可逆转。即使是"带着沉重心情"②接受撤军的军方也不得不在半个月后向国防部长递交了它起草的越南化的总体规划。这个规划提出了到 1969 年年底，美军撤出的五种方案，每一种方案的人数不等。规划还从长远考虑提出美国在 18—42 个月的时间表内一系列的撤军方案，并考虑留下 26—30 万部队。在这个计划的基础上，尼克松政府几经酝酿，终于在 1969 年 9 月 4 日，由参联会最后拟定了撤军计划，国防部长再递交总统。该计划制定了四个时间表，以当年 7 月 1 日为起点，分别为 18 个月、24 个月、30 个月、42 个月，在上述时间内共计撤出 267 500 人，留下 21 万增援南越伪军，并保护美国的基地，直到共产党力量逐步削减。参联会最后还有一个保留建议，该计划的执行应当灵活机动，易于定期调整。撤兵规模、兵种和具体时间也要视局势而定。因此四个时间

---

① "Minutes of National Security Council Meeting, Washington, March 28, 1969", *FRUS*, 1969—1976, Vol. Ⅵ, p. 175.

② "Editorial Note", *FRUS*, 1969—1976, Vol. Ⅵ, p. 247.

表只是个参考，而非硬性的方案。① 莱尔德完全赞同这个建议。这是美国统治集团自越战共识发生分裂以来，五角大楼的文职军人和军方首次找到共同点。

这个方案也完全符合尼克松的意图。从其言论和撤军部署来看，分批分期撤军达到一箭双雕的目的，既作为一种表面姿态来安抚美国舆论，又企图争取时间来加强南越的军事力量。通过被富布赖特称之为"少一些愚蠢不能称之为明智"②的越南化加上分阶段撤军，尼克松就在民众中造成了一种耐心等待的气氛，尽管这种气氛并不稳定。在人们看来，尼克松似乎确实有一套从越南脱身的计划，而无论尼克松如何从越南脱身，眼前和北越的谈判是他回避不掉的现实问题。

因为"战"字当头，谈判被置于第二位，尼克松显得漫不经心，跟其"越南战争是最迫切的外交问题"的表态完全不相称，相反，拖延谈判则是其真实想法。邦克曾跟阮文绍说："我们的意图就是，只要开始谈判，边打边谈，那么美国政府的压力就没那么大。但是，在目前这个阶段，美国国会和公众是无法忍受只打不谈的，特别是有机会谈判的情况下。"③作为总统国家安全事务助理，基辛格致总统的备忘录里这样写道："我们可以执行目前这种边撤边谈的政策，不要使自己过紧地承担起单方面脱身和实现政治解决的义务。"④因此，尽管尼克松总统装模做样地主动开通了几个对话通道，北越的反应却不如他想象中积极。

---

①　"Memorandum From Secretary of Defense Laird to President Nixon, Washington, September 4, 1969", *FRUS*, 1969—1976, Vol. Ⅵ, pp. 358 - 362.

②　威廉·富布赖特，前引书，第 92 页。

③　"Telegram From the Embassy in Vietnam to the Department of State, Saigon, January 10, 1969, 1250Z", *FRUS*, 1964—1968, Vol. Ⅶ, p. 808.

④　"Memorandum From the President's Assistant for National Security Affairs(Kissinger) to President Nixon, Washington, July 20, 1970", *FRUS*, 1969—1976, Vol. Ⅵ, p. 1134.

第五章　黎德寿—基辛格秘密谈判

越南人民的英勇斗争虽然沉重打击了美帝国主义的侵略气焰,迫使他们对话,但越南也付出了极其巨大的代价,以致于 1968 年新春大捷后的三年内,尤其是美国扩大战火到柬埔寨和老挝的情况下,抗美斗争的形势仍然非常严峻。黎德寿—基辛格的秘密谈判就在这种背景下开始了。

第一节　解铃还须系铃人

尼克松正式就职前一个月,就已秘密致函北越,这个举动没有多少实际意义,不过是新政府摆摆姿态,而且还是不太善意的。其时,美国在谈判问题上的如意算盘是将军事问题和政治问题脱钩处理的"双轨制谈判战略"[1],即美国和北越解决撤军和遣返战俘等军事问题,政治问题则留待由越南各方讨论。基辛格进入尼克松政府班子前后,在 1969 年 1 月的《外交季刊》上发表《越南谈判》一文,明确说:"不管怎样,联合政府问题由局外人来商讨,将是最徒劳无功和难于处理的事情"。[2] 当时,这被看成是新政府奉行的谈判战略。实际上,在此之前,美国就已经产生了把军事和政治问题分开解决的想法。

1968 年 11 月 1 日,在《华盛顿邮报》总裁格雷厄姆夫人家中,国防部长克里福德对记者公开谈起政治解决方案时说,"那是他们(指越南——笔者注)的事情,我们唯一感兴趣的是让战争结束"[3]。这似乎预示了美国的立场。随后,约翰逊的谈判代表哈里曼在致总统的备忘录里,认为美国"已经实现了不让北越通过武力占领、接管南方的目标,第二个目标,南越人民自己决定命运

---

① "Letter From Ambassador Vance to Henry A. Kissinger, Paris, December 31, 1968", *FRUS*, 1964—1968, Vol. VII, p. 788, footnote 2.

② Henry Kissinger, "Vietnam Negotiation", *Foreign Affairs*, Vol. 47, January 1969, p. 228.

③ "Notes of Meeting, Washington, November 2, 1968", *FRUS*, 1964—1968, Vol. VII, p. 522.

是个政治目标……我们必须支持西贡现有宪法的立场是不应该包含在这个目标中的"①。哈里曼的副手万斯致信基辛格，极力赞成双轨制，他说："我们将会不建议讨论内部的政治解决，而是把它留给越南人自己解决……"②

这些想法和基辛格不谋而合，难道是巧合吗？非也。它们恰恰反映了东部权势集团的一致呼声。哈里曼、万斯和基辛格纵有千种万种不同点，但他们身刻着同一个印记，这就是他们全都具有东部权势集团的政治背景。哈里曼出身显赫，其本人经营着著名的哈里曼财团；曾任国防部副部长的万斯是同洛克菲勒家族关系密切的纽约律师。而基辛格作为东部知识界人士为能够接近那个内层圈子而感到陶醉。基辛格 1958 年就结识了肯尼迪，可是后者没给他重要职位。失望之余接下了政府兼职顾问的工作。从 1961 年到 1968 年，基辛格只能待在权力圈的外围，"就像一个鼻子贴着玻璃窗往里看的人"。在此期间，基辛格同他的新伯乐纳尔逊·洛克菲勒建立了密切联系，担任了洛克菲勒的外交政策顾问，为他撰写了许多重要的文件，特别是 1968 年，洛克菲勒冲击总统宝座的时候，他所有有关外交事务的演讲稿都出自基辛格的手笔。

洛克菲勒在竞选演说中主张政治妥协，甚至说越南南方的政府形式"即使是一个共产党政权也可以"。而肯尼迪家族当时在政界的主要代表人物罗伯特·肯尼迪早在 1966 年就发表了一项公开声明，声称美国在越南搞一场政治妥协算了。1968 年，东部垄断资本集团主和派势力实现了自己的初步目标：收缩战争，走向谈判，把约翰逊撵下台。基辛格的文章发表后，东部权势集团对它"好评如潮"也就不难理解了。

现在坐镇白宫的是尼克松，一个来自小城镇而非圆木屋，通过竞选当上总统的政客，东部权势集团对他并无多少好感，但只要他尽快撤军，这个集团尚能与他合作。当然，尼克松也不会轻易任人摆布，他有他的战略要点，这就是且战且撤、边撤边谈和谋求"体面"地结束战争。在这些关键点上，具有东部权势集团背景的基辛格和尼克松的观点并无二致，甚至当基辛格班子里有人抗议柬埔寨决策而辞职的时候，他却鄙夷"东部权势集团胆小怕

①　"Memorandum Prepared by Ambassador at Large Harriman, Paris, December 14，1968"，*FRUS*，1964—1968，Vol. VII，p. 760.

②　"Letter From Ambassador Vance to Henry A. Kissinger, Paris, December 31, 1968"，*FRUS*，1964—1968，Vol. VII，p. 788.

事"①。白宫如此信心满满,也不是没有丝毫理由。

从 1968 年下半年开始,美军和西贡武装集中兵力进攻解放区,蚕食并驱逐主力部队,还骚扰解放区外围,把它们变成方圆十里范围内的无人区;游击区被坦克、推土机夷为平地,连一根小树也不剩。到了 1968 年 10 月,一些主力部队撤退到广平省休整,折损的兵力得不到补充,粮食供给也很困难。在中央高地的作战单位,1968 年剩余的粮食只有 1967 年的三分之一,到 1969 年年中,粮食储备刚刚够部队用一个星期。1969 年初,敌人占领并控制了西贡周边几乎所有的农村地区。部队被迫渐渐撤退到山区。黎德寿在肯定了春节攻势的成绩后指出,"敌人集中力量安抚农村地区,造成我们 1969 到 1970 这两年极大的困难。自从美军介入南越以来,我们还从来没有像这两年碰到如此多的困难,我们在农村的基地受到削弱,我们的主力部队在南方没有粮源,不得不在友邦柬埔寨安营扎寨"②。

1969 年 1 月 1 日,阮维桢给谈判代表团的指示写到,"美国想尽早结束战争,尼克松也不得不面对这个现实,但他想要体面地撤出,所以会从实力出发来谈判。美军撤出的同时,继续让西贡军队充当其在越南大搞新殖民主义政策的工具。(我们)要围绕下面四个要点耐心地进行外交斗争:1. 迫使美国在主战场上将战争降级和单方面撤出部分军队;2. 加大美国国内矛盾和西贡当局内部的矛盾以及美国和西贡之间的矛盾;3. 增进民解的国际影响;4. 为继续赢得社会主义国家的物质和政治支持,也为了赢得世界人民,包括美国人民更多更有效的支持,要求美国迅速、完全、无条件地从南越撤出起军队"③。北越"跟对手谈判的第二阶段就这样开始了"④。

1969 年 1 月 14 日,在美国代表团驻地,北越代表团和即将退职的哈里曼举行了最后一次对话,即将接替哈里曼的是前美国驻西贡大使亨利·卡伯特·洛奇。黎德寿表示,希望新一届美国政府和新的美国代表团严肃认真对待问题,如果阮文绍集团无意达成协议,即使谈也谈不拢。其时,北越估量有两种可能:"一、美国有可能因伤亡过重和巨大的困难而被迫以一种可以接受的政治方案结束战争;二、或因我方进攻不足,美国会克服其局部困难,进而可能继续拖延更长的时间。结束战争前,为向我方施加压力,美

---

① 亨利·布兰登,前引书,第 136 页。
② Luu Van Loi & Nguyen Anh Vu, *op. cit.*, p. 67.
③ *Ibid.*, pp. 74 - 75.
④ *Ibid.*, p. 67.

国会恢复对北方的轰炸,并把战争扩大到老挝和柬埔寨。"①

1969 年 3 月 8 日,春水在巴黎达迪路 11 号越南代表团驻地会见了洛奇,双方充满火药味的谈话使得这次礼节性的拜访不欢而散。美国秘密轰炸柬埔寨后第四天,两人再次会见。洛奇讲了几句官样文章的话,表示美国相信越南人民的民族利益应当得到尊重,美国支持越南人民渴望和平、独立、统一的合理要求,但这不是他谈话的重点,他说美国始终强调所有外来武装从南越撤出的重要性。他惟恐对方听不懂含义,解释外来武装是指那些不属于越南共和国的部队,换句话说,就是"我们两方的军队"②。春水拒绝了共同撤军的要求。5 月 7 日,洛奇表示他有一个新方案要和越方讨论。越方判断美方可能仍是老调重谈,但也没有理由拒绝会面,毕竟听听不无裨益,特别顾问黎德寿也参加了会见。果然,美方的建议还是陈词滥调。黎德寿向洛奇指出,美国的建议旨在实现战争越南化、支撑西贡军队和当局的目的,而非解决问题。这就是为什么三个月过去,巴黎会议仍原地踏步的原因所在。在接下来的讨论中,北越代表团采用历史分析的方法,追溯越南战争的原委,探求越南抗美斗争的正义性和合法性,令美方既不耐烦,又无言以对。因此,在第二天的四方会议上,洛奇的神情很冷漠,当民族解放阵线代表团团长陈宝剑发言时,他一副懒懒散散的模样。当听到"越南武装部队力量问题将由南越各方内部解决"时,洛奇突然坐了起来迅速记下这句话。

民解在这次大会上正式提出了解决越南问题的十点纲领,十点中最重要的一点显然就是引起洛奇注意的那句话,因为它为美国体面地撤走军队、有可能保留亲美政权创造了可能。这是民解首次提出一个现实的方案,以表明它与南越各派不仅解决军事问题而且解决政治问题的诚意,十点被普遍认为是推动巴黎谈判的首要基础。它在美国国会、媒体和公众舆论中引起了很大反响,基辛格当时认为"这将导致舆论对政府的压力要求政府不要错过机会"③。

尼克松政府很尴尬,随即在 1969 年 5 月 14 日向全国发表电视演说,宣布了一个八点和平计划。尼克松在最后不免还要警告一下北越。对这个计划,北越认为和十点纲领有相似之处,但它有一个原则错误,就是把侵略者和侵略战争的受害者置于同一地位,仍然维持亲美政权,而对民解的地位没

---

① Luu Van Loi & Nguyen Anh Vu, *op. cit.*, p. 76.

② *Ibid.*, p. 79.

③ H. Kissinger, *A la Maison Blanche*, edited by Little Brown and Company, 1979, p. 252.

有丝毫考虑。北越的上述反应之快使洛奇等美国代表团全体成员非常吃惊。由于巴黎和华盛顿时差,当越南代表团获悉尼克松将在巴黎时间5月15日午夜2点发表演说时,工作人员彻夜未眠听完演说。上午十点,四方会议一开始,春水针对尼克松的八点提出了看法。

抛开双方的语气和措辞不论,至此这是第一次在谈判桌上有了两个和平方案。对美而言,有两点至关重要:北越和美国共同撤军;维持西贡政权存在。就越南立场而言,它要求美军撤出后,北越部队仍可留在南方,不得保留西贡当局。

5月29日,黎德寿欣然接受洛奇的建议,定于两天后在美国代表团住处举行私下会谈。洛奇强调军事问题在北越和美国之间讨论,政治问题则由西贡政府和民解解决,这两个讨论可以同时进行。他以为这样就等于北越要求的讨论所有问题。黎德寿说,"你们想通过军事手段留住越南共和国,但由于你们做不到,不得不又要离开,你们希望借助别的手段保留它,这个政策在尼克松5月14日的演说中得到充分证明。你们维持对西贡当局的义务,强化其军队,为了削弱民解要求北越部队撤走,你们拒绝建立联合政府,任由阮文绍—阮高其—陈文香集团组织大选。在这样的情形下,我们和民解如何接受你们的要求?"①

黎德寿接下来谈到讨论怎样进行的问题。他说,有些问题涉及两方或三方,有些问题涉及四方。而目前,美国拒绝和民解对话,民解拒绝与西贡当局对话。在这种状况下,会议如何进行呢?他最后指出,"阮文绍—阮高其—陈文香集团是和平的最大障碍,是会议取得进展的最大障碍,如果你们想继续打下去,你们不可能保住这个集团,如果你们想获得解决方案,你们也不能维持这个集团。……维持这个集团是美国最大的错误。至于越南民主共和国和美国之间的讨论,不应局限在和两方有关的问题,而是基于民解提出的十点方案。"②虽然黎德寿表示美国的八点计划也在讨论范围,但洛奇认为北越又提出了新的谈判条件。

因为美国的建议都伴之以威胁,北越对尼克松递送的"橄榄枝"反应平淡,直到法国人圣特尼要求到河内亲自转交尼克松的一封信,北越才决定在巴黎由春水接待他。圣特尼提议1969年8月4日基辛格动身来巴黎,春水

---

① Luu Van Loi & Nguyen Anh Vu, *op. cit.*, p. 87.
② *Ibid.*, pp. 87 - 88.

同意与他会面。会见地点就安排在闹市区里沃利街 204 号圣特尼的私宅。

8月6日,会面如期举行。春水的随行人员有梅文蒲和一名翻译,基辛格的陪同人员除了安东尼·莱克外,还有美驻法武官弗农·沃尔特斯。基辛格以寒暄的口吻谈起了 1967 年的那次和平使命,接着话锋一转,说越南的政治问题是一个自由的进程,这个进程应承认目前的力量对比。此外,为加快谈判的进度,尼克松总统准备委任一个高级特使以促成谈判早日达成结果。越方当即判断这个高级特使不是别人,正是基辛格本人。

春水问道,如果不在克莱贝尔大街的会议中心谈,这个新讲台要谈什么,请基辛格说明进一步撤军和解决其他所有问题的办法之间的关系。基辛格解释说,关于这点,他在周末准备到巴黎或任何一个方便的地方和春水或另一个人来讨论,前提是能确保这些会见迅速找到一个解决办法,就最重要的问题达成协议。他认为民解的十点不是"十诫",美国不是被检查者,还明确要求北越对美国撤军给以回报。春水坚定告诉对方美国撤军是无条件的,并表明两点态度。他说:"迄今为止,美国撤了 25 000 人,跟 54 万相比,这个数字微不足道。即使还要撤出更多部队,也仍然是毫无意义的。你们的政策就是通过零星撤军,拖延你们在南越的军事占领。我们怀疑你们的诚意。关于南越的体制、南越当局和南越的选举问题,尼克松只涉及谁组织选举,对南越当局他认为是合法的。我们认为,如果美国维持这个政府,那问题根本不可能解决。更换人事组织、改变目前的政策是有必要的。我们承认西贡政府的存在是个现实,但应该由有能力的联合政府组织大选。这才是合情合理的。"①

对双方的基本看法,基辛格的观点是,对越南而言,美国就撤军的态度是非常不正确的,对美国而言,越南就政治问题过于正确。因此,基辛格表示,如果北越不愿意把越南民主共和国部队和美军置于同一地位,双方可以讨论另一种程序。至于政治问题更复杂,美国也不可能接受一个令自己丢面子的办法。由于基辛格口气温和,措辞不那么尖锐,甚至不明确,比如他就没挑明"另一种程序"指什么,所以春水的态度也很谦和,会谈在平静的气氛中结束。双方同意对会谈保密,并互设联络员,美方是沃尔特斯,越方是梅文蒲,双方打电话给对方时都化名安德烈。这是一个重要的转折,它意味着从这一刻起,越美和谈将要转入高层的秘密接触。与此同时,越劳动党党

① Luu Van Loi & Nguyen Anh Vu, *op. cit.*, p.102.

中央以胡志明主席的名义复函尼克松,"美国必须停止侵略战争,从南越撤军,尊重南方人民的根本权利和越南国家不受外来干预独立处理内部事务的权利……这才是美国体面地走出战争的出路"①。

尼克松对此如何反应呢?

尼克松幻想,如果美国人民看到他确实在结束这场战争,那么他在国会和全国都会得到足够的支持。但问题是,有控制的撤军行动在政治上是否行得通? 分阶段撤军最初一段时期内的确有点效果,为实行他的战略赢得了一点时间。但很快就失灵了。

1969 年 7 月初,尼克松上台不过半年,纽约就发生了妇女和平罢工运动组织的焚烧征兵牌的活动。在国防部门口,反战游行持续不断。尼克松总统在加州的私人住宅门前也发生了反战活动。甚至 9 月 15 日,尼克松宣布再撤 35 000 人后仅一个月,华盛顿、纽约、波士顿等大城市仍然如期举行了"暂停正常日"的数十万人的大游行,更让他头痛不已的是,人群挥舞着民解的旗帜,高呼"和平、和平"的口号。尼克松万般无奈之下,于 11 月 3 日向全国发表电视讲话。

尼克松声色俱厉地说:"不管少数人有多大的意见,如果一起哄就把理智、把多数人的意志压倒,那么,美国这个自由社会还有什么前途可言。"②尼克松向他所谓的"沉默的多数派"呼吁,分化反战情绪。他还在演说中提出了一年实现全部撤军的目标。尽管尼克松公开的态度很强硬,但其实他是只纸老虎。他担心这个演说造成北越误解,又通过苏联转告范文同,如果对与演说有关的任何问题提出意见,美国准备加以解释,因而演说不意味着拒绝继续谈判。只要北越不仅讨论十点计划,那么美国希望谋求一个折中方案。③

显然,尼克松想做一次接触,此时传递这个讯息还有一个意图,这就是试探他们所谓的温和派在胡志明后是否会在中央占上风。果然,1969 年 11 月 29 日,沃尔特斯捎话给梅文蒲说,基辛格博士希望在 12 月 13 日或 14 日与春水会面。就在几天后,洛奇离职,但华盛顿没有说谁来替代他。为了不给美国错误判断的机会,12 月 10 日,河内给谈判代表团的指示说,"根据总的情况看,特别是尼克松 11 月 3 日的演说后,我们要表明坚定的立场,予以

---

① Luu Van Loi & Nguyen Anh Vu, *op. cit.* , p.96.

② 亨利·布兰登,前引书,第 418 页。

③ Luu Van Loi & Nguyen Anh Vu, *op. cit.* , p. 108.

回击并拒绝他们向我们施压"①。

12月12日,梅文蒲答复沃尔特斯,拒绝了会见的要求。梅文蒲这样告诉美方,早在8月初,民解的声明就提出,如果美国宣布6个月内完全、无条件地从南越撤出美军和其他外国军队,各方将讨论撤军的日程和保证安全撤军,但尼克松拒绝了。现在美国不但借洛奇的继任问题待价而沽,反过来还要求越南方面接受美国的条件。这一切表明美国仍谋求军事胜利,不愿意通过谈判正确地解决越南问题。这就是为什么基辛格先生提议与春水见面的原因所在。然而,这样的会见是毫无用处的。如果美国有新消息,方便的时候,双方可以再碰面。

越南抗美力量在艰难的处境中迎来了1970年。越南劳动党中央于1月初分析了今后一段时期的局势,认为"尼克松政府集中解决的关键问题就是其必须和可能撤出的部队数量以及在多长时间内撤出,同时不能对西贡造成危害。尼克松也试图找到一个方法使南越问题在其第二次总统竞选中不再成为一个最棘手的问题。因此,1970年底、1971年初是关键时期,我们务必深入各条战线攻势,彻底粉碎美国战争越南化的图谋"。② 黎德寿和基辛格的首轮会谈就这样悄然拉开了序幕。

---

①　Luu Van Loi & Nguyen Anh Vu, *op. cit.*, p. 109.

②　*Ibid.*, p. 111.

第二节 谈判桌上的较量

1970年2月21日,上午十点,越南后来称之为"历史意义的一刻"①来临了。在达迪路11号舒瓦齐勒罗瓦的一幢房屋内,基辛格第一次见到了黎德寿。两人都身为各自谈判团队的神经中枢,都具有充分的谈判权威,在他们之间将经过四年谈判,为越南问题找到解决办法。这是一场辩才、耐力、意志和谋略的较量,结束越南战争的外交谈判由此演化为两个谈判团队的较量,演化为黎德寿和基辛格之间的较量。这位一向自信得过于自负的哈佛教授此时可能没有料到与黎德寿的谈判会如此令他"不愉快",用他自己的话来说,"我们在达迪路那间昏暗的起居室里第一次见面时,幸好我还不了解我面临的问题的全部含义,否则我可能早就不干了。最低限度我会把自己的期待感——几乎是欢欣鼓舞的感情克制一下"②。

或许基辛格希望以他特有的谈话风格主导谈判,但他很快发现这一手不怎么灵,尽管他讲笑话,黎德寿礼貌地听着,有时还开怀大笑。当基辛格要求会见保密,表示北越在这方面应该很可靠,至少比他的同事们可靠多了时,北越代表团全体六人都笑开了。

在这样缓和的气氛中,基辛格首先发言。他宣读了一篇讲稿,把谈判停滞归于越南一方,甚至说国际形势的发展可能使其他国家不再关注越南,现在支持越南的国家也可能不再一致予以支持。基辛格所指显然是中苏争端。他还警告北越不要指望美国国内的形势会对北越有利,等待下去只会一无所获。接着,基辛格就撤军提出了两点所谓新意见:美国愿意撤走全部军队,而且不在越南保持基地;安排共同撤军,只要河内事实上把军队撤走,可以不正式加以宣布。至于政治方案,也有两个办法:所有外部军队撤出后,越南人自己解决;或把它纳入谈判内容,但遵循反映政治力量对比的原则。在上述基础上,界定一些双方同意的原则,细节可在全体会议上再补充。他还表示,如果启用这个程序,那么美国很快派出新的谈判代表。基辛格口若悬河地讲了55分钟,自以为无懈可击,还故做抱歉似地说,"哈佛教

---

① Luu Van Loi & Nguyen Anh Vu, *op. cit.* , p. 113.
② 基辛格:《白宫岁月:基辛格回忆录全集第二册》,世界知识出版社,2003年,第568页。

授们一讲话总是 55 分钟"①。

　　春水首先答复美方，因为从技术上讲，黎德寿只是"特别顾问"。春水说，1969 年 8 月 4 日，北越提出了两点建议却没有得到美方的回应。所以，到现在如果没有解决任何问题也不是越南方面的原因，而在于美国没有积极答复。尼克松总统 1969 年 11 月的演说只字不提巴黎谈判，却大谈越南化，公开鼓吹越南化的效果。当然，这是美国人的事情，如果他愿意相信也只是一厢情愿，不能说明客观实际。至于谈判，自从洛奇退职，无人替代他的位置。尼克松还在演说中发出威胁，这对越南人民不会有用。虽然美国强大，但越南人民必须为独立、自由与和平而战。美国现在确已撤兵，可是减少一点人，算不上撤，跟 50 多万部队相比，意义不大。相反，美国国内政界相当多人主张还要留 20—30 万人。另外，削减部队不是越南人民要求下的结果，他们要求的是撤走所有武装，结束战争。谈到美国公众舆论，春水说，"这方面的变化跟越南无关。洛奇早就说过，越南不要指望美国国内的形势。越南人民的斗争只依靠自己的力量，越南人民已反击美国入侵十年，而美国国内的反战运动不过几年前才开始。按照基辛格先生的讲法，越南人民靠什么反对侵略？但如果反战运动和世界舆论同情、支持越南斗争，那么越南人民也很感激。基辛格先生问什么才是我们的目标？就是举行谈判，实现自由、独立、和平。为此，美国必须停止对北越的侦察飞行、炸弹袭击，从南方撤军，结束一切战争行为。至于基辛格先生表达为安排见面煞费苦心的心情，那么我在巴黎已经两年，这就表明北越真诚希望和平。如果美国真要解决问题，就应当切入正题。可是，基辛格先生今天说的与去年并无本质不同"②。

　　春水讲话字字珠玑，基辛格眼看占不了上风，便避开话锋，指出美国不介意北越公开批评轰炸，宣传归宣传，但希望北越清楚美国减少了轰炸。春水立刻回敬说，美国经常讲北越来这里是为了宣传目的，果真如此，"我们就会派擅长这方面的专家和干部来，而无须派我和特别顾问黎德寿来这里。要说宣传，美国拥有比北越更强劲的宣传手段"③。

---

① "Memorandum of Conversation, Paris, February 21, 1970", *FRUS*, 1969—1976, Vol. VI, p. 601.

② *Ibid.*, pp. 605 - 606.

③ *Ibid.*, p. 606.

1968 年黎德寿、春水在巴黎 图片出处:河内越南革
命博物馆,转载于 *Diplomatic History*, Vol. 36,
Number 3,June 12, p. 580

　　此时已至中午,午后要不要继续会谈取决于越方。一则基辛格一开始
就表示,他接受了法国总统蓬皮杜的邀请共进午餐,如果决定再见面,可以
再回到这里;二则黎德寿还没有表明意见。因此,越方同意下午会见。

　　会谈在下午 4 点开始。越方要求美方拿出一个具体方案,北越在此基
础上给以回答。基辛格仍强调北越可以不在和美国撤军的同等基础上撤
军。越方便不与其纠缠这个问题,接下来黎德寿发言,时间也是 55 分钟。

　　黎德寿首先指出美国政策的误区,认为只有正确评估力量对比,才能产
生一个正确的解决办法。虽然,越南人民有很多困难要战胜,但终会赢得胜
利。美国则会因为错误的判断而失败;从 1954 年以来美国的政策中就始终
存在认识误区:第一,以为扶植一个傀儡政权,加上高压措施就会迫使越南

人民屈服。第二,战略村计划也惨遭失败,直接派兵并动用成千上万的炮弹超过任何一场战争。但是,越南人民挫败了这些进攻,威斯特摩兰和洛奇发回华盛顿的报告说局势非常好的时候就是这种情况。第三,1968年的春节攻势中,美伪军大败。鉴于上述情况,黎德寿正视对方说:"这次,基辛格先生又是以这样的思维来看问题。你说自1969年8月来,局势对我方已恶化。你认为我们有重重困难,美国国内局势越来越好。国际方面,你认为我们得到的支援必会缩小。而我的判断与你不一样……错误的判断会导致错误的政策。你们还没有意识到这个客观现实。你们仍相信在战场上施加最大限度的压力会奏效。我们认为,直到现在在你们仍不愿意举行谈判解决问题。11月3日,尼克松的演说证明了这一点,明确要以越南化推进谈判。你们结束战争的办法有两个:越南化和从实力出发谈判。你们逐渐撤兵,降到一个美国人民能够承受的水平,留下部分军队支持傀儡政权。但问题是傀儡政权能否担起责任,什么时候担起责任。尼克松说他仍在试验,就让他试吧。你们拖延,我们就继续战斗。甚至你们恢复轰炸,我们也奉陪。这一代打不赢,下一代还会继续,前仆后继,宁愿牺牲,也不要做奴隶,我们跟你们和法国人战斗了二十五年。你们威胁了我们很多次,你们会看到我们怎样为独立和自由而战。我们是小国,我们不挑战任何人。如果你们真的要谈判,打算按照我上次和哈里曼说的那样做,我们会和你们一起努力。只有双方都希望和平,我们才能解决问题。你们嘴里谈和平,行动却是战争。十年来,你们花了钞票却一无所获。所以,拖下去不符合你们的利益,而和平符合美国人民和越南人民的利益。"①

　　黎德寿的这番讲话实事求是,既义正词严,又真诚恳切。无论如何,美方都不能不受到震动,特别是基辛格本人。虽然他鄙视阮文绍,但对越南共产党人他却一无所知,基辛格在哈佛求学时就深信共产主义是邪恶的化身。② 这种偏见使他擅用其特有的尖刻之语讽刺、挖苦乃至恶毒攻击他的谈判对手。他大概把哈里曼的忠告抛到了脑后,后者曾描述了对越南人强烈的民族主义的感受,并表示对其独立自主精神的钦佩,认为这是美国和北

---

① "Memorandum of Conversation, Paris, February 21, 1970", *FRUS*, 1969—1976, Vol. Ⅵ, pp. 612 - 613.
② 亨利·布兰登,前引书,第56页。

越能够达成协议的一个因素。① 此刻在不足 20 平米的房间里,和对手的谈话尽管很不愉快,可是基辛格意识到必须尊重对手。

黎德寿随后提出,越方认为现在的困难是,怎样提出问题讨论,怎样进行,这些都是先要解决的,然后才能进入具体问题的谈判。美国的第一日程是讨论撤兵,北越认为凭这点就缺乏诚意。北越主张所有问题都要讨论。黎德寿关注的其他细节,包括基辛格是否被正式任命,抑或他只是偶尔为刺探消息,四方会议上美国的首席谈判代表等问题。双方第一次会谈长达七小时,唯一的共识是同意继续保持这个渠道。

1970 年 3 月 16 日,第二次会谈如期举行。双方见面后的对答很有趣。基辛格偏爱的谈判策略是大步挺进而非零敲碎打的让步,他说越南文化就是不能太快讲问题,还提出不能总由他第一个发言,以表示他的不满。春水则说,"我们要求教授你讲是出于对美国文化的尊重,美国人素以实际著称"。基辛格回应道:"教授不是这样的,他们从来不切实际。"春水说:"但你是正做着实际工作的教授。务虚足矣,请直奔主题。"②这让基辛格很尴尬,他又一次没占上风。

这次,基辛格提供了一份"精确"的美军撤军时间表,16 个月全部撤出。这个时间也是对北越的要求,他说所有非南越军队从与南越接壤的邻国撤兵。

越方认为,这跟美国在全体会议上讲的又不同,跟南方共和临时政府提出的六个月期限更有差距,使人不能不把它跟美国的越南化政策联系起来考虑,越方还想知道美方准备什么时候谈政治问题。基辛格表示,越方可以任意提出有关任何一个问题的想法,美国再有针对性地提出意见。听上去,这话有道理。其实,基辛格一点关键的内容都没触及,仍是按照华盛顿协商的调子唱高调。越方一直主张军事、政治问题作为整体考虑,两者缺一不可。阮氏萍已在公开会议上多次提出美国撤军要求,政治上美国停止支持阮文绍政府,建立三方联合政府。

黎德寿最后补充说,解决分歧依靠诚意和严肃的态度。私下会议可以只就原则达成一致,详细细节留待全体会议来讨论。关于美国的撤兵

---

① "Memorandum Prepared by Ambassador at Large Harriman, Paris, December 14, 1968", *FRUS*, 1964—1968, Vol. VII, p. 762, footnote 15.

② "Memorandum of Conversation, Paris, March 16, 1970", *FRUS*, 1969—1976, Vol. VI, p. 667.

计划,他认为美国的建议等于共同撤军,虽然基辛格说这是个技术问题,实质是其陈述是个技术性问题。由于北越此时已得到了许多有关美国企图把战争扩大到柬埔寨的报告,决定在这个场合直接提出来,既试探美方的反应,也为了占据谈话的主动。黎德寿警告说,美国破坏日内瓦协议关于老挝的条款,也未能打败巴特寮,如果再不吸取教训,坚持把柬埔寨变成第二个老挝,还是一样失败。如果美国不尊重自己所签的字,印支三国人民将团结起来与侵略者斗争。基辛格试图阻止对手讨论谁是谁非的问题,黎德寿回敬说,"如果不再辩论谁负责的问题,那么现在就可以签字,停止在这里的讨论。"①春水亲自参加了 1962 年日内瓦谈判,随即表示他对老挝问题非常清楚,要说就得从头说起,那就太长了。会谈临近结束时,基辛格表示愿意同时讨论军事、政治问题。春水则说,"下次会议,你若谈到政治问题,我们则对你们的军事问题的提议作出反应。"②当基辛格表示他本人很期待在美国接待黎德寿,后者很礼貌的告诉他,要去也要在问题解决之后再去。

半个多月后的 4 月 4 日,双方举行了第三次秘密会谈。这是首轮会谈的最后一次,也是最激烈的一次交锋。双方唇枪舌剑,任凭基辛格学问渊博、机智有余也始终占不到便宜,席间他不得不自嘲地说:"跟部长和特别顾问打交道,我从未过度自信。"③

基辛格坚持北越代表先发言,越方认为,谁先谁后都不重要,既然美方要听北越的意见,那么北越就一次性阐述对政治和军事问题的态度。春水声明北越不接受共同撤军,认为美国的撤军时限从 12 个月变成 16 个月,表明美国仍想赖着不走。在北越看来,美国委任新的代表团团长一事迟迟不兑现,低调处理公开会议,在老、柬的所作所为,这一切就是要对越南人民的抵抗施加强大压力。春水指出,对军事、政治问题北越已经有根本方向,但今天愿意详细阐述如下:六个月内撤走美军及其仆从军队,首先撤出步兵、炮兵、海军陆战队、机械化部队,剩余的同样在六个月内撤兵。美国尊重越南人民的民族利益,承认南越是独立、中立的,未来南越政府的组成和大选将按三个步骤进行:第一步,北越承认南越政权是个现

---

①　"Memorandum of Conversation, Paris, March 16, 1970", *FRUS*, 1969—1976, Vol. Ⅵ, p. 677.

②　*Ibid.*, p. 680.

③　*Ibid.*, p. 779.

实,但阮文绍集团是迫害南越人民进步力量的好战分子,因此必须下台;第二步,组建过渡性的联合政府;第三步,美国撤兵后,全南越举行自由、民主的选举,建立新国大,起草宪法。至于越南武装力量问题,北越将在达成协议后加以讨论。

美方显然不会轻易接受上述立场,但基辛格承认,美国认识到谈判中最困难的问题是政治问题;就越南而言,它才是核心问题,"正是由于这个原因,战争才打了近 30 年"①。也就是说,尽管如基辛格在《越南谈判》中所言,美国"如果过深卷入南越内部纷争将把自己置于无尽的麻烦之中",但他也逐渐看到美国想要完全"回避"谈判政治问题根本也不现实。于是,他抛出两点要求:一、双方就政治力量的现状达成一致;二、双方就表现这种关系的政治进程达成一致。基辛格发挥自己擅长的"模棱两可",解释说作为列宁主义者的越南共产党人也认同并不存在静止不变的政治局势,因此大家面临的挑战就是建立一个不会阻塞结果的过程,给予各方以参与的机会,一个充分的、就政治问题进行竞赛的机遇。美国反对北越的建议不是反对目标,而是反对其实际结果取消了公平竞赛的可能性。现在要做的就是促成在越南的政治而非军事竞赛,把军事斗争同政治斗争区分开来。② 当他说讨论政治问题和讨论军事问题有一个大区别,即军事问题的建议一旦被接受,那么就会改变局势时,黎德寿突然很敏感地追问这句话是什么意思,并表示资产阶级哲学很难理解,跟马克思主义哲学注重具体、实际不同,在美国的建议中看不到具体可见的内容。基辛格便说"战争结束后,我邀请特别顾问去哈佛讲授马克思主义哲学",黎德寿欣然应允"如果这件事得以圆满解决,我随时都可以去"。基辛格又说"我注意到苏共总书记一讲话就是几小时,黎先生应该庆幸我讲话从不超过30 分钟",黎德寿说"但自从你来参会,有时你讲话超过 30 分钟,而且什么具体内容也没有",话音刚落,春水说,"请继续发表看法,如果不是没有的话,可能需要几小时。"③

基辛格提出划分选区以体现政治现状、行政和宪法机关的关系以及各省与西贡的关系。他认为尽管美国可以表现出灵活的态度,但不接受六个

---

① "Memorandum of Conversation, Paris, April 4, 1970", *FRUS*, 1969—1976, Vol. Ⅵ, p. 772.

② *Ibid*., p. 773.

③ *Ibid*.

月撤军的要求,由于技术和其他层面的原因,六个月的期限是不可能的。他还认为老挝、柬埔寨问题跟解决越南军事问题相关,并保证美国不会利用老、柬向越南施压。

春水针对基辛格的讲话提出了三个问题,分别是大选是在美军撤出后举行还是仍留在南越之时举行?各省选举是何意义?各政治力量之间的权利分配是何含义?基辛格随即强调北越部队的撤出,在这个框架内讨论大选何时进行。也就是说,美国仍坚持在所谓共同撤军的基础上谈判。春水揶揄而不失严肃地说,"你说由于技术原因不可能做到六个月撤兵,我们对美国的技术、能量、运输手段和迅速来到越南是非常钦佩的。因此,你们撤出也应当是迅速的。关于政治问题,我们也谈了新想法,以前我们只是建议组建临时联合政府,今天我们提出了具体步骤"①。对美方的发言,春水认为"有关内容仍跟原来一样,其他方面不进反而倒退",基辛格却认为"正在取得进展",于是春水指出美国在三点上原地踏步:一、继续要求共同撤兵;二、坚持维护阮文绍集团;三、巴黎和谈停滞不前,且级别降低。后退的就是撤兵的时间,从十二个月变至十六个月。春水针对美国减少在老挝北部的轰炸表示不是减少的问题,而是停止的问题。最后他告诉美方,在洛奇离开巴黎后,他不会出席全体会议,但会留在巴黎。

北越代表团建议休息,基辛格趁机请春水阐述一下如达成协议,越南武装力量的撤退和谁讨论的问题,春水巧妙地回答:"我们将与讨论的人见面",黎德寿反问道:"既然协议还没有达成,我们怎么知道与谁讨论?"②基辛格显然有些恼怒地说,"春水是个性格比我还难缠的人",春水当即回敬说,"自从遇见你,我就变成了这个性格,我是从你那里学来的"。基辛格也不客气地说,"从我认识你的那天起,我就发现你很难对付",春水的语气依旧温和,"其实是听了你迂回的哲学,我就这样了",基辛格只好自找台阶下,他说,"这次你成了我们的谈判对手,如果有选择,我们宁愿选一个不那么难对付的人"。③

会谈再开后,黎德寿更加坦率的反击更具气势。他首先控诉了美国侵略越南的罪行,从正义和合法性角度驳斥了对方的谬论。在国际谈判中,伦理、道德方面的辩论可作为有效的谈判手段加以使用。越南是弱势的一方,

---

① "Memorandum of Conversation, Paris, April 4, 1970", *FRUS*, 1969—1976, p. 779.
② Luu Van Loi & Nguyen Anh Vu, *op. cit.*, p. 135.
③ *Ibid.*, pp. 135 - 136.

但这不意味着一切都弱。正是基于对国际行为正义性和合法性的认知,弱小的北越通过诉诸道德议题,获取了较为有利的结果。基辛格尽管不想听越南人民的光荣历史,但也敬重越南人民的伟大和勇气,同意越南人民是英雄的人民。①

黎德寿认为,首先要搞清楚谁在拖延、扩大战争,谁想对另一方动用武力高压,谁抱有诚意和认真态度解决问题。在这方面,彼此的看法很不一样,这些问题不澄清,就不清楚美国是要和平还是要战争。对美国边谈、边扩大冲突到整个印支半岛,言行不一的态度,黎德寿恰到好处地用越南谚语"你不可能用篮子藏起一头大象"②来质问对方。他特别提到柬埔寨政变,指出正是美国亲手导演了政变,希望美国不要自欺欺人,而且不要以为这样一来,事情就简单了。如此想法太幼稚了,简直是做梦。美国的这个举动激起了柬埔寨人民的反抗。这一切都说明美国的政策就是运用强大的武力来解决越南问题和老挝、柬埔寨问题。不过,这只是幻想。希望美国不要忘记法国的教训。大炮、飞机、坦克、高性能的战争武器也征服不了英勇、团结的越南人民、印支人民。美国播种民族仇恨也无济于事,印支三国人民无论付出多大牺牲也会战斗到最后胜利。希望美国不要再做出错误的估计。自尼克松上台以来,他错过了许多机会和平解决。他不想和平解决,仍想摩拳擦掌,继续奉行大棒政策,他将越陷越深,不可自拔。③

其次,黎德寿正告美方:"尽管你们自认为提出了实质性内容,但你们就是拖延战争,按照基辛格先生解决政治问题的思路来谈,坚持政治解决得反映出政治力量的关系和人民的意志。我们也是这样认为。但问题是要搞清楚,力量之间的相互关系是什么?没有你们的武器,阮文绍集团根本不可能残喘到今。他们没有任何力量,企图笼络人心,但都遭到拒绝,他们是孤立的。南越人民大多数并非共产党党员,并非民族解放阵线成员。我们希望的是国家和平统一。我们不想在战争结束后展开对任何人的报复,但民族和解在阮文绍、阮高其和陈善谦三人的情况下不可能实现。如果你们支持

---

① "Memorandum of Conversation, Late May, 1971", in *The Richard Nixon National Security Files* (*RNNSF*), 1969—1974; *Kissinger's Secret Vietnam Negotiations*, Microfilms (MF) 0501673, Center for Cold War International History Studies, East China Normal University, p. 1.

② Luu Van Loi & Nguyen Anh Vu, *op. cit.*, p. 136.

③ "Memorandum of Conversation, Paris, April 4, 1970", *FRUS*, 1969—1976, Vol. VI, pp. 782 - 784.

他们就表明你们还想继续战争。关于老挝,我们支持巴特寮提出的五点声明,以 1962 年协议为基础来解决。关于柬埔寨,我们多次申明支持 1954 年日内瓦协议,不承认朗诺政权,支持西哈努克的五点声明。"①

黎德寿诚恳地表示,"作为一名教授、哲学家和政治家,我认为基辛格先生应当能明辨现实。我不会心理战术,我们是马克思主义者。我们实事求是地讲话,直奔问题,不会拐弯抹角。当然,你对我所说有不同意之处,但我请你仔细考虑我的话,这是解决问题的唯一途径"②。

面对黎德寿的陈述,基辛格并无多少招架之力,唯有片言只语的回应。他除了极力否认美国扩大冲突,否认情报机构参与了政变,不接受北越指责美国用亚洲人打亚洲人的政策外,还表示对南越政治状况的评估与北越代表不一样,"如果你是对的,为什么不接受我的建议? 我们准备尊重政治进程的结果,即使这个过程导致你们反对的政治力量被拒绝"③。

黎德寿反诘说,"坦白地告诉你,你一番关于老挝、柬埔寨的辩解根本不可能让我们相信你们说了真话。你说美国不希望看到亚洲人打亚洲人,可事实呢? 难道越南化不是吗? 把泰国部队派到老挝不是吗? 柬埔寨爆发内战不是吗? 造成老挝、柬埔寨今日之局势的是谁? 不是我们。你说北越侵略了南越,我们侵略自己的人民说得通吗? 是美国入侵了南越。我们认为你们的建议需要从我们这边进一步研究。在目前的情势下,我们双方立场差距太大,很难解决问题"④。

美方代表团以中断谈判相要挟,越方不卑不亢地表示,如果美国的建议就是现在这样,即使北越提出了新建议,那么谈判也要中断。但如果美国的建议只是开头性地提出来加以协商的,北越会进一步研究,美方也要研究越方的建议,如此,双方可以再会谈。因此,当基辛格提议再举行一次会谈时,北越代表团决定暂不确定下一次会见的日期。黎、基首轮秘密谈判就此结束。

谈判桌上美国人占不了上风,战场上美国又频频失利,于是,1970 年 5 月,尼克松下令美军恢复轰炸越南北方,跟他的前任一样乞灵于战争。但他

① "Memorandum of Conversation, Paris, April 4, 1970", *FRUS*, 1969—1976, Vol. VI, pp. 785 - 786.
② *Ibid.*, p. 787.
③ *Ibid.*, p. 789.
④ *Ibid.*, pp. 790 - 791.

的日子一点也不好过,尤其是 1970 年 5 月 4 日肯特州立大学 4 名学生被国民警卫队枪杀事件把尼克松上台以来的反战抗议再度推向高潮,这使尼克松心烦意乱,他的情绪用他在《六次危机》一书中的一句话来形容再合适不过了:"个人所能经历的一个最难以忍受的经验是这样一个犹疑不决、心神不定的时期,几乎是难以忍受的精神紧张。"①尼克松最终不得不又回过头来要求和北越对话。

1970 年 5 月 6 日,沃尔特斯接到基辛格的助手黑格将军的指示后,三次打电话约见梅文蒲。沃尔特斯传递口信说,基辛格博士要求和黎德寿、春水会见,美国认为这个建设性的窗口还要继续发展下去。但梅文蒲并未表示他会向河内汇报这件事。就在美方传递口信的当天,在克莱贝尔全体会议上,北越和南方共和临时政府发表声明,抗议美国违反越美 1968 年 10 月 30 日达成的停炸协议,并退出会场,春水表示他即将回国。对美方的邀请,北越在过去近一个月后,1970 年 6 月 3 日由梅文蒲答复沃尔特斯:"美国空谈和平,在这种情势下,美方建议在特别顾问黎德寿和春水部长与基辛格博士之间举行会谈根本不会产生任何效果。不过,一旦美国放弃武力施压,抱有认真善意的态度,那么为了和平解决越南问题,特别顾问黎德寿和春水部长将再度与基辛格博士会面。"②北越的主要意图是,美国越是好战和冥顽不灵,北越就越要显示坚强的决心,但不会烧毁联系的桥梁。③

北越的态度迫使尼克松、基辛格在 1970 年夏天任命 72 岁的退休外交官戴维·布鲁斯为巴黎谈判大使,但他们决定布鲁斯不要立即去巴黎,这只能说明一点,即美方敷衍了事。在北越看来,这个任命"仅仅是结束了美国不应该造成的局面而已"④。

1970 年 7 月 5 日,沃尔特斯再次递交信函,提出基辛格博士与黎德寿会晤。7 月 18 日,大使馆接到上级指示后答复美方,春水部长同意 8 月 29 日和基辛格顾问在巴黎会谈。但是,基辛格不想让北越感到自己的急迫,有意将日期改在 9 月 7 日。

越美第二轮会谈如期开始。基辛格就撤军提出两点建议。由于尼克松已经公开表示美国会在一年内撤军,所以基辛格向春水提交了十二个月撤

---

① 尼克松:《六次危机》,商务印书馆,1972 年,第 36 页。

② Luu Van Loi & Nguyen Anh Vu, *op. cit.*, p.144.

③ *Ibid.*

④ Henry Kissinger, *Ending the Vietnam War*, Simon and Schuster, 2003, p.181.

军的时间表,表示美国接受完全撤军,九个月内撤走五分之四的美军。他还承认"北越的压力是美国考虑这么做的外部原因"①。在政治问题上,基辛格建议举行自由选举,并由西贡、共产党和中间人士的代表组成的混合选举委员会进行监督。如能就自由选举达成一致,那么替换阮文绍集团只是个技术性问题。这番建议后,基辛格急于知道能否向尼克松报告双方已就一般性原则达成一致。

春水首先重申了建立联合政府的三个步骤。基辛格虽然临来前料想不大可能取得进展,但还是不免失望。于是,他提高嗓门质问春水:"如果尼克松总统问,我来到这里完成了什么目的,春水部长是否有新内容,我该怎么回答?"②春水微笑地答道:"很容易,回去跟你们总统讲,他没有让你说出新东西,特别是与政治问题有关的。所以,春水部长也没讲什么,但更有道理。"③至于撤军,越方坚持六个月撤军的期限。基辛格表示,撤军的协议取决于其他问题达成协议,否则这个问题不可能解决,认为美国的建议有其合理之处,请越方仔细研究。春水则表示,双方都要仔细研究对方的看法,但在阮文绍问题上,越方不能赞同美国的意见。春水非常明确地对基辛格说:"你可以直接告诉白宫,你已经尽力,包括威胁。然而,春水就是不让步。"④

对基辛格此次的撤军建议,北越注意到美国第一次没有直接提到关于北越部队撤出的问题,只是模糊地要求回报。北越认为这不是让步,而是一个陷阱。因为,尽管美国面对众多困难,但依然强大,也依然顽固,困难并没使它做出妥协,相反,尼克松会借机大摆功绩,赢得国会选举。基辛格不明确要求北越部队撤退还有一个原因。美国注意到越南人民军大部分主力分散到老挝、柬埔寨,南方抗美武装力量虚弱。越美一旦签字,越南人民军返回南方将受到限制。美国的算盘是换个角度谈北越部队撤出问题以换取北越在政治问题上的让步,进而获取军事上和政治上的支配权。

---

① Luu Van Loi & Nguyen Anh Vu, *op. cit.*, p. 148.

② *Ibid.*, p. 149.

③ *Ibid.*

④ *Ibid.*, p. 150.

第三节 南方抗美战争形势

　　1970年3月以来,美国在印支地区陷入了极大的困境。军事上,老挝—越南联军到5月基本解放了老挝南方,柬埔寨抵抗部队重创朗诺军队,解放了与泰国相邻的几个边境城镇;并在越南的帮助下,对连接金边的磅逊港发起强劲攻势,切断了通向金边的通道。两个月内,柬埔寨抵抗力量和越南联军完全解放了柬埔寨东北部的五个省份。这就牵制了美伪军的兵力。而越南南方解放武装就把所有力量调集起来,在南越北部沿知天省、广南省到岘港发起攻势,在中央高地和湄公河地区,解放武装力量摧毁1 600个战略村和集中营,1969年以来的革命低潮已得到明显扭转。这都有赖于印支人民不断加强团结。

西哈努克亲王与黎笋会晤。图片出处:杨奎松、沈志华等著,李丹慧编《中国与印度支那战争》,天地图书有限公司,2000年,香港。

西哈努克被推翻后,北越总理范文同在他到达北京的第二天专程飞到北京,很高兴地对西哈努克说:"我们从此是战友了。"①他们详细讨论了协调印度支那三国人民斗争的最好方式,召开印支人民最高级会议的想法就是在这次讨论中萌芽的。1970 年 4 月 24 日,在中国老挝越南边境地区某地,印支三国四方召开印支人民最高级会议,这是一次非常重要的会议,会议决议规定与会各方在遇有请求时互相援助。27 日,西哈努克在北京公布了会议的《联合声明》。印支三国团结一致和侵略者斗争有了新进展,印支人民素来是团结的,现在他们的团结又提高到一个更高的水平,而且由此局势的发展得到了加强。4 月 30 日,劳动党中央给南方局的电文说:"印支已联合成一个战场,务必消灭入侵柬埔寨的西贡军队,同时瓦解敌人的绥靖计划。"②把战争扩大到柬埔寨是尼克松所犯的一个战略错误,它给北越提供了将部队深入到南方的机会,而对老挝的入侵战争则是尼克松的又一军事败笔。

和北越的首轮会谈结束后,尼克松和基辛格就在考虑来年的战略。美国国内的争论只会围绕着美国单方面撤军的速度进行,迫使尼克松政府制定出一项可供选择的战略。基辛格建议,目前这批要撤出的军队在 1971 年 5 月完成撤离后,政府再宣布另一次大幅度撤军,但仍然能使南越预定在 1971 年 10 月举行总统选举期间处于安全状态。这以后,当美国的部队只剩下 18 万人左右的时候,美国继续宣布进行相当频繁的小规模撤军,直到美国在 1972 年夏达到剩余 5 万留守部队为止,这些人将留守到达成协议。那时战争的结局取决于南越是否能在美国空中力量的支援下,抵挡住共产党部队的攻击。为了使这项战略奏效,基辛格认为完全有必要在此期间尽可能削弱北越。在他和尼克松看来,柬埔寨行动已经至少把北越的后勤供应计划拖延了 15 个月,美国赢得的每一个月的时间都会加强南越的力量。③ 很显然,尼克松仍旧把分批撤军和越南化当作救命稻草、灵丹妙药在试验。为此,尼克松政府搞了一次翻版的柬埔寨行动:入侵老挝,代号"兰山 719 号行动"。和入侵柬埔寨所不同的是美国作战部队不直接参战,而让西贡军队充当炮灰。行动的直接目标是北越后勤系统的咽

---

① 西哈努克,前引书,第 17 页。

② Luu Van Loi & Nguyen Anh Vu, *op. cit.*, p. 130.

③ Henry Kissinger, *Ending the Vietnam War*, p. 187.

喉——胡志明小道。

美国入侵柬埔寨后,北越加大了对老挝境内的小道的利用、修复,增强小道的运输能力。十六年间,559 号小组从起初在山间小道主要用自行车载货的区区几百人发展成为一支拥有多个军种的部队,编成师、团、营,总共拥有数万人和几千辆卡车。小道横跨长山山脉,连接各个战场,成为一个相对完整的陆路管道和水陆网络。到 1970 年秋天,北越还投入了二十个防空营保护小道。另有 22 000 人在老挝保卫这条通向南方的补给线。

美国根据情报估计,到 1970 年底,北越每个月沿小道"渗透"到南越的战斗力达到六万人,在老挝车邦附近的北越 604 基地储存有大量的武器、弹药。美国人担心北越有可能在 1971 年初或 1972 年美国大选年发起新的攻势,这让尼克松感到坐立不安。1971 年 1 月 18 日,尼克松正式召集高级幕僚会议,听取国防部长莱尔德刚刚对南越进行的一次秘密勘察情况。在此基础上,白宫和参谋长联席会议最后批准了由驻南越军事援助司令部和南越总参谋部共同策划的入侵行动。

1971 年 2 月 8 日,美伪集团出动大批伪军沿九号公路入侵老挝南部的车邦。老挝爱国军民英勇奋战打了一场出色的歼灭战,在一个半月中,打死打伤美军和西贡伪军 15 400 名,其中美军 200 名,俘虏 1 000 多名,击毁和缴获敌机 496 架、军车 586 辆、大炮 144 门、各种武器 5 000 多件。与此同时,越南南方爱国军民同老挝军民相互配合,在南越境内的九号公路溪山地区歼敌 7 000 名,其中美国侵略军 4 000 多名,击落击毁敌机 234 架。南越空降师是阮文绍的看家宝贝,而美国公众却从电视屏幕上看到了这样一副凄惨的场面:惊慌失措的士兵爬上美国的直升机,上不去的就抱住飞机的滑撬不放。这使飞机不敢轻易降落。一个美军中校这样描述南越军队的撤退:"为了逃离老挝,他们什么都干,活人脚踏死尸和伤员蜂拥而来,连直升机都被掀翻了。飞机上升到 3 000—4 000 英尺,透过云层,我仍然看得见尸体从眼前晃过。"[1]

九号公路大捷后,越南北方经过小道运往南方的作战物资源源不断,大大巩固了南方的抗美战争形势,仅最远的一个战场就得到了 4 000 吨物资,

① Willbanks, J. H., *Abandoning Vietnam : How America Left and South Vietnam Lost Its War*, University of Kansas Press, 2004, p. 110.

1970 年只有 1 700 吨物资输送到解放武装力量手中。

战场捷报频传,战争形势逐渐走出了低谷,同时,南方抗美力量在政治上也迎来了新的发展,这就是越南南方共和临时政府的成立。

如前所述,尽管南方解放武装力量在春节攻势中重创了美伪军,但自身付出了极其沉重的代价,这就"需要时间恢复革命形势和南方的人民战争"。随着巴黎和谈开始,民解已经公开提出建立联合政府,却由于南方解放区被分割破坏,联合政府的目标一时也难以实现。即使美国接受建立联合政府,它也会像 1957 年老挝的第一届民族联合政府那样被推翻。对这个问题的思虑,越南不但要保密,而且还要充分利用强有利的政治地位发起外交进攻,打好宣传战来促进战场上的较量。① 在这个情况下,1969 年 6 月 6 日至 8 日,越南南方民族解放阵线和越南民族、民主及和平力量联盟两个代表团在解放区举行越南南方国民代表大会。大会决定成立越南南方共和临时革命政府和政府顾问委员会。大会通过了临时政府的口号:"独立、民主、和平、中立。"越南南方共和临时政府的成立标志着一个与巴黎谈判密切相关的新阶段到来了。

1960 年成立的越南南方民族解放阵线是越南劳动党在南方建立的爱国统一战线组织,是越南劳动党的外围机构。当时,胡志明主席就说过:"现在我们的外交既是一个,也是两个。我们既有越南民主共和国外交又有民族解放阵线外交。这两个必须互相帮助,才能取得革命成功。"②"如果没有民族解放阵线这个合法的组织,世界人民不能充分知道美国的侵略战争罪行。由于美国的恶意造谣,对南方抗美力量,国际上存在种种误解。南方民族解放阵线努力获取世界舆论支持越南的解放和统一,告诉世界越南只是自卫,不侵略别人。"③因此,一些西方学者评论说:"越南外交是完美的戏剧,每个角色都演得很好。"④对此,越南人民很骄傲地认为,"其实,这是越南人民的愿望,是理所当然、顺理成章的,是越南的智慧,不妨称之为革命谋略"⑤。

---

① Luu Van Loi & Nguyen Anh Vu, *op. cit.*, p. 85.

② 1969 年 3 月 16 日,胡志明讲话,参见《越南外交部档案》,载于《关于国家统一的斗争》,越南国家政治出版社,2005 年,第 787 页。

③ 阮氏萍:《民族解放阵线在统一国家斗争过程中的作用回顾》,载于《纪念越南统一 30 周年大会上的讲话》。

④ 河登:《合二为一》,载于《关于国家统一的斗争》,第 790 页。

⑤ 同上,第 791 页。

1968 年越南南方共和临时政府外长阮氏萍出席巴黎四方会谈受到当地越南各界团体的欢迎　图片出处：河内越南革命博物馆，转载于 *Diplomatic History*，Vol. 36，Number 3，June 12，2012，p. 580。

　　到 1960 年代末，美国的侵越战争已经破产，被迫和越南举行谈判，越南抗美救国战争正进入一个新时期，值此之时，成立南方共和临时政府将对巴黎和谈产生积极的影响。尤其是在国际上，南方共和临时政府成立不久，得到越来越多的支持，还得到数十个国家和不结盟运动的承认。南方共和临时政府利用巴黎和国际上其他合法讲坛，进一步争取世界正义和进步舆论支持越南解放和统一事业；并在公开的四方会议上，不失时机地提出各项和平建议，可以说是谈判陷入僵局时的润滑剂。

　　1970 年 9 月，巴黎和谈业已两年，进展很不顺利。就在 1970 年 9 月 1 日，美国国会就参议员麦戈文-哈特菲尔德修正案进行表决，该案要求美国撤军的最后期限是 1971 年 12 月 31 日，允许总统在紧急情况下延长的期限是 60 天。虽然最终以 55 票对 39 票被否决，从形式看是政府获得了胜利，但事情并未了结，它会月复一月卷土重来，并以不同的变种出现，战争再拖下去，对政府不利的票数还会上涨。在这个背景下，南方共和临时政府开展新的外交攻势，以打破谈判僵局和孤立尼克松政府。1970 年 9 月 17 日，临时政府外长阮氏萍在全体会议上公开提出解决越南问题的八点纲领。纲领要求美军在九个月内,即 1971 年 6 月 30 日前无条件全部撤离,纲领引人注目地提出立即讨论释放战俘的问题,建立除阮文绍、阮高其和陈善谦以外的西贡政府,这个政府致力于和平、独立、中立,确保民主、自由,释放政治犯,共和临时政府准备与该政府和中立人士建立三方联合政府,在越南恢复和平。八点和平纲领引起美国公众极大反响,美国媒体再次要求政府不要错失机会。

八点纲领发表的时间非常合适,距离春水和基辛格约定的 9 月 27 日会谈相隔十天时间,与刚刚过去的 9 月 7 日的会谈也相隔十天。越方在两次会谈中间公布新的和平建议,既加剧了尼克松政府的紧迫感,又是对美方建议的反应,在撤军期限上表现了灵活性,从过去的六个月改为九个月,这两个时间表其实都是美国提出的。

美国国内的压力也已经使尼克松喘不过气来,只要报纸的头版不再刊登批评政府的消息,哪怕只有几天,所有的高级官员都觉得无比轻松。为了不使自己陷于更大的被动,尼克松于 1970 年 10 月 7 日向全国发表演说,抛出了就地停火等五点计划。12 月 12 日,阮氏萍代表共和临时政府就实现停火提出三点建议:与美军实现停火,美军 1971 年 6 月 30 日前撤军;与西贡实现停火,立即由临时政府和西贡当局就组建联合政府达成协议;有关各方保证尊重并执行停火的各项措施。这三点建议犹如三把火烧得尼克松焦头烂额,因为尼克松并不是真的打算停火。

此时正值圣诞来临,北越决定再加一把火,"不给尼克松以机会煽动美国舆论针对越南"[1]。这就是北越谈判代表团在巴黎向参议员富布赖特等人以及反战运动代表等美国社会团体递交了一份美国被俘飞行员名单。撤军和使美国战俘得到释放本是尼克松政府与北越谈判的既定目标,但现在战俘名单不是交给政府的谈判代表,而是交给反战派,这让尼克松颜面尽失。不仅如此,美国统治集团围绕这场战争是断是续、是打是停的问题而发生的分裂愈久弥深,尼克松如坐火山口。

至此,巴黎和平谈判已近两年,仍未见实质性突破。一个根本的症结是,谈判究竟是遵循美国的双轨制还是北越提出的一揽子解决?美国表示政治问题交给越南人内部讨论,似乎准备置身事外。事实恰恰相反,从它开始抽身的那一刻起直到最后撤出,它一直都在插手越南内部事务,包括操纵

---

[1]　Luu Van Loi & Nguyen Anh Vu, *op. cit.*, p. 157.

南越总统选举,帮助西贡在停火前夕抢占地盘,大肆搜捕、残害越共干部和同情、支持越共的群众。所以,北越才坚决要求美国不再支持以阮文绍为首的西贡政府,即军事问题和政治问题一揽子解决。双方的立场南辕北辙。解决越南问题的焦点就在于保留还是推翻阮文绍当局。

第六章　会谈两度僵局

黎德寿和基辛格 1970 年开始秘密会晤以来，多轮谈判无果。双方的立场差距甚远，美国主张军事、政治问题脱钩处理，即美国和北越讨论撤军和战俘等军事问题，越南南方政权问题留给越南内部自己解决，越南坚持军事、政治问题一揽子解决。为此，谈判两度中断，越美斗争的焦点归结到阮文绍的去留问题。特别值得关注的是，双方谈判代表的风格迥异。越南主要谈判代表黎德寿、春水步步为营，层层推进。他们表达直接、具体，言辞犀利，对答巧妙，镇定从容，与基辛格那种含混其词、模棱两可的语言和略显夸张的表达风格形成了鲜明对比，他们与超级大国及其谈判代表的外交斗争展开得有理、有利、有节，既表现出他们本人卓越的谈判素质，更强烈彰显了一个小国独特又高超的谈判和外交艺术，而基辛格则经常显得狼狈不堪。

第一节　华府设置撤军障碍

对老挝的战争一结束，尼克松又摇晃着橄榄枝，重新开始试探恢复秘密会晤的可能性。基辛格为此于 1970 年 5 月 31 日带着一份七点计划飞抵巴黎。双方半年多没见面，基辛格请春水代为转达他对黎德寿的问候，随后拿出七点计划作为"美国打破僵局的最后一次尝试"，声明这是美国"为解决之最后建议"。① 从双方对话的整个过程看，基辛格此行的主要目的就是试图在战俘问题上取得进展，以所谓人道主义立场要求北越释放美国战俘，提出即使不从人道主义出发，释放被俘人员也应当作为协议的一部分，要求撤军的同时开始释放战俘，完成撤军前至少两个月就已遣返所有战俘。美方企图借助人道主义名义轻易解决战俘问题，它直接关系到尼克松的竞选连任。随着 1972 年的选举来临，老百姓手里的选票是绝顶重要的东西。恰在此时，北越把部分战俘名单交给美国国内反战势力，迫使尼克松不得不关注美

---

① "Memorandum of Conversation, Late May, 1971", *RNNSF*, MF 0501673, p. 2.

国战俘问题。

从越方向美方要求就七点计划澄清两个基本问题看,美国的建议是损人利己的。春水提出美国撤军没有一个明确的日期,是否意味着这个日期还有待讨论,抑或后面的某个时候确定下来?另外,美国原来同意军事、政治一并谈,现在又分开讲,且集中于军事问题,似乎回到原来的立场上。也就是说,美国拖延撤军,仍妄图将军事、政治脱钩处理,不仅丝毫不尊重北越的条件,而且进一步要求北越释放美国战俘。

对越方的上述反应,基辛格提出,在确定基本提议被认可后,美国将确定撤军日期。至于第二个问题,他坚持表示一旦美军最后撤出,南越的政治前景将由越南自己解决,"这之后发生的事情就不是我们的责任了"①。美国的立场似乎较为合理,其实不然。它一再讲自己不愿意成为南越有任何改变的起因,政治问题由越南内部解决,这不仅不表明它有解决的诚意,而且恰恰相反,实际上是不负责任的态度,和1954年法国在日内瓦会议上的表现如出一辙。法国坚持军事分界线划在北纬17度,北越起初不同意。法国便说,法国人终究要走的,越南终究是越南人的。法国通过这个办法得以从越南体面撤走,殖民主义者播种的苦果却让越南人民自己品尝。现在,美国人也如法炮制同样一条捷径,只考虑对自己有利的一面。

春水向基辛格指出,美国在政治问题上态度反反复复,究竟要谈什么都不清楚。②春水进一步提出战俘是战争的产物,既然侵略军队撤得又慢、又晚,为何俘虏却要先行释放?他请教基辛格,这在哲学上做何解释?③在后者表示不希望在这个问题上浪费时间后,春水提出会间休息,以便仔细考虑美国的建议。基辛格试图不答应,春水淡淡地说,"你已经多次提议休息,而我才提出一次"④。

趁休会间隙,越方代表团对照七点计划逐字逐句讨论。大约45分钟后,北越代表团向美方表示了初步看法。

春水提到的第一点是美国具体的撤军日期,要求具体到年、月、日。第二点,北越认为"从理论上讲,南越当局的问题应当由南越内部讨论,但实际上,人所共知,西贡政府是美国一手扶植起来,并支持至今。所谓选举产生

---

① "Memorandum of Conversation, Late May, 1971", *RNNSF*, MF 0501673, p. 5.
② *Ibid.*
③ *Ibid.*, p. 6.
④ *Ibid.*, p. 7.

的这个政府和它拥有自己的政治结构的说法是外交辞令、宣传之语。一旦双方为达成协议计,就得找出问题的源头和本质。因此,如果美国仍然维持这个政府,拒绝讨论政治问题,那么基本问题之一还没解决"[①]。第三点,关于战俘问题,春水表示越方已在一定程度上表明了态度,并以彼之矛,攻彼之盾地对基辛格说道:"你也已经说在这个问题上我们不应该浪费时间,"基辛格立即纠正,"我说的是两个月的差别,别在这点上浪费时间,"春水接过话说,"所以我不再讨论这个问题"。[②]

春水针对基辛格反复表达尼克松总统和美国真诚希望和平,更加坦率地回应美方,"和平同样是我国政府的愿望,真诚希望看到越南问题在尊重越南独立和主权的基础上加以解决……但问题是如何解决这个问题……我多次告诉你我们的目标和越南人民是真正爱好和平的和真正独立的。因此,我们奉行谈判政策是自然的……我们没有对美国造成一丁点伤害。跟美国相比,我们是一个小得多的国家,我们没有理由非要和美国过不去……我们不惧怕暴力,但我们更愿意谈判"[③]。对美国撤军,春水明确指出,包括政治家和军方人士等在内的不少美国人认为"十五天撤出军队已足够"[④]。这令基辛格感到难堪,但他需要知道如果美国确定了日期,北越是否就释放战俘。春水指出,首先,在刚才所讲的三点中,北越重点强调第一点;其次,美国确定的日期应当是合适的,即不是为日期而日期或根本就是很遥远的日期。他最后表示,如果这样一个日期确定下来将会为解决其他问题,包括被俘的作战人员问题创造条件。基辛格仍然想就此把撤军日期和战俘获释划等号,就问越方,这个回答可否理解为认同美国对越方的讲话。春水机智地说,"你们没有给出一个具体的日期,自然不能期待一个具体的答复"[⑤]。基辛格回应道:"我不是要一个具体的答案。如果定下双方都同意的日期,那么战俘会被释放吗?或者你们开始谈这个问题?我们在这方面的教训太多了。"[⑥]春水不加思索地说:"我们过去跟法国人有先例。日内瓦协议一签字,所有法国战俘立即被释放。在这个问题上,我们已经表现了更多的灵活

---

① "Memorandum of Conversation, Late May, 1971", *RNNSF*, MF 0501673, p. 9.
② *Ibid*., p. 10.
③ *Ibid*., p. 11.
④ *Ibid*., p. 12.
⑤ *Ibid*., p. 11.
⑥ *Ibid*.

性。一旦我们表示讨论释放战俘问题,那就意味着离释放很近了。你担心在这个问题上会无休止地讨论,但是日期不经确定,就不会有任何讨论,而没有商讨就不可能有协议。"①基辛格表示北越不保证释放美国战俘,美国就不会确定日期,美国不会为了换得一个讨论就确定撤军日期。听上去似乎合理,但如北越同意美国的条件,美国最后未必会同意仅以释放战俘为交换,确定撤军时间表。美国的企图是使撤出自己军队的问题服从最根本的任务——保住西贡政权。因此,关于美国战俘问题在解决越南问题中有四两拨千斤的意义。

到 1972 年前,在作战行动中被俘的美国人总数为 1 205 人,全部关押在北越。美国政府并不知道准确数字,因为人民军司令部严格保密,正式公布的战俘名单仅为 368 人。战俘中有 767 名飞行员,其中 3 人受过宇宙飞行的训练,有 15 人都经过 4 000 小时以上的飞行。

在对战俘审讯的过程中,越南人民军司令部能够获得有关美国的武装力量、战斗技术装备和各种类型的武器,其中包括化学武器的重要情报,从而能制定出对付敌人的方法。这固然是较有利的一面,但也产生了一个不小的负担。早在 1969 年中,越南就为供养战俘感到忧虑,粮食和医疗保证的问题尤其令人感到不安,准备与美国重新讨论关于交换战俘问题。② 特别是关押战俘的大型监狱以前只有四所,但自 1971 年 11 月美国营救战俘的山西计划后,北越把监狱增加到十一所,负担就更重。所以,越南尽早释放这些战俘着实能降低负担。但北越认为,首先按原则论,释放美国战俘是解决越南全部问题的一部分,只有在政治问题及军事问题解决以后,这一问题才能解决。③ 1970 年,越南民主共和国副外长阮基石就对前来访问的美国妇女代表团公开表示,越南方面赞成按照民解提出的"一揽子解决越南南方问题"的十点方案中的第九点解决关于美国俘虏的问题。在此之前,美国百万富翁贝洛特向北越驻万象临时代办提出建议,以修复北方被轰炸毁坏的医院、学校和寺庙换取美国战俘的释放,北越在答复中对这项建议原则上未加拒绝,但同时指出必须按照"一揽子解决"的第九点解决这一问题。贝

---

① "Memorandum of Conversation, Late May, 1971", *RNNSF*, MF 0501673, p. 11.
② 俄罗斯解密档案 SD01841,《苏军总参谋部侦察总局关于国际形势调查给苏共中央的报告》(1969 年 7 月 19 日)。
③ 俄罗斯解密档案 SD01835,《伊万舒津就越南形势给苏共中央的报告》(1972 年 11 月 27 日)。

洛特向越南儿童赠送礼品的建议被认为是不可接受的而被拒绝。因为这不是一场政治交易,而是顺利解决越南问题的重要条件和重要理由。

其次,北越在加入 1949 年日内瓦公约时曾对第八十五条持保留态度,据此,北越坚决认为被捕获的美国飞行员不是战俘,而应作为战争罪犯受到惩罚,他们不受日内瓦公约的保护。对美国而言,大量飞行员当了俘虏给美国空军带来巨大损失。在北越看来,尼克松政府应当赔偿越南被这场破坏性很大的战争带来的巨大损失。

最后,美国战俘的政治观点。全部美俘中有 16 名上校,104 名中校,235 名少校,其余的人军衔级别较低。368 名战俘懂得美国政府发动的这场战争是非正义的,是不得人心的。他们谴责美国政府并表示坚决反对这场战争;高级军官全都与政府立场一致,他们不谴责尼克松政府,不反对其所执行的政策,并对越南的方针进行歪曲,越南方面虽然对他们进行了工作,但他们仍不改变态度;另有 372 人持中立观点,他们对美国政府在这场侵略战争中所扮演的角色还不十分清楚。因此,继续对战俘进行宣传和教育工作,从而使他们懂得尼克松毫无意义的顽固立场就显得尤为必要。

从上述三个方面讲,与美国战俘有关的问题对揭露尼克松政府的侵略战争具有重要意义。北越坚决遵循自己的立场——当美国政府将解决政治和军事问题时,就释放全部的美国战俘。

总体看美国的七点计划,北越认为美国试图确定一个时间表换取在整个印支的停火,正是受到了时间的压力,美国才集中于尽快解决军事问题。此次计划既是为阮文绍顺利通过即将到来的选举创造条件,也是美国抛出的一个试探性气球。出于这些分析,在确定下次会谈的日期后,河内公开表示,黎德寿将在离开巴黎近十四个月后返回巴黎,这就是说黎德寿将出席1971 年 6 月 26 日的会谈。

当他踏进达迪路 11 号那间熟悉的小屋时,基辛格注意到桌子上第一次铺上了绿色台布,似乎跟和谈的气氛很合适。在基辛格对七点计划做进一步说明后,黎德寿认为美国的态度没有一丝进步。基辛格随即插话说:"你也太难讲话了。"[①]黎德寿立即反击道:"到目前为止,春水和我已经跟你进行了七次会谈,现在我们可以回顾这些会见,再做结论,看看我们的会谈是否解决了任何问题。1969 年 8 月,我们第一次见面,9 月你们就进攻查尔平

---

① Luu Van Loi & Nguyen Anh Vu, *op. cit.*, p. 175.

原；1970 年 2 月，我们正布入实质性讨论，你们在柬埔寨发动政变，中断了对话。即便我暂时接受你的说法(基辛格否认美卷入政变——笔者注)，但 4 月底，又是谁出动军队到柬埔寨？第三次，1970 年 9 月春水和你会谈，11 月你们就轰炸越南民主共和国，而且是停炸以来最大的一次。1971 年 1 月，通过多勃雷宁，你告诉我们要求会谈，我们已答复准备会谈。2 月，你们就对南部老挝的九号公路发动袭击。因此，每次我们会见解决问题，你们总是要在之后诉诸武力，在谈判上向我们施压。我们怀疑这次会谈后，你们还要做什么？你们是真的解决问题，还是仍要弄阴谋？你们所设计的方案也是不正确的。首先，你们想把军事、政治分开解决，不愿意解决政治问题。但这不现实，没有战争是没有政治目的的。你们这么做就是试图巩固你们的代理人，利用越南人打越南人，搞新殖民主义。还有，你说七点是最后的建议，这等于最后通牒。我们认为在真正的谈判中，不应该存在最后建议。基于上述事实，问题怎么能解决？我们又怎么能相信你们是严肃的呢？只要你们继续支持阮文绍，就仍不能解决。越南也愿意促进老挝和柬埔寨问题的解决，也要和朋友们讨论。只有一个解决上述问题的一揽子方案，国际监督和国际保证才有可能成为现实。"①春水向美方递交了一个九点计划，其中，北越要求 1971 年内完全撤出美军及其仆从军队，释放所有战俘和平民，美国停止支持阮文绍好战集团，对越南进行战争赔偿，协议签字后，有关各方达成停火。

秘密会谈在中断近八个月后的第一次会议实质上并未就解决越南问题的主要方面取得明显进展。美国仍拒绝确定北越坚持的美国无条件地全部从越南南方撤军的具体日期，也不接受临时联合政府取代西贡政府的要求。双方解决问题的立场仍相距较大。对尼克松而言，重重障碍之下还有一丝希望，这就是寻求中国和苏联帮助，对河内施加压力。

第二节 "我们不要中间人"

尼克松最初的想法是将与共产党国家修好和从越南脱身两者联系起来，他深信解决越南问题的关键在于莫斯科、北京而不在于河内，因为"没有

---

① Luu Van Loi & Nguyen Anh Vu, *op. cit.*, pp. 175 - 176.

这两个共产党大国的源源不断的援助,北越根本撑不了几个月"①。

为了争取苏联说服河内与美国达成一项解决方案,尼克松抛出了所谓"联系"原则,就是将一连串看来是范围广泛但相互关联的问题同苏联谈判,这些问题包括限制战略武器会谈,中东问题、柏林问题、美苏经济等。尼克松在 1969 年 3 月的一次记者会上公开呼吁,美国期望把战略核武器谈判与越南问题上的进展联系起来看,并就此致函苏联总理柯西金。同时,基辛格受权同多勃雷宁建立了秘密渠道,尝试直接通过白宫安排就上述广泛的议程进行秘密讨论,两人可以不用翻译而进行谈话。白宫通过这条渠道向苏联发出的第一个重要呼吁就是"万斯使命"。

1969 年 2 月,万斯离开巴黎和谈的美国代表团副团长职务,被基辛格推荐任副国务卿,但他坚持不受。当尼克松准备采取一次外交行动,谋求苏联的合作时,基辛格认为万斯是最理想人选,向尼克松推荐万斯去执行这个使命。由他率领的高级代表团到莫斯科讨论关于限制战略武器条约,在莫斯科期间,万斯也将秘密会见一位北越的高级代表。万斯受权在上述两个方面取得进展,并使这两件事串联起来。

1969 年 4 月 14 日,基辛格约见多勃雷宁,通过他向苏联政府转交了一份对越南问题的意见备忘录,美方请求将这些意见通告河内。尼克松在这份备忘录里声明,愿意达成双方都能接受的解决方式,同时表示,准备在莫斯科或华盛顿同越南民主共和国举行秘密会谈,以便拟订政治和军事解决的基本内容:在确保民解参与南越政治生活包括参加大选的情况下,双方从南越撤出所有军队并停火。但在大选前成立南越联合政府,尼克松不同意。美国的意见是,规定南越在一定时间内(例如五年)单方面独立,之后美国不反对越南统一。

多勃雷宁问基辛格,美国是否把越南问题的解决当作在诸多问题上取得进展的条件?基辛格未置可否,在这次和以后的所有秘密谈话中,他只笼统地表示"美苏关系的根本改善首先必须以苏联在解决越南战争方面给以合作为条件"②。

苏联方面很快做出反应,主张"每个问题分开讨论"③。相比这个不失

---

① Richard Nixon, *The Memoirs of Richard Nixon*, London, 1978, p. 345.

② 基辛格:《白宫岁月》(第二册),第 337 页。

③ Kissinger, *White House Years*, Boston, 1979, p. 144.

温和的答复,多勃雷宁与曾任驻苏大使且私人关系不错的哈里曼的谈话就强硬得多。他说,虽然多数人主张应该与美国达成某种谅解,但不能理解怎么能将越南等问题的政治解决和核武器联系讨论?莫斯科相信所有的问题都应该各自为政,逐一解决。他向哈里曼保证,如果苏美无法在对问题的价值判断上达成共识,那么苏联宁愿面对一场核竞赛。①

苏联之所以拒绝"联系"原则,主要有两个因素。一方面是从苏美关系本身考虑。苏联感到,尽管尼克松确信他享有对苏政策的优势,但尼克松想缓和之迫切决不亚于莫斯科。核均势使尼克松别无选择,只有跟苏联达成协议。在这种情形下,美国试图以限制战略武器等问题上的合作换取苏联在越南问题上的合作,这在苏联看来就是贿赂加恐吓。苏联驻华盛顿大使馆视这一政策为囚徒困境,官员们认为,"美国积极发展与苏联联系的客观利益是一种与'联系'原则相悖的趋势。承认苏联的军事力量和美国有必要避免与苏联对抗是尼克松政府继承下来的政策,只要这类政策或认识稳定,就将会影响美国未来的对苏政策"②。换言之,苏联没有必要以越南问题跟美国做交易。正是基于这样的分析,莫斯科提出了反联系,即美国把战略武器与越南问题联系起来,莫斯科就将战略武器谈判与柏林问题的进展联系起来。③

另一方面的因素是,即使苏联接受美国的条件,也未必能迫使北越听从莫斯科。巴黎谈判开始一个月后,苏联致信河内,反复指出巴黎谈判和平解决的重要性,并提醒河内美国方面所提的讨论议程。北越迟至一个月才回复,且对莫斯科的呼吁一点也不积极,苏驻越大使谢尔巴科夫报告莫斯科,"越南同志认为只有他们自己懂得该怎么认识和解决这场冲突,并竭力维持在判断上和处理方法上的支配地位"④。1969 年 4 月,莫斯科将基辛格递交给多勃雷宁的备忘录的内容通告北越,5 月 5 日,总理范文同转给苏方的答复指出,当前的巴黎谈判完全能担当起达成协议的任务,其他接触则不必

---

① "Memorandum of Conversation, Harriman-Dobrynin, Feb. 19, 1969, Harriman Papers, Special Files": Public Service, Subject File, Box 455, cited from Ilya V. Gaiduk, *op. cit.*, p. 205.

② Ilya V. Gaiduk, *op. cit.*, p. 214.

③ *Ibid.*, pp. 214 - 215.

④ *Ibid.*, p. 168.

要①,并表示越南认为首先需要结束越南问题的巴黎谈判。② 万斯计划就此夭折。

但尼克松和基辛格却相信,苏联手上有一根很有用的杠杆,这就是苏联给北越的援助。在他们看来,只要撬动它,就能使北越处于被动。而实际情形跟他们的预想正相反。

从 1969 年到 1971 年,莫斯科与北越缔结了七个援助和经济合作的议定书,但苏联的政治影响力并没有成比例地增加。相反,苏联人有时感到越南同志仍不完全信任苏联,甚至苏联顾问也会在越南受到不友好的对待,北越也不是会将一切举措、行动都对莫斯科和盘托出。③ 很多时候,莫斯科不得不从其他渠道得到重要而机密的情况。特别是关于巴黎谈判问题,虽然苏联"并不想深深卷入这场争执不休的谈判,也不想袒护任何一方",但是也希望尽可能多地掌握情况,这样"可以就具体问题同越南人进行坦率的谈话"④。对此,多勃雷宁在他的回忆录里抱怨北越这个盟友"拒不告诉我们他们在东南亚的长期计划以及他们的对美政策,尽管我们向他们提供了相当大的军事和经济援助。他们采取的行动往往令我们感到意外,并将我们置于困难的境地。关于他们同华盛顿谈判的情况,我们从美国人那里了解到的消息比从他们那里得知的多得多。这一切引起了莫斯科的恼怒"⑤。当 1972 年 10 月,谈判进入关键阶段时,北越提供给苏联的情报还没有美国人向苏联提供得更为全面,也更为机密。基辛格极为秘密地告诉多勃雷宁,他和黎德寿已就协议的初步内容达成了一致意见,而北越却没有向苏联透露有关这份草案的任何一个字。

但是,另一方面,自巴黎谈判随着尼克松政府上台进入新阶段以来,北越和苏联保持密切的接触。在巴黎,越南代表团同苏联驻法国大使佐林就在越南进行协调的各种问题上交换信息和意见,越南向他说明关于谈判的立场,如何解决问题等;越南在 1971 年 7 月 12 日提出的把美国撤军与撤换

---

① 俄罗斯解密档案 SD11471,《苏驻越大使馆关于越美接触情况给苏联政府的报告》(1971 年 9 月 1 日)。

② 俄罗斯解密档案 SD01827,《佐林与巴黎和谈越南代表团团长春水会谈备忘录》(1971 年 7 月 15 日)。

③ Ilya V. Gaiduk, *op. cit.*, pp. 215 – 216.

④ [俄]阿纳托利·多勃雷宁:《信赖:多勃雷宁回忆录》,世界知识出版社,1996 年,第 263 页。

⑤ 同上,第 249 页。

阮文绍挂钩的新建议,就是事前与苏联协商并得到支持的。[①] 越南代表团还从佐林那里获悉美、法等国的意图,并感谢苏联同志通报情况和信息。这些会谈有时候发生在佐林去拜访越南代表团下榻的官邸时,有的是在巴黎之外的别处进行沟通,越南会在一些具体问题上请求苏方协助,例如在国际上沸反盈天的战俘问题。

春水在越南民主共和国代表团巴黎驻地欢迎国际妇女组织　图片出处:河内越南革命博物馆(未标明时间),转载于 *Diplomatic History*, Vol. 36, Number 3, June 12, p. 581。

在 1971 年新年来临之际,北越破例允许美国飞行员家属给飞行员寄送包裹,包裹通过莫斯科邮政总局转寄,其他渠道寄送的包裹概不受理。对美国政府企图采取激起世界舆论、混淆视听来反对越南民主共和国的做法,北越外交部请求苏联共同采取行动对付美国人。更重要的是释放战俘问题,苏联积极支持越南在这个问题上的立场,赞成越南处理战俘问题的方式。苏联对被关押的战俘从准确数字到个人基本情况都了如指掌,自己也从中

---

① 俄罗斯解密档案 SD01826,《苏联驻越大使谢尔巴科夫与越南副外长阮基石会谈纪要》(1971 年 7 月 1 日);俄罗斯解密档案 SD01827,《苏联驻法国大使佐林与春水会谈纪要》(1971 年 7 月 15 日)。

获取了一定利益,因为苏联"能够收集到美国武器的资料以及非常有价值的美国军队的科学资料,如使用各种类型的武器装备的资料,飞机战略战术技术特点的说明,空军的工作细则"①等;可以说这些情报不但得来容易,而且对苏联比对越南的价值要大得多,这或许是苏联的主要动机,但对越南而言,以部分利益的共享来换取苏联的支持显然得大于失。

在重大原则问题上,越南既注意听取苏方的意见,耐心地与苏联人沟通,也坚持自己的判断和处理方式。尼克松上台一个月后,佐林来到越南代表团住处,与春水和南方民族解放阵线代表团团长陈宝剑进行会谈。他们告诉佐林,尼克松同约翰逊一样,打算以实力立场解决越南问题。美国人目前还没有调停越南问题的具体计划,他们在最初会议上提出的关于非军事区、撤出外国军队和交换战俘的具体建议,只是为了有交谈内容,不解决实质性的问题。因此,目前与美国人讨论这些问题的时机还不成熟。当佐林建议为解决军事问题,越南方面是否应该提出一些具体的建议,如压缩一些地区的军事行动规模,或美军分阶段撤离,以及在一定期限内取缔美军基地时,春水回答说,目前还不是讨论军事问题的时候,越南民主共和国和民解要求美军迅速地、全部地,而不是分阶段地撤离。美国人认为,越南的力量已经耗尽,没有能力进行有效的行动了。因此,越南如果现在提出诸如压缩军事行动这样的建议的话,那么,这将会被美国人看成是越南软弱的表现,与美国会谈暂时不需要触及这个问题。② 对此,陈宝剑补充说,"我们将使美国人受到煎熬,我们相信自己的力量"③。

由此可以说,苏联的援助虽然很重要,但越南并非听从于苏联,在这场不对称的博弈中,越南赖以平衡对苏关系的支点有两个。首先,莫斯科始终致力于巩固自己捍卫世界共产主义运动和革命发展的形象,竭尽维持自己在共产主义盟友中的声望,不但要宣示对共产主义的忠诚,还要以行动来证明这种忠诚。越南不会不明白这一点,也"极为聪明地利用了这一点"④。其次,越苏之间不是依附和被依附的关系,而是一种合作关系。越南和苏联在处理战俘问题上的合作就是证明。更重要的是,苏联"把印支视为自己在

① 俄罗斯解密档案SD01844,《关于在越美国战俘问题的报告》(1972年12月1日)。
② 俄罗斯解密档案SD12447,《佐林与参加巴黎谈判的越南代表团团长会谈备忘录》(1969年2月21日)。
③ 同上。
④ 阿纳托利·多勃雷宁,前引书,第263页。

东南亚的核心,在这个地区,目前除了越南民主共和国,别无可依赖的力量"①。这跟苏联对东欧国家的高压态度截然不同。因此,整个巴黎和谈期间,莫斯科一直遵循这样的路线:"不代替越南民主共和国和越南南方民族解放阵线进行任何谈判。"②虽然苏联"尽量不要错过每个机会影响情况朝自己期望的方向发展,但许多时候,这种机会取决于北越的态度"。③ 对美国通过苏联等第三方转告建议的做法,黎德寿在和基辛格的谈话中明确表示,"我们不需要中间人"④。苏联在巴黎谈判上"所能发挥的作用因而更有限"⑤。

尼克松的误区就在于他过高估计了苏联的影响力,又过低估计了越南的自主性。后来,他认识到,"俄国人所能对北越施加的影响是有限的,因此,最好不要让这个问题成为同苏联达成一项新谅解的绊脚石"⑥。正是在谋求苏联帮助不得的情况下,尼克松转而接近中国。

二十一世纪初,美国政府开放了1971年7月基辛格首次秘密访问北京的相关档案材料,其中特别值得注意的是,基辛格曾婉转要求周恩来帮助推动越南和平谈判。当时,尼克松还抱有这样的想法:打开通向中国的门,可能迫使苏联在越南问题上提供短期的帮助。⑦ 因为中苏关系已几近崩溃,这一事实在基辛格看来,使得"非常模糊的三角关系已经初露端倪了"⑧。因此,基辛格将印度支那问题作为他首次秘密访华的重要议题之一。

1970年3月21日中国驻巴基斯坦大使馆报来巴总统叶海亚·汗向张彤大使转达的尼克松的口信:"准备开辟一条白宫通向北京的直接渠道,如果北京同意的话。这样一条渠道的存在,将不会被白宫以外的人知道,而且

---

① "Political Letters, On the Policy of the Workers Party of Vietnam Toward the Resolution of Problems of Indochina and on Our Tasks Following Decisions of the XXIV CPSU Congress", May 21, 1971, SCCD, f. s, op. 63, d. 516, p. 1. Emphasis added. cited from Ilya V. Gaiduk, *op. cit.*, p. 217.

② 俄罗斯解密档案 SD11471,《苏驻越大使馆关于越美接触情况给苏联政府的报告》(1971年9月1日)。

③ Ilya V. Gaiduk, *op. cit.*, p. 219.

④ Luu Van Loi & Nguyen Anh Vu, *op. cit.*, p. 176.

⑤ "Memorandum of Conversation, Zorin-Harriman, Jan. 18, 1969, Harriman Papers, Special Files", Public Service, Subject File, Paris Peace Talks, Box 559, cited from Ilya V. Gaiduk, *op. cit.*, pp. 191–192.

⑥ 亨利·布兰登,前引书,第355页。

⑦ 基辛格:《白宫岁月》(第一册),第208页。

⑧ 同上,第220页。

我们可以保证完全的自由决断。"周恩来总理阅后批："尼克松想采取对巴黎谈判的办法,由基辛格秘密接触。"①

1971 年 6 月 2 日,基辛格接到秘密访华的邀请。7 月 9 日,基辛格转道巴基斯坦来到北京。在与周恩来的谈话中,基辛格很快就把印度支那问题提出来,他非常系统地阐述了尼克松政府对越南战争的基本立场。他对周恩来说:"我可以向你保证我们打算通过谈判结束在越南的战争",接着基辛格提出美国从越南和印度支那全部撤军的条件是,在整个印度支那实现停火,释放所有的战俘,尊重 1954 年有关各方签订的日内瓦条约……并再次向周恩来保证道,"我可以代表尼克松总统,并极为严肃地告诉总理先生,首先,我们准备完全从印度支那撤军并给予一个确定的撤军时间,如果实现全面停火和释放我们的战俘。第二,我们同意政治解决南越问题并由越南人自己来解决"。②

在阐述美国的立场之后,基辛格话锋一转,对周恩来说:"我们不在印度支那寻求建立军事基地或军事联盟,并且我们将不在该地区推行会引起中华人民共和国关注的政策。我们相信在印度支那结束战争将促进改善我们之间的关系……让我告诉你,总理先生,不论你们做什么事,我们都准备在(越南)冲突结束之后的某个特殊时间撤出与该冲突相关联的我们在台湾的军事力量。我不是把这作为一个条件向你提出,而是只给你提供一个信息。"③很显然,基辛格的这番话是在说服中国方面为越南和平谈判的成功向越南方面做工作,尽管他明确表示这并不是与中国改善关系的先决条件。然而,作为以精明和具有超常洞察力著称的周恩来对基辛格的话外音不可能不清楚。

在听取了基辛格对尼克松政府印度支那政策的全面介绍之后,周恩来说道:"我感谢你相当系统地告诉我们有关你们在印度支那问题上的立场。在我们之间有一个共同点,即我们双方都敬重越南人民的伟大和勇气。"接着他历数了 1954 年日内瓦和平条约对越南人民的负面影响和美国步法国后尘干涉越南统一的错误行径。最后,周恩来向基辛格亮出了中国对越南问题的两点基本态度:"第一点就是所有美国的军队和其他追随美国进入印

---

① 《周恩来年谱》(下卷),第 356 页。

② "解密档案:美撤出越南前半年基辛格已向周恩来交心",来源:http://www. allecn. com/People/People_information159355_5. htm。时间:2009 - 12 - 17。

③ 同上。

度支那的外国军队都应该撤出。第二点则是应该由印度支那三国(越南、老挝、柬埔寨)人民自己来决定他们受人尊重的未来。"①

对周恩来所提出的两点基本态度,基辛格立即表示完全同意,但他同时对周恩来说:"让我以一个来自太平洋另一边和曾经见过黎德寿五次,见过春水九次的人的角度来给予你一些我个人的印象。我同意越南人民是英雄的人民。那些造成越南人成为如此伟大的战斗者的品质使得他们很难缔造和平。越南人民只想战斗的单纯思想可能使他们见不到和平的前景。如果他们的某些朋友能帮助他们看到这样的前景,以使他们懂得某些政治进化是必须的,那么我们就能较快地结束战争,当然你们不必对之作回答。"②周恩来非常巧妙地对基辛格说"你已经与他们会谈了这么多次,而我只是第一次与你会晤",基辛格迅速回答道,"我对此很遗憾。我们必须非常快速地赶上来"。③

在随后几次会谈中,周恩来始终坚持中国支持越南的谈判立场,并且明确表示只要战争打下去,中国就要继续支援越南。但值得注意的是,就在基辛格秘密访华结束后,周恩来在第二天就秘密飞到河内,与黎笋和范文同进行会谈,通报了中美会谈的情况。

现在还不清楚的是,越南方面对中方通报情况究竟有何反应,但有一点是清楚的,即他们非常反对中国和美国谈越南问题。整个 1971 年,措辞激烈的评论频频见诸越南各大报端。《人民报》的社论《"尼克松主义"一定破产》,警告尼克松"走错了地方……帝国主义者对世界指手画脚的时代已经一去不复返了,大国欺压小国的时代已经彻底结束了",南方民族解放阵线的机关报《解放》也指出"越南的命运必须由越南人民自己做主"④。对尼克松即将访华,越南认为这破坏了和美国的谈判,削弱了越南的立场,因为到 1971 年夏,尼克松政府被公众舆论要求宣布撤军的最后期限和全部撤出印支、接受越南的建议的压力搞得透不过气来,但北京之行既转移公众的注意力,又转移了对陷入僵局的巴黎谈判的注意力,总之是替尼克松解了围。

---

① "解密档案:美撤出越南前半年基辛格已向周恩来交心",http://www. allecn. com/ People/People_information159355_5. htm。时间:2009 - 12 - 17。

② 同上。

③ 同上。

④ Marek Thee, "U. S. -Chinese Rapprochement and Vietnam", *Journal of Peace Research*, Vol. 9, No. 1, 1972, p. 66.

《越南信使报》强调"无论尼克松做什么,越南和印支问题都'不允许通过阴谋诡计解决,而有清楚、明确的解决办法'"①。尽管周恩来非常坦诚地向越南同志通报了中美会谈的内容,但阮维桢在7月17日给出席巴黎会议的越南代表团的指示中说,"在周恩来与基辛格会见后,又出现了新的复杂情况"。②

第三节　阮文绍的去留

1971年7月12日,即基辛格结束首次北京之行的第二天,黎德寿和春水与他在巴黎再次会晤。这时他们还不知道基辛格刚刚完成访华。会谈开始,基辛格恼火地责问春水,共和临时政府七点建议的目的是什么——为了宣传?为了给尼克松政府制造麻烦?或是为了严肃的谈判?为什么七点建议不是在秘密会晤时提出,而是在全体会议上提出?其实,共和临时政府七点建议是一场外交攻势,事情是这样的:

黎德寿和春水在1971年6月26日与基辛格会谈后,向中央汇报情况。他们认为美国仍拒绝政治协调,将从越南撤出军队的问题与保全西贡现政权的问题联系在一起,因而要求北越军队同时从南越、老挝和柬埔寨撤出。他们谴责尼克松政府的顽固态度,要求从越南南方撤出全部美军和属于美国阵营的其他外国军队,并停止支持阮好战集团。越南方面声明,释放全部战俘应与美国及其阵营的其他外国军队从南方撤军同时进行。此外,来到巴黎的美国各社会人士代表团请求越南民主共和国和南方共和临时政府的代表更加明确地阐述在美国战俘问题上的立场。在这种情况下,越南民主共和国和南方共和临时政府认为,有必要提出有关战俘问题的新建议,以使尼克松政府陷于更加孤立的境地。鉴于此,越南决定采取新的外交攻势,在黎德寿和春水征得河内的意见后,决定在巴黎提出新建议。这就是7月1日,阮氏萍代表越南南方共和临时革命政府在巴黎全体会议上提出的七点建议。

---

① Marek Thee, "U. S. -Chinese Rapprochement and Vietnam", *Journal of Peace Research*, Vol. 9, No. 1, 1972, p. 66.

② Luu Van Loi & Nguyen Anh Vu, *op. cit.*, , p. 194.

新建议中有两个重要的问题：(1)确定美国1971年撤军的时间表；(2)美国停止支持阮文绍集团。在新的声明中只字未提阮高其和陈善谦，目的在于孤立阮文绍。越南立场的其他要点是，美军的撤出与战俘的释放应于同一天开始并同时结束；提出建立民族和谐的代议制政府；提出关于禁止对曾与这一方或那一方合作过的人士采取恐怖手段和歧视的问题，提出这一问题的目的在于使敌人再也没有借口断言爱国力量在停火后将采取恐怖手段；提出关于尊重将来签署的各项协议中所包含的国际保证的问题。①

七点建议得到了亚非拉许多国家政府和人民的热烈支持，他们纷纷坚决要求尼克松集团接受这一合情合理的建议。西方国家特别关心和欢迎这一新的和平倡议，法国外长舒曼在法国国会外交委员会1971年7月2日召开的会议上说，越南南方共和临时革命政府7月1日的和平倡议，是促使越南问题的政治解决办法的"一个新的和重要的步骤"。舒曼随后在另一次谈话中还认为，这一新建议体现了促使和平的可能性，"如果美国不抓住机会，就会犯错误"。② 更重要的是，七点建议在越南南方各城市引起强烈的反应，尤其在西贡伪军和伪政权人员中也引起了巨大反响。西贡下院一名议员撰文责问说："美国还有什么理由来维持西贡政权呢?"③西贡伪军士兵同恶棍指挥官进行斗争，拒绝执行扫荡命令，公开指责美伪集团对七点倡议的抗拒，要求停止战争。

事态的发展无一不令美国人恼怒，春水却很镇定地说："上次会见结束，你说双方都不要采取任何爆炸性行动，但几天后，美国再进攻查尔平原，柬埔寨鹦鹉嘴地区又有战斗，B-52在南方频频开花。你说会谈要保密，可就在你到越南南方期间，在华盛顿就散布着基辛格和越南民主共和国代表团负责人会晤的传闻，而在美国的报刊上则出现了关于共和临时政府的七点建议在1971年7月1日前的秘密会晤中已经递交给美国方面的报道。因此，进行宣传的是美国代表，而越南民主共和国和共和临时政府代表团则对谈判保持了严肃的态度，所提出的具体建议就是一个明证。由于共和临时政府提出的撤军期限1971年6月30日已过，还没有得到美国政府的任何

---

① 俄罗斯解密档案 SD01826,《谢尔巴科夫与越副外长阮基石会谈备忘录》(1971年7月1日)。

② 《阮氏萍部长会见法国外长舒曼》,载于《人民日报》,1971年7月7日。

③ 《越南南方各城市各阶层人民和群众组织热烈欢迎和支持七点建议》,载于《人民日报》,1971年7月8日。

反应,美国仍不想与共和临时政府代表团进行谈判,阮氏萍当然就只有在全体会议上提了新建议。越南人民的斗争和美国的政治气候无直接关系,无论你们国内分歧如何,越南同样坚持斗争,总之,不会求助于宣传。"① 基辛格就共和临时政府的建议声明如下几点:

——尼克松政府只有在就全部问题,包括解决何时以何种方式从越南南方、老挝及柬埔寨撤出北越军队,是否在印支还是仅在越南停战等问题达成协议之后,才确定美国军队撤出越南南方的最后期限。

——尼克松政府无意干涉南越内部事务。

——尼克松政府原则上同意第一点中指出的,撤军与释放战俘及非军事人员同时完毕。

——关于重新和平统一越南南北方地区之间的关系;越南和平中立对外政策可以作为谈判和达成协议的基础。

但基辛格另又表示九点建议和七点建议究竟哪个是越方要讨论的,两者的区别又在哪里。对此,越南认为,实际上它们是相似的,但又是有区别的,而且区别很重要。七点涉及越南问题,而九点则提出了整个印支的问题。②

由于上次会谈,美国也提出了一个七点计划,所以越方经过考虑后,在此次会谈中表示了看法,认为其中有的是越南原则上认可,但尚无细节讨论,有的原则上双方还没有形成一致。例如,越南同意对停火和其条款实施国际监管,但什么时候开始停火,怎样停火的问题,越南和美国之间仍有分歧。美国关于撤军的建议讲的是解决之日将撤军,之后立即停火。越南的建议是,所有问题都应先解决,那时双方才能停火。③ 因此,越南准备听取基辛格带来的具体建议。

基辛格随即逐条表示了美国的态度。对于第一点,一旦双方就协议框架达成一致,美国准备提出一个撤军日期。对于第二点,接受北越的建议,但要注明两点,即协议达成之日,彼此都将提供完整的、包括印支全境的被俘军事人员和无辜平民名单,释放战俘和撤军同一天开始,同一天结束。他将第三、四点摆在最后阐述。第五点,原则上同意,但措辞上要调整,"美国

---

① Luu Van Loi & Nguyen Anh Vu, *op. cit.*, pp. 183 - 184. 还可参阅俄罗斯解密档案 SD01827,《佐林与巴黎和谈代表团团长春水会谈备忘录》(1971 年 7 月 15 日)。

② "Memorandum of Conversation, July 12, 1971", *RNNSF*, MF 0501673, p. 6, p. 10.

③ *Ibid.*, p. 7, p. 8.

侵略"的字眼必须删除。第六点,原则上接受印支的未来应当由印支各方在相互尊重独立、主权、领土完整和不干涉别国事务的基础上解决,但越方的最后一句话应予删除,因为它暗示着北越在决定印支各国前途方面享有特殊地位。第七点,原则上接受,但在美方第三、四点基础上界定如下:应在整个印支实现全面停火,于协议签署之日开始执行,作为停火的一部分,所有印支国家不应该出现外部武装的进一步渗透。美国同意第八、九点。第四点是要求美国赔偿美国在越南进行过战争的地区所造成的破坏,这个问题不可谈判。美国准备给予印支国家经济援助,但不是作为义务或和平条件。第三点,就是黎德寿称为"前进的最大障碍"①的西贡当局问题或者说撤换阮文绍问题。基辛格说,"我必须告诉你们,如果你们坚持政治要求,你们是在要求我们根本不可能履行的东西"②。

　　会议在一个小时后继续。春水就有关问题要求对方澄清后,提出有一点是双方都同意的,即在越南的九点和美国的七点基础上进行讨论。但越南认为,和九点比起来,美国的七点不具体。越南主张 1971 年美军完全撤出,先有日期,后有协议框架。而美国主张得正相反。如此一来,所需的时间将过长。因为总体框架需时日,之后美方建议一个日期,再之后可能还要就日期再讨论,这还要费时间。春水说,"你经常指责我们用'商量'这个词,说这个耗时太多。但是你们的方法将也要花时间讨论"③。他请美方另提一个日期,双方比较一下哪个日期更合理。春水所谈的另一个重要内容就是政治问题。越南认为,现在阮文绍控制着政府,美国却说不会干预南越政治,这实际上等于维护阮文绍,春水告诉对方,"如果不换掉阮文绍,不可能解决问题"④。春水表示,以上是越南就主要两点表示的初步看法,请美方仔细考虑,用更加具体的方法研究问题,当然越南也将进一步研究美方今天的建议,并认为双方今日取得了一些进展,希望今后的会谈在今日的基础上发展下去。黎德寿最后就阮文绍当局问题做了补充,在此将他和基辛格之间的对话呈现如下。⑤

　　黎德寿:……撤换他还是留住他是衡量你们要和平还是要继续越南化

---

① "Memorandum of Conversation, July 12, 1971", *RNNSF*, MF 0501673, p. 21.

② *Ibid.*, p. 13.

③ *Ibid.*, p. 19.

④ *Ibid.*, p. 20.

⑤ *Ibid.*, pp. 21 - 22.

的标尺。如果你们换掉他,我们愿意很快不仅在越南而且在整个印支迅速地和令人满意地解决战争。我们参加了 1954 年和 1962 年的日内瓦会议。你也目睹了那时我们如何妥善地解决了问题。我严肃地告诉你,你们必须换掉阮文绍,这样我们将前进一大步……我们说话是算话的……而且换掉他的机会是合适的。你可以这样报告尼克松总统。

基辛格:尼克松总统将会说,如果照他们说得做,他们还会得寸进尺,但谈判进展却不明显。那时,我们该怎么办?

黎德寿:如果愿意换他,我们立即作出反应。

基辛格:比如说?

黎德寿:我们讨论你们提出的问题。

基辛格:还有什么要讨论的呢? 我们此刻正在讨论嘛。

黎德寿:如果你们同意撤换阮文绍,我们将讨论你们提出的任何问题,并充分解决。

基辛格:是否意味着我们不同意的话,你们就不讨论。

黎德寿:你们不同意的话,难以取得进展。

基辛格:你们一直要我们换掉他,你们具体希望我们怎么做?

黎德寿:你们有许多办法换掉他。选举就是一个机会。西贡的媒体和公众以及反对派力量都知道因为你们的支持,阮文绍就会赢,没有你们的支持,他就得输。

基辛格:今年夏天是双方通过和平谈判取得和平的最后机遇。否则,美国将继续战争越南化,血腥的战争会继续拖延。你们也许会赢,也许赢不了,无论怎样,战争也不会通过谈判停下来。

面对对方强硬的措辞,黎德寿重申越南人民"已经为国家拥有和平和独立战斗了许多年,冲突仍然在继续,对我们来说,这是不可避免的,实现我们的独立、自由没有第二条选择。我们一直向你们表明我们希望谈判,和平解决。但是阮文绍的存在就不可能实现和平"①。基辛格的口气软化了些,他说明两点:一、美国与越南人打交道没有使用过卑鄙的手段。尼克松总统已经对目前的谈判失去了耐心,必定不会允许他将谈判继续下去;二、如果撤换阮文绍是可行的,应当在美国力所能及的范围内,"你们如果要求美国不支持任何一个候选人,如果美国也照此承诺,那么这个要求可以满足……但

---

① "Memorandum of Conversation, July 12, 1971", *RNNSF*, MF 0501673, p. 23.

你们如要求书面保证用任何方式撤换绍,总统肯定不答应"①。春水建议,美国说服阮文绍退出即将到来的竞选是个更容易的办法。②

双方争执不下的情况下,基辛格表示要中断会谈,会谈与否取决于美国。春水回敬道:"听随你们自便。对越南而言,无论任何方式,我们必须实现真正和平、真正独立的目标。"③

与基辛格的会晤表明,尼克松企图拖延对共和临时政府七点建议的答复,并极力贬低其意义。基辛格所发表的言论仅涉及对美国有利的那几点,而对最主要的两点(关于撤出美军与撤换阮文绍——笔者注)他却回避正面做答。显然,尼克松正在准备提出反建议,或许会提出点什么,但在两个根本问题上绝不会表明其立场,因为他对阮文绍在大选中获胜抱有希望。尼克松政府现正受到来自舆论的强大压力,它试图软化这种压力。在越南南方,美国正在遭遇到严重的困难。在这一复杂形势下,必须加强政治斗争,以迫使尼克松确定撤出美国军队的最后期限,同时强调撤换阮文绍军事集团,只有在此基础才可能达成和平调解。

春水在向河内的汇报中提出,越方注意到美国开始就军事、政治问题讨价还价了,越南方面可以再公布一个新建议,迫使美国做政治上的让步以及确定撤军的最后期限。北越外交部指示,认为"抓住机会是重要的,太早或太迟都有害。改变力量对比需要扬长避短。因此,三哥(指黎笋)和其他同志都认为,目前我们除了坚持九点外按兵不动。敌人会以为我们很虚弱而施加压力。我们要继续将九点深入下去,把重点放在两个主要问题上:撤军和撤换阮文绍。"④因此,黎德寿、春水与基辛格1971年7月26日的会谈仍是在这个基调上进行的。

会议开始,春水代表越方指出,美国政府在撤军日期和撤换阮文绍集团这两个关键问题上态度还不够明确。针对基辛格上次就越南九点提出的反建议,黎德寿表示,"你同意的和提出修改的部分都是次要的,我们认为你同意了对你们有利的那几点,对你们有利,你们同意得就会很快。至于那两个关键问题,你们的解决方法与我方根本不同······正如我们所说,会谈取得了

---

① Luu Van Loi & Nguyen Anh Vu, *op. cit.*, p. 190.

② "Memorandum of Conversation, July 12, 1971", *RNNSF*, MF 0501673, p. 25.

③ *Ibid.*

④ Luu Van Loi & Nguyen Anh Vu, *op. cit.*, pp. 193 - 194.

进展,但都涉及小问题、非常次要的内容"①。此外,黎德寿特别谈到基辛格的北京之行,但并不正面挑明。他说:"以往那些年中,你们一直四处奔跑,极力钻营以寻求出路。我不知道你们是否已从中吸取一些教训,因为我认为你们的谋划是徒劳的。我认为你们使问题对自身变得更复杂,你们得不到期待的结果。解决越南问题没有奇迹般的办法,除了在这里、在你我建议的基础上举行严肃的谈判。在一盘棋局中,赢家和输家必须是棋手们自己。过去几年来,在解决我们的问题上,我们一直是独立的。如果你们真想严肃地谈判,我想你们不应当寄希望于奇思妙想,我们无需拐弯抹角。这些是我今天表示的看法。如果你们不想解决问题,不愿意迎合我们的要求,谈判是难以成功的。谈判失败,战争还将继续。我相信你们不希望走到这一步,我们也不希望,但如果你们不认真谈,我们别无他途。"②

基辛格当然明白黎德寿话之所指,于是表示,"我们知道必须在巴黎找到解决之道……我们尊重和钦佩你们的独立精神……除了在这里,我们不会谋求在其他任何地方获得解决"③。对越南要求撤换阮文绍问题,他承认对越南而言,这是关键问题。但他注意到黎德寿这次讲话中的提法是"阮文绍当局",于是就问这是否说明立场上的一点变化。如果阮文绍改变政策,越南方面会接受他吗?黎德寿表示,没有一点变化,因为这不是简单的换人问题,而是改变政策。即便美国现在就撤换他,不改变政策,还是一样的战争政策,北越谈到阮文绍是由于他是好战和法西斯政策的集中代表,一个像他这样的人不可能彻底转变政策。④

谈判三年多以来,北越有关政治解决的立场一直是推翻阮文绍当局,组建联合政府,现在根据形势的变化,为策略计,调整为重点打击、孤立阮文绍,因此撤换阮文绍问题就成了越南和美国这次和以后会谈的中心。春水提议和美方在这个问题上达成一项秘密谅解"我们不要求你们公开宣布",基辛格说这样做难以遮人耳目,春水则说:"只有你我知道,决不会泄露出去"。⑤ 基辛格仍避重就轻地说,美国"准备讨论政治问题,尽管答案和你们不同。……我们谁都不会签署一份助对方实现其全部目的的协议。你们也

---

① "Memorandum of Conversation, July 26, 1971", *RNNSF*, MF 0501673, p. 7.
② *Ibid.*, p. 9.
③ *Ibid.*, p. 18.
④ *Ibid.*, p. 13.
⑤ Luu Van Loi & Nguyen Anh Vu, *op. cit.*, p. 199.

说过宁愿继续战争也不愿接受你们认为不合理的条件……我们已在不计其数的场合告诉你们,我们做不到,因为这超出我们的能力范围,因为这么做很不体面。你们不能指望我们撤出的同时,又为你们完成政治目标。如果那就是你们的最后态度,那么我们将按照自己的步骤撤出……我们无数次地告诉你们准备接受任何我们离开后形成的政治进程的结果……简单地说,我们愿意在能力范围内为由于我们的存在和干预而造成的南越政治生活的扭曲松绑。我们不准备在实现你们希望的解决办法中扮演主动的角色。我们希望越南人民真正自由选择他们的将来"。[1]

黎德寿敏感地问基辛格"扭曲"是什么意思?后者说,"一定程度上我们的存在和并非有意的干预帮助某个候选人,"黎德寿说,"那是明摆着的",基辛格说:"所以,你们得做个选择。在这种情况下,政治进程开始就越早,或者我们再打下去,在那种情况下,你们能期待的最好状况就是稍后开始的政治进程,而这个进程我们现在就准备出发。在我们单方面撤军和越南化完成之后,无论你们做什么,我们都没有能力促成你们要求的条件"。[2] 基辛格表示美国的"具体建议是谈判现在可归为两类问题:原则问题和技术性问题。在技术性问题上,双方没有必要花太多时间进行秘密会谈。如果我们同意在可考虑的细节上形成原则声明,那么完全可以把细节问题留给克莱贝尔大街上去讨论。如果还有确立不了的,我们再面谈解决"[3]。

午后,会谈继续。春水首先要求美方澄清关于撤军的一系列问题。他指出,越南要求的是撤出全部美军,包括基地和装备等。但美国人在其他场合所说与谈判似有差别。基辛格的回答令越方意外,他说,美国建议撤出所有配套的武装力量和所有配给作战单位的顾问,也包括西贡部队中的顾问,所有美国的基地将通通丢弃。一般听上去,这话没有不对劲的地方。但什么叫配套的军事力量?非配套的力量又指什么?春水立即打断他的讲话,向他请教这个问题。基辛格略带傲慢地说,"问得好。我们将维持一股数量极少的技术和后勤人员监管美国装备。确切数字将在协议中确定,并逐步递减"。黎德寿反问道:"既然所有装备都已撤完,那还有什么装备?"基

---

① "Memorandum of Conversation, July 26, 1971", *RNNSF*, MF 0501673, p. 14, p. 16, p. 17.

② *Ibid*., pp. 17 - 18.

③ *Ibid*., pp. 18 - 19.

辛格表示不包括属于南越部队的装备。黎德寿继续追问:"但你建议留下的人员是监管美国的装备,既然装备都撤走了,还剩什么需要监管?"①

基辛格说明这些人员将在一定期限内帮助维护南越部队中复杂的装备和培训越南技术人员,还将监督任何经过协议确定的新装备的配发。人员数量最后递减至一个军调联络办公室的规模,但同时该室的职能又略微扩大些。②

春水的第二个问题是,"美国不能定出 1971 年具体的撤军日期的原因是什么? 你曾建议九个月撤军,"基辛格反着说,"我记得九个月是部长自己去年九月提出来的,"春水微笑作答,"那时建议的撤军日期是 1971 年 6 月 30 日,所以我大致说九个月。我关心的是最后日期,但你从来没有表明这个日期"。③ 第三个问题是,美方只谈到如何影响南越政治进程,因此,什么时候和怎样讨论政治问题,这个问题是否是会谈议程的组成部分之一?

基辛格再次把诸如美国在南越大选中保持中立、给西贡当局有限援助并公开表明这些立场等无关痛痒的说辞又提出来,坚持认为讨论南越内部结构不成熟;对越方关注的撤军日期竟表示,不是双方"头等考虑的问题"④。对这样自私的态度,春水毫不客气地表示,"尼克松总统曾建议十二个月的期限,那段时期,顾问先生你也提出过,全体会议上,美国代表团也建议过。但必须要确定一个日期。你们在这里说明天我们将讨论这个问题,但明天究竟是哪一天? 这就好比饭店打广告说,明天你们将免费就餐。应该有个具体的日期。九个月是你们后来提出的,比十二个月又短了些,但同样不是具体的日子"。基辛格态度蛮横,"但只要部长今天签署我们的七点,今天你面前就会得到一个非常具体的日期,"黎德寿立刻回敬道,"如果你今天同意撤军日期,我们将释放战俘并签署协议"。⑤

就这样,1971 年 7 月 26 日的谈判在紧张的气氛中结束,按照约定 8 月 16 再进行一次会谈。那天,基辛格因同中国驻巴黎大使黄镇进行了私下会晤,迟到了半个小时,而黎德寿也因身体不适回国。基辛格和春水一见面,就把一些美国登月的非机密资料交给春水,为迟到表示歉意。春水微笑说:

---

① "Memorandum of Conversation, July 26, 1971", *RNNSF*, MF 0501673, p. 21.
② *Ibid.*, p. 22.
③ *Ibid.*, p. 23.
④ *Ibid.*, p. 26.
⑤ *Ibid.*, p. 27.

"尽管你们把人送上了月球,但你还是迟到了。"基辛格也一语双关地表示"今后不会再迟到,通向月球的路都没有通向巴黎的路这样艰难。"①接着,基辛格马上拿出一个新的八点纲领作为框架。按美国人的说法,这个纲领容纳了北越和南方共和临时政府以及美国所提的内容,可以作为原则声明的基础,再提交全体会议拟订出细节。其实,它不过是一个拼凑起来的大杂烩,除了从七点变为八点,其他均无根本变化。而且,像历次会谈前一样,美国及其仆从军队疯狂地在印支战场进行军事打压,除了继续南打北炸外,美国纠集王宝反动武装和泰国军队侵占老挝查尔平原。1971年8月9日,美国国务院还宣布,美国有权不完全执行日内瓦协议关于老挝的条款,尽管事实上它连一天也没有遵守过。更无耻的是,美国只许自己放火,却不许别人点灯。这就是基辛格对春水和阮氏萍等人在巴黎接受国际媒体采访、与各界人士交往横加指责,冷嘲热讽地说:"总统派遣他的外交政策首席顾问十一次秘密来到巴黎不是为了玩游戏。"②

春水针锋相对,"你只是十一次来到这里,我在这儿已经三年多,我留在这里仅为游戏也不是我国政府的愿望"③。关于美国的八点,春水认为与双方前面的讨论相比,有些内容具体些了,原来仅为口头表述的现在有了书面形式。因此,考虑美方的八点建议需要时间。不过,越方此次在原则上与美方交换看法。其中第一、二、三点属于原则协商,相信如果双方能就这三点达成一致,那么在其他部分形成共识会容易得多。

越方表示,双方的撤军终极日期仍差距过大,不理解当彼此都想早日结束战争的时刻,美国为何提出这么遥远的日期。(基辛格提议全部美军于1972年8月1日前撤走,前提是1971年11月1日前就原则达成最后协议)越南绝不同意留下任何军事顾问、军事人员、技术顾问,美军全部都要撤出,没有任何例外、任何保留。又因剩余人员问题是美方在上次会谈中口头提出的,这次八点中没有再出现,越方要知道这是否表明美方已经放弃了该问题。由于北越把撤军和释放战俘相挂钩,因此,释放战俘问题也就成了一个相关的原则问题,这是第二点。北越仍然坚持战俘的释放和撤军时间一致,但全部战俘和被捕无辜平民名单只有在协议签字之日才予以公布。这个协

---

① "Memorandum of Conversation, Aug. 16, 1971", *RNNSF*, MF 0501673, p. 1, p. 2.

② *Ibid*., p. 10.

③ *Ibid*., p. 11.

议是指经全体会议基于原则框架达成的最后协议。这些问题的提出说明越南人很有耐心,懂得处置各种方案的细微差别。基辛格贬低越南人的那些言辞,如"狡猾的越南人""头脑复杂""决不是代表一个不发达国家的"①等等只能更加证明一点,黎德寿、春水率领的越南代表团具有专业的、卓越的谈判素质,丝毫也不比这位被奉为外交大师的哈佛教授逊色。

第三点就是撤换阮文绍当局问题。尽管基辛格善于言辞,尽管他不断用民主的外衣打扮美国的建议,但在越南看来,双方来这里谈判"不是以抽象的、假设的和只具心理作用的东西为基础,而是来此解决实质的、具体的问题。因此,只要美国政府千方百计维护阮文绍,那么解决越南问题就会很困难"。②

基辛格听了这些意见后,相信前两点能解决好,至于最后一点,他说道:"我们并非同你们争论你们的目标。当我们在亚洲其他地方准备与其他政府交往的时候,我们没有兴趣在亚洲一个小地方造就亲美政权。对你的河内同事来说,考虑这一点是很重要的。现在不是 1954 年。1954 年,杜勒斯的政策是在世界每个角落尤其是亚洲组织反共和亲美政权。本届政府的政策,如我们已证明的那样,是使亚洲地区的人民自己决定他们的未来,尊重每个国家的独立和自决权。那就是我们政策的整体目标。这也正是我为什么相信在 10—15 年的时间内,无论是我们还是我们的继任者结束了战争,越南人民都不会将美国视为威胁。当我们正从亚洲其他地方撤出的时候,在亚洲的一个拐角保留一块地方毫无意义。"③在越南看来,基辛格"说来说去,仍用一种抽象的、理论上的方式谈这个问题,没有任何具体的内容",春水指出,"我们仍然感到美国完全有能力解决这个问题,只是不愿意解决。我坦白告诉你,这个问题对我们在这里的谈话不重要,但从关乎越南的生存、越南人民命运的意义上它是重要的……我无意比较尼克松主义和杜勒斯政策的异同,我想处理南越具体的问题,我们应深入到具体的谈判。至于第一、二点,你说不是原则问题,你现在要谈吗?"④

基辛格表示美方对第一点很满意,春水却说:"我还不满意。你我建议

---

① 基辛格:《白宫岁月》(第三册),第 1308 页。

② "Memorandum of Conversation, Aug. 16, 1971", *RNNSF*, MF 0501673, p. 16.

③ *Ibid*., p. 18.

④ *Ibid*., pp. 18 - 19.

之间差之千里。"①基辛格向春水出示自己、邦克与杨文明(此人策划和领导了推翻吴庭艳的政变——笔者注)的合影,春水当即表示很难理解,控制着政府、宣传机器、拥兵百万,还有美国中情局为其效命的阮文绍仅仅凭美国的一个中立声明就能被阻止当选,而另有人赢得选举。基辛格则说:"我没有预言阮文绍会败选,我预测的只是新的情形……即使不能肯定杨文明将军赢得大选,最起码是个机会。"②春水回答说:"尽管你给的解释很有趣,但我们还是未就达成协议形成任何内容,我希望你们对这个问题做进一步考虑。"③基辛格感到春水没有再谈下去的意思,于是岔开话题,邀请春水和黎德寿到美国参加1971年11月举行的对月发射活动,春水表示,"我们应把对月发射问题放到一边,因为它太遥远……第一位的是我们现在讨论的地球上的事"④。

总体观察上述会谈,越美谈判到这个阶段的根本分歧还是阮文绍的去留,尽管美国口口声声表示在南越选举中保持中立,而事实上,美国一直在操纵1971年10月南越总统选举,亲手导演一幕幕的选举闹剧。

为了使这场选举显得公正些,从1971年夏天开始,美国就在"寻找一名对手"和阮文绍"决一胜负",因为"至少有两名候选人参加竞选的情况下,美国才能谈得上保持中立"⑤。这样,副总统阮高其和将军杨文明自然是理想人选。基辛格1971年7月初到西贡"故意招摇过市地去拜访了阮高其、杨文明和佛教徒反对派的领袖,以显示美国对于进行一场有角逐的选举是感兴趣的"⑥。然而,意外的情况发生了。阮文绍公然迫使对手放弃竞选,企图阻止他们两人收集足够的签名从而丧失竞选资格。美国人很恼火,特别是大使邦克愤恨不已。此人自上任以后一直向华盛顿吹嘘阮文绍当局的业绩,对阮文绍大加赞赏。现在,也是他成了讨伐阮文绍的急先锋。而阮高其、杨文明也不愿意甘作陪衬,要求美国人保证他们成功,否则就退出竞选。这样一来,西贡集团内讧加剧,各派争权夺利,互相倾轧。到8月初,离10月3日的大选越来越近了,国务院正式指示,基辛格也通过幕后渠道连拍几

---

①　"Memorandum of Conversation, Aug. 16, 1971", *RNNSF*, MF 0501673, p. 20.

②　*Ibid.*, p. 21, p. 24.

③　*Ibid.*, p. 22.

④　*Ibid.*

⑤　基辛格:《白宫岁月》(第三册),第1311页。

⑥　同上,第1314页。

封电报催促邦克"探索是否可能找到别的反对派候选人,或重新规定一个选举日期"①。那部美国指导和协助下起草的、神圣的越南共和国宪法已然无足轻重、分文不值。

尽管阮文绍极其不得人心,但美国不但不打算让他成为第二个吴庭艳,而且还要确保在这样的时刻不会出现政变。就在南越大选前一天,基辛格电告邦克"务必确保不要出现取代阮文绍的行动。总统对你给予充分支持,凡是你认为不积极支持这项政策的人,你可以立即解除其职务"②。

在美国人的庇护之下,这场总统选举的最终结果可想而知,它从头至尾只有阮文绍一人接受所谓的投票,根本是一个没有丝毫悬念的选举,87%的选民参加投票,阮却以94%的高票当选。这是不折不扣的独角戏,在只有一个候选人的情况下,美国官员竟然说"民主和宪制政府正在南越奏效"③。

在此期间,越美又举行了一次会谈,气氛非常紧张。春水谴责了美国操纵南越总统选举、物色候选人参选以图制造民主选举的假象,重申美国若执意维护阮文绍当局就不可能解决任何问题,并再次指出重大原则问题即美军撤出和西贡政府问题。黎德寿仍然没有出席会谈,基辛格对此很不满,嘲讽春水的发言是宣读指示。

春水反问基辛格他究竟代表个人还是代表白宫讲话？如果基辛格代表白宫,越方准备听取发言,但如果仅是个人观点,"因为你说我根据指示讲话,我也准备听取你从白宫收到的指示"④。基辛格信誓旦旦地说,美国千真万确没有介入选举过程,并已经厌倦了在会议上遭到指责。⑤ 他还表示:"难以相信,一个严肃的政府去年四次派遣总统特使来到巴黎,而河内的代表竟然缺席。事实上,加上这次,这个情况已有五次……我们强烈希望谈判实现和平,越快越好。但是由于这点(指西贡政府问题)仍未解决,我建议我们暂时停止这种接触,直到我们任何一方有新东西要讲。"⑥

春水温和而严肃地表达了越方的态度。他说:"我们也多次跟你讲,没有任何一个民族比越南人民更加渴望和平,以便和平建设我们的国家。我

①　基辛格:《白宫岁月》(第三册),第 1314 页。

②　Berman, L., *No Peace, No Honor: Nixon, Kissinger, and Betrayal in Vietnam*, New York: Free press, 2001, p. 99.

③　*Ibid.*, pp. 99 - 100.

④　"Memorandum of Conversation, Sept. 13, 1971", *RNNSF*, MF 0501673, p. 4.

⑤　*Ibid.*, pp. 4 - 5.

⑥　*Ibid.*, p. 5, p. 8.

们希望和所有其他各国人民友好相处,我们还希望看到的是科技水平高的国家帮助我们和平重建。但是,拥有和平我们必须拥有真正的独立和自由,决不接受没有独立和自由的和平。越南人民也是讲道理的,对那些只顾自己利益,不尊重我们利益的人,我们以其人之道还治其人之身。基辛格先生说自己多次飘洋过海,风尘仆仆来到这里,我也告诉你我们政府也希望和平解决。这就是为什么美国总统降级对待巴黎会议,而我们留在这里的原因。但是你今天表达的看法没有什么新内容,只是重复我们已经知道的东西。现在,我不想再就各点发表评论。一开始,我就表明关键的问题是军事问题和政治问题,而我们彼此的观点仍大相径庭。你们所建议的撤军日期与我们的要求不符,我们也已说明为什么不适宜。你就西贡政府问题解释得越多,实际情形与你所言就越远。在南越的下院选举和邦克大使对待几位候选人的做法之后,我很难相信顾问先生说的美国希望公平公正的选举、希望与影响选举结果脱离干系、希望南越人民自由表达他们的意愿。所以我同意顾问先生休会的建议,因为我们的分歧巨大,直到对方有新东西要讲,再重新打开这条渠道。"①

春水所指美国降级对待巴黎会议系美国代表团团长布鲁斯已经离职、美国却未及时说明由谁接替一事。布鲁斯1971年7月中旬卸任,长期缺席全体会议的副团长哈比卜出席了7月15日举行的121次全体例会。但美国方面当时没有说明他是否取代布鲁斯。布氏离职前曾向基辛格建议"将哈比卜调离巴黎谈判,无需像哈比卜这样精力充沛的人来应付,浪费人才"②。仅凭这一点就可以说,近两个月后威廉·波特接替布鲁斯纯粹为摆设,什么问题也不解决。

面对春水的讲话,基辛格只有提出黎德寿缺席会谈这件事以示关注。他表示,如果不将"河内政治局领导层人物"缺席视为不尊重美国总统的表现,那么只有一个解释,就是春水是全权代表。如此,美国在巴黎也有一位可以谈判的大使,无需再派总统特使前来。③ 美方认为只有黎德寿才有进行谈判的权威,对他的活动也就很关注,1971年5月谈判恢复后,美国得知黎德寿将参加会谈,基辛格就曾告诉尼克松,"他的出席具有重大意义,河内

① "Memorandum of Conversation, Sept. 13, 1971", *RNNSF*, MF 0501673, pp. 9-11.
② "Memorandum of Conversation, May 26, 1971", *RNNSF*, MF 0501673, p. 2
③ "Memorandum of Conversation, Sept. 13, 1971", *RNNSF*, MF 0501673, pp. 11-12.

不需要派他来对美国的建议说不"①。

北越通过这最近的两次会谈,认为美国很期待就政治问题与北越达成协议以尽快形成解决框架,以给尼克松政府增加政治资本。可以说,框架一公布,问题就基本解决了。至于具体条款的磋商,有可能被束之高阁,或谈判无限期拖延。正如美国所说,这将对南越政治形势产生影响,只不过更有利于阮文绍,而不是不利。②

很显然,越美秘密谈判再度陷入僵局。基辛格认为"只留有一个问题,那就是政治问题"③。总体看双方谈判过程,这个看法是切中要害的。只不过,谈判僵局似乎更不利于美国。在这次会谈后的第五天,基辛格致尼克松一份长篇备忘录。备忘录强调美国应体面地撤出越南,但"不幸的是,我们的第一笔本钱(指有步骤撤军)几乎全都耗尽了","第二笔本钱——西贡的力量日益加强也遭到了威胁。阮文绍政府和军队中的某些人准备向越共投诚。在美国,要求迅速脱身的势头正在高涨"。④ 基于这些理由,基辛格认为"我们应该在我们的本钱用光之前,在谈判上再做一次努力"⑤。基辛格建议修改(1971年)8月16日会谈提出的八点,请求总统批准这项新的谈判倡议。这就是所谓新八点,主要是在最后协议签字后的六个月内,在南越举行新的总统选举,由一个代表包括共产党在内的所有各种政治力量的选举委员会在国际监督下主持选举。选举前一个月,阮文绍将辞职,由参议院议长代行其职务;美国撤军的最后期限从九个月缩短为七个月。两天内即9月20日,尼克松就批准了该建议。但为了不显得自己心虚,美国有意压后至10月4日才让沃尔特斯打电话给北越驻法高级专员武文充(梅文蒲的继任),表示华府有照会递交,一个星期后,沃尔特斯拜访北越驻地,向武文充递交了这个新八点,并要求会见黎德寿。黑格在总统批准的第二天就赶赴西贡,劝说阮文绍辞职,告诉他说,"共产党方面不大可能接受","你这样做可表明你把和平、正义置于个人利益之上,回击了那些对你的批评,这至少满足了河内选举不在西贡政府组织下进行的要求"。⑥ 其实,美国人只说了

---

① "Memorandum of Conversation, June 21, 1971", *RNNSF*, MF 0501673, p. 1.

② Luu Van Loi & Nguyen Anh Vu, *op. cit.*, p. 209.

③ "Memorandum of Conversation, Sept. 13, 1971", *RNNSF*, MF 0501673, p. 7.

④ 基辛格:《白宫岁月》(第三册),1319 页。

⑤ 同上,第 1320 页。

⑥ Larry Berman, *op. cit.*, p. 115.

两个目的,除了帮助阮文绍借以沽名钓誉外,尼克松还盘算的是如果被北越拒绝,自己公并建议的话,就会大大地反击对自己的抨击,实为一箭三雕。当然,既然于己没有什么明显的不利,阮自然言听计从,可是他并不知道美国很快就将建议告诉了北越。

还在沃尔特斯行动之前,美国通过苏联将倡议转告北越,最高苏维埃主席团主席波德戈尔内专程到河内将情况通报。北越如果接受该建议,将在美中关系、美苏关系上加强尼克松的地位;如果拒绝,美国就会将建议公布于众,煽动世界舆论谴责北越。权衡利弊后,北越作出答复。1971 年 10 月 25 日,武文充通知沃尔特斯,黎德寿、春水准备于 11 月 20 日与基辛格会见。

然而,要不要恢复谈判,越南劳动党中央政治局内有分歧。不赞成的理由是,虽然战场上的力量对比仍然不利于革命力量,谈判桌上美国在政治问题上仍不让步,但根据对美国一贯的言行分析,河内无需失去耐心,要静以观之。另一个要考虑的因素是,河内不知道三个大国间是如何讨论越南问题的。[1] 综合主要意见基础上,政治局 1971 年 11 月 11 日作出决定,指示春水,"在 20 日的会议上,我们将不提出反建议,黎德寿的出席也是不必要的,如果基辛格同意会谈的话",春水和他的会谈"仅仅是使这座桥不要断"。[2]

11 月 17 日,美方得知黎德寿不会出席会谈后,随即以此做借口拒绝和春水举行会晤,但为了掩盖美国破坏会谈的目的,提出随时准备会晤黎德寿或北越的其他任何领导人以及春水部长。很快,它自己就戳穿了这种欲盖弥彰的手法,因为出于报复心理,美国采取了破坏性步骤,推迟举行第 139 次巴黎四方会谈。

---

① Luu Van Loi & Nguyen Anh Vu, *op. cit.*, p. 211.
② *Ibid.*, p. 212.

第七章　越南提出三套方案

进入 1972 年,关于越南问题的巴黎会谈快四年了,其所以没有进展,根本原因就在于美国没有放弃它进行侵略战争的立场,妄图从谈判桌上捞取战场上得不到的东西。尼克松政府不厌其烦地吹嘘自己愿意通过谈判解决问题,但是它做的和说的根本背道而驰。尼克松政府虽然遭到了明显的失败,但仍然十分顽固,还不肯放弃侵略越南南方、老挝和柬埔寨的野心,仍然继续轰炸、袭击越南北方,竭力拖延和强化侵略战争,在谈判中顽固坚持其实际上要越南人民接受妥协投降的蛮横条件;并且玩弄种种花招,欺骗世界舆论,掩盖其侵略战争的继续。这就暴露了美国所谓要"认真"谈判的虚伪性,致使谈判变得较以往更加复杂和艰巨。

第一节　华府大争吵再掀高潮

1972 年 1 月 25 日,美国总统尼克松就美国侵略越南和印度支那战争问题发表了一篇电视讲话,抛出了一个所谓"通过谈判达成一项解决办法的建议",并把这个"建议"说成"是一个现在就结束战争的计划"。但是,引人注目的却不是这个被《华盛顿邮报》称为"老一套骗局"[①]的计划,而是尼克松在讲话中透露美国自 1969 年以来一直在和北越举行秘密会谈。这确实让不少普通美国人颇感意外。尼克松不早也不晚,恰在此时公开消息,形式含蓄,用心良苦。这就要从那个轰动世界的"五角大楼文件案"说起。[②]

1971 年夏,华盛顿政治气氛紧张。人民反战声浪迭起,已经焦头烂额的尼克松政府竟把鼎鼎大名的《纽约时报》告上了法庭。《纽约时报》的董事长兼社长阿瑟·苏兹贝格决定奉陪,同政府打这场官司。如此特大新闻迅疾传遍全美、传向世界。人们不免好奇,政府为什么要起诉一家报纸,这家

---

① 基辛格:《白宫岁月》(第三册),第 1326 页。
② 根据《尼克松在白宫——祸起萧墙》编写。

报纸哪来的"勇气"跟政府作对？原来《纽约时报》在星期天(1971年6月13日)的头版要闻中,有一条关于侵越战争的报道,紧跟其后,该报原样刊登了十三件、一万余字的政府文件,主要揭露约翰逊政府初期为扩大侵越战争而进行的种种密室策划。在当时美国社会被反战浪潮包围的氛围中,报纸上出现这样的新闻再正常不过了。直到《纽约时报》星期一又抛出了约三万字的文件,尼克松如梦初醒,决定干预。美国司法部当天就对该报提出劝告,要求立即停止刊登连载报道,并将文件的原件交还政府。否则,政府将对该报采取法律行动。苏兹贝格两小时后电复司法部,就说了一个字:不。也就是说,连载报道不停止,原件也不交给政府,并在第三天又刊载了报道和16件文电。尼克松政府只有把问题提交法院。根据总统的决定,司法部将诉状投递至纽约联邦地区法院。

事情之所以如此严重,就是因为《纽约时报》正在公开发表的这类材料,都是政府的绝密文件,来自一个绝顶机密之处——五角大楼。这家报纸煞费苦心地煽动反战风潮,与政府作对,绝对不只是为吸人眼球,增加卖点那么简单。它的所在地是纽约市曼哈顿岛西区离洛克菲勒中心不远的第43街,这里正是东部权势集团的大本营,该报正是东部权势集团的喉舌。很显然,《纽约时报》发表这些机密文件,有种种意图,主要目的是为了煽风点火,进一步推动反战舆论,阻止尼克松政府继续打这一仗。也就是说,东部权势集团在人民反战风暴外,形成了对尼克松政府新的反战包围圈。

尼克松决定诉诸法律途径制止该报继续刊登政府绝密文件的同时,命令联邦调查局查明是谁向《纽约时报》提供了这些绝密文件,要求将该犯迅速缉拿归案。可笑的是,正当联邦调查局的特工绞尽脑汁排查怀疑对象时,泄密者竟然在《纽约时报》发起攻击后的第五天就主动公开露面说:"人们怀疑是我泄露了这些文件,我为此感到荣幸。"此人名叫丹尼尔·埃尔斯伯格,其时是麻省理工学院研究员,曾供职于五角大楼,他通过媒体向尼克松政府发出了公开挑战。美国最大的广播电视垄断企业哥伦比亚广播公司还邀请他向全国发表电视谈话。这些举个人之力是决不可能做到的,事实上,埃尔斯伯格并非孤家寡人,他的反战决心再大,如果没有五角大楼的研究报告,也就不可能发生"五角大楼文件案"风波。而组织编写这个研究报告的正是被逼辞职的麦克纳马拉。

麦克纳马拉离职前悄悄组织一批亲信,汇编关于美国对印度支那战争的起源及其历史发展过程的长篇研究报告(共计47卷),埃尔斯伯格作为麦克纳马拉的哈佛校友被选进了这个秘密的编写小组。问题是,自报告完成之日起,盖上了绝密标志的文件怎样才能销密呢? 这个千斤重担落到了埃尔斯伯格的身上。尼克松进入白宫后,1969 年下半年,埃尔斯伯格私下着手准备,仅为复制长达四十七卷的文件就花了四个月时间。他此时还想走一条合法的途径,于是他自然想到了自己的老师——基辛格,通过这层关系游说尼克松政府。当然,他和基辛格的谈话是令其失望的。埃尔斯伯格又跑到国会山转了几圈,也未能找到一个同盟军,最后,他只有一个选择,找东部的各大报纸。以"五角大楼文件案"为名的这场风暴终于刮起来了。

由此可见,发生在尼克松政府时期的这场斗争同约翰逊政府时期的那场斗争之间存在着直接的联系,眼前的斗争是前一段的继续,统治集团内部主和派、主战派间的搏斗并未因政府的更迭而稍有缓和,甚至比前期更为激烈。此时,国会山取代五角大楼成为主战场。1969 年 9、10 月份,参、众两院的主和派提出大批议案,指责尼克松政府撤军步伐太小,速度太慢,主张加快步伐,提出了撤军限期。主战派则提出了相反的议案。1970 年 5、6 月份,围绕着尼克松政府派兵入侵柬埔寨的问题,两派再度展开角逐。在参议院,主和派势力较强,再拉拢一些中间派力量,往往能形成多数。即使如此,主战派仍全力进行了阻击。1970 年 5 月 4 日,肯特州立大学四名学生被国民警卫队枪杀。参院连续两天举行全体辩论。一些主和派议员声援学生,指责尼克松出兵柬埔寨。一些主战派议员则为国民警卫队辩解,大谈法律和秩序,与主和派针锋相对。众议院的一些议员来自兵工企业强大的选区,主战立场更鲜明,在众议院,他们拥有相对多数票,因此,他们的活动较参院主战派更嚣张,那些撤军议案一到这里统统变废案,全部被否决,以致于尼克松从众议院看到了一线光明,从这里找到了他所谓的"沉默的多数派"。如果上述这些还不能充分反映两派斗争之惨烈程度的话,那么当斗争矛头直指所谓"军界—工业界集团"时,双方的火药味空前浓厚。

以东部垄断资本集团为主体的主和派势力认为,当前美国面临的种种问题的根源首先是政府的军费开支太大,以西部、西南部为主要基地的军事工业发展太快,政府无力在国内社会问题上采取补救措施。要压缩巨额军费,首先就要向五角大楼里主战派军事将领进攻,要向以西部、西南部为主要基地的军火商们进攻。到哪里寻找足量的炮弹呢? 主和派挖空心思,竟然从艾森豪威尔在总统任期届满时发表的演说里找到了根据,而尼克松那时正是副总统。艾森豪威尔在 1961 年 1 月发表了这样的谈话:"在美国的经历中,一个无比巨大的军界权势集团和一个庞大的军火工业相结合,是一种新现象……我们必须保持警惕,不让军界—工业界集团拥有那种不正当的、难以容忍的影响……我们永远也不能让这种结合的势力危害我们的自由或我们的民主程序。"①

以"军界—工业界集团"为骨干和后盾的垄断资本集团主战派势力报复性极强,他们张牙舞爪,伺机反扑。1969 年 4 月,军界代表人物公开站出来表态,第一个便是参联会主席惠勒将军。鉴于人民反战风暴日益高涨,他态度较为克制,表示主和派攻击军方是找错了对象。其他一些将领,特别是前线的将军们讲话就毫不客气了。美军王牌空降师 101 师师长蔡斯少将的话很有代表性,他说:"我们国家正在寻找替罪羊……现在找到了浑身血迹的将军们的头上。"②兵工企业家的代表们也纷纷发表公开谈话,对主和派予以回击。来自主战派的阻击还在国会山上,他们的干将是国会的公开代表人物。其中气焰最嚣张的就是参议员巴里·戈德华特。1969 年 4 月 15日,他在参院发表长篇演说,为"军界—工业界集团"充当辩护律师,对主和派势力,特别是对前国防部长麦克纳马拉做了猛烈攻击。其中,他这样说道:"我们有一个庞大的军界权势集团,我们又有一个致力于供应这个集团的庞大的工业体。这两者显然构成了一个集团。如果是这样,那我可以肯定,从这里找不到任何应当予以责难的东西,却很有必要为这个集团的存在而感到庆幸。扪心自问一下吧,我们为什么会有一个耗费巨资的军界权势集团? 为什么会有一个能力很强的防务工业? 答案是简单明了的:我们在世界范围内承担着巨大的责任,我们在世界范围内面临着巨大的挑战……在这个充满极权主义侵略的世界上,这两者对于维护我们的安全和自由都是必要的,不可或缺的。这并不会自动地使这个集团成为我们应当感到忧心或者羞愧的某种东西。"议员先生气势汹汹地反问道:"那些非难军界—工业界集团的批评家们究竟是要我们干什么? 难道他们是要我们对国防领域里取得的进展置之不顾? 难道他们是要我们倒拨时针,解散我们的军界权势集团,扔掉我们的防务工业能力?"他进一步指名攻击了麦克纳马拉等人。戈德华特说:"用一种诚惶诚恐的目光盯着防务经费的巨大增长,对我们不会有什么好处。麦克纳马拉时代把防务经费的这种增长强加到了我们头

---

① 张海涛,前引书,第 123 页。
② 同上,第 150 页。

上,他们又装模做样地指责军界—工业界集团,以为这么一来就可以使他们干的勾当变得正确起来。"戈德华特还编造了一个"文职官员—电子计算机集团"。他说:"我们今天在国防领域里碰到的种种问题,其中许多同军界—工业界集团没有多大关系,而是主要产生于文职官员—电子计算机集团的错误和失算。我这里当然是指五角大楼里那个青年文职官员统治集团,这个集团是麦克纳马拉时代为了在某种程度上剥夺军方在广泛的防务政策决策领域的发言权而拼凑起来的……罗伯特·麦克纳马拉对五角大楼的管理是我们现在谈论的所有那些问题的根源。"①

不得不承认,此番演说极富煽动性,听上去反击效果极佳,毕竟麦克纳马拉有主战派的老底,抹也抹不掉,指责别人并不能使自己更高尚,所以戈德华特这番话的意思很清楚:谁都别兜对方的底,统统闭嘴。可是道高一尺,魔高一丈,谁也没料到麦克纳马拉离开前竟然留下了后路,即美国侵略印支战争的长篇研究报告,东部垄断资本集团主和派决定利用自己掌握的舆论工具,公开秘史,彻底封住主战派的嘴巴,进一步进逼尼克松政府,要它把印支这场战争停下来。主战派与主和派之间斗得天翻地覆,其实就是狗咬狗,但在客观效果上起到了声援人民的反战作用。

尼克松还有一个软肋,这就是1972年的总统大选,而约翰逊被赶下台的场景还历历在目,尼克松不得不投鼠忌器。《纽约时报》抛出头几批材料后,一个叫爱德蒙·马斯基的参议员连忙赶到纽约花园城发表演说,他指责约翰逊扩大战争时使用了欺骗手段,他还提出一个惊人要求:把1971年12月31日作为全部美军撤出印支的期限。他说,如果政府拒绝确定全部撤军的期限,千百万美国人就有理由怀疑这个政府。② 这恰恰戳到了尼克松的痛处。共和党内部也有人乘机揭发尼克松那一段主战派历史。这些五光十色的反应清楚地写着两个字:反战。尼克松上台之后,侵越美军总数上升至五十四万,基于这个事实,总不能给自己贴上反战派的标签。

此时的美国社会上下就如一座正在喷发的火山,尼克松迫不及待地要向美国选民们告白:美国对待谈判的态度是"认真"的,他为了"那条捷径"即"谈判的道路"③付出了"诸多努力",借机把谈判失败的责任完全推卸给北越,企

---

① 张海涛,前引书,第151—154页。
② 同上,第55页。
③ 《尼克松抛出"八点建议"玩弄侵越新骗局》,载于《人民日报》,1972年1月29日。

图欺骗不明真相的人们。但这招并不高明,无异于搬起石头砸自己的脚。

首先,大多数美国人并不领情,对美国千万家庭来说最重要的是把他们的亲人带回来,解决严重的失业问题。然而,人们目睹的事实是,这场耗费惊人的侵略战争正戕害着美国社会从经济到政治的各个层面,连巴黎街头的乞丐帽子上都写着"不要美元",可结束战争仍那样遥遥无期。美国舆论普遍认为河内拒绝美国的建议是美国政府的错误。在 1968 年竞选中败北的民主党副总统汉佛莱则回敬说:"这又怎么了,还有的是问题嘛。"①总之,公众对尼克松讲话的反应不但不热烈,相反,认为政府做得还很不够。尼克松公开秘密谈判,显然是想减少对他的批评,摆脱被动、困难和每况愈下的局面,但现在批评不但没有递减,反有递增的趋势。就在这次讲话后,一个声势浩大的美国人民反对政府扩大对越战争的斗争浪潮在美各地掀起,并蔓延至全美范围。

1972 年 4 月 21 日,美国一百几十所大学的学生举行大罢课。第二天,数以万计的美国群众在纽约、华盛顿、旧金山、洛杉矶、芝加哥等大城市和一些州的首府举行示威游行和集会。纽约近五万人冒着倾盆大雨在市中心区曼哈顿、百老汇等街道上举行大示威,强烈抗议政府出动大批飞机扩大轰炸越南,他们不断有节奏地高呼"一、二、三、四,我们不要这场战争"②等口号;在华盛顿,一些退伍军人还冒雨把一口棺材抬到五角大楼前面,抗议政府侵略越南。从 4 月到 5 月,人民斗争浪潮不断高涨。特别是 5 月 10 日,东起纽约州,西至加利福尼亚州,北达密执安州,南到佛罗里达州,数十个城市成千上万的群众广泛开展各种形式的抗议活动。在纽约,三千名青年学生和各界群众在国际电话电报公司附近演出揭露美国对越南南北方进行野蛮袭击的街头剧,他们还抗议这家垄断企业从侵越战争中谋取暴利。在美国北部的明尼苏达大学,三千学生到学校的预备役军官训练队军械库外面抗议,把其周围的篱笆拆掉,用来在市内主要街道上筑起高达两米的路障。

在 1972 年 5 月 10 日的这次抗议活动中,美国国会、州议会各级政府机构、军事机构,军火公司以及政府的头面人物成了群众示威的显著目标。三百名黑人学生高呼反侵略战争口号,在国会大厦外面举行了示威。美国众议院议长害怕示威人群冲入议院,慌忙下令封闭议院走廊。在伯林顿,示威

---

① 基辛格:《白宫岁月》(第三册),第 1326 页。
② 《美国人民反对政府侵略越南的斗争浪潮继续扩大》,载于《人民日报》,1972 年 4 月 23 日。

学生封锁了这个城市的联邦大楼入口处。普林斯顿大学的学生封锁了该学校与五角大楼关系密切的国防分析学院的入口处。在伊利诺伊州首府,一批群众在尼克松的竞选总部外面举行了静坐示威。在威斯康星州首府,五千多人在州议会外面举行了烛光游行。远在太平洋的夏威夷州,十日也爆发了反战示威。当副总统阿格纽到檀香山活动时,许多人在他的旅馆外举行了示威。前一天,当他在俄州首府为美国扩大侵越战争的行径辩解时,三百多名示威者向他投掷马铃薯和石头。

美国大学生和各阶层群众还采取了封锁通道的斗争方式,抗议美国政府采取封锁越南民主共和国的措施。在佛罗里达州的盖恩斯维尔,三百名示威群众连续两天封锁了美国第 441 号公路。示威群众表示,他们是在"封锁军事供应,正如尼克松总统现在试图在越南北方所做的那样"①。康涅狄格州的群众在康涅狄格河举行了象征性的布雷活动。

面对声势浩大的群众抗议浪潮,美国通讯社惊呼:"这些抗议是 1970 年 5 月以来最愤怒和最广泛的。"②众目睽睽之下,尼克松只有被推着加快谈判步伐,没有别的退路。

其次,尼克松政府言而无信,违背了保密的诺言,但此背信弃义的恶举对越方却未尝不是一件幸事。越南两个代表团借以澄清了谈判被拖延的事实真相,也更有利于今后借助公开斗争推动谈判的进行。1972 年 1 月 31 日,越南民主共和国代表团在巴黎公布了 1971 年 6 月 26 日的九点建议,向媒体散发了两国间关于 1971 年 11 月 20 日举行会谈的往来照会。1972 年 2 月 2 日,越南南方共和政府代表团团长阮氏萍在巴黎会议上进一步说明了南方共和临时革命政府七点解决办法中的两个关键问题:结束美国的侵越战争,把美国军队全部撤出越南南方;阮文绍必须立即辞职,解散西贡伪政权的镇压、统治机构,成立一个由三种成分组成的民族和睦政府,以便在越南南方组织自由、民主和公平的普选。在这之后,越南人民得到的国际社会的声援越来越多,越来越强。1972 年 4 月,瑞典一万余群众举行了有史以来最大规模的示威游行,游行队伍沿途高喊口号"美国从印度支那滚出去""越南南方民族解放阵线万岁",他们还在美国大使馆门前举行集会,并将会议决议递交给美国大使馆。集会结束时,全场高唱越南歌曲《解放南方》。

---

① 《美国数十个城市群众纷纷举行示威》,载于《人民日报》,1972 年 5 月 11 日。
② 同上。

第二节　拒绝莫斯科传声筒

进入 1972 年,越南抗美救国战争形势的基本演变是,越南正处在主动的地位、有利的地位,美国正处被动的地位、困难的地位,尼克松在 1 月 25 日的电视讲话中不得不承认,"越南化的道路是一条回家的漫长道路",这种形势就为越美重开谈判创造了契机和条件。更为有利的是,在印度支那人民最高级会议举行以来的两年中,印度支那三国军民协同作战,打出了一派大好的革命形势。越南南方军民挫败了美国的战争越南化阴谋和绥靖计划,总共消灭西贡伪军 50 多万、美国侵略军和帮凶军 13 万。老挝爱国军民歼灭敌军约 6 万 2 千名,其中包括西贡伪军 15 000 余名和泰国帮凶军 4 500 多名,同时把解放区扩大到占全国 4/5 的领土和拥有 100 多万人口。柬埔寨爱国军民在抗美救国战火中迅速壮大,取得了辉煌战果,总共歼灭金边伪军、美国侵略军和西贡伪军约 23 万名,解放了 4/5 的国土和 7/10 的人口。

两年前,美国侵略者在越南、老挝打不赢,悍然把侵略战火扩大到柬埔寨,这就激起了印度支那三国人民的英勇反抗,加强了三国人民紧密配合起来争取抗美救国战争胜利的决心,使三个战场更紧密地连成一片。特别是进入 1971 年—1972 年冬春的旱季以来,印度支那三国军民在战场上非常活跃。他们抓住战机,向敌人发动猛烈进攻,使敌人顾此失彼,狼狈不堪。到 1971 年 12 月初,柬埔寨爱国军民已经彻底挫败了敌人的"真腊二号"军事冒险行动,使朗诺集团惊恐万状,连连向美国主子求救。同这一胜利攻势相呼应,老挝爱国军民在同年 12 月 28 日发动凌厉攻势,仅四天内就完全解放了查尔平原—芒绥地区。接着,老挝爱国军民在 1972 年年初,乘胜前进,直逼美国中央情报局在老挝的基地和王宝"特种部队"的巢穴——桑通、龙镇,打得敌人溃不成军,解放了龙镇,随后又完全解放了下寮的战略要地波罗芬高原,老挝解放区从北到南已连成一片。

正当美帝及其傀儡在老、柬连吃败仗的时候,越南南方军民从 1972 年 3 月 30 日开始又向敌人发动了强大的春季攻势。攻势开始的头 5 天,越南南方人民武装力量就迅速攻破敌人设在广治北部的防线。到 4 月 15 日,南方南部东区人民解放武装力量完全消灭了平隆省省会安禄市的守敌,敌人三年来建立起来的统治,仅在几天内就在一个广阔地区被摧毁。至此,南方人民武装力量解放了西贡北部三个省长三百公里、宽五十公里的地区，并继续推进到距西贡只有几十公里的地方。美伪集团由于兵力不足，阮文绍不得不慌忙把"总统府"警卫部队投入战场。与此同时，湄公河三角洲的各省、中部高原地区的人民解放武装力量同西贡周围和北部战场密切配合，使美伪军穷于应付，陷入一片混乱和被动挨打的窘境。在这次春季攻势的头半个多月里，越南南方军民就消灭伪军有生力量3万名，扩大解放区，狠狠打击了美帝的战争越南化政策。

面对1972年春季越南南方人民武装力量发动的凌厉攻势，美帝国主义慌忙增调飞机军舰，对越南南方和北方进行狂轰烂炸。美国当局命令第七舰队的旗舰巡洋舰"俄克拉荷马"号和航母"小鹰"号"星座"号驶往北部湾，以便在那里同"珊瑚海"号和"汉科克"号航母会合。美国好几艘驱逐舰也集结在越南非军事区附近海面。另外，还从美国国内增调了一中队B-52轰炸机去东南亚和西太平洋地区。与此同时，美国政府负责官员频频会商，就侵越战局加紧策划。美国国家安全委员会华盛顿特别行动小组从四月三日到五日连续三天举行紧急会议，研究侵越战局。此外，美国国务院发言人麦克洛斯基三日在新闻发布会上威胁说，"如果必要，美国将采取行动"，美国国防部发言人五日也公然叫嚷，对于是否大规模轰炸越南北方的问题，"我们认为目前保留着作出我们一切抉择的可能性"，另有一些参议员叫嚣说，"要深入到北越的北部去轰炸"。①

紧随其后，美帝采取了较1972年年初以来的战争行动更大的新的军事冒险。4月16日，美国继续使用空军对北越进行战争升级，疯狂出动B-52等多批军用飞机对首都河内市和港口海防市及其郊区的人口稠密区进行大规模轰炸和扫射。在美国悍然轰炸河内、海防的当天，被越南人民军部队击落的美国飞机就有15架，其中包括一架B-52。这样，从4月1日以来，被越南北方军民击落的入侵飞机达50架。

虽然尼克松此时大规模地增加了比约翰逊时期更多的海空力量，但驻越美军地面部队已经不足五万人，仅就此而言，美国在越南南方的侵略战争已经无可挽回地失败了。它支持下的傀儡部队在越南南方人民武装取得巨大胜利的形势下，不断有伪军实行兵变、起义和开小差，士气极其低落。而且，美国侵略老挝、柬埔寨的战争也"几乎是一筹莫展、可悲的图景"。早在

---

①　《美国政府密谋强化侵略越南战争》，载于《人民日报》，1972年4月6日。

1971 年 8 月 2 日,美国参议院被迫发表了一个文件,无可奈何地承认,从 1962 年以来,"美国一直在老挝进行的一场秘密战争"已经濒于完全的失败。"从军事观点来说,那里的局势在不断恶化,主动权看来清楚地落在敌方手里。"美国参议院外委会公布的由詹·洛温斯坦和理·穆斯根据"美国官方汇报"所写的报告承认,他们"在老挝见到的人当中,没有一个人对未来有一个解决办法"①。美国参议院发表的这份报告,是美国侵老战争已惨遭失败的自供状。另外,美国扶植下的柬埔寨朗诺集团自 1971 年 4 月上演"总统选举"的丑剧以来,金边各派为争权夺利而互相倾轧,内讧愈演愈烈,不仅在军事上惨遭失败,政治和经济危机也日益加深。凡此种种,都证明了一点:美国对越南和印支的侵略战争正在悲惨地落幕,与此相对的变化趋势,就是越美谈判进入了最关键的时刻。

1972 年 4 月,越南劳动党中央委员会举行了第二十次全体会议,会议听取和讨论了关于 1972 年抗美救国任务的报告,并通过了决议。会议一致认为,"1971 年是敌人作出了巨大努力的一年,但也是它遭到惨重失败、我们取得巨大胜利的一年,敌我之间在军事、政治和外交三条战线上的斗争正处于十分重要的时期。我们正具备把抗美救国战争迅猛推向前进的有利条件"②。这次会议是在越、老、柬军民高举印度支那人民最高级会议的团结战斗旗帜的两年来,打出一片大好形势的背景下召开的。越南劳动党中央在印支人民最高级会议两周年之际举行的这次会议具有方向性意义,会议指出,"形势的基本演变是:我们正处在胜利的地位、蒸蒸日上的地位,敌人正处在失败的地位、每况愈下的地位"③。这个判断无疑是非常适时和正确的。

美帝仍不甘心自己的失败,竭力阻挠谈判的顺利进行。除了黎—基高层谈判陷于停滞,1972 年 3 月 23 日,美国政府又悍然宣布,美国将无限期地停止参加巴黎会议的各次会议。尼克松在第二天公开承认,他亲自授命美国代表团无限期中断会议,并为重新召开这个会议提出了极其蛮横无理的条件,妄图以中断巴黎会议来要挟越南人民"向前走一步"④,而且妄图实

---

① 《美帝侵略老挝战争惨遭失败的自供状》,载于《人民日报》,1971 年 8 月 27 日。
② 《越南劳动党中央举行第二十次全会作出决定"坚持抗美救国战争 推进社会主义建设"》,载于《人民日报》,1972 年 4 月 12 日。
③ 同上。
④ 《美国政府的蛮横行径》,载于《人民日报》,1972 年 3 月 30 日。

施武力讹诈。但是,美国的军事冒险不断遭到越南人民的坚决反击。尼克松于 4 月 26 日晚面向全国又一次发表电视演说,宣布自 5 月 1 日起到 7 月 1 日止的"两个月将再把两万名美国人从越南调回国",使侵越美军的人数减少到四万九千人,宣布恢复被美国中断了一个月的巴黎会议。事实上,美国被迫恢复巴黎会议是越南民主共和国坚持要求下的结果。

从 1972 年 2 月至 4 月,美国四次致信北越,试探恢复基辛格和黎德寿的私下会谈。在此期间,美国丝毫没有放弃其武力讹诈的手段,不时袭击越南北方,而且,每次袭击都发生在北越接受美国建议的日期之后。尤其是 1972 年 3 月 23 日美国宣布无限期停止巴黎会议后,北越在 3 月 27 日致函美国强烈谴责美国破坏巴黎会议:声明要求美国政府必须停止用一切形式进行的侵略战争;停止玩弄破坏巴黎会谈的各种花招;任何私下会议举行之前必须首先恢复关于越南问题的巴黎会议,为此将私下会谈推迟到 4 月 20 日。4 月 2 日,美国照会北越,表示巴黎会议于 4 月 13 日举行,提议 4 月 24 日按照一贯的地点和时间举行基辛格博士和特别顾问黎德寿以及春水部长之间的会谈。仅仅四天后,美国就以"北越大规模入侵南越",河内"在战场上把他们的军事活动大规模升级",诬蔑北越"违反了 1954 年签署的条约","违反了 1968 年达成的停炸谅解"等种种借口取消了定于 13 日举行的巴黎会议。这份照会发出的当天,美国就派遣大批飞机、军舰对越南民主共和国领土进行大规模轰炸和炮击。1972 年从 4 月 2 日到 6 日这段时间正是美国政府官员频频会商加紧策划侵越行动的时刻,因此取消巴黎会议也就不足为怪了。

但是,在美国宣布无限期停止会谈后,仍奉中央指示留在巴黎坚持斗争的越方代表团于 4 月 15 日答复美方,声明驳斥了美国所谓"北越侵略南越"等荒谬论调,严正指出恰恰是美国对越南的侵略违背了 1954 年日内瓦协议,美国目前对越南民主共和国的战争行动与美国完全撤军的承诺背道而驰。越方始终抱有诚意以求越南问题得到迅速、妥善之解决。为此,越方提议,4 月 27 日恢复巴黎会议,5 月 6 日举行私下会谈。

在要求美国恢复巴黎会谈这个问题上,越方是经过深思熟虑的。1972 年 4 月 17 日,也就是答复美国两天后,黎德寿和副总理阮维桢向越南民主共和国代表团作了三点指示:第一,敌人恢复轰炸,旨在对我方施压,挽救溃败的局面。轰炸不能表明敌人的强大,只暴露了它的软弱和尼克松的冲动。政治局经考虑决定,按计划继续战斗下去,采取一切措施打败敌人针对北越的海空战争。敌人在南越损失得越惨重,他们对北方的进攻就越残暴。第二,尽管这样,我们仍期待巴黎谈判继续。因为放弃于我们利益不符,美国会把责任推卸到越南身上,借口要求召开越南和印支的国际和平会议。在中、苏和美国关系缓和的情况下,一个解决越南问题的国际会议对我们不利。为了日后和美国的直接接触,我们要利用巴黎会议作为对外宣传的讲坛。保持巴黎渠道,不是因为我们软弱,而是因为我们需要它,并和战场斗争结合起来。第三,有鉴于上述原因,我们要留在巴黎,要求美国停止对北方的轰炸,恢复巴黎和谈,指出美国必须为轰炸和无限期停止对话负完全责任。[①]

美国单方面中断巴黎会议,现在也理应主动回到谈判桌上来,别的出路是没有的,正所谓解铃还需系铃人。1972 年 4 月 27 日,中断达一个月之久的巴黎会议终于复会,这已是关于越南问题的第 148 次会议,会议的次数跟会议取得的进展完全不成比例。因此,尽管美方恢复了巴黎会议,北越对它的批评仍然必不可少。

1972 年 4 月 29 日,越南《人民报》就尼克松演说发表评论。评论说:"尼克松以为他只用宣布在今后两个月再撤走两万名美军,舆论就会相信他有'诚意'。然而,在美国减少地面战斗部队的时候,他却加强空军和海军,试问'诚意'在哪里呢?尼克松丝毫没有'减少'美国的'卷入',相反正在增加美国在越南的卷入。就派遣美国代表重新出席关于越南问题的巴黎会议一事来说,尼克松也没有什么'诚意'。正是他命令美国代表从 1972 年 3 月 23 日起无限期地拒绝出席这一会议。尼克松的'决定'的实质是:继续进行战争升级,妄图寻找'军事上的胜利',同时再撤一批军队,并且重新参加巴黎会议,以便欺骗舆论,掩盖其战争罪行。"评论驳斥了尼克松在演说中散布的所谓越南北方已经"越过国际边界"去"侵略邻国"的论调。评论说:"是哪个邻国? 是哪一条国际边界? 尼克松凭哪一项国际文件说越南南北方是两个国家? 1954 年关于印支问题的日内瓦协议明确地提到国际公认越南的独立、主权、统一和领土完整。宣言的第六条写明:'会议确认:军事分界线是临时性的界线,无论如何不能被解释为政治的或领土的边界。'哪有尼克松所说的'国际边界'和'邻国'呢? 只有越南的边界,而越过这条边界侵略越南的是美帝国主义。尼克松叫嚷说'北越侵略南越'的骗人论调只是为了

---

① Luu Van Loi & Nguyen Anh Vu, *op. cit.*, pp. 220 - 211.

制造进行战争升级的借口罢了。尼克松说我国人民违反所谓'默契'的论调,也是为了达到这一罪恶目的。我国人民曾经多次强调说:我们并没有参与任何损害本民族利益的'默契'。"①

美国政府在舆论上难以混淆视听,美国军队在战场上正处于败退之势,尼克松口口声声的所谓"体面"其实早已荡然无存了。即便这样,美国也不愿按照北越提出的日期举行秘密会谈,"要举行秘密会谈需要有一个方法保全大家的面子"②。这就是谋求莫斯科的帮助以打破在全体会议和秘密会谈的次序问题上的僵局。基辛格秘密前往莫斯科为美苏首脑会晤做准备时,他再度对苏联领导人勃列日涅夫提出:"必须在(1972 年)5 月 6 日之前同黎德寿再举行一次秘密会谈,如果局势不受阻挡地发展下去,那么一种可能是我们将被迫采取势将危及首脑会谈的行动。"③其实,尼克松和基辛格恰恰担心当美国飞机正在轰炸莫斯科的盟友的时候,莫斯科可能会取消最高级会议,但此刻美国反倒主动把首脑会晤和越南谈判相连,这显然是一种讹诈。

勃列日涅夫的反应是极其温和的,他只是宣读了北越的电报,内容和 4 月 19 日北越给美国的照会一样,北越坚持在 4 月 27 日恢复巴黎会议,5 月 6 日举行秘密会谈。和 4 月 15 日照会不同的是,北越这次做了两个让步:如果美国同意恢复全体会议,黎德寿将立即从河内动身;只要黎德寿留有一周时间前往巴黎,美国可以建议一个更早的日期。

基辛格清楚,保全美国的面子"并不需要苏联的帮助,我们在莫斯科需要做的是表达我们有摊牌的决心"。他说:"5 月 6 日那个日期太晚了,5 月 2 日是我能参加会谈的最后日期。"④基辛格提出一个"折中方案",即美国同意 4 月 27 日恢复巴黎会议,条件是河内同意 5 月 2 日举行秘密会谈,并描述了准备在 5 月 2 日向黎德寿提出的建议。

根据基辛格的回忆录,勃列日涅夫说,他既控制不了我们的和平建议,也控制不了我们的轰炸机,他同意把我们的建议转交给河内。⑤

就在基辛格离开莫斯科后,1972 年 4 月 25 日,苏共中央对外联络部部

---

① 《越南〈人民报〉评美国总统尼克松的演说》,载于《人民日报》,1972 年 4 月 30 日。
② 基辛格:《白宫岁月》(第四册),第 1451 页。
③ 同上,第 1450 页。
④ 同上,第 1451 页。
⑤ 同上,第 1450 页,第 1454 页。

长康斯坦丁·卡图谢夫就乘专机飞到河内,向范文同转达了这一建议。建议除了老调重谈外,特别提出要求北越撤走 1972 年 3 月 29 日以来进入南越的部队,尊重非军事区,立刻交换战俘。作为交换条件,美国将停止轰炸北越,并撤走 1972 年 3 月 29 日以来新派遣的海空军力量。

莫斯科这次充当了美国人的传声筒,美国希望"用一种最能使河内感到日益孤立的方式来同苏联打交道",基辛格在其回忆录《白宫岁月》中说,"4 月之行的意义并不在于提出这个建议,而在于苏联卷入了和谈的过程,而且卷入的方式对美国有利"。①

如前所述,莫斯科自从巴黎四方会谈开始后,一直保持谨慎、有限介入的姿态,对北越既无心也无力施加过大的压力。但到 1972 年 4 月,苏联又不得不高度关注越美会谈。当时的形势是,苏美首脑会晤正在拟议中,而在尼克松访问之际,美国轰炸北越、越南南方战争还在加剧的话,在莫斯科接待尼克松无论如何都是一件困难的事情。因此,"莫斯科很愿意参加"到"尼克松政府正试图把莫斯科拉进它与越南进行的外交游戏中去,它以为自己能够帮助解决这场冲突"②。1972 年 4 月 13 日,就在越美为恢复巴黎会议和私下会谈而频繁照会的同时,苏联驻美大使多勃雷宁通知基辛格说莫斯科同意接待他,并帮助完成他所肩负的秘密使命。这个使命跟流产的"万斯使命"一样,尼克松总统欢迎北越使者到莫斯科与基辛格会见。为此,苏联驻河内大使谢尔巴科夫分别在 1972 年 4 月 14 日、15 日和 17 日连续约见范文同、阮维桢和越南劳动党中央第一书记黎笋,转达美国继续对话的愿望。谢尔巴科夫表示,如果北越代表愿意在莫斯科会见基辛格,苏联方面将做出安排。虽然至今尚没有材料披露苏联是否担心首脑会谈流产才又一次试图介入越美会谈,但谢尔巴科夫的举动不能不说明苏联的确有此考虑。

北越从一开始就坚持谈判只能在巴黎举行,多次直接向美方声明不要第三方介入会谈。这次也不例外,北越断然拒绝接受苏联的提议,表示他们更愿意在巴黎进行会谈。

对在美国飞机深度轰炸北越的时候,苏联同意在莫斯科接待基辛格和安排首脑会谈,北越也是非常不满的。4 月 27 日,范文同接见卡图谢夫,强烈批评了美国的建议,并直率地表示不理解苏联的做法,以至于后者用一种

---

① 基辛格:《白宫岁月》(第四册),第 1453 页,第 1451 页。
② 阿纳托利·多勃雷宁,前引书,第 281 页。

近乎批评的口吻问,战场上的较量和巴黎的谈判如何能糅合在一起时,范文同回应说:"这是一个程度或措施的问题。如果我们不采取强大的军事行动,他们不会跟我们对话。我们必须通过行动让他们懂得越南化必然破产,那群傀儡必将被扫荡干净,无可挽救。程度或措施就是采取恰到好处的行动把他们留在谈判桌上,而不是为羞辱他们,措施的问题也是一个机会的问题。"①

　　在和美国的谈判处在十字路口的时候,河内对莫斯科的不信任是很明显的。1972年5月6日,河内给黎德寿和春水的指示中就谈到,(越南)怀疑苏联和美国拿越南问题做交易,"我们应该对破坏巴黎和谈以及另寻他途解决越南问题,例如召开国际会议的阴谋保持高度警惕。至于私下会谈,要直到尼克松莫斯科之行后再定夺。现在就接受私下会谈的话,我们会给苏联人发挥中间人作用的机会,也就给了它利用越南问题与美国做交易的机会。如果美国人提出来会谈,你们奉命推后会谈"②。也就是说,原本按照中央的指示,黎德寿不会和基辛格进行秘密会晤,但既然美国提议先恢复四方会议,那么这就是机会来了,北越便不再反对5月2日进行私下会谈。中断了半年之久的秘密会谈就此得以重开,这次会谈还有一个与以往大不相同的地方,就是已经不再处于完全保密状态,黎德寿此次巴黎之旅因而备受关注。

　　1972年4月30日,黎德寿抵达巴黎奥利机场,得到了人们的热烈欢迎。他对数百名记者发表声明,重申越南人民的正义立场,指出任何威胁和军事压力决不能迫使越南人民屈服。声明说:"关于越南问题的巴黎会议已经进行了四年,但是毫无进展。其主要原因是,美方执意要不惜一切地实行政治'越南化',拒绝认真地进行谈判。它不断拖延解决越南问题的巴黎会议,单方面公布私下会谈的内容,从而破坏了关于私下会谈问题所达成的协议。今年3月23日,尼克松竟然决定无限期中断巴黎会议,同时对越南民主共和国居民进行野蛮轰炸。但是,面对我们的要求以及美国人民和全世界进步人民的压力下,美方不得不同意恢复巴黎会议。"声明指出:"为了迅速地和平解决越南问题,美国必须抱着善意和认真的态度来积极回答越南南方人民的合理、正当要求,必须放弃已经走上失败道路的战争'越南化'政

①　Luu Van Loi & Nguyen Anh Vu, *op. cit.*, p. 226.
②　*Ibid.*, pp. 233 - 234.

策。只有这样,才能迅速恢复和平。这对美国来说也是体面的道路。至于我们,我们一贯持认真和善意的态度,以便迅速谋求越南问题的和平解决。越南问题的解决途径应当是谈判的途径。过去,美国对越南北方进行毁灭性的空中战争长达四年之久,它向越南南方派遣了五十多万侵略军,但是它并没能征服越南人民。如果美国顽固地强化和继续进行侵略越南的战争,那么它就必将遭到更加惨重的失败。"①

黎德寿、春水与基辛格在巴黎签署和平协定　　图片出处: httpnews. ifeng. commil2009010127_235_984943. shtml

第三节　南方政权问题

1972年5月2日上午十点,以黎德寿和春水为首的越南民主共和国代表团和以基辛格为首的美方代表团重新聚首在北越代表团驻地,开始了双方的第四轮会谈。双方代表在半年未见面的情况下,没有了往常礼节性的寒暄,会谈伊始,气氛就很沉闷。基辛格完全没有了往日大学教授那幽默的

_____

① 《黎德寿抵巴黎时对记者发表声明》,载于《人民日报》,1972年5月1日。

风度,显得顾虑重重,因为就在昨天,白宫接到报告,美军控制下的伪军盘踞的南方省会城市广治"陷落",尼克松和他的顾问班子围坐在他的办公室里,一言不发,犹如蜡像一般。而黎德寿也刚刚得到广治解放的消息,不过他也焦急地等待着更详细的情况汇报。

春水首先发言,他对美国单方面破坏保密的承诺表示强烈抗议,并提出美国如继续泄露会谈内容,越南也将对外公布会谈。基辛格试图做些辩解,最后不得不同意会谈仍然保密。他接着以越方对美国 1971 年 11 月提出的建议和尼克松 1972 年 1 月 25 日的八点没有答复为由,表示此次会议上,他不会提出任何新建议,并指责越方延误私下会谈。他还蛮横地要求北越遵守所谓"1968 年达成的谅解",停止"侵略南越"。基辛格所言仍不过是被北越拒绝了的老一套说辞。因此,春水指出:"在越南进行侵略战争的正是美国这个 1954 年关于越南问题的日内瓦协议的破坏者,五角大楼的秘密文件已部分地证实了这一真相。现在,特别顾问黎德寿先生跟你讲话。"①

黎德寿接着说:"我不愿意旧话重提,但既然你方纠缠过去的问题不放,宣称我们施加军事压力,我们进行侵略,我们破坏了日内瓦协议和 1968 年谅解,那么为了搞清楚问题,我不得不回顾那些以往的问题。"②黎德寿批驳了美方的荒唐论调,指出美方歪曲事实,所谓越南北方"违反了谅解"的说法纯属捏造。他说:"春水先生和我本人与哈里曼大使举行了多次私下会谈,这些都有记录。"③黎德寿继续指出,"延迟私下会谈的不是我方,而是美方。我们迄今为止没有拒绝过你方提议,倒是你取消过一次",基辛格问,"哪一次?"黎德寿说,"去年 11 月 20 日的那次。当时,我的确生病了,和你在巴基斯坦装病不同。但你却拒绝会见全权代表春水。之后,你方建议再举行会谈,我方又接受了。可是,紧接着你们就轰炸越南民主共和国,干扰巴黎会议。任何情况下,我们都没有拒绝举行私下会谈。这表明了我方严肃的态度。错误的话莫要再提,我想你我是时候找到解决越南冲突的办法了。"④对尼克松称之为"最慷慨"的八点建议,黎德寿表示不接受它作为讨论的基础,越方已经指出的两个基本问题仍没有得到美方的答复。基辛格当然非

---

① "Memorandum of Conversation, May 2, 1972", *RNNSF*, MF 0501674, pp. 5 - 6, p. 7.

② *Ibid.*, p. 7.

③ *Ibid.*, p. 9.

④ *Ibid.*, p. 10.

常清楚越方所指是什么,于是拖长了声音说,"我没有发现其中有何新东西",①边说还边装做收拾摞在自己面前的一堆文件的样子,似乎准备起身离开,并以推后私下会谈直到有新内容或北越停止攻势为止来要挟越方。黎德寿冷冷地说:"悉听尊便,但是责任完全由你方负责。"②房间里的空气似乎在瞬间凝结住了,突然,基辛格说道:"我有一个临时提议,让我们把局面恢复到你方攻势开始以前的状态,我方将撤走增派的部队和停止轰炸,这样我们可以在较为平静的氛围中开始对话。"③

春水回答说:"你提议的只对你们有利。当你们扩大战争到整个印支时,你们对此什么也没说。当越南南方人民奋起反抗,你们又妄图阻止,妄图束缚他们的手脚。"④基辛格知道对手不会让步,再次以冻结会谈来要挟越方。黎德寿也再次表示,要不要会谈取决于美方,如果美方决定休会,越方没有异议。春水接着对会谈之公布提出三种选择:一是什么也不说,因为根本无结果;二是双方协商能说些什么;三是任由对方决定公布什么样的内容。春水认为第一个选择最妥当。越方显然不怕基辛格的威胁。

基辛格被激怒了,愤愤地说:"上星期,我们已把我方希望讨论什么告诉了你们的苏联盟友,他们说将向你们转告。我感到难以理解的是,既然你们了解我们想讨论什么,那为什么还要跟我们见面?"但他显然又不甘心就此打道回府,因为他话锋一转地说:"我们准备讨论任何政治进程,它真正留给南越政治前景以充分的选择余地。我们不准备讨论这样的建议:对在西贡植入贵政权的翻版产生实际影响的建议。去年夏天,我方就告诉你们这一点,今天我再说一遍。可能现在我们对南越的状况掌握不够充分,不能准确提出合理的说法,因此希望听取你们的建议。"⑤显然,基辛格也希望对话继续,于是,春水回答道:"你说你们提出了八点,我方却无反应。我也可以说我阐述了两个基本问题,而你却认为我只是重新宣读建议。与你方八点相联系的有关美国撤军问题,你方的建议不够具体;至于你们的政治建议,你们的政策仍然是维持阮文绍政权……因此,我方特别澄清两点。我方建议阮文绍立即辞职,没有阮的西贡当局应当改变政策。你方未对我方的反建

① "Memorandum of Conversation, May 2, 1972", *RNNSF*, MF 0501674, p. 12.

② *Ibid*., p. 15.

③ *Ibid*.

④ *Ibid*., p. 16.

⑤ *Ibid*., p. 17.

议给出回答,而我方却对你方做出了答复。在那两个关键问题上,我方提出了新看法。"①基辛格故意装做不理解,请对方解释越方此次建议和去年 7 月的有何不同。春水说:"我已经说得很清楚了,下面我请黎德寿先生发表他的意见。你提到了我们的盟友,我们有些话告诉你。"②黎德寿接着说:"在我们的谈判中,我多次向你指出,我们直接与你们打交道,反过来也是一样。我也多次跟你讲,我们不要通过中间人接触,以往四年中不要,现在也不要。因此,你方有任何话要说,请直接说给我们听。这样会更清楚,比通过第三方更简单。我们是你们的对话者,你应当把话直接带给我们。在你方的八点中,我们关注两个关键的地方:军事问题和政治问题。你方建议撤军在协议签字后六个月内进行,我们不知何时方能达成协议,因此,撤军就变成被无限期延长的一个问题。至于政治问题,现在我方只要求阮文绍立即辞职,西贡政权改变现行政策,那就是停止镇压人民的恐怖手段,回到日内瓦协议第十四条第三款。你方如有任何想法,都请直接跟我提出来。"③

基辛格表示,美方的立场首先是军事、政治问题分开解决。美国准备单就军事问题,就是撤军和战俘加在一起,重开谈判。虽然这一直是对手拒绝接受的,但他又抱着一丝侥幸,以为可以有所改变。他试探地问:"当然,你们拒绝了。我想你们会继续拒绝。我想确定一下,我理解得是否正确"。黎德寿则说:"在这点上,你总算有了正确的理解。你我已经就此达成共识。"④

毫无疑问,越方仍然坚持政治和军事问题放在一起来解决。春水代表越方着重指出,阮文绍不能按照美方八点中所讲的,在大选前一两个月辞职,而是立即辞职,"越快越好,最好明天就辞职,如此,问题便可以迅速解决"⑤;西贡当局不得保留镇压机器。为确保进行民主、自由、公平的选举,成立一个包括三种成分的广泛的民族和睦政府,关于这点,黎德寿强调说:"民族和睦政府包括三方,这是考虑南越政治现状后的决定。如果你们不接受这一点,解决问题就变困难了。"⑥

---

① "Memorandum of Conversation, May 2, 1972", *RNNSF*, MF 0501674, p. 17.

② *Ibid.*, p. 18.

③ *Ibid.*, pp. 18 - 19.

④ *Ibid.*, p. 19.

⑤ *Ibid.*, p. 23.

⑥ *Ibid.*, p. 22.

这次三小时的会见是有史以来最短的一次，双方立场仍差距较大，此外，整个会谈中，双方没有触及更具体的问题。会见结束时，双方也没有约定下次开会时间。

会谈结果无疑令美方很沮丧，基辛格在当天给尼克松的情况汇报中称，会谈中"所讲内容毫无建设性，只是在我们的谈判记录上多了一笔而已"，"根据对方的顽固表现来看，这种表现几乎肯定是由于其军事上占据优势、可能还由于期待从我们这里获得进一步让步所致"。① 基辛格恼羞成怒，立即授命美国代表团团长波特宣布中止巴黎会议。5月4日，美国以越南民主共和国和越南南方共和临时革命政府"不肯严肃谈判"为借口，再次单方面宣布不定期推迟关于越南问题的巴黎会议。

5月4日当天，越南民主共和国政府代表团和越南南方共和临时革命政府代表团分别发表声明，强烈抗议美国的这种行为，声明要求美国方面照常参加会议。5月6日，北越外交部发表声明，强烈谴责美国再次破坏巴黎会议。声明说："三年多来，尼克松政权一贯坚持顽固的殖民主义侵略立场，并寻找一切办法回避越南南方民族解放阵线和越南南方共和临时革命政府的合情合理的建议。尼克松总统1972年1月25日的'八点和平计划'以及美国从过去到现在提出的其他计划，只是为了迫使越南人民放下武器、接受西贡伪政府和它的全部残暴的压迫统治机构，是为了长期分割越南。尼克松政权实现不了在实力地位上进行谈判的阴谋，便使用一切手段来破坏这些谈判……越南人民为保卫祖国的独立自由而坚决战斗，同时在谈判中一贯抱有严肃的态度，为越南问题谋求一项正确的政治解决办法，确保越南民族的各项基本权利、越南南方人民的真正自决权，并为美国体面地撤出越南战争开辟道路。但是，'严肃谈判'决不是接受蛮横的八点和平计划，决不是承认美国傀儡阮文绍伪政权……越南民主共和国政府呼吁各社会主义兄弟国家的政府和人民、各爱好和平与主持公理的国家的政府和人民、美国人民和世界人民强烈谴责尼克松政权再次严重地破坏关于越南问题的巴黎会议，坚决要求尼克松政权立即停止轰炸、袭击和对越南民主共和国的其他一切战争行为，停止推行战争'越南化'政策，必须照常参加巴黎会议，必须进行严肃的谈判和积极响应越南南方共和政府已经就两个关键问题作了进一

---

① "Memorandum For The President, My May 2 Meeting with the North Vietnamese", *RNNSF*, MF 0501674, p. 1.

步说明的七点解决办法。"①

1972 年 5 月 8 日,尼克松宣布封锁北越的六大港口及在北越海岸布雷,实施海上全面封锁,妄图切断越南所需的武器、粮油等战略物资的外援通道,迫使越南在谈判桌上让步,用基辛格的话说,美国的"行动必须能引起震惊,使北越停步,使南越振作"②。

与轰炸和封锁行动相配合的是轰炸开始当天,尼克松抛出的电视演说,提出了"新的和平倡议",自认为提出了"最迁就对方"③的条件,这就是释放战俘、就地停火和四个月内撤出全部美军。此外,美国又再度通过苏联转达这一建议。就在尼克松发表演说的同时,基辛格正在他的办公室会见多勃雷宁,交给他一份总统讲话的副本,并向他保证,美国在北越的行动不是直接针对苏联的。同时,基辛格还交给他一封尼克松致勃列日涅夫的信,信里概述了美国的和平建议。这封信采用了基辛格 4 月莫斯科之行所用的伎俩:"给首脑会谈描绘成功的前景,以鼓励苏联克制","现在就看苏联是否准备取消"首脑会谈了。④ 同一天晚上,基辛格的助手彼得·罗得曼向在纽约的中国驻联合国代表团递交了尼克松致周恩来的一封信,表示"这次危机不会干扰美中关系的进展"⑤。尼克松这些措施的目的"都是为了劝告莫斯科和北京默许"美国的行动,"以便孤立河内,推动它进行有意义的谈判"。⑥

5 月 14 日,多勃雷宁递交基辛格一封信,建议如能在首脑会谈前恢复巴黎谈判,"对苏美会谈将会有许多好处"。⑦ 苏联提出,双方都不提先决条件,四方会谈和秘密会谈齐头并进,当然,这些建议并不代表河内,但苏联准备把美国的反应转告北越。基辛格很快答复说,应先同黎德寿举行秘密会谈,取得进展,就恢复全会。尽管莫斯科用最强硬的语言劝北越接受美国的程序建议,但河内未给予答复。

让尼克松如释重负的是,苏联最终没有取消首脑会谈,因为政治局认识到,"在迫使美国停止轰炸和尼克松举行最高级会谈之间作出选择等于给了

① 《越南民主共和国外交部发表声明》,载于《人民日报》,1972 年 5 月 7 日。
② 基辛格:《白宫岁月》(第四册),第 1490 页。
③ 同上,第 1506 页。
④ 同上,第 1504 页,1505 页。
⑤ 同上,第 1507 页。
⑥ 同上。
⑦ 同上,第 1515 页。

河内否决我们同美国关系的权利"①,"莫斯科首脑会谈就这样吉利地开始了"②。

1972 年 5 月 20 日,尼克松一行抵达莫斯科,最高苏维埃主席团主席波德戈尔内和总理柯西金到机场迎接。苏联鉴于越南的关系,通过多勃雷宁对基辛格说明,在莫斯科对尼克松的公开欢迎会比较低调,但这种举动已经不足以取信于河内了,河内对莫斯科的好感正在一点点丧失。美国轰炸和封锁行动开始后,苏联的反应也不强烈,甚至还不如得知苏联船舶和海员也在轰炸中受损时反应强烈,在多勃雷宁交给基辛格的信中,苏联方面对美国封锁北越一事只字未提。尼克松访苏期间,对越南除河内外的其他各地,包括海防,轰炸还在继续。在这种情况下,莫斯科还是向尼克松发出了邀请。而在和美国的联合公报里,关于越南问题,苏联的立场也不鲜明。

此时已是 1972 年年中,持续了四年的巴黎谈判仍旧陷于僵局。尽管如此,中央却认为越方的基本要求得到满足,美国不再坚持所谓北越部队撤出南越,在阮文绍当局问题上,美国的让步就是让阮辞职。现在的情况是,争取连任使尼克松压力很大,但对越南则是个机会。在军事斗争方面,中央指出虽然战争还未取得全胜,但战场形势已经向有利于越南的方向转变,现在正处于"隧道尽头的光芒"之阶段。黎笋代表政治局致南方局的信中指出:"我们处在胜利的地位……政治局的结论是,西贡相比我们处于弱势,美国要回到越南是很困难的。"③在这些现实条件面前,中央决定转变战略,即从战争战略转向和平战略。北越当时希望在未来几个月内迫使美国接受明确解决,同时也做好了战争拖过 1972 年、长期打下去的准备。④ 这个转变被认为是南方革命的一个转折点。⑤

到 1972 年 7 月初的三个月来,越南北方军民击落 260 多架美国飞机,俘虏数十名飞行员,击伤 50 多艘军舰。经过三个月达不到预期结果的战争升级,面对越南两个代表团要求美国必须照常举行巴黎会议的坚决态度,尼

---

① 阿纳托利·多勃雷宁,前引书,第 286 页。

② 基辛格:《白宫岁月》(第四册),第 1533 页。

③ Le Duan, *Letters to the South*, Su That Publishing House, 1985,pp. 361 - 362. , cited from Luu Van Loi & Nguyen Anh Vu, *op. cit.* , p. 181.

④ "Letter of Nguyen Duy Trinh, Minister for Foreign Affairs, to Prime Minister Pham Van Dong Who was then on vacation in Yunnan, China", cited from Luu Van Loi & Nguyen Anh Vu, *op. cit.* , p. 241.

⑤ Luu Van Loi & Nguyen Anh Vu, *op. cit.* , p. 241.

克松政府被迫于 6 月 29 日公开宣布巴黎会议将在两周内恢复的消息。它的恢复也意味着私下会谈将近了。这时,越美"双方存在的最棘手问题是越南南方的政权问题"①。

在 7 月 19 日的私下会谈中,美方承认"的确试图把军事结果同政治结果分开",为了说服越方相信并接受美国的意见,基辛格表示,这么做"决不是你们认为的理由。我们不会寻找机会重返越南。我们也不谋求将越南冲突永久化。我们谋求的是把自己的直接卷入和政治结果分离,后来发生的事情是越南条件的产物,而不是美国作用的结果。我们有千万条理由这么做,但不是因为我们还想回到越南"②。他还具体表明三点:第一,在美国正在亚洲其他地区削减存在的时期,美国无意在一个叫越南的小小角落维持美国军队、基地或者支配地位;第二,美国可以和亚洲大多数非亲美政权共存,为什么非要坚持在西贡造就一个亲美政权? 第三,如果华盛顿可以与莫斯科、北京共存,那么也可以与河内共存。两国之间不构成对彼此的长期威胁③,美方期待美越关系掀开新篇章。在上述原则下,美国对政治问题的立场仍是,美国遵守任何由南越人民塑造的政治进程的结果。

基辛格还建议为加快问题的解决,谈判步骤上要借鉴一些经验。他说:"我们与其他国家、其中有些是我们 20 多年都没打交道的国家通过这样特别的渠道——我代表总统谈判,能直奔核心问题和决定重大事项,而细节问题则留给官僚衙门的那些技术人员处理——解决了重大问题。当然,我不想被误解。我不是说,我们和其他国家讨论越南问题。我们之间已经达成的共识是,越南问题只在巴黎,而非其他任何一个国家的首都解决。"④基辛格所指显然是他自己、尼克松和中国领导人的会谈。他们与毛泽东、周恩来的谈判都不是在具体问题上争论不休,特别是毛泽东对尼克松大讲哲学,涉及实质问题只在原则上谈谈。基辛格对这种风格由衷喜爱,他对黎德寿说:"一旦我们就总目标形成一致,就会发现实际办法相对容易些。既然你们尝试了种种途径,为什么不试试这个新途径呢?"⑤

基辛格所言还是对美国立场的说明,缺乏实质性和具体的内容,但其语

---

① 《黎德寿在巴黎举行记者招待会发表声明》,载于《人民日报》,1972 年 5 月 13 日。
② "Memorandum of Conversation, July 19, 1972", *RNNSF*, MF 0501674, p. 9.
③ *Ibid*., p. 10.
④ *Ibid*., pp. 7 - 8.
⑤ *Ibid*., p. 12.

气和姿态又表现了一定的诚意。黎德寿和春水感到,第十四次会议可能成为合理解决越南问题的转折点①,但他们更想听的是美方具体的安排,而非总体路线。

因此,黎德寿首先对基辛格的发言报以真诚的回应:"越南是个经济欠发达的小国,我们可以说没有一寸土地能躲得过美国炮弹,每一寸土地上都灌溉了越南人的鲜血。即使我们失去一切,我们也不准备失去自由。但是,越南人民也是热爱和平的民族。我们充分了解对一个小国而言,战争之解决,不仅要通过武装斗争,最终亦要通过和平谈判。这就是过去二十五年,越南人民进行了许多谈判的原因。因此,我们感到没有理由为什么不能和美国实现和平解决。"②接着,他指出,谈判没有进展是由于尼克松政府不想认真谈判,"如果美国继续认为能通过持续的军事压力和凭借实力出发解决问题,这将无疑是尼克松任期内一个重大的错误"③。也就是说,越方并不认同谈判受阻是因为方法问题。黎德寿直言不讳地强调说:"越南和美国的谈判跟你们与苏联、与中国之间进行的谈判很不一样,因此,困难重重。它不像你们和苏联、和中国之间的交往那样容易。你们在越南进行了深入长期的侵略战争,撤出去的问题就不容易,因为你们不仅关注越南问题,也关注世界上其他地区。"④他由这个问题再次表示,"解决越南问题直接涉及你我之间,如果你们寻找谈判之外的另种途径,如果你们诉诸其他外交手段则是根本徒劳的,问题决不会那样解决"。基辛格当然清楚对方所指是针对美国访苏和访华,便自我解嘲地说黎德寿"不喜欢他的旅行",后者直言"彼此的谈判有一个很重要的因素,那就是实现解决的共同愿望和互相理解,建立彼此间最起码的互信也是重要的……我方已准备好秉承这种精神进行谈判,但不知道你方是否也坚持同一精神?"⑤越方对美国是否言出必行还是不确定的,因为连保密这样的事情,美国尚且不屑一顾,更遑论其他问题。

基辛格保证"美国不但遵守纸面内容,而且尊重协议的精神,不但遵守正式协议,而且遵守每个细节"⑥。黎德寿感到不解的是"细节"一词。基辛

---

① "Memorandum of Conversation, July 19, 1972", *RNNSF*, MF 0501674, p. 15.
② *Ibid.*, p. 16.
③ *Ibid.*, p. 18.
④ *Ibid.*, p. 16.
⑤ *Ibid.*, p. 19.
⑥ *Ibid.*, p. 24.

格解释说:"无论我们写下来什么,将有两个方面,即什么条件下实现协议和协议开始了什么样的趋势? 不是所有的建议一经提出立即解决问题,总有一些事情会发生变化,即便是你方的建议也是这样。双方签署的任何协议都仅是过程的开始。"①他由此提议,双方同意在整个印支停火四个月,在此期间,双方谈判方案的细节,先释放被关押时间最长的战俘。

这个建议不可谓不阴险,一方面,美国战俘如被释放就缓解了尼克松政府的巨大压力,另一方面,可以被称做细节问题的不在少数,哪怕只有一个没有解决,美国都可找借口拖延协议的签字,美军撤出越南也就被无限期地拖延下去,即使它所剩不过四万人。因此,越方不会接受这个建议。黎德寿回答说:"为达成解决计,双方应当考虑所有问题,就有待协商的事项形成一个日程表。一个问题谈不拢,就进入下一个,逐一解决,形成协议,之后停火。停火应当是最终的、明确的,而不是三个月、四个月后再起冲突。我们感到如果你们真希望严肃谈判,我们建议的方法才是正确的方法、切合实际的方法。我们在 1954 年、1962 年日内瓦协议上采用的就是这种方法。"②不等对方加以反应,黎德寿主动要求对方提出解决观点。基辛格便把尼克松1972 年 5 月 8 日演说里提出的建议重新表述,并递交越方一份复本。

越方认为,美方称之为修改过的、具体的建议其实没有修改,也不具体,甚至还不如原来八点计划清楚和明确,比如,关于阮文绍辞职和南越大选的时机问题。相比之下,越南方面的七点解决办法和其中的两个说明就不同。越方指出,两个说明和七点基本一致,只是更清楚补充了新内容。就军事问题而言,越方原来要求美国撤军确定一个具体日期,现在不再提此要求,而推动美方自己提出一个日期,之后双方加以讨论;关于政治问题,越方以往要求推翻西贡当局,以赞成和平、独立和中立的新政府取而代之,现在只提出阮文绍立即辞职,政府中其他人员仍不加以触动,但必须变更现行政策。所以,对基辛格的建议,黎德寿表示"很遗憾,与基辛格会谈开头的讲话使人产生的期待正相反"③。

基辛格试图模糊双方建议的实质差异,指出它们之间的"区别就是一个部分是时机、部分是如何实施、部分是由谁来实施的问题"④。越方看法与

---

① "Memorandum of Conversation，July 19，1972"，*RNNSF*，MF 0501674，p. 25.

② *Ibid*.，p. 26.

③ *Ibid*.，p. 29.

④ *Ibid*.，p. 40.

之截然不同。黎德寿认为,双方现在的差别"首先是政治问题,其次是谈判的方式问题"①。越方希望很具体、详细地讨论军事、政治问题,而美方却把两者分开处理,对政治问题又是泛泛而谈。协议达成之后,还留有细节问题,还需要越南各方进行深入协商,待到这一切解决之时,才会停火。

这次会谈暴露了双方目标仍差距甚远。北越谈判代表团全体成员内心自然不轻松,特别是黎德寿、春水更觉担子沉重。7月22日,他们接到中央的指示说:"南方战场力量对比正在向有利于革命一方转变。美国国内就越南问题在人民和尼克松之间、在共和党和民主党之间产生了尖锐的矛盾,我们要充分利用这些矛盾,把握最高方案和中间方案的主要原则。"②也就是说,北越代表团准备了至少三套解决方案,而中央这时显然没考虑过在最低方案上解决问题。接到指示后,他们把自己的想法向中央做了详细汇报。

黎德寿、春水完全赞成中央的路线,即同时在军事、政治和外交三条战线上开展斗争,争取1972年解决越南问题。但是,通过这次会谈,他们认为还是没有足够的根据说美国很有可能准备以中等代价接受解决,甚至还要对尼克松拒绝最低要求作出应有的估计,应当作好战斗持续到1972年后的准备。由于越方在雨季的行动受到限制,敌人会伺机反扑,所以,要趁雨季到来前,尽全力使力量对比有利于越方。基于上述估计,黎德寿、春水向中央建议:一、直到共和党大会召开,越方在私下谈判中的主要方向是讨论以越方最高要求为基础的主要原则,这样就能进一步了解美国的意图,推动全面解决。在共和党大会前,尼克松很有可能还不摊牌,但如果他想解决问题,越方也不要错过机会。如果到共和党大会举行时,尼克松仍无意解决,那么可能到10月还有机会解决问题。二、从现在开始到共和党大会,越方与基辛格就总目标进行讨论,逐步引导他向越方方案靠拢。为此,越方应提议两个路径解决军事和政治问题。军事上,美国应当停止针对越南的一切战争行为,两个月内撤走美军及其仆从军队,同时释放所有战俘和被关押的平民。美国应当承担医治越南两方战争创伤和战后重建的责任。政治上,在恢复和平和大选举行之间,任何一方都不得对另一方强加政治体制,不得彼此侵犯,建立一个三方拥有平等地位的政府,大选在协议签字后的六个月内举行。全面解决一旦签字,即刻采取三个行动:阮文绍辞职、建立三方政

---

① "Memorandum of Conversation, July 19, 1972", *RNNSF*, MF 0501674, p. 42.
② Luu Van Loi & Nguyen Anh Vu, *op. cit.*, pp. 254-255.

府和停火。① 这其中引人注目的一个变化就是，关于阮文绍辞职的时间。

按照黎德寿、春水的建议，阮文绍问题可以留待越南问题基本解决后再处理。按照这个思路，阮文绍去留问题就被纳入越南内部由有关各方解决。由于这个问题一直以来是越美双方不可弥和的分歧，美国人强调所谓政治问题交给越南内部解决，所以越方的这个让步在一定程度上迎合了美方的要求。之所以说是一定程度上，就是因为阮文绍问题不等于政治问题，只是其中一个问题，而且，阮终究是要被要求下台的，只是时机延后而已。这其实就是越方最高方案的主要内容。

此外，他们还建议把问题分为两类：一类是涉及越南和美国的问题，另一类涉及越南各方，主要包括越南统一在不受外来干涉的情况下，由越南人民自己解决等方面。

针对中央强调美国国内矛盾对解决问题的重要性，黎德寿、春水在报告的最后认为，"解决越南问题要根据我方需要，应当争取力量对比有利于我方，这是主要方面。但同时，我方也要注意对方的重重矛盾"②。他们一致认为，民主党总统候选人麦戈文对西贡政权的态度和尼克松截然不同。前者主张终止对阮文绍政府的军事援助，无条件停止美国在越南的卷入，越方要利用这一立场向尼克松施压。"我们要两条腿走路，如果尼克松想轻松闯过选举，欺骗世人，我们与他谈判的同时，不妨给他制造些麻烦。我们要对尼克松不解决问题就赢得选举的手段加以提防。另一方面，在谈判中，我们应当让基辛格了解越南希望解决问题，但也准备继续斗争。我们不要让他以为我们会害怕谈判推迟到大选后。"③

出于不让美方利用会谈服务于尼克松竞选的动机，北越代表团不再同意将双方的每次会见公之于众，虽然"即使我们不同意，美国也照样宣布会谈，但那就需要承担责任"④。双方在8月1日的会谈中为此争辩达一小时之久。

越南提出，自己仅仅是同意对外公布会谈的消息，并不同意披露会谈内容，但美方肆无忌惮地泄露会谈内容甚至会谈持续时间，违背保密的承诺。尼克松的目的很明显，就是哗众取宠，笼络人心，增加自己连任的筹码。早

---

① Luu Van Loi & Nguyen Anh Vu, *op. cit.*, pp. 255 - 257.

② *Ibid.*, p. 257.

③ *Ibid.*, pp. 258 - 259.

④ *Ibid.*, p. 245.

在 1971 年夏天,他就被明年的大选扰得心烦意乱,私下对基辛格说,"战争使他在美国国内失去支持,因此必须在 1972 年以前结束战争"①。现在选战在即,战争却仍悬而不决。所以,尼克松一而再、再而三地在大庭广众之下大谈和平。越方郑重表示,今后双方对外界只确认会谈本身,会谈细节不得透露。

基辛格此次带来一个十二点计划,他表示,美国"同意和承认军事、政治问题应当一并解决,我们已经认真弥合彼此间的分歧,因为这是解决的基本障碍。我们也接受贵方两点说明和七点建议的基本框架。为加速问题之解决,我们甚至更多采用贵方的表述"②。接着,他宣读了这个十二点计划,涉及美国撤军和战俘问题、停火以及相关的国际监管、南越政局、越南统一、印支国家和地区的中立和国际保证等等。在美国人看来,这个计划"唯一没有做的事情就是保证"对手"提前胜利"。③

显然,不能说美国人没有一点诚意,但其态度还是很傲慢的,自认为条件很慷慨。黎德寿听完基辛格冗长的发言后说:"我们认识到彼此已就部分原则达成共识,但还有一个非常基本、非常关键的问题,那就是南越的政权问题,尤其是关于西贡当局问题。"④虽然,美国已将它和日内瓦协议第十四条第三款联系起来做进一步考虑,但越方认为美国的态度不明朗,希望越南南方民族解放阵线的地位得到明确,它理应参加到未来的新政府中。另外,黎德寿认为,停火要在包括原则和细节的协议签署后再生效。而根据美国的提议,即拼凑一个原则协议后立即停火,至于政治问题的细节留给越南各方谈判,基辛格非常清楚,这样的谈判根本就是"长期的,也许是无结果的"⑤。在澄清上述两个问题后,黎德寿阐述了越方观点。

他首先要求美国停止对北越的轰炸和布雷行动。在十二点中,美国把这个问题和在印支全境停火问题挂钩,作为谈判内容来解决,这既蛮不讲理,也是诡秘的手段。尼克松政府对北越恢复轰炸违背了1968 年美国停炸的承诺。1972 年年初,甚至在北越强大的春季攻势和美国展开大规模报复之前,尼克松扔在越南北方的炸弹比他的前任在前五年内扔下的还要多。

---

① 基辛格:《白宫岁月》(第三册),第 1234 页。
② "Memorandum of Conversation, Aug. 1, 1972", *RNNSF*, MF 0501674, p. 15.
③ *Ibid.*, p. 27.
④ *Ibid.*, p. 28.
⑤ 基辛格:《白宫岁月》(第四册),第 1666 页。

七月正是雨季,美国飞机疯狂轰炸拦河堤坝,造成洪水泛滥、淹没农田、上万人受灾。在北越水域布雷则是对北越主权的更大破坏,此其一。美国在越南的侵略战争固然和印支局势紧密关联,两者从一定程度上说是因果关系,解决了越南的战争问题,印支紧张局势必然大大缓和,但反过来,印支问题不等于越南问题,在印支全境停火的讨论随时都会因为印支问题的复杂性而搁浅。按照美国的逻辑,只要印支不停火,美国对北越的轰炸就不会停止,此其二。但基辛格竟然颠倒黑白,把轰炸说成是"为了捍卫1 700万南越人民,正如美国进攻希特勒德国一样,如果美国不这么做将是最不道德的行为"①。

黎德寿严正指出,"美方的言行表明,美国仍妄图对越南进行最残酷的侵略战争,这才是真正的最不道德行为。你们对炮弹的威力过于自信,已经错估了局势,后果你们很清楚。在目前情况下,你们又一次错估了形势。如尼克松所言,美国可以在一个下午倾尽全力毁掉我们的国家,但有一件事,美国永远不可能做到,那就是摧毁我们人民的决心……为了实现谈判结果,双方都应创造恰当的氛围。你们应立即停止对北越的轰炸和布雷,尊重1968年的承诺。如轰炸继续,那么彼此不可能坐在一起对话,我们不得不重新考虑私下对话是否继续,责任完全在贵方"②。

在政治问题上,黎德寿表示,越方注意到了美国接受军事、政治问题一起解决的声明以及相关建议。但越方认为,美国仍高唱所谓"让南越政治局势顺其自然变化其实是错误的说法,因为过去二十多年来,根据我们的经历,南越政治局势未曾有一刻能够自然发展,而与越南化并行发展,这是不可接受的"③。在目前状况下,为了使私下会晤渠道获得进展,北越提出阮文绍可以在全部协议签字之后辞职,而非立即辞职。也就是说,在越美之间达成协议,和南方共和临时革命政府与西贡当局讨论执行协议的具体细节期间,阮文绍继续留任,直到南方共和临时革命政府与西贡当局的谈判有了最后结果。这是越方的一个重大让步,或许它来得太突然,以致于基辛格没有立刻反应过来,在黎德寿具体说明后,基辛格承认这是一个让步。④

作为这个让步的要价是,西贡当局改变其政策,保证实施民主自由,为

---

① "Memorandum of Conversation, Aug. 1, 1972", *RNNSF*, MF 0501674, p. 30.

② *Ibid.*, pp. 31 - 32.

③ *Ibid.*, p. 34.

④ *Ibid.*, p. 42.

此,它必须停止所有恐怖、迫害行为,释放政治犯。只有这样才能为谈判并取得结果创造氛围,也将为实现民族和睦、达成越南人民和解创造条件。南方未来的新政府包括三种成分:西贡当局代表、南方共和临时政府代表和南方各政治、宗教以及流亡人士等。民族和政府的职能是负责从和平恢复到南越大选期间即过渡阶段的内外事务。而美国只想用一场"代表所有政治力量的独立团体"①组织的总统选举这一笼统的原则"解决"南越政权问题。

在美国撤军问题上,越方明确表示,"不要求确定美军及其仆从军队撤出的最后日期,但是应当在最后协议签字的一个月内全部撤出美国部队",越方之所以不要求具体撤军日期的一个主要考虑是,"驻越美军仅剩三万人,从此刻到最后协议达成,美军还在继续撤离,待到协议达成而停火时,美军也所剩无几了"。② 与撤军相关的便是释放战俘问题,它包括两个方面:第一,越方指出,如果美国坚持四个月内撤军,那么战俘释放也会被延长;第二,美国要求在整个印支范围内解决战俘问题,这是越方不能答应的。黎德寿表示,越方"只能满足解决和越南有关的,至于关系到柬埔寨、老挝的问题",越南"不能代表他们发言",但他也认为"越南问题的解决将会对美国感兴趣的问题之解决创造有利条件"。③

黎德寿指出,回顾双方的谈判,越方认为彼此已经就结束美国在越南的干涉战争,而且美国不会再回到越南、尊重1954年日内瓦协议关于越南的基本原则和1962年关于老挝问题的日内瓦协议以及尊重越南人民的根本民族利益和统一越南国家等问题在原则上形成一致,诸如撤军期限、对西贡当局的军事援助和停火的时机等诸多细节仍待商讨,还没有获得基本解决的主要是南方政权问题、美国的战争赔偿问题等。基于上述说明,黎德寿向美方递交了越方的十点建议,这就是北越提出的第一套方案,即最高方案。

为加速谈判进程,越方还向美方正式递交了程序性建议:南方共和临时政府和西贡讨论并执行越美就军事问题和政治问题的主要内容达成的协议,以及讨论、解决细节上还未解决的问题;北越、南方共和临时政府与西贡三方会议解决关于越南南北两边的具体问题;所有四方讨论有关停火问题;开通上述渠道取决于北越和美国这个对话渠道先行解决。

---

① "Memorandum of Conversation, Aug. 1, 1972", *RNNSF*, MF 0501674, p. 16.
② *Ibid*., p. 36.
③ *Ibid*., p. 44.

这个建议基本上立刻被美方接受了,这是在所有建议中它接受的最快的一个;在其他问题上,特别是南方政权问题上,基辛格仍然贯彻美国的思维模式。他不厌其烦地向越方说明,美国"不反对西贡政府的改变,只要其结果是源自越南的条件或越南人的决定。总之,不是美国决策下造成的变化,这既是着眼于体面,也是从美国作为一个印支外其他国家可以依赖美国的角度来考虑……如果你们认定我们说自然演进就是要保证越南化成功,那将是极其错误的。我们要的安排是一种出路,就是为了不管南越将来发生什么,都将是越南人的决定,而不是美国施加的结果"①。

谈判四年来,基辛格这样的谈话一直不断,它们似乎向越方表明了美国的这种意图:美国要体面地结束战争,同时也似乎是在敦促越方尊重,至少也是默认美国的政策。②北越此时不再坚持阮文绍立即辞职,就表明它试图理解,并不怀疑美国的意图,同时北越也积极推动美国朝越方的解决方法靠拢。因此,在 8 月 14 日的会议上,越方继续以最高方案来谈判,主要就南方政权问题详加阐述。基辛格在《白宫岁月》这部回忆录里谈到这次会谈时说"双方都在拖延",其实搞拖延战术的正是美国。

基辛格这次带来的三份文件的"法律形式多于实质性内容",答复越方的文件中根本不提政治建议,撤军期限上又含糊其词,基辛格以自己即将访问西贡为托辞,打算对北越的建议"至少推迟两周再回答"。③

既然美方借口不做答复,黎德寿便主动问基辛格去西贡之前,关于政治问题有何看法?后者运用他擅长的迂回风格回避问题。黎德寿说:"每当我提出问题,你总是大而化之。现在,我有一个非常具体的问题,即南越现有两个政府、两支军队和三方力量。这种现状,你们承认吗?"基辛格说:"我承认那里存在两支军队,两个政府,就政治力量而言,只有两方。第三方则处于不定型状态,要说有,也只是两个半。"④

黎德寿指出在解决方案中,如果这个客观现实被忽视,民族和睦政府无法建立,那么南越政治问题不可能得到解决,也就不能确保南越的独立、中立、民主与和平。具体来说,越方的解决路径分两个阶段:第一阶段,建立三种成分的民族和睦临时政府,负责内外事务;第二阶段,全民投票普选建立

---

① "Memorandum of Conversation,Aug. 1,1972",*RNNSF*,MF 0501674,pp. 53 - 54.

② 《美国打算有条件地放弃南越》,载于《参考消息》,2006 年 5 月 29 日。

③ 基辛格:《白宫岁月》(第四册),第 1667 页。

④ "Memorandum of Conversation,Aug. 14,1972",*RNNSF*,MF 0501674,p. 32.

国民大会,负责起草新宪法和确立南越政治体制。而按照美方的建议,在第一阶段,只有阮文绍被取代,西贡当局仍未加触动。在一个控制着庞大的统治机器、拥有一切宣传手段的政府框架下,选举委员会只维持表面上的独立,实际上做不到独立、民主。第二阶段,美国提议进行总统大选,之后各方政治力量被西贡当局任命或选到各个部门。大选后一年内,各方讨论修订宪法,并就执行措施达成一致。但怎样修改宪法是不清楚的。所以,美国不但维持了西贡当局,还保留了其宪法。它是美国意志下的产物,非人民代表大会起草。在越方看来,"关键的是建立反映南越政治现状的民族和睦政府,只有这样,战争才会结束,越南问题才能得到公正合理的解决。如果美国的确希望解决问题,就应当从现实情况出发。如果美国偏要消灭一个,维持另一个,那么问题仍不会解决。美国不可能用尽手段和谈判取得武力在过去十年中也不曾取得的东西。因此,只要成立三方政府的问题不解决,战争就不会和平解决"①。

越方在再三申明上述立场的基础上进一步指出,目前在南越每个省都有南方共和临时政府和西贡当局的武装力量,这就排除了单纯由任何一方来独立支配任何一省的局面。没有民族和睦政府,冲突必将持续不断。因此,还需要就保证这个政府长期存在、实现遍布南越的民族和睦的措施方面进行讨论。

鉴于美国总试图和北越解决军事问题,而对政治问题只达成一般原则就签署协议,开始所谓停火,黎德寿指出,尽管美方表示不会把军事、政治问题分开解决,但坚持在政治问题获得完满解决之前就停火,因此实际上把政治问题分割成几块,再加上所谓南越政治进程自然演化的建议,美国的根本目标是维持西贡当局。让越方更不能接受的是,在自己已经应美方请求和其一道解决问题,为此已经不要求阮文绍立即辞职,而是推迟到所有问题获得解决之后辞职的情况下,美方毫无理由拖延谈判,从而把越南各方之间的谈判延误到停火后。越方主张"最合理的解决办法是在双方就越南各方将要讨论的政治问题的原则和主要内容达成一致后,方能实现停火"②。

经过与美方这三次会谈后,黎德寿和春水向中央详细汇报了会谈进展情况。他们认为对手"在细节和次要问题上是灵活的,但在政治问题上立场

---

① "Memorandum of Conversation, Aug. 14, 1972", *RNNSF*, MF 0501674, p. 42.

② *Ibid.*, p. 43.

最顽固……双方的焦点已经集中到政治问题",一个总体感受是"谈判已进入最后解决阶段"。① 作为身处一线的谈判代表,他们对正处白热化的美国总统竞选很关注,认为如麦戈文当选的话对解决问题是有利的,但他们又认为不要太过寄望于此。尼克松当选,形势对越方会很困难。②

他们的报告得到了政治局的高度重视,劳动党中央当时的想法是,"跟尼克松解决问题的可能性越来越小时,我们应当努力增加尼克松竞选的困难,支持其反对派,并促使他败选"③。就在这之后,越方两个代表团在巴黎接待麦戈文的特使,在 1972 年 9 月 2 日,越南民主共和国国庆日当天,越南人民军总部发布释放令,决定释放三名被俘美国飞行员,交给美国家属联络委员会。以上措施的一个主要着眼点就是,北越希望尽可能快地,甚至在美国大选之前解决问题。而这恰好也正是基辛格本人的想法。④

基辛格在 1972 年 8 月 14 日会谈后提出美国的三个战略性选择:第一,在大选前获得解决;第二,大选一结束就采取剧烈升级的做法;第三,照目前的速度使冲突继续下去,直到河内让步。但他认为,"第三种做法实际上不是办法",对第二种做法,他"可以赞成",但"它不能作为优先考虑的方针",而要"作为最后手段来使用"。⑤ 基辛格之所以有此考虑,是因为他认为美国在大选前处在更有利的谈判地位上。他敏感地嗅到,对方担心尼克松一旦连任成功后会加大军事打击,他相信利用这一心态可以迫使对手做更多让步。此外,基辛格意识到,即便尼克松大获全胜,到 1973 年 1 月,民主党控制的国会势必削减战争拨款,规定美国全面撤军的日期,无论如何,"最好的条件也不会超过我们在巴黎可能赢得的条件",而"河内判断尼克松在大选后地位大大加强是估计错误","因此,如果河内决定在大选前解决问题,我认为这是我们不可多得的良机"。⑥

鉴于上述理由,基辛格在莫斯科请示尼克松,在 1972 年 9 月 15 日向对方提出关于选举委员会的建议,它包括阮文绍不愿接受的关于委员会构成的规定。但尼克松政府已经无暇顾及阮文绍的立场了。早在 1970 年 7 月,

---

① Luu Van Loi & Nguyen Anh Vu, *op. cit.*, p. 275, p. 276, p. 273.

② *Ibid.*, p. 277.

③ *Ibid.*, p. 281.

④ 基辛格:《白宫岁月》(第四册),第 1680 页。

⑤ 同上,第 1680、1681 页。

⑥ 基辛格:《白宫岁月》(第四册),第 1681 页,1682 页。

基辛格就对尼克松说，"美国可以在一段时间内将撤军和谈判两手结合，但这条路往下走到某一点，很可能不迟于1971年4月，到那个时候，目前这样的零星撤军几近完成，美国将不得不做出选择。撤军的核心问题在于美国是否要利用它作为换取政治解决的筹码。如果美国坚持目前的谈判立场，在巴黎就不会有任何突破。另一边可能也不会真的抱住美国单方面撤军和联合政府这两个条件都不放，可是至少要在其中一个上得到让步，否则另一边也不会妥协。"①也就是说，一方面谈判毫无进展，另一方面撤军却在加快，将变成美国单方面脱身，撤军和谈判的两手政策就会破产。这次，他认为"没有这点变化，我们的建议实际上跟1月份（指1972年1月——笔者注）提出的没什么不同"。②尼克松却不急于在选前达成协议，哪怕被对手攻击，在选前达成协议会被看成是政治炒作，保持鹰派形象是有好处的。尼克松还认为大选后他的谈判地位更强，和基辛格对形势的看法不同。尽管这样，尼克松最后还是批准了基辛格的建议，条件是对黎德寿要强硬些，要让公众解读为是对鹰派而非鸽派的支持。

9月15日会谈如期而至。由于基辛格之前借口西贡之行未就政治问题明确答复越方，所以，春水仍要求基辛格首先发言。后者按预先计划抛出了关于越南南方组成民族和解委员会的意见。它将1969年5月由美国提议的联合选举委员会进行改头换面，更名为民族和解委员会。它由三方即西贡、民族解放阵线和其他政治、宗教倾向的代表组成，各占三分之一；美国1969年的建议中只是有这种含义而不讲明，现在则作为具体的建议提出来。和越方要求不同的是，美国不承认南方共和临时革命政府，而代之以民族解放阵线。基辛格解释说："这不是一个切实的问题，就地停火已经给予了共和临时政府更多事实上的承认。"③

由三方构成的民族和解委员会实行全体一致原则，而由于第三方由西贡和民族解放阵线各指定一半，这样，西贡就在委员会的组成和运作程序上都具有否决权，因此"委员会实际上不会起什么作用"④。尽管如此，基辛格

---

① "Memorandum From the President's Assistant for National Security Affairs (Kissinger) to President Nixon, Washington, July 20, 1970", *FRUS*, 1969—1976, Vol. Ⅵ, p. 1134.

② "Memorandum to President：My Meeting with the North Vietnamese, Sept. 15, 1972, Sept. 19, 1972", *RNNSF*, MF 0501674, p. 1.

③ "Memorandum of Conversation, Sept. 15, 1972", *RNNSF*, MF 0501674, p. 16.

④ 基辛格：《白宫岁月》（第四册），第1671页。

的提议是对越方三方民族和睦政府建议的反应,被越方认为是很具体的内容。①

美方此次做出的第二个妥协是,决定接受越方关于停火时机的立场,尼克松授权基辛格告诉越方,美国"准备同意——如果解决取决于它的话——所有协议签字后开始停火。我们完全赞成你方观点,全面解决应先于敌对的停止"②。

从黎德寿与基辛格的对话来看,越方对美国的让步是满意的,因为黎德寿询问基辛格访问河内、关于谈判日程等问题的想法。美国人甚至从北越代表团摆出的快餐来观察会谈气氛,美方的会议记录员彼得·罗德曼最先注意到快餐越来越丰盛。基辛格正是从这些迹象判断越方迫切解决的心情,但他本人的急迫程度丝毫不亚于对方,他坦诚地表示,"越快越好。我认为选举前解决最好,但不是出于选举的原因。只要问题在本届政府解决了,就有好处。我们可以无须让越南问题再成为新政府的一个问题"。他还有些夸张地说"过去四年来,我和特别顾问在一起的时间比其他任何人都多得多",黎德寿机智地回道"但是我们还没解决问题",基辛格说,"是的,我们都要尽力解决"。③

在双方四年的谈判中,从来没有一个时刻像现在这样距达成谈判如此之近,它们至少已经有一个共同点,那就是都愿意加速谈判,促成最后的解决。经短暂休会后,越方端出了一个"旨在面向彻底和平而前进一大步"④的新方案。

黎德寿按照方案的基本顺序,首先提出关于一般原则和政策声明。由于美方的相关文件称作"指导解决的一致原则",与历史状况的客观实际不符,也就不能作为双方共同接受的普遍原则,双方各自发表原则声明。对美方的声明,黎德寿提醒美方,其8月14日文件中遗漏了两点:一是美国不要求在南越维持一个亲美政府和美国承诺结束所有对越南的干涉,并不返回越南;二是美国希望一个和平、独立和中立的东南亚,不在该地区保留任何基地和军事同盟。越方认为,如果没有这两点,很难让人不怀疑美国的意图。

---

① "Memorandum of Conversation, Sept. 15, 1972", *RNNSF*, MF 0501674, pp. 37-38.
② *Ibid.*, p. 12.
③ *Ibid.*, pp. 19-20.
④ *Ibid.*, p. 22.

　　其次,他阐述了解决办法。第一个问题,美国应当尊重越南的独立、主权、统一和领土完整。越方注意到,美方的文件里只提到了三个方面,"对尊重越南统一保持沉默"①。越方敦促美方履行1954年日内瓦协议关于越南问题的原则,指出这是一个原则问题,美方将其摆在第六点,交由两方讨论不合适,如此处理是企图永久分裂越南,越方不接受。第二个问题,越方原来要求美军一个月内撤出,现提议撤军期限延长为四十五天,释放战俘同步进行。为了敦促美国撤军,越方再次声明,美军撤得越快,被俘的美国飞行员回国就越快;停止对西贡当局的军事援助。第三个问题则是美方也认为是"关键"②的南方政权问题。越方重申,尊重南越人民的自决权,也认为南越有两个政府、两支武装和三方政治力量,从这个前提出发,有必要在南越建立民族和睦政府。这些是解决问题的基本原则,否认这些原则,很难解决任何问题。在此基础上,黎德寿说:"今天,我有一个关于这个问题的新建议,一个让双方都能接受的灵活的建议。"③这就是在现存的两个政府之上建立民族和睦政府,也就是说,西贡政府和南方共和临时政府并不随民族和睦政府的建立而立即撤消,而是在各自管制区内行使控制权,履行政府职能,并执行民族和睦政府的决定。民族和睦政府统一管理对外事务,对内管辖权限则主要是监督协议条款的执行。在省、市、镇、乡一级单位也建立包括三部分的民族和睦委员会。越方强调,没有民族和睦政府,南越现有两个政府,谁也不能抑制对方。关于选举问题,越方认为选举首先是产生新国大,由它选举政府或总统,而非直接选举总统。

　　回顾四年来的谈判历程,可以很清楚地看到,北越在南方政权问题上的立场经过三次修正后,至此已经作出重大调整,即从最初的要求推翻西贡政府或者说不承认西贡政府,到目前承认并允许其存在。其间历经的第一次变化是,在美国人提出阮文绍辞职的建议后,北越要求阮文绍立即下台,第二次是阮无须立即辞职,第三次,也就是这次的建议无异于承认西贡当局。北越曾经以该问题作为解决越南问题的先决条件,而今的妥协无疑是降格以求的表现,究竟是什么因素导致这样的改变,容后阐述。

　　第四个问题,美国对越南的战争赔偿问题。美国自谈判以来拒绝履行

<hr>

① "Memorandum of Conversation, Sept. 15, 1972", *RNNSF*, MF 0501674, p. 25.

② *Ibid.*, p. 12.

③ *Ibid.*, p. 27.

赔偿责任,以所谓参与包括越南在内的印支国家和地区的战后重建代替赔偿问题,许诺提供越南援助,但具体数目又很不确定。越方一再表明,"这个问题得不到妥善处理,也将构成会谈的一个严重障碍"①,美国完全有责任医治越南遭受的战争创伤,并且作为协议的条款之一,但文件上可以不使用"战争赔偿"这样的措辞。即便如此,美国也拒绝接受在协议中做明确规定,基辛格告诉黎德寿,"包括麦戈文在内没有人会建议把赔偿作为义务写到协议中,否则政治上无法立足"②。

第五个问题有关老挝、柬埔寨。越南的态度是,印支三国人民在打击美国侵略战争中拥有共同目标,但此外还有各自的目标,越南不能代表老、柬解决有关这些国家的问题,而且,巴黎会议是解决越南问题的,不容纳其他问题。但越方"准备与印支友好国家协商,因为在越南的战争结束后,没有理由让战争在老挝、柬埔寨继续下去"。③

越方的新方案还涉及上述问题的相关问题,而这些问题在谈判后期则成为主要问题,其中确有关系原则问题的,但还有出于美方故意小题大做,设置障碍,使细节问题反变得较为突出。

为了增强黎德寿的不安,基辛格故意在会谈日期上施加压力,借口黎德寿"只有一个外交政策问题",而自己"要处理和许多国家的问题",将下一次会谈定于两周后。黎德寿不卑不亢地说道:"你说局势已成熟,希望快速解决,但你却提出这么长的一个间隔。我们已经一个月没有会谈,我不知道美方的意图是什么,但你的提议与你们的愿望正相反……你们的处理方式根本不能说明你们要早日解决。我知道顾问先生有许多事情要处理,我认为你应该把大部分精力用来研究、考虑越南问题。"④基辛格无言以对,便讥讽说,"过去顾问先生总是拒绝定出一个时间表",黎德寿不假思索地回答说:"那是因为你们还没有任何具体的东西",基辛格或许清楚争辩中他占不了上风,索性试探地提出,他认为很理想的解决日期是一个月后的 10 月 15 日。

不管这是不是美国抛下的诱饵,它总是一个日期,而且是近在眼前的,因此黎德寿和春水对这个表态感到欣奋。在这几次会谈中很少发言的春水

---

① "Memorandum of Conversation, Aug. 14, 1972", *RNNSF*, MF 0501674, p. 46.
② "Memorandum of Conversation, Sept. 15, 1972", *RNNSF*, MF 0501674, p. 47.
③ *Ibid.*, p. 32.
④ *Ibid.*, pp. 36 – 37.

接过话说:"特别顾问黎德寿提出日程,以了解你们的意图。如果你们想拖延,我们有拖延的办法,如果你们很快解决,我们也有另一种解决的办法。例如,我们可以连续几天讨论。至于工作,我们的量也很大。"①

基辛格"从会谈中感到"越方"强烈地希望在11月前解决问题",他向尼克松报告"暂时同意和对方连续进行两天会谈,以最大努力寻求突破"。北越从推翻西贡政府的立场上后退和"如此热衷于进行对话"②使基辛格产生了一个错觉:"他(指黎德寿)是可能乐于迁就我们。"③

到此时为止,北越代表团已提出过两套方案,而基辛格所带来的新建议只注重次要问题,包括进行措辞上的一些小修改,即便如此,谈判斗争步入了更关键阶段。伴随着相互妥协、让步,双方开始了极为重要的越来越具体的谈判。1972年9月26—27日的会谈就是这样的情况,跟基辛格回忆录里描述的总是对方一味妥协的情形不同。

北越代表团首先阐述了一个工作计划,也就是解决越南问题的时间表,基辛格访问河内一事在谈判告成的基础上也将纳入这个时间表。美方最终同意这个时间表,但其实他们并没有打算遵守它。尽管那只是个预期目标,但无论如何,对越南而言它都是值得期待的,因为"那将是历史性事件"④。26日整个上午,双方就程序性问题达成一致。从当天下午到第二天,双方围绕着黎德寿提出的"最后的提议"⑤进行讨价还价。

越方关注这样几个原则性问题:第一,南方共和临时政府的地位。即使美国不承认它,但至少在文件中也要提出其正式名称,不能以民族解放阵线代替,它们是两个性质不同的组织。南方共和临时政府已经被许多国家承认,书面接受它不意味着法律承认。北越称呼"越南共和国政府"不代表北越从法律上承认其存在。美方否认南方共和临时政府的角色,这点是错误的。越方强调,这个问题不仅仅如基辛格所言是个"界定称谓的问题,而是个原则问题"⑥。北越争取的,是要从书面上体现出美国承认南越有两个政府。

---

① "Memorandum of Conversation, Sept. 15, 1972", *RNNSF*, MF 0501674, p. 38, p. 40.

② "Memorandum to President: 'My Meeting with the North Vietnamese, Sept. 15, 1972', Sept. 19, 1972", *RNNSF*, MF 0501674, p. 2.

③ 基辛格:《白宫岁月》(第四册),第1685页。

④ "Memorandum of Conversation, Sept. 26, 1972", *RNNSF*, MF 0501674, p. 8.

⑤ *Ibid.*, p. 48.

⑥ *Ibid.*, p. 25.

第二,明确临时民族和睦政府或民族和解委员会的职能。26 日的会谈中,黎德寿提出除监督选举外,这个机构还需要具体实际的权威来落实各协议条款,否则在两个政府、两支军队、两个不同地区的局面下,不可能阻止冲突再起,南越难以实现和平。当时,基辛格仍然重谈政治进程的老调,敦促河内理解美国的处境,如果说尼克松政府需要考虑选举的话,"唯一的危险便是在竞选中被指责为背叛盟友"①。9 月 27 日会议上,基辛格提出,民族和解委员会负责解决南越有关各方执行协议中出现的分歧和贯彻和解职能,不过还是泛泛而言。在越方看来,民族和解与民族和睦还有差别,越方要求的是一个拥有具体权力、赋予具体任务和具体结构体系的政府,这些对越南方面都是原则。② 因此,黎德寿提出民族和睦政府具有四项职能,它们分别是,执行所签协议的军事条款;保证实施各项民主权利;评议所有与民主权利、民族和睦精神相悖的法律条文,落实民族和睦;组织普选,起草新宪法。这个政府根据一致同意的原则进行工作,地方直至乡村一级单位都要建立民族和睦委员会。

第三,越方坚持普选产生新国民代表大会,起草宪法,建立最终政府,在此基础上,选举总统或主席。美方提议的顺序与北越正相反,按照美方建议的顺序实质就是,对西贡当局的体制丝毫没有触动,而在现有政治框架下不可能有公平、公正的选举。

第四,阮文绍辞职的时间问题。越方认为,"阮的辞职问题是解决越南问题的一个重要和不可或缺的问题",自己"已做重大让步",即"阮在所有协议缔结之后立即辞职"。③ 基辛格对黎德寿说,越方的让步"不过就是谈判技巧上的变化,把从不可能变为不能容忍称之为让步",如果协议在 10 月底实现,那么用阮在四个星期内辞职代替阮今天辞职也不是什么重大让步。④

第五,尊重越南统一问题,这关系到越南人民国家权利,是政治问题的一个根本原则。黎德寿说,"我们不理解的是,为什么美方建议中说'统一问题的时间有待于全部协议签字后,经过适当的间隔',我认为这个表述是模糊的,也是不必要的"。⑤ 美方在第二天的文件中除了"尊重越南独立、主权

① "Memorandum of Conversation, Sept. 26, 1972", *RNNSF*, MF 0501674, p. 42.
② "Memorandum of Conversation, Sept. 27, 1972", *RNNSF*, MF 0501674, p. 35.
③ "Memorandum of Conversation, Sept. 26, 1972", *RNNSF*, MF 0501674, p. 28.
④ "Memorandum of Conversation, Sept. 27, 1972", *RNNSF*, MF 0501674, pp. 40 - 41.
⑤ "Memorandum of Conversation, Sept. 26, 1972", *RNNSF*, MF 0501674, p. 31.

和领土完整"这个表述外,还增加了两句话,唯独缺少了越方要求增加的"统一"两字。黎德寿指出,美方增加的"那两句话却反映不出日内瓦协议的根本精神,加入'统一'这个词也不意味着越南已经统一,还要经过两边执行协议。而这个词是一个要求,一个传统要求,是我们民族几千年来的要求。所以,这个词是个原则,不能漏掉和省略。况且,这个词已被写入日内瓦协议,也应该在我们的协议中得到阐明,你们漏掉这个词是不合理的"①。

以上是主要的政治问题,军事问题在此次谈判中主要有两个:

一、释放美俘问题。尽管越方已表明,在柬埔寨没有美国战俘,老挝也没有多少,但基辛格认为,美国人是在越南被俘,还是在老挝、柬埔寨被俘并无区别,美国总统任何情况下都不会签署一份在这个问题上做出区别的协议。也就是说,美国坚持在印支范围内释放美俘。可他也做了一个让步,如果经过协议能确保所有战俘回国,那么,表达这个现实的语言是可以谈判的。他还谨慎地暂以个人名义提出了以下设想:北越的盟友把战俘交给北越,再由北越全部交还给美国。② 越方随即提出一个条件,如果美国准备解决政治问题,赔偿越南的战争损失,越南可以和朋友就战俘问题对话。

二、南越人民武装力量问题。这个问题在美国看来,就是所谓北越人民军部队从南越撤出的问题。在多轮谈判没有结果的情况下,美国曾一度放弃这个要求,但是随着谈判的深入,特别是美国从自己最初设计的七个解决方案中,无奈地选择了一个称之为"豹皮"的方案后,这个问题的重要性似乎又上升了。所谓"豹皮"方案是让每一方都控制自己原有的区域,使南越领土呈现为斑斑点点的豹皮状。

如前所述,进入 1972 年后,南越人民解放武装力量开辟、建立的解放区越来越多,解放区人口为 2 078 万。无论从军事态势上,还是从政治局势上,南方共和临时政府和西贡当局之间形成了犬牙交错的状态,只要双方就地停火,美国人所说的豹点就会随之产生。这样,已经"渗透"到南方,并将继续源源不断"渗透"进南方的北越部队就成了悬挂在西贡政权头上的一把达摩克利斯剑。当黎德寿表示,南方共和临时政府领导下的武装力量(在协议达成后)将不会从北越接收武器装备,协议中也将规定这一点时,基辛格借机问道:"你怎么考虑那些在南方的武装力量问题? 他们是隶属于北越武

---

① "Memorandum of Conversation, Sept. 27, 1972", *RNNSF*, MF 0501674, p. 17.
② "Memorandum of Conversation, Sept. 26, 1972", *RNNSF*, MF 0501674, p. 35.

装部队还是南方共和临时政府的武装？"①黎德寿巧妙地回答说："正如我前面告诉你们的那样，约 50 万南越人口重新集结到北越，现在，这股力量再加上北越志愿者回到南方组织起来，并受南方共和临时革命政府的指挥和领导，他们是南越解放武装力量。因此，不存在这些部队撤回北越的问题。我坚决相信，和平得以恢复、停火得以实施之后，如果各方秉承和平之精神，致力于维护长期和平，那么这个问题很容易解决。"②

此次会谈涉及的其他重要问题还有：

战争赔偿问题。美国仍坚持协议上绝对不写具体数目，美国"能做的就是在协议中放入这一条款，即承认重建印支的必要或诸如此类的措辞，并私下保证尽力而为"③。黎德寿当即就表明，"至少在协议中有这样一句话：美国应当承担医治越南南北两方战争创伤之责任。至于细节，可以找到一个合适的表达方式"④。出于这个考虑，越方在 9 月 27 日正式向美方表示，赔偿之责任不等于赠与、援助，书面协议中应写上述那句话，但各自的文本可以采用不同的表达形式。

关于老挝、柬埔寨问题。由于美国一直坚持在印支范围内实现停火，要求释放所有在印支的美国俘虏，要求北越军队撤出其他印支国家，并企图用所谓的国际监管机制、国际保证束缚北越的手脚，这样，老、柬问题就被纳入到更复杂的层面上。北越认为，国际监管机构只是解决越南问题的组织，北越不接受国际监管委员会插手印支三国之间的问题，而且关于老、柬问题不应该只由越美决定，应由老挝、柬埔寨自己决定。关于就老、柬的中立提供国际保证的问题同样依此处理。黎德寿很坦诚地表示，"你们希望解决越南问题的同时也解决印支三国之间的问题，那么，我们要和老挝、柬埔寨协商。这样，战争还要在印支三国拖下去，所以，最快的方法是把越南问题解决在先。在印支三国发生的战争彼此相连，我可以向你保证，一旦我们之间解决了问题，我们没有理由让战争在老挝、柬埔寨继续下去"⑤。基辛格认可越方的立场，表示全面解决老挝、柬埔寨问题的确不可能包括在这个谈判中，但在停火问题上，老挝和柬埔寨应纳入停火范围，认为北越部队只要从那里

---

① "Memorandum of Conversation, Sept. 27, 1972", *RNNSF*, MF 0501674, p. 36.
② *Ibid.*, pp. 36 - 37.
③ *Ibid.*, p. 44.
④ *Ibid.*, p. 49.
⑤ *Ibid.*, pp. 31 - 32.

撤出,停火问题就不成其为问题。黎德寿指出,就尊重 1954 年和 1962 年日内瓦协议而言,所有外来军队都应当从这些国家撤出,"我说这番话的含义就是当老挝、柬埔寨问题全部解决时我们都将予以保证。至于要在我们形成的文件中记录这句话则不行,因为如果这样做就需要和我们的老挝、柬埔寨朋友讨论。三国的共同斗争是相互联系的,不和朋友协商,没有可能撤出我方部队。但是,我们坚决相信当越南问题解决之时,老挝、柬埔寨问题也将得到解决。你还不相信我方立场,因此,你就不能正确理解。和你谈判,我所言代表我国政府,此刻的态度不会在几天之内就反悔。我极其严肃地表明这一点"①。

北越在这次会谈中提出的方案已经是第三套方案,而美方自 7 月会谈恢复以来也已有五次建议,谈判总体上是向前推进的。根据阮维桢的助手、后期出席会谈、负责起草协议文本的刘文利回忆,越方感到谈判越来越接近问题的解决,尤其是军事问题,取得的主要成果是:美国将完全撤出军队,不保留基地,结束在南越的军事卷入,第三国部队撤出老挝、柬埔寨;政治上,美国建议的民族和解委员会与民族和睦政府很接近。② 在将这些成果一一落实为具体条款方面,美方又多采纳越方的表述,以至于基辛格对黎德寿说,"顾问先生收获如此多成功,应该很自信",黎德寿却认为是"小胜"而已。③

---

① "Memorandum of Conversation, Sept. 27, 1972", *RNNSF*, MF 0501674, p. 39.

② Luu Van Loi & Nguyen Anh Vu, *op. cit.*, p. 297.

③ "Memorandum of Conversation, Sept. 27, 1972", *RNNSF*, MF 0501674, p. 10.

第八章 峰回路转

本章主要论述越美第五轮谈判,此期是整个谈判过程中最关键也是最艰难的时期,往往是一次会晤连续数天不间断,彻夜谈判也很频繁;从会谈进展上看,双方聚焦在越南南方政权问题上而停滞不前。从 1972 年 8 月起,北越向美国提出最高、中间和最低三套解决方案,经过反复认识和讨论,明确谈判的目标是,签署一份在越南结束战争、恢复和平的协议,而不再是推翻西贡伪政权,建立联合政府。这个转变对谈判取得重大突破具有极其重要的意义,它明确了谈判方向,即先解决军事问题和有关政治问题的原则,然后由南越各方解决内部问题。北越适时、主动地调整谈判政策,大大加速了谈判进程,使得越南问题走上了解决的道路。

第一节 "两步走"解决越南问题

截止到九月会谈,美国还是不愿意在大选前结束战争,尼克松的意图就是维持谈判。尽管从战略上讲,美国不得不撤出,但仍顽固地保住西贡当局。因此,北越外交部 9 月 30 日致电谈判代表团,提出要考虑三种可能的选择:美国到 10 月 15 日签字;双方先达成基本协议,待美国选举后再签署全面协议;中止谈判。

接到指示当天,黎德寿和春水立即向政治局汇报。他们考虑到大选后的谈判形势可能并不会很乐观,强调越方应该避免谈判中止。他们认为,"在美国大选后",北越"要迫使美国做出更多让步会很困难,美国和西贡甚至还有可能推翻已做的承诺……在其大选前结束战争和改变较量的形式符合我们的利益"。① 由于下次会谈定于 10 月 8 日举行,两人在上述考虑的基础上还建议了方案内容,对不同问题获得的可能结果做了估计。

劳动党中央政治局在 9 月 27 日后连续数天讨论,研究各方面形势,外

---

① Luu Van Loi & Nguyen Anh Vu, *op. cit.*, pp. 299 – 300.

交部给巴黎的电文就是这些讨论的结果。与此同时,阮维桢负责的一个研究小组初步起草了一个协议文本。中央政治局在高度重视黎、春意见的基础上,反复斟酌该协议后,一个重大的谈判方向终于确定下来了。10月4日,中央电告谈判代表团:"目前,我们首要的问题是结束美国在南越的战争,美国应当撤出其所有的军队,结束在南越的军事卷入,停止对北越的海空袭击和布雷行动。结束美国的军事卷入和南越停火,将导致南越两个政府、两支军队和两个地区得到事实上的承认。在目前南越力量对比的情况下,如果这些目标得以实现,就已是一个重大胜利……我们目前通过协议不能拿到的东西是由于形势,即便我们继续谈下去直到选举后,我们仍无法获得。然而,我们只要成功地结束美国在南越的军事卷入,我们就将为将来同西贡集团的斗争和赢得更大胜利创造条件。因此,我们需求的是签署一份结束越南战争、恢复和平的协议。"[1]

若干年后,刘文利就这个决定这样说到:"四年来,我们几乎都处于这样一种局面:战场力量对比对我们仍不利。我们耐心地坚持要求政治、军事问题同时解决,这实际上是一种等待战略,而非解决办法。如今,我们的意图是分两步走,先解决军事问题和有关政治问题的原则,第二步由南越各方解决内部问题。这个政策与南越的形势是相符的,与美国政界的趋势也是相符的。基辛格也建议过这个方法,但我们不能接受。现在,形势已实际改变了,河内做弹性处理是正确的。"[2]也就是说,北越谈判政策的调整是在抗美战争形势发生很大变化的情况下做出的,那么究竟是什么变化?

如前所述,越美谈判最棘手的问题就是越南南方的政权问题,到1972年下半年,双方经过多轮谈判仍无结果。客观地说,从1972年8月起北越在这个问题上逐步妥协,让步是清楚而具体的,每一次让步都是一个小转折,在一系列、一连串变化的基础上,一个明确的谈判方向呼之欲出,最终促成了北越谈判立场上的重大调整。从北越对西贡政权问题上的三次转变到谋求结束战争、在越南恢复和平的决策是越南劳动党中央科学、准确地判断斗争形势的结果。

首先,战场上的敌我力量平衡发生了重大变化。虽然正在参加越南战争的美国空军、海军和步兵总数达到近二十万,这是一支庞大的战争力量,

---

① Luu Van Loi & Nguyen Anh Vu, *op. cit.*, p. 303.
② *Ibid.*, p. 306.

但是截止到 1972 年 9 月,驻越美军只剩下不到三万人,跟四年前尼克松上台初的五十五万人规模相比,三万已经是屈指可数了,而且,它最终将撤得一个不剩。因此,尽管阮文绍拥兵近百万,可是没有了美国飞机和军舰的支撑,阮文绍还有多大能量是一个值得怀疑的问题。

其次,对美国战略意图的把握和判断。通过和基辛格的多次会谈,黎德寿、春水感到,虽然"还不能充分确定美国解决问题的方法,但进一步了解了美国的部分战略意图"[①]。他们在 1972 年 7 月向中央汇报时,对美国的战略意图做出了前所未有的解读:"美国仍希望我们和西贡政府对话,这样它就便于脱身……西贡政权问题对美国具有全球战略意义,尼克松暂时需要利用西贡当局作为推行称之为尼克松主义新战略的主要工具。由于这个因素,即使美国被迫接受政治妥协,尼克松也不能公开放弃西贡政府。"[②]这是北越准备给美国以"体面"地撤出越南的初步信号。就连基辛格也感到了越方的变化,他告诉尼克松总统,"他们现在似乎对美国的政治状况有了更多理解,似乎比以往更认识到越南问题在我们整体的内外政策中的重要性正日益下降"[③]。黎笋在给南方局的信中也指出,"美国要回到越南是很困难的",美国一旦撤出越南,重新干涉越南的可能性很小,几乎为零。

再次,改变策略的需要。北越关注联合政府问题、要求阮文绍下台的原因是,想通过美国和世界其他国家的公众舆论的影响更加使尼克松走投无路,还在于支持南方的军事和政治斗争,但北越从一开始就对其能带来的结果不抱任何幻想。[④] 也就是说,北越在南方政权问题上的这一要求更多具有策略上的意义,而非一项硬性或者不可逆转的政策。

最后,尽管敌人已经龟缩在大城市、重点守护大城市以免遭南方解放武装力量的袭击,但敌人困兽犹斗,致使南方解放武装力量遭遇的困难也不小。一个事实是 1972 年 9 月 15 日,南方武装力量解放的唯一一个省会城市广治在四个月后被敌人重新占领,这一天恰好是黎、基第 17 次会谈的日子,"这位白宫顾问感到他的谈判地位牢固多了"[⑤]。事实上,一直以来都存

---

① Luu Van Loi & Nguyen Anh Vu, *op. cit.*, p. 254.

② *Ibid.*, pp. 251 - 252.

③ "Memorandum to President:'My Meeting with the North Vietnamese, Sept. 15, 1972', Sept. 19, 1972", *RNNSF*, MF 0501674, p. 2.

④ 1970 年 9 月 17 日,周恩来与范文同的谈话,载于杨奎松、沈志华等著,李丹慧编,前引书,第 326 页。

⑤ Luu Van Loi & Nguyen Anh Vu, *op. cit.*, p. 284.

在一个不能不令人担忧的状况,这就是"几乎四年来",南方革命"处于这样一种局面:战场力量对比"对革命力量"仍不利",至少在战场上尚未出现一边倒的态势。1988 年,黎德寿对负责后期谈判工作的人员曾有过这样的谈话,他说:"1972 年,我们处于有利地位,但战争持续下去也会遇到不利于我们的局面。在赢得多方胜利的时刻,我们可以谈判解决问题了。"①

正是在综合考虑、权衡上述形势的基础上,越南终而决定按照"两步走"来解决越南问题,这构成了巴黎谈判中的一个重大转折点,这个转折是标志性和阶段性的转折。由此开端,长达四年之久的巴黎谈判在未来三个月内画上了句号。尽管这个句号很沉重,绝对没有签字笔那样轻盈,但它宣告了美国数十年侵越战争的彻底失败和彻底结束。

事实上,1972 年 9 月中旬,越南就已经着手实施"两步走"战略以解决越南战争。9 月 11 日和 9 月 14 日,南方共和临时革命政府与越南民主共和国政府分别发表的声明就初步体现了"两步走"的思路,声明呼吁结束美国的侵略战争、恢复越南和平。北越的声明说:"越南南方共和临时革命政府的谈判立场是结束美国的侵略战争,在越南南方各方平等和互不吞并的基础上解决越南南方的内部问题。解决越南南方的内部问题必须从南方有两个政权、两种军队和其他各种政治力量的实际情况出发。而美国在谈判桌上的立场同在战场上一样,始终是迫使越南南方人民接受西贡伪政权为南方唯一合法政权,取消越南南方共和临时革命政府和各人民解放武装力量,怀着保住一方和取消一方的阴谋进行谈判,这就不是实现和平解决的途径,这是战争的途径。"②

第二节　北京的劝告及越南的反应

北越调整谈判立场、适时结束战争的决策和中国究竟有没有关联? 如果回答是肯定的,那么在多大程度上? 中国最初是反对北越和美国谈判的,然而随着越美和谈的深入,中国的态度也逐步改变了。中国何时发生的变

① Luu Van Loi & Nguyen Anh Vu, *op. cit.*, p. 242.
② 《越南民主共和国政府发表声明"关于结束美国侵略战争、恢复越南和平"》,载于《人民日报》,1972 年 9 月 15 日。

化,国内学者有两种观点:冷战史研究专家沈志华提出三个阶段的划分,在1971年3月前中国持反对立场,1971年4月到1972年3月表现为拒绝对北越施压,不干预谈判,1972年4月到1973年6月继续给予援助,并劝告越南适时结束战争①;年轻学者吕桂霞认为从1968年11月起,"中国从原来的坚决反对转向谨慎的认可和有限的支持","立场有了更多的灵活性"。② 上述两种看法其实并无很大差异,但看待中国转变态度的切入点不同。后者把来自毛泽东本人的态度变化直接视为中国转变态度的开始,而沈志华虽然也注意到1968年11月毛泽东与范文同的谈话是中国转变态度的开端,但显然并未就此认为中国完全彻底改变态度,因为到1969年2月,周恩来接见几内亚政府代表团时还表示,"巴黎谈判是谈不出结果来的,除非战争解决问题"③。

笔者在此提出一个较为保守的判断,认为直到1971年7月,基辛格作为总统特使首次访问中国后,中国的态度出现了重大变化。现在可以肯定的是,中国坚决反对谈判的态度在1968年11月有所松动,然而,这种改变显然是无奈之举。正如吕桂霞指出的那样,通过过去几个月对越美谈判的观察,中国领导人越来越清楚地意识到他们对越南劳动党决策的影响力已经非常有限,在苏联对谈判表达了更加积极的态度后,如果继续批评越南谈判的战略,终将把越南彻底推向苏联修正主义一边。④ 所以,中国的态度与其说是改弦更张,不如说是被动隐忍。这同三年后的积极敦促的姿态已经大不相同了。笔者以为正是通过和基辛格的谈话和基辛格本人明确的表态,周恩来断定美国人的确是准备从印度支那脱身的,这将不仅为中国提供了对越外交的更大空间,而且为中国整体外交战略的变化带来了契机。首先在越南问题上,随着形势的演变,中国积极敦促越南争取谈成,以结束战争。具体而言,是这样两方面形势发生了变化:

第一,一个明显的事实是,美国正在逐步从越南和印支地区撤出。基辛格第一次来到北京,就把与周恩来会谈的更多时间花在解释美国的印支政

---

① 沈志华:《中美和解与中国对越外交1968—1973》,载于杨奎松、沈志华等著,李丹慧编,前引书,第221—250页。
② 吕桂霞:《遏制与对抗:越南战争期间的中美关系(1961—1973)》,社会科学文献出版社,2007年,第313—314页。
③ 《周恩来年谱》(下卷),281页。
④ 吕桂霞,前引书,第325页。

策上。此时此景与两三年前相比已有很大不同,跟 1968 年之前更完全有别,正可谓此一时也,彼一时也。那时,美国在越南大打出手,现在它想的是缩回这只手,这使中国领导人感到美国人的确是想走的,印支紧张局势将因此逐步缓和。美国高层透露出的意图和信息如此明确,这样重要的情况当然应该在最短的时间内通报给兄弟党,所以周恩来送走基辛格的第二天就提出秘密访越,赶到河内向越南党和政府通报中美会谈的情况。

第二,美苏的接近,特别是尼克松 1972 年 5 月对莫斯科的访问,以及《限制战略武器协定》的签署使中国感到越来越不安。这个因素对中国对越外交的影响跟 1968 年时相比,比重增加了很多,上升为中国力促北越谈判解决的主要因素。因为无论中国态度如何,北越已经开始了和美国的谈判,中国反对也好,赞成也罢已经不重要了。就在越美谈判淡出中国领导人视线的时候,美苏接近让中国顿觉压力重重。但此时中国领导人感到希望的是,美国从越南和印支撤军无疑可以缓解这个压力,因为美国早日撤出越南有利于加强其对抗苏联。因此,既然美国急于从越南抽身,那么中国帮助推动谈判正是恰逢其时。

基辛格访华之时,越美谈判出现第一次僵局,主要是围绕阮文绍下台问题。两年多时间里,几轮谈判下来无果,美国不同意撤换阮文绍为首的西贡当局,北越则坚持要求推翻西贡政权,在它看来这是美国有无谈判诚意的关键所在。无奈之下,基辛格向周恩来委婉地要求北京在适当的时候对河内加以影响。周恩来并没有立即直接做出回应。周恩来在基辛格走后第二天飞到河内通报情况,据说越南的反应很强烈,极力反对中国和美国谈越南问题。中国遂即不干预谈判,但继续坚定不移地支持越南人民的正义斗争。然而,各方面情况都在起变化,中国不能不看到这种变化,所以主动、适时地调整立场乃因时因地制宜,符合常理。

大约在 1971 年 7 月 20 日,毛泽东接见越南南方共和临时政府外交部长阮氏萍,试图说服南方共和临时政府放弃要阮文绍下台的要求。毛泽东对阮氏萍说:"像我过去用过的办法做吧——我曾一度在必要时候同蒋介石达成过一项协议。"① 在中国看来,为了结束战争,越南从扩大范围同美国谈判出发,就不得不同阮文绍谈判。没有充分的材料证实阮氏萍接受了毛泽东的劝告,仅有法国外长舒曼后来回忆说,毛泽东把同阮氏萍的对话告诉了

①　塔德·肖尔茨,前引书,第 797 页。

他。舒曼回到巴黎后，悄悄会见了阮氏萍和北越外交官，并从他们那里得到证实，毛泽东的确从中进行过调停，并且南方共和临时政府接受了这一劝告。① 根据北越外交部的一份文件，同年 11 月 20 日，周恩来对来访的范文同说："越南要抓住机会解决美国撤军和战俘问题，推翻西贡当局则是个长远问题。"②这就是中国暗示越南应回到谈判桌前。

随着谈判深入，越美围绕南方政权问题、阮文绍去留问题胶着不前。中国很明确地告诫越南同志注意斗争的方式、方法。1972 年 7 月 12 日，在黎德寿前往巴黎、途中停留北京的时候，周恩来告诉他："阮文绍作为美国扶植的傀儡，我们不承认他。然而，我们可以把他作为联合政府中三派力量之一的代表加以承认。美国看到阮分享政府权力，就会易于接受政治方案。我们一直要求美国撤换阮文绍，然而，如果我们暗示可以接受他，美国会很惊讶，谈判中出其不意也是必要的。既然阮文绍仍然是右派的代表人物，那就还没有其他人可以取代他。如果我们只跟其他人谈，不和阮文绍谈，什么也解决不了。当然，怎么解决这个问题是你们的事情。我建议你们直接跟阮文绍及其代表谈，在他遭耻笑的时候，这显示了你们的大度。"③

当周恩来问黎德寿，北越所谓准备和取代阮文绍的任何对话，是否就是阮文绍的政策可以不包括阮文绍本人时，黎没有正面回答，只说对方总要有所妥协。而且，黎德寿在席间表示，眼前的"问题是怎样让美国接受建立三方政府的原则"，谁代表右派，谁代表中派这样的"划清立场和权力分配是以后的事"。④ 这就表明北越清楚地知道问题的轻重缓急。在北越看来，建立三方政府比阮文绍辞职问题更重要，因为阮即便不是立即下台，按照美国的建议，他还是要在大选前两个月辞职。在这次谈话不到一个月后，在黎德寿和基辛格的会谈中，北越遂放弃了要求阮立即辞职的立场。从越南自 1972 年 5 月秘密谈判恢复后在阮文绍问题上的一系列变化来判断，弹性处理西贡政权问题在越南领导高层中已经酝酿了较长一段时间，越南做出改变显然不可被视为仓促之举。

---

① 塔德·肖尔茨，前引书，第 797 页。

② Luu Van Loi & Nguyen Anh Vu, *op. cit.*, p. 210.

③ 1972 年 7 月 12 日，周恩来和黎德寿的谈话，载于 Odd Arne Westad, Chen Jian, Stein Tønnesson, Nguyen Vu Tung and James G. Hershberg ed., *77 Conversations Between Chinese and Foreign Leaders On the Wars In Indochina*, Cold War International History Project Working Paper, No. 22, May 1998, Washington D. C., pp. 182 - 183.

④ *Ibid.*, p. 184.

毫无疑问,越南南方政权问题是巴黎谈判的焦点,导致多轮谈判仍无进展的原因就在于此,美国所谓的"体面"也就是针对这个问题。面对客观形势和局面,双方也不能不感到太过耗时耗力。从一般意义而论,谈判是妥协的过程。美国所能做的让步就是让阮文绍辞职,既然美国做出了让步,那么越南再坚持下去也无多大益处,况且越南"从一开始就对阮文绍下台这个要求并不抱幻想"。从黎德寿和春水的角度来看,就更清楚地看到,北越对西贡当局的立场着实斟酌了一番。如前所述,1972 年 8 月,他们首次向中央的建言,其实就是提出适当避开西贡政权问题。这显然是经过和对手数十次谈判后深思熟虑的决定。

一直以来,人们猜测中国对越南也施加了一定压力,这就是减少援越。笔者在掌握较为可靠材料和相关研究的基础上,认为这个推断不符合事实,也不符合常理,理由有三:

第一,一个直接的事实依据就是,中国在积极敦促越南谈判的同时并没减少对越南的援助。为了更清楚地说明这个问题,在此有必要先全面回顾中国援越的真相。毫无疑义,整个抗美战争时期,在所有向越南提供援助的国家中,中国提供的援助最全面、最坚决、最巨大、最有效。1975 年 9 月间,黎笋前来北京访问时对毛泽东主席说:"我们一直认为,能向我们提供最直接的、最紧急和生死关头的援助的,是中国,而不是苏联。"类似的评价,在越南党、越南政府的电文中及越南其他领导人的讲话中屡见不鲜,在此不一一列举。① 如果中国以减少援助向越南施加压力,那么,这些评价就说不通。其间即使有过一些减少,但却不是在敦促越南谈判的时候。比如,1969—1970 年,那时越美已经开始在巴黎谈判。在此背景下,中国开始逐步撤出对战争的卷入,首先是撤出自 1965 年夏季以来轮流派往北越的工程部队和高炮部队。1970 年 7 月,中国最后一支工程部队离开越南,此期减少对越南的武器和其他军事装备供给。② 这种情形在 1973 年初也出现过。由于美国对北越空袭的终止和对南方战斗行动的减少,导致了中苏等国在空中防卫、弹药和地面武器装备方面减少了对北越的援助,而经济援助却不在此列。换言之,根据越美双方力量对比的变化等客观因素,中国对越南的援助才加以相应的调整。

---

① 郭明,前引书,第 64 页。
② 吕桂霞,前引书,第 315 页。

其次,具体来看一看中国在改变谈判立场的同时对越南援助的情况。根据美国中情局的统计数字:1972 年,中苏向北越提供的军事援助最多,达到 7.5 亿美元;1974 年提供的经济援助最多,接近 12 亿美元。1970—1974 这五年间,中苏对北越的军事和经济援助大约 56 亿美元,其中军事援助 20 亿美元,经济援助 36 亿美元左右。该报告还揭示出,1973 年,中国第一次成为北越经济援助的主要供应者;1970 年,随着美国停止对北越的轰炸,使得北越对苏联防空设备的需求减少,中国对北越的军事援助也超过了苏联。冷战史研究专家沈志华、李丹慧教授的研究证实,1971—1973 年间是中国向越南提供援助最多的三年,单就军事援助而言,这两年的援助即超过了过去二十年的总和,如果把 1971—1975 年的援助项目与 1965—1970 年逐一比较,可以看出,中美和解后中国对越南的援助不是少了,而是更多了。[①]

笔者以为,不妨再对上述援助状况细化分析。1972 年,战争和谈判都进入关键的一年。5 月 8 日,美国宣布封锁北越的六大港口及在北越海岸布雷,实行海岸封锁,妄图切断越南所需的武器、粮油等战略物资的外援通道,迫使越南在巴黎和谈中让步。中国政府应越方的要求,同意立即按计划再次开通中越间隐蔽的海上航线,向越运送粮食和其他物资。同时依照中越两国军队总参谋部达成的协议,中国人民解放军抽调汽车部队在两国边境地区担负援越公路运输任务,运输费用全部由中方承担。此外,人民解放军又承担了协助越军扫除沿海的美军水雷和抢建野战输油管的任务。铺设的五条输油管,经广西边境向越南输油。为此,中国克服困难,迅速生产出铺管所需的全套设备和专用车辆,并以最快的速度向广西边境调拨了充足的援越油料。人民解放军 1965 年开始建立战略储备,到 1972 年底,储备各种枪支 150 余万支,炮 2 万余门,车辆 3 000 余台,工程机械 260 部。仅 1972 年一年中,中国援助越南枪 18.9 万支,炮 9 166 门,车辆 8 558 台,工程机械 380 部。当越南提出的要求超过中国的生产能力时,人民解放军不仅动用库存,甚至抽调现役装备满足越南的急需。1971—1972 年间,属于这种情况的主要武器装备有:飞机一百架,红旗 2 号地空导弹三个营的地面设备及导弹 180 枚,警戒雷达 2 部,水陆坦克 20 辆,舟桥 2 套,大口径加农

---

① 沈志华、杨奎松主编:《美国对华情报解密档案》,东方出版中心,第 239—240 页。《附 13—38 文件:中情局关于 1970—1974 年共产党对北越军事与经济援助情况的报告(1975)》,参见沈志华、杨奎松主编,前引书,第 403—410 页。

炮 204 门,炮弹 4.5 万发。[①] 根据中情局的统计,1972 年中国对北越的战争物资和相关军事支持物资比 1970 年跟 1971 年的总和还要多,达到 2.8 亿美元,1970 年为 1.05 亿,1971 年为 1.3 亿。[②]

第二,如果说中国为谈判对越南施加压力,那么岂不是为美国做嫁衣?尼克松凭借武力威胁都没有达到的目的,中国轻而易举就做到了。也就是说,中国花费巨大人力、物力帮助越南打破美国的海上封锁,自己再转过身迫使越南在谈判桌上让步,如此迂回于常理不符。更何况,中国是不会以援助为筹码迫使越南让步的,因为这么做将把越南彻底推向苏联一边,这是中国最不愿意看到的。

第三,中国多次建议北越在阮文绍问题上灵活处理,这种态度客观上或许对越南构成了一定压力。这就要和中国极力反对谈判,但北越仍然主动开始和美国谈判联系起来看。最初,中国反对谈,但北越坚持和美国谈判是自主决策,那么就不能把北越在阮文绍问题上的让步视为对中国的屈从,中国的影响仅是北越需要考虑的一个因素,相对其他原因而言,它还是一个分量不够大的原因。最终促使北越调整谈判立场的还是越南抗美救国战争全局形势发生了前面所分析的三个变化。如果没有美国无奈地从越南撤军进而导致战场上力量对比的重大变化,如果没有实事求是地分析力量对比,仅仅以中国的压力也不能使北越在南方政权问题上做出改变。更需要指出的是,如果美国没有战略收缩的需要,也就没有中美关系的缓和,美国正在并最终从印支撤军,才是中美关系缓和的因子,而不是相反。北越也正是出于对美国战略意图的正确判断,才决定在南方政权问题上灵活处理。北越的立场和中国的态度发生变化都归结到一个事实原因,即美国不会再回到越南。中越在谋求美国从印支撤军这个战略方向上的一致性在根本意义上淡化了这种压力。不管越南怎么看待中国的建议,从中国领导人的讲话就不难看出中国的态度是开诚布公的、光明磊落的。那么如何看待中国的作用呢?关于这个问题,有一点不能忽视,那就是越美谈判几番陷入僵局,1972年下半年更进入了白热化阶段,越南准备采取大规模军事行动,尼克松也把赌注压在对越南的最后一击上。此时,第三方力量从中斡旋无疑是必要的。

---

① http://www.junhunw.cn/thread-17350-1-1.html。

② 《13—38:中情局关于 1970—1974 年共产党对北越军事与经济援助情况的报告之表一(2)苏联和中国对北越军事援助:与美国价格类比》,载于沈志华、杨奎松主编《美国对华情报解密档案》,第 405 页。

为化解谈判僵局,中国在阮文绍问题上向越南提出了建议。当然,北京的本意并非只是要越南单方面让步,因此在劝说河内的同时也不断向美国施加压力。巴黎和谈恢复后,1972 年 10 月 25 日,中国驻法大使黄镇带信给美国大使,表示相信华盛顿的诚意,也劝告美国抓住目前"极为有利的时机以结束越南战争"。其后,美国因西贡反对而拖延在停战协定上签字、和谈又被拖延下来时,中国谴责西贡,要求美国坚决制止西贡的行为,当基辛格向乔冠华提出希望北京说服河内让步时,乔冠华反劝美国让步,认为"大国是有能力采取宽大态度的,不应该仅仅为了得到南越而丧失全世界"[1]。

在美国中情局 1966 年 8 月的一份名为"中国在北越地位的备忘录"中就曾不失准确地指出,"中国没有借助战争援助来主导或者控制河内的重要决策"[2]。在 1972 年影响越南的谈判立场上,中国仍然没有试图控制越南的决策。北越有关西贡政权问题的决定来源于其本身对事态的独立判断。"在所有的基本决策方面,越南人继续独立于北京和莫斯科而行动","所有的领导人,无论是亲华分子还是亲苏分子,主要还是民族主义者"。[3]

第三节　确立协议基本条款

尽管在越南南方政权问题上,北越 1972 年中期的立场与谈判之初相比已经有重大区别,既然西贡政权的去留是谈判的主要障碍,那么北越立场的改变也应该促使谈判取得较大进展,但事实上"进展很慢"。[4]

这种情形使得 1972 年夏天以来,劳动党中央在密切掌握谈判动向、重视首席谈判代表黎德寿等人意见的基础上,在对局势利弊的深刻估计中,一个重大的谈判取向得以最终明确。在结束美国的侵略战争、恢复越南和平这个科学方针的指导下,越美巴黎谈判走上了一条快速化通道,谈判局面为之一变。

---

① 基辛格:《白宫岁月》(第四册),第 1788 页。

② 《13—30:中情局关于中国在北越地位的备忘录(1966 年 8 月 5 日)》,载于沈志华、杨奎松主编《美国对华情报解密档案》,第 365 页。

③ 同上。

④ "Memorandum of Conversation, Sept. 27, 1972", *RNNSF*, MF 0501674, p. 10.

首先,在 1972 年 10 月 8 日的会谈中,越方提出了"一个决定性的倡议"①;其次,会谈节奏加快,原定一天的会谈,增加到四天,平均每天会谈八个小时之多,最长的一次竟长达十六个小时,从 10 月 11 日上午 9 点 50 分开始至 10 月 12 日凌晨两点结束。这四次会谈"标志着关于越南问题的全部谈判的转折点"②,是为双方的第五轮谈判。

被越南称之为"决定性倡议"的核心部分就是越南南方的政权问题,北越"不准备让南越的政治问题这最棘手、最困难的问题拖延谈判,同时也考虑了"基辛格"表示最担忧的事情,即在选举年被指责为背叛盟友",黎德寿告诉基辛格,"因此,我们不要求在停火前组建民族和睦政府,而由南越两方在停火后最迟三个月内完成这个工作。关于两方对话,我们不附加任何条件。所以,阮文绍辞职的时机和以前又不同了"。③ 黎德寿说:"我们今天不仅在谈判内容,而且在谈判方式上提出一个很现实、很简单的新建议:在你我十点的基础上,越南民主共和国和美国将同意签署一份在越南结束战争、恢复和平的协议,旨在解决包括美国撤军、交换战俘、停火以及美国医治越南所受战争创伤的军事问题,至于南越政治和军事问题,我们将只就主要原则达成一致,停火于协议签字后立即生效。"④这就是说,北越把军事问题和政治问题区分开来处理,而这正是美国人四年来一直期待的事情。基辛格立即就懂得了这些话的含义,表面上不动声色,却难掩内心的激动,他告诉黎德寿说:"我相信在我们谈判史上已揭开新的重要的一章。它会让我们迅速完成最后的谈判。"⑤

双方接下来的谈判集中于如下几个方面:

第一,对越南而言,虽然南方政权问题将由南越各方内部解决,但还要争取与美国达成一般原则上的协议。

首先是包括三种成分的机构名称。北越认为,如果越美之间能就该组织的权威、任务和权力达成一致,那么双方可以为这个机构找一个名称。越方初步建议称"民族和睦行政当局",不再称为"民族和睦政府"。中央一级称"民族和睦最高行政当局",以下各级单位均为"民族和睦行政当局"。民

---

① Luu Van Loi & Nguyen Anh Vu, *op. cit.*, p. 299.

② "Memorandum of Conversation, Oct. 8, 1972", *RNNSF*, MF 0501674, p. 29.

③ *Ibid.*, p. 27.

④ *Ibid.*, p. 25.

⑤ *Ibid.*, p. 42.

族和睦行政当局负责指挥、监督协议的执行,促进实现民族和解。① 在 1972 年 10 月 10 日的会议上,越方提出在美国的"民族和解委员会"和自己的"民族和睦行政当局"中间做调和,建立称为"民族和解和睦最高委员会"的行政当局。美方认为,"行政"还具有"政府"含义,在 11 日的讨论中要求去掉"行政"字样。美国也不打算在各地方建立下属委员会,因此,也就不存在最高委员会。黎德寿表示,可以去掉"最高"二字,但"行政"二字不能删除,美方随即以"民族和解和睦委员会行政当局"换取越方在建立下属委员会问题的让步,下级委员会的构成由南越各方共商。

其次是有关停火后的选举问题。越方指出,将来的选举应明确为大选,它不同于地方选举,在全国范围内进行的才能称为大选。美国人担心的是"大选"意味确立政权,如果只是就所覆盖地区而言,美国接受"大选"这个词。基辛格说"换句话讲,未来的全国选举是选总统还是选国大还留待决定",黎德寿回应说,"是的,我们都不提选举机构还是选举人员,只说举行大选"。② 就这样,双方通过模糊措辞于 10 日在南方政权问题上达成妥协,由民族和解和睦委员会行政当局在全体一致的原则下监督和平协议之落实。

第二,在政治问题获得原则解决之后,军事问题就成为突出的方面。首先就是美国撤军问题。一个毫无疑问的原则是,美军及其仆从军队全部撤出越南,其中首先要明确的是撤军期限。美方上一次建议在协定签字后 75 天内撤出美国部队,北越则坚持 60 天,但为了不给对方纠缠的机会,将双方 15 天的差距平均分割,期限变为 67 天。如此方法,美方也就没有什么理由不接受。或许出于不能不提出点东西的心理,基辛格说,如果遇有技术性困难而延迟一两天,还请越方理解。黎德寿笑着告诉他,我们已经等待了这么长时间,不在乎多几天。③ 真正让北越不能接受的是美国企图在越南留下一点尾巴。

在北越看来,美国武装部队撤出越南应该是全部和无条件的,随着谈判的不断深入,越方也做了点让步,同意适当余留一些经济顾问和平民顾问,但再三强调,所有美国武装部队和美国、越南共和国的盟国军队,包括军事顾问、军队技术人员、准军事组织的顾问、绥靖行动的顾问、警察机构的顾

---

① "Memorandum of Conversation, Oct. 8, 1972", *RNNSF*, MF 0501674, pp. 31 – 32.

② "Memorandum of Conversation, Oct. 11, 1972", *RNNSF*, MF 0501674, p. 65.

③ "Memorandum of Conversation, Oct. 9, 1972", *RNNSF*, MF 0501674, p. 8.

问、心理战顾问和所有供职于军队的文职人员,以及与战争之发动有关的越南共和国所有机构的顾问都将在协议签字后完全从南越撤出。除此以外,越南要求美国部署在越南海域的航母和军舰也要一并撤走,而且以书面协议形式履行该义务。

但基辛格佯装不解,说他"从未听说过什么心理战顾问",不知道越方所指供职于南越军队部门的平民是哪些人,"认为不存在这样的人"[①],在关于绥靖行动顾问的问题上,他以和北越有关绥靖的定义理解不同来搪塞问题,指出"绥靖行动的顾问是经济顾问,是美国在南越经济规划项目的组成部分"[②],还提出保留规模适度的军事专员机构,但不具有军事功能,人员不超过五十人,活动范围不会超出西贡,隶属于美国大使馆。面对这些说辞,黎德寿指出,即便对撤出人员类型不做具体划分,他们也一律被视为供职于军事部门的人员,这类人员必须撤出。而有关绥靖行动顾问不同于普通平民,担任顾问的都是美国军人,这是一个不容狡辩的事实。因此,最后的协议中不可避免对此要加以明确,但基辛格以它是个"语法问题,非实质问题"[③],最后通过措辞掩饰美国的窘境。至于军事专员机构和美国军舰撤出越南海域问题,基辛格承诺美国将以口头形式做保证。

此时,比美国撤军更棘手的其他军事问题主要是,包括战俘在内的人员遣返问题和美国负责拆除部署在越南水域的鱼雷问题,以及美国的战争赔偿问题。

自从1971年5月北越把美国撤军和释放美俘挂钩后,美国便要求在结束完全撤出自己的军队的同时结束遣返美俘。对北越而言,1 205名美国战俘的确是谈判桌上的筹码,但是这也不算是什么具有优势的谈判筹码,因为,它自身也有一大弱点,这就是当时数以万计的越共干部和同情越共的群众以及反对阮文绍的政治犯,被监禁在越南南方各地的数千座监狱和关押所里,正在遭受美阮集团的野蛮折磨。

这些监狱大多都是美国人帮助援建和改造的,因其特别坚固,对战俘使用铁制手铐脚镣等严刑酷法而被称之为"虎牢"。据当时对一个叫富国岛监狱的不完全统计,这个监狱关押了三万多人,每年平均有9%的人被杀害,

---

① "Memorandum of Conversation, Oct. 11, 1972", *RNNSF*, MF 0501674, p. 49, p. 99.

② *Ibid.*, p. 97, p. 99.

③ *Ibid.*, p. 98.

15％的人受到折磨变成残废。① 而且,随着战局越来越不利于美阮集团,阮文绍荼害爱国者的罪行更加疯狂,他们不断修建新的监狱,违反日内瓦公约,对被监禁者使用种种非人道的方法,甚至把这些人员分成许多小批,同普通犯人混在一起,并利用普通犯人当中的流氓恶棍来控制、殴打和杀害他们。在谈判后期,阮文绍集团以"准备释放"为名,阴谋把所谓"最危险"的人带出去秘密杀害。

但是,美国却企图把被监禁者纳入"无辜平民"范畴,将他们的释放问题交给南越各方讨论,自己便一走了之。黎德寿在 10 号和 11 号的会谈中反复重申,越方不接受"无辜平民"的提法,因为它的含义模糊,那些由于政治原因被捕的人有可能受称谓限制而得不到释放。越方也不使用"战俘"的提法,对应该得到释放的人员一律称"被捕人员",包括军人和平民。于是,基辛格又建议,为加速会谈,把人员分为两类:一类是就释放军事人员和无辜平民迅速达成协议;第二类是有关其他平民的释放问题,交由南越各方讨论。越方拒绝接受美方的提议,认为战争结束时,继续扣押对方的人员就不能真正落实民族和解和睦,而美国拥有全权解决这个问题。基辛格却以自己的权威被估计过高为由说:"我们不应低估在西贡遇到的困难,重演 1968年的一幕不符合我们大家的利益。(指 1968 年阮文绍拒不出席巴黎会议)当然,我也理解顾问先生的建议合情合理,我将在西贡尽力,如实通报给你们我认为可能的情况。"②尽管基辛格保证"美国将运用其最大影响力"③促成这个问题的解决,但他后来在西贡的谈话根本没有一个字提到这个问题,可以说他当时对黎德寿的许诺完全是惺惺作态的搪塞。当然,越方当时也并没有完全被这番说辞说服,为了不影响到谈判,黎德寿最后敦促美方对释放被关押人员给以高度重视,指出数以万计的越南人在和平到来时仍遭到关押,无论从政治上还是从感情上说都是不能令人接受的。④

比较而言,三个问题中耗时较长的是扫雷和赔偿问题。扫雷问题原本不是重大问题,美方却反复纠缠于此。基辛格表示,美国事实上拆除投放在北越水域和港口的水雷,但声明则这样写:"美国会同越南民主共和国清除

---

① 《越南南方共和国外交部发言人发表声明严厉谴责美阮集团杀害爱国者的行为》,载于《人民日报》,1972 年 10 月 25 日。

② "Memorandum of Conversation, Oct. 11, 1972", *RNNSF*, MF 0501674, p. 104.

③ *Ibid.*, p. 54.

④ *Ibid.*, , p. 114.

所有雷区。"①在北越看来,美国投放了针对北越的水雷,最后却要北越和美国一起来清除很荒谬。基辛格自知理亏,但口气还强硬地说:"我们不介意承认是我们放置了水雷,可以这样说'美国会同越南民主共和国立即完全清除美国投放在越南海域的所有水雷'"。② 黎德寿平静地指出,"我们需要的是在这里表明一个事实。我们不要求你们说'承担',但也不希望你说'帮助或会同越南民主共和国……'这个不符合真相"。③ 基辛格又提议,因有关内容放在美国履行之义务的段落中,已经表明清除水雷是美国的事,所以表述上就不需要再加上"美国"字样。黎德寿认为,北越只是想表达这句话,全世界都知道美国在北越布雷,现在清除属理所当然,无需讨论,他说:"我们仅仅在'承担'这个词上花了这么多时间,我不知道讨论其他问题还要多久。"④基辛格见状,唯有接受北越的要求,同意声明"本协议一经生效,美国将清除……所有水雷",但去掉"完全、立即"字样,因为"所有"就意味着"全部","本协议一经生效"就说明是"立即",他在这句话的后面还加了一句:"或让水雷自动报废",黎德寿认为越方的表达更简单,无论是美国主动清除或水雷自行报废,结果都是拆除。从技术上讲,美国怎么做是美国的事,但声明应该如北越建议的那样写。⑤ 基辛格坚持他的提议,于是黎德寿建议措辞上就写"清除和自动报废",基辛格表示,美国只做一样,黎德寿就说,"清除"已足够。基辛格随以越语和英语的不同,执意不变主张。尽管美国人有些无理取闹,黎德寿很耐心地说,"这还只是个字的问题,后面还有那么多要讨论的,可能要三天时间",基辛格立即表示自己不可能再留一天,黎德寿也随即表态,"如果我们今天不能完成谈判,那么我也会要求结束会谈,因为我也有我的工作"。⑥ 美方当然也不愿意看到会谈中断,于是,基辛格软化口气说,双方不能在威胁的基础上来谈,美国可以保证有些水雷在自行报废前不会起作用。为了结束争论,黎德寿提议,"美国将通过拆除和摧毁所有投掷在北越的水雷确保水雷自动报废",基辛格建议,如果越方用"或"来来连接"拆除、摧毁",那么美方就接受越方其余的措辞。黎德寿最后认可了

---

① "Memorandum of Conversation, Oct. 11, 1972", *RNNSF*, MF 0501674, p. 7, p. 8.

② *Ibid.*, p. 8.

③ *Ibid.*, p. 9.

④ *Ibid.*, p. 10.

⑤ *Ibid.*

⑥ *Ibid.*, p. 11.

这个建议,这样,双方终于就美国扫雷的问题达成协议。

关于美国赔偿问题,越方8号提出的方案基本上只是原则,而且是最低要求,要求美国政府不带有任何附加条件,也不需要越南偿还,承担帮助南北越医治战争创伤和重建被战争毁坏的南北两方经济的责任,双方可以就这个问题签署草案。但直到此刻,对越南视之为"协议中最重要的内容之一"①的问题,美方许诺的具体建议和具体赔偿数额仍无踪影。正如黎德寿所言,越方考虑了美国的主要利害,在许多问题上给予美方谅解,但美国却从未考虑过越南的利害,从未在这个问题上给出理解。② 基辛格则解释说,出于美国国内政治的因素,如按越方要求写进条约里对双方都有害。然而,无论如何问题总是回避不掉的,美国的如意算盘是不签署正式协议。基辛格告诉黎德寿,美国打算首先发表一个公报取代正式协议;其次在停火后快速改善两国关系;第三,美国迅速派一个经济使团到北越;第四,鼓励世界银行快速展开对经济状况的调查。最后,"我可以向你保证协议达成的六个月内,我们就会找到途径筹到数千万美元,并筹划一个长期项目"。③

黎德寿注意到对方的讲话中还是没有一个具体赔偿数字,甚至从数十亿减少为数千万,更重要的是整个建议仍然是不清楚的。他表示,越方的表述不能更改,"如果不被采纳",越方"感到难以接受",假如美方在这个问题上满足了越方,那么越方也将在其他问题上满足美方。④

基辛格告诉黎德寿,自己将"连夜起草既表现美国人民正确的道德态度,也将秉承善意的精神满足你们内容的一句话"⑤。黎德寿说:"我可以在此对你回顾尼克松总统说过的话,如果你同意把尼克松总统的话再写一遍,问题就解决了。"⑥黎德寿所指的是,1972年6月26日《美国新闻与世界报道》刊登了尼克松讲话摘要,他表示,一旦战争结束,美国将承担起帮助交战国家医治战争创伤方面的责任。黎德寿在这个时候把尼克松抬出来可谓正当时,非常巧妙,令基辛格无以应对,后者除了以笑声掩饰尴尬外,表示将对协议第十六款增加体现总统讲话精神的内容。黎德寿继续说道:"这句话在

---

① "Memorandum of Conversation, Oct. 11, 1972", *RNNSF*, MF 0501674, p. 2.

② "Memorandum of Conversation, Oct. 10, 1972", *RNNSF*, MF 0501674, p. 2, p. 39.

③ *Ibid*., p. 40.

④ *Ibid*., pp. 41 – 42.

⑤ *Ibid*., p. 42.

⑥ *Ibid*.

协议里不仅具有经济意义,而且也具有你们承担责任的意义,对我们而言,也有政治上的意义。这是我们在协议上的最后要求,如果这句话不能记录在协议中,那么对我们来说很困难。请仔细斟酌,请明天用令越南人民满意的方式考虑我们的意见。"①

第二天即 10 月 11 日,美方表示出于道德和其他原因,同意在协议中声明美国医治越南的战争创伤,终于放弃了四年来一直不变的立场。至于基辛格承诺的计划还是缺少实质内容。特别是谈判中提到的赔偿数额每次都不同,不仅越来越少,而且都是建立在基辛格个人估计的基础上。这次,基辛格提出在五年内每年向北越提供大约六亿美元,第一年可能少一些,往后会增加,也就是说,美国计划拿出三十亿援助北越的战后重建。黎德寿表示,这个数字"根本不足以弥补我们人民蒙受的损失"②,因此,他建议全部协议达成之后,双方将就美国的援建项目和数额形成草案。越方此次先草拟了一个简短草案交给美方。至此,关于美国赔偿问题虽说没有尘埃落定,但总算有了初步的结果,这就是美国接受发动侵越战争的责任,为此美国在协议中原则上声明承担医治美国在越南造成的战争创伤的责任。这一原则问题的解决朝双方取得协议又迈进了一步。

第三,老挝、柬埔寨问题。在五六十年代及至七十年代初,老挝、柬埔寨和越南这三个主要的印支国家越来越紧密地联系在一起,虽然它们的政治状况不完全一样,但都肩负着同一个使命,这就是抗击美国侵略,在尊重每个国家的独立、主权、统一和领土完整的基础上,和平解决老挝问题、柬埔寨问题和越南问题。北越坚持和美国的谈判只涉及越南问题,越南并不能代表兄弟国家和人民解决它们的内部问题,"越南问题一旦解决,老挝、柬埔寨问题就将得到解决、战争结束",这是越方在谈判中一再表明的一种态度。③事实上,美国在谈判中一再提到解决老挝、柬埔寨问题,目的是阻断北越经过和老挝、柬埔寨的边境延伸到南方的"渗透路线",迫使北越撤出沿老挝、柬埔寨边境分布的武装。

围绕老挝、柬埔寨问题的谈判一直进行到会谈最后一天,10 月 11 日几乎整个上午都在讨论老挝、柬埔寨问题。事实上,它是双方"余留下来的两

---

① "Memorandum of Conversation, Oct. 10, 1972", *RNNSF*, MF 0501674, p. 43.
② "Memorandum of Conversation, Oct. 11, 1972", *RNNSF*, MF 0501674, p. 17.
③ "Memorandum of Conversation, Oct. 8, 1972", *RNNSF*, MF 0501674, p. 40.

个非常重要的问题"①之一。

美方在 10 月 8 日的建议中放弃了原先提出的整个印支范围停火的要求,代之以每个印支国家内部举行谈判和解决军事问题。基辛格认为,如果北越和美国"都对各自的朋友施以影响,老挝应该不构成问题",柬埔寨问题"以类似的方向""也一样可以获得解决"。② 至于北越的武装,美国不要求以正式声明写在协议里,越方可以单方面声明或承认由美国拟定的单方面声明,基辛格甚至已经草拟好了两个版本的声明供北越选择。

黎德寿表示,北越"不接受"在越美协议中产生关于老挝、柬埔寨问题的条款,但为了显示诚意,此番决定把跟美国多次表明的口头声明以书面形式正式记入协议,即"外国应停止在老挝、柬埔寨的一切军事行动,完全从老挝、柬埔寨撤出,禁止向这两个国家运入部队、顾问、军事人员以及各种武器、弹药和军用物资"③。也就是说,北越不会单方面承担义务。

另一方面,北越对美国提议解决老挝和柬埔寨问题,态度有所区别。北越计划以谅解形式就老挝问题和美国达成协议,答应在越南停火后三十天内在老挝实现停火。黎德寿甚至还表示,越方"将尽可能快地争取取得结果,越快越好",至于柬埔寨问题,在北越看来,和老挝问题不同。④

事实上,老挝问题和柬埔寨问题确有差异,前者似乎较容易解决。尽管老挝极右派集团一直阻挠和平解决老挝问题,但是老挝各爱国力量仍然积极同富马亲王政府进行接触,为老挝有关各方进行正式会谈做准备。

1972 年 7 月 15 日,老挝爱国阵线中央委员会主席苏发努冯亲王特使昭苏·冯萨抵达万象,他在机场向记者发表谈话说:"本着老挝爱国阵线在任何时候都希望满足人民的强烈愿望的善意,我作为苏发努冯亲王特使才返回万象,继续同梭发那·富马亲王就关于结束美国侵略战争、给祖国带来和平与民族和睦的问题进行会晤,并交换意见。"⑤这标志着和平解决老挝问题的正式会谈的开始。两个月后的 9 月 27 日,老挝爱国阵线驻万象代表陶苏·培拉西向梭发那·富马亲王递交了苏发努冯亲王的电报,并通报苏

---

① "Memorandum of Conversation, Oct. 11, 1972", *RNNSF*, MF 0501674, p. 2.

② "Memorandum of Conversation, Oct. 8, 1972", *RNNSF*, MF 0501674, p. 14.

③ "Memorandum of Conversation, Oct. 10, 1972", *RNNSF*, MF 0501674, p. 16.

④ "Memorandum of Conversation, Oct. 11, 1972", *RNNSF*, MF 0501674, pp. 21 - 22, p. 37.

⑤ 《苏发努冯亲王特使抵达万象》,载于《人民日报》,1972 年 7 月 16 日。

发努冯亲王已任命培拉西作为他的全权代表,同梭发那·富马亲王进行会晤,决定一些问题。同一天,梭发那·富马亲王也复电苏发努冯亲王,同意培拉西作为苏发努冯亲王的全权代表,并且任命方·丰萨万作为他的全权代表,同培拉西直接进行会晤。经过上述一系列的准备,1972 年 10 月 17 日,老挝有关各方在万象举行了正式谈判的首次会议。

由于正式会议才举行两次就遇到了困难,所以,老挝爱国战线中央常务委员会和老挝爱国中立力量联盟常务委员会举行会议,决定派遣老挝爱国战线中央委员会总书记富米·冯维希作为出席万象谈判的老挝各爱国力量代表团的特别顾问。富米·冯维希于 10 月 25 日离开桑怒前往万象。

在老挝问题的解决过程中,有一些迹象表明巴特寮与万象方面展开谈判也有来自北越的影响。当时,富米·冯维希前往万象途中到达河内,停留两天,与北越总理范文同进行谈话,向他介绍了最近的老挝局势,28 日下午才抵达万象。他在机场发表书面声明,表示将尽一切努力使谈判得到进展,进而找到一项妥善的办法。在这之前,老挝爱国战线中央常务委员诺哈·冯沙万率老挝爱国战线代表团应邀于 1972 年 8 月 17 日至 22 日对北越进行访问。代表团级别是很高的,北越领导人孙德胜、黎笋、范文同等领导人先后接见了代表团。访问结束后,8 月 23 日在河内发表关于老挝爱国战线代表团访问越南民主共和国公报,公报说明双方在和平解决各自问题上的立场、口径完全一致。双方还就在河内设立老挝爱国战线代表团的问题达成了协议。

在越美谈判的关键时刻,老挝国内各方力量也在对话,这一方面说明印支国家抗美斗争的密切关联,另一方面不能不说明北越与巴特寮的诸多接触与越南谈判有关。虽然他们之间的对话内容至今尚未披露,但不难推断北越为有利于加快越南战争的解决,力促巴特寮与万象方面开始谈判。

北越对柬埔寨局势的影响力远不如北越对巴特寮的影响力大,所以当基辛格提议和越方就越南武装力量保证不在柬埔寨境内采取进攻性行动也形成一个谅解时,黎德寿指出,柬埔寨局势更加复杂,那里还有其他武装。基辛格立即指出,“我们不是要求保证其他武装力量不采取进攻性行动”,黎德寿回答道,“因为越南武装力量与柬埔寨有关武装是休戚与共的,他们现在不能分割开来。一旦柬埔寨问题解决,所有在柬埔寨的战斗力量都将得到妥善安排,不会把越南武装力量单独分离出来"。①

　　尽管基辛格一再努力争取一项更明确的关于柬埔寨停火的义务,但得到的仅仅是黎德寿的口头保证。事实上美国人也没有多少选择余地,如果仅仅因为柬埔寨的停火安排有漏洞而拒绝签署一项能归还美俘和北越撤出老挝、柬埔寨的越南协定,尼克松政府在国内就会民心丧尽。

　　基辛格随即要求对北越武装撤离老挝、柬埔寨要有一个时间表,他喋喋不休地说,如果没有时间限制的话,即便产生停火协定,北越部队可以继续使用沿老挝、柬埔寨边境建立的基地和和胡志明小道。对美国人总是纠缠所谓的"渗透"问题,黎德寿再次表明,越南问题一旦获得解决,各方履行义务,停火开始生效,向老挝、柬埔寨运入武装部队和军用物资的活动就应当停止。谈判过程中,黎德寿几次试图停止老挝、柬埔寨问题的讨论,甚至告诉基辛格说,"我言尽于此。关于老挝、柬埔寨,我们遵守1954年和1962年的日内瓦协议"②,但美方仍揪住不放,可能是感到越方不会满足自己的要求,转而又在具体条款的表述上做文章。

　　第二十款全部涉及关于老挝、柬埔寨问题的内容,美方在该款第一条的开始部分,只列出了巴黎会谈四方将严格遵守1954年和1962年日内瓦协议规定的老、柬的民族权利,这就是主权、统一和领土完整,尊重它们的中立。越方指出,只提四方不确切、不清楚,所有外国都应禁止利用老、柬领土从事军事活动和侵犯他国的主权和安全;在上述原则下,基辛格企图搞一个保留,提出外国是否拥有受到某个政府的请求下在件对件的基础上更新该政府装备的权利。这显然是为美国变相干涉老、柬中立留有余地,或至少也表明美国有此意图。黎德寿认为美方"把事情复杂化了,协议中出现这样的话只会使讨论更复杂,也会使这个地区的局势更复杂"③,因此不接受基辛格的提议;但为了消除对方的疑虑,再度表示将递交给美方一份书面声明。基辛格提出想听取越方所说的单方面声明,否则自己不能做决断,没有黎德寿某些额外的保证不能接受越方的态度。黎德寿很干脆地说,"除了不让你写下关于在老、柬更新装备的语句外,我不能给你任何保证",并以其人之道还治其人之身,提出请基辛格给出关于医治越南战争创伤的声明,基辛格说

---

① "Memorandum of Conversation, Oct. 11, 1972", *RNNSF*, MF 0501674, pp. 25 – 26.
② *Ibid.*, p. 26, p. 34.
③ *Ibid.*, p. 91.

"我们已写到协议中",黎德寿也表示,"我已告诉你我会给你声明,我遵守诺言"。① 就这样几个回合下来,基辛格都未占到上风,此时会谈已进行到凌晨零点5分,双方决定休会20分钟。会谈于零点27分恢复。

基辛格以第二十款第二条缺少对责任方的界定,缺少履行义务的时间表为由表示,为结束讨论,美方删除更新装备的内容,建议下面这句话,"有关各方将召开会议,确定状况"②,这无疑是美方让步的表示。因此,黎德寿声明说:"我已经告诉你,如果越南战争结束,老挝也实现停火,你所提的问题都将获得解决。我坚信当我们的问题和老挝的问题解决之时,办法就会迅速产生。我认为,我们应该具有最起码的互谅和互信,如果你要求我写下这句话,我可以做到,写下这句话也不会改变什么,口头上告诉你的要比书面上的更快地成为现实。"③基辛格回应道,"我不需要这句话作为你们承担的义务,我需要它只是为了回去交差。所以,这不是给你们制造额外的义务",黎德寿指出,"这句话只会使问题更复杂,就老挝而言不复杂,但就柬埔寨而言就很复杂"。④

在双方比较坦率的氛围下,妥协是比较容易做出的。基辛格提出,可以省略"会议"一词,只说明"各方就有关事宜做安排",黎德寿认为"这点无关紧要",准备就此接受。⑤ 突然,基辛格又提出,打算以双方联合声明的形式记录这项内容,在此前提下,美方仍采用原先的表述。黎德寿指出,"这个要求比原来高",基辛格立即说明,联合声明"不放在协议里,将不公开,双方之间达成私下谅解即可"。⑥ 这似乎已经是一个合理的办法了,但其实无论公开还是私下形势都对北越不利,北越插手老挝、柬埔寨内部事务就变成了事实,这与北越绝不代替两国谈判、越美谈判只是就越南问题的谈判这一贯立场是背道而驰的。北越最明智的办法是,坚持协议中仍保留第二十款第二条内容,但表述上只就老挝的状况作出声明,而不提柬埔寨,具体表述如下:"在老挝实现停火后,外国与它们各自在老挝的盟友协商,安排监督从老挝执行撤军的事宜。它们将不把军队、武器等各种战争物资……运进老

---

① "Memorandum of Conversation, Oct. 11, 1972", *RNNSF*, MF 0501674, pp. 93 - 94.

② *Ibid.*, p. 107.

③ *Ibid.*, pp. 107 - 108.

④ *Ibid.*, p. 108.

⑤ *Ibid.*, pp. 108 - 109.

⑥ *Ibid.*, p. 109.

挝。"①基辛格未表示根本的异议,在简化了个别字词后,双方基本达成共识,结束了老挝、柬埔寨问题的谈判。

第四,国际监管委员会的构成、权限和运作问题。美国提出国际监管委员会由四个国家担任,委员会主席需经联合国秘书长任命,虽然最后批准由四个成员共同决定,但委员会实际上由五方组成。北越认为公平的办法是,双方各提两名成员,主席国则由四个成员轮流担任。成员的选择标准是必须没有参加印支战争的,没有派军队参战的,没有把其领土用作战争的军事基地或后勤基地的,因此,北越反对美国把澳大利亚拉进委员会和用印尼取代印度。

至于委员会的权限,北越主张在南越两方的请求下,委员会监督南越普选和各项民主权利的落实。也就是说,国际监管委员会的权限以不干涉越南内政为前提,所以当美国试图把南越武装部队问题纳入国际监管委员会的范畴内处理时,越方表示坚决反对。基辛格于是反问道,选举等事宜也属于南越内部事务,何以能由国际社会监督?黎德寿指出,"监督大选和监督武装部队完全不同,没有任何一个国家会允许其武装接受外部力量的监督"②。基辛格似乎也认为有道理,他转而对黎德寿说:"按照你们的谋算,当各方一致时,国际监管是不必要的,各方不能一致时,国际监管又是不可能的了。"③在美国人看来,如果国际监管委员会要征得南越各方同意才能执行任务,那么国际监管机构就变成可有可无的了。

在关于国际监管委员会的运作问题上也反映出委员会的权限与不得干预越南内政这一原则的冲突。国际监管委员会将组建若干小组实施监督,在这点上双方并无分歧。但美方在条款表述上提出,"国际监管委员会有权利组建"国际监控小组,越方认为应该在南越各方同意的情况下组建小组,否则,只要国际机构愿意就可下派各小组,这就违反了国家主权原则。因此,越方建议删除"有权利",被美方接受。但美方建议还要删除"征得南越各方同意",改为"工作组在尊重东道国主权原则的基础上运作",越方指出,"基于尊重主权原则"的表述更好,美方随即提议措辞为"监控小组将在各方一致同意的情况下执行任务"。④ 经过反复措辞,双方确认国际监管委员会

① "Memorandum of Conversation, Oct. 11, 1972", *RNNSF*, MF 0501674, p. 109.

② *Ibid.*, p. 77.

③ *Ibid.*, p. 73.

④ *Ibid.*, pp. 79 - 80.

将根据其不干涉越南内政之原则执行监管职能。

在国际监管委员会的权限问题背后还有一个问题,这就是委员会向谁负责。美国自谈判开始就一直以保证协议各条款落实为名图谋召开所谓国际会议,而国际监管机构对拟议中的国际会议负责。如此,美国便顺理成章地将越南问题纳入国际层面,但这是北越所不能容忍的。北越也成功地把越南问题的解决维持在和美国之间的双边谈判关系上,在谈判即将结束的时刻,北越更不会接受所谓国际会议和国际监管机构之间存在上下级关系。为此,北越提出国际监管委员会从协议达成之日到召开有关国际会议之前,向巴黎四方会议负责,起初被美方接受。但基辛格后来在措辞上做了修改,因为他认为"如果要求国际监管委员会对受其监督的对象负责,那就太荒谬了",他建议这样一个"对谁都不倾向的中立的表达方式":国际监管机构将向四方通报情况,至于究竟对谁负责的问题由国际会议决定,越方当即表示接受。①

在委员会权限问题基本解决之后,主要的就是其构成问题。由于越方一直反对委员会由五名成员组成,美国就提出第五名成员不经过联合国秘书长任命,而由四国投票决定,根据多数原则执行监管任务。但是越方坚持四国,提名波兰和匈牙利担任成员,还准备接受印尼,但绝不接纳日本,美方于是提议加拿大作为另一个成员。黎德寿立即表示,"你们接受四国,我们就接受多数原则,各让一步,很合理",基辛格认为"合理但未必有实际意义"②,坚持五名成员和多数票原则。黎德寿最后提出,美国"可以在两个模式中任选一个",一是四个成员的委员会和多数原则;二是五名成员和全体一致原则。为了争取美方接受第一个模式,黎德寿提出了一个交换条件,这就是,如果为促进协议执行建立的两方联合委员会和四方联合委员会内部产生分歧,分歧提交国际监管委员会。

四方联合委员会主要是监督美国及其仆从军队完成撤军和战俘释放,其余各条款包括停火问题将关系南越两方,也就由南越两方负责。很显然,上述问题关系到越南内政,即使有分歧也不属于国际监管委员会管辖范围。黎德寿提议的交换条件不管怎么说都在一定程度上破坏了国际监管委员会不干涉越南内部事务的原则,连基辛格都不得不肯定越方的"让步"使四成

---

① "Memorandum of Conversation, Oct. 11, 1972", *RNNSF*, MF 0501674, p. 106.

② *Ibid.*, p. 77.

员制和多数原则模式的通过"变得相对容易些"。① 当时,基辛格从心里就已经接受了黎德寿的提议,但是他以为故意拖延就能使对手不安,回到华盛顿后的当晚才确认了这一点。

1972年10月12日凌晨两点,在经过了连续四天近三十个小时的会谈后,越美双方准备结束第五轮谈判。除了关于南越部队军事装备替换问题和被西贡监禁的平民问题外,双方基本解决了主要的问题,达成协议已指日可待。

按照黎德寿和基辛格约定的时间表,10月17日基辛格将回到巴黎同春水会晤,设法在前述两个悬而未决的问题上取得进展。而后基辛格从巴黎飞往西贡,22日到达河内。协定将于10月26日宣布,10月31日签字。据基辛格承认,日程这样安排当然不是为了让对方满意,而是利用短促的期限迫使越方快点解决争议的问题。事实上,越方代表团根据与美国打交道的经验,一边争取按照原定时间表实现协议,一边警惕美国的诡诈手段,做好美国拒绝按时签字的准备。

基于这两手准备,在黎德寿返回河内后,春水率领代表团继续留在巴黎和美方代表团其他两名成员(基辛格的助手洛德和越语翻译恩格尔)进行文本核对工作,澄清遗留的技术性问题。这项工作从10月12日下午开始直到夜间,双方连续十小时在措辞上进行仔细推敲。比这个工作还要复杂的就是两个遗留问题,因为春水和基辛格10月17日的会谈还是没有结果。

关于军事装备替换问题。美国为促使北越停止对南越的人员"渗透",同意越南南方解放武装力量和西贡的军事装备可以在国际监督下进行替换,但北越和美国在替换模式上一直存有争议。北越坚持平等原则,美国坚持根据一对一原则进行替换。由于西贡军队的规模要大得多,所以装备如果按平等原则替换的话,共产党方面输入的武器数量同美国供给西贡的相等,美国当然不愿意采纳这个模式。而一对一替换对西贡就很有利。所谓一对一替换就是不增加武器数量,而是在武器装备缺失、损毁的基础上进行更新,损坏一件更换一件,凡是西贡武器库里的装备都可以在此名目下从美国的武器库里得到补充和更换。虽然一对一替换模式表面上看没有导致数量的增加,但其实,美国以武器不同型号但属于同一系列为名将大量装备运进南越,这些装备在质量、性能方面都很先进。尼克松政府在其侵越战争惨

① "Memorandum of Conversation, Oct. 11, 1972", *RNNSF*, MF 0501674, p.85.

淡收场的时刻加速步伐武装阮文绍集团，从 1972 年 10 月到 11 月，实施了代号为"再加码"的计划（Enhance Plus）。

另一个就是北越强烈要求释放平民问题。除了越共干部外，北越要求西贡当局释放三万平民。基辛格不断以西贡不合作为借口拖延解决，甚至说这三万人一旦被释放就会参与反对西贡，任何狡辩也掩盖不了美国人不可推卸的责任。对这一点，基辛格心知肚明，因此，他的表态比以往有些改变。他告诉春水，在协议签字之前，西贡以赦免的方式释放一批，剩下的人在美国的影响下也可在三个月内被释放。春水坚持按照 1954 年日内瓦协议的模式，即被俘和被关押人员的释放与撤军同步进行，如果西贡当局继续扣押平民，南方共和临时革命政府也不会释放犯人，甚至是一些美方人员。基辛格反应并不强烈，表示将跟西贡提出美国的方法和北越的方法。

美国明显在拖延，春水随即建议这两个问题都参照日内瓦协议的相关模式，但不采用平等原则，代之以平衡原则。基辛格的反应仍不积极。最后，春水建议和美方在河内就这两个问题妥善解决。基辛格没有接受，反而建议他和黎德寿在万象举行一次会谈，解决所有问题之后再赴河内。

会谈在沉闷的气氛中结束，但显然又不能就此停住谈判，所以巴黎时间 1972 年 10 月 18 日早晨，美方以总统名义照会越方，称基辛格博士暂时不去河内，建议再举行 2—3 天的会谈，并建议一个新的时间表。美国这样做只是为了达到一个目的：以短促的期限迫使北越做出让步。

越方为维持基辛格访问河内的时间不变（对北越的轰炸和布雷于基辛格访问时同时停止），为争取协议如期完成，在美方关于平民释放问题上态度有所改进的情况下，决定尽最大努力消除最后的障碍，同意美方在上述两个问题上的建议。11 月 19 日晚八点，越方代表团以总理范文同的名义致电美方，接受一对一更换武器和被关押的平民由南越两方在三个内解决。在平民的释放问题上，越方在照会中特别表示，注意到基辛格代表美方所做的单方面承诺，这就是美国将竭尽全力确保两个月内一大批平民被释放，其余在三个月内被释放。

仅仅几个小时后，美国照会越南民主共和国。照会称，欢迎越南的诚意和严肃的态度，承认和肯定"协议文本可以被视为完成了"[①]。美方还表示，美国将以"谅解"的形式停止在北越的间谍活动，从越南领海撤走军舰。在

---

① "Memorandum of Conversation, Nov. 20, 1972", *RNNSF*, MF 0501674, p. 2.

履行上述行动之前，美国表示 1972 年 10 月 23 日晚停止对北越的空袭和布雷。但是与这些表态很不协调的是，美国又改变了签字的时间表，短短一个月内，这已经是美方的第三次变更时间表。美国提议 1972 年 10 月 24 日，双方在河内草签协定文本，1972 年 10 月 31 日，两国外交部长在巴黎正式签定协议。

10 月 21 日，越方回复美方，表示尽管美国方面多次修改所商定的问题，越南主共和国方面本着自己的诚意，也同意了美国方面的建议，并且强调美国方面再也不得提出任何理由来改变已经商定的时间表。以总理范文同的名义发出的照会还告之美方，越南民主共和国另已获悉，老挝爱国阵线将在一个月内或更早，如 10 月 31 日和另一方达成停火协议，在老挝被俘的美国人将于 1972 年 12 月 30 日被释放。

这样，在经过多次私下会晤和交换照会之后，越美双方已经商定了"关于结束战争、恢复越南和平的协定"的全文。协定分为正文、草案和谅解。上述各个部分分别都有英文和越语两个文本，这主要是由于双方对字句和语义的理解存在差异，例如，有关美国负责拆卸水雷的问题就属于这样的情况。除此之外，协议包含的三部分均一式两份，这是因为签字分为两种形式，即北越和美国两方签署协议和巴黎会议四方签署协议。双方还商定了一个工作时间表，以便在 1972 年 10 月 31 日正式签定协议。显然，双方已商定了一项具有极其重要意义的协议。越美漫长的谈判是否就此尘埃落定了呢？越南和世界人民盼望已久的和平是否即将到来了呢？

第九章　迟到的和平

到 1972 年 10 月 22 日，越南民主共和国方面和美国方面已经商定了"关于结束战争、恢复越南和平的协定"的全文，并商定了一个时间表，双方将于 10 月 31 日在巴黎正式签署协议。然而，仅仅 24 小时后，美国单方面违背自己做出的保证，又借口在西贡遇到困难，要求继续进行谈判以解决所谓新的问题。

第一节　尼克松政府出尔反尔

从 1972 年 10 月 11 日起，美国三次修改签订协定的时间表，北越出于诚意，均表示同意。在尼克松 10 月 22 日给总理范文同的照会中确认，美方认为协定文本已经完成，并对越南民主共和国政府的解释表示满意；之后的第二天即 10 月 23 日，却又要对签字时间加以变更，要求继续进行谈判解决所谓新问题。短短半个月内，美国已经第四次改变时间表，一变再变，出尔反尔，不肯尊重已达成的协议，不但避不签字，而且还提出要修改已达成的协议。

美国的节外生枝使越南和平的恢复没有如期实现。越南局势究竟如何发展？战争将继续拖延下去，还是和平可以尽早恢复？越南不能不表示严重关切。特别是自 1972 年 8 月以后的谈判中，北越出于对越南战争未来的形势的判断，也出于对尼克松政权一再强调的"体面"的考虑，在南方政权问题上做了较大的让步；而美国方面却丝毫没有考虑越南的要求与感受，在协议已经完成之际竟然言而无信，拒绝履行诺言。

在此重要关头，为使全国同胞和战士、使世界人民了解事实，1972 年 10 月 25 日，越南劳动党政治局决定公开一个月来越美私下会晤的内容，公布协定文本，并于 10 月 26 日发表政府声明，通报目前越南问题的谈判情况。声明强烈控诉尼克松政府缺乏诚意和不严肃的态度，坚决要求美国政府响应越南民主共和国的诚意，正确实现所做出的保证，于 1972 年 10 月 31 日签订已商定的协定。与此同时,北越在首都河内、巴黎和世界上其他城市纷纷举行新闻招待会,还向驻河内的各外国使馆机关通报了情况,北越驻外使馆也向所在国政府通报了情况,河内电台用越语、法语和英语向全世界广播越美私下会谈和双方多次照会的内容。北越的这些举措在世界上引起了巨大反响,使美国政府出尔反尔的态度暴露于众目睽睽之下。

由于时差的关系,当北越已经公开协定文本的时候,远在大洋彼岸的基辛格在睡梦中被叫醒,天刚蒙蒙亮就召开记者会。基辛格对着大批涌来的记者,一面承认"北越谈判代表一直是有诚意地和非常认真地行事",但另一方面又要求再举行 3—4 天的会议,以便进一步讨论六个或七个问题。他说,"目前和平已经伸手可及","这一协定已经在望",需要进一步讨论的问题只不过是小的、"次要的"问题。① 尼克松政府无疑是在放出乐观空气,按照美国的说法,越美双方已经商定的协定没有签字,是因为"协定草案有某些含混不清之处","需要修正和改进",这是"容易解决的"。总而言之,似乎万事大吉,人们可以相信美国的一片诚心,坐待越南和平的来临了。然而,事情完全不是这样。

首先,正如"越南之声"电台在 1972 年 10 月 31 日发表的题为"尼克松政权必须对拖延战争承担责任"的评论中所指出的那样,"关键的问题不是小问题而是大问题。严重的是美国已多次要求修改已商定的协定内容和签订时间。众所周知,美国对越南的干涉和侵略战争从 1954 年至今已延续了十八年多。在巴黎举行的关于越南问题的谈判至今也有四年半。对于一个重要问题,如越南问题、战争与和平问题,在经过持续数年的谈判之后达成协议并不是平常的事。如果双方还处于继续谈判的过程,那么,某一方提出新的问题来讨论是正常的。但这一次并非如此。堂堂两个政府和双方国家领导人之间交换照会并达成了协议,现在却又出尔反尔,这真是外交谈判史上空前未有的事情"②。

从上述评论来看,越南方面最为关注的还不是美国要求的修改协定内容,让他们不能接受的是美国政府拖拖拉拉的谈判形式,这不免让河内产生了美国意图彻底推翻协定的感觉。

---

①　《"越南之声"电台驳斥美国政府回避签订协定的借口》,载于《人民日报》,1972 年 11 月 2 日。

②　同上。

其次,美国要修改的,并不是像他们所说的那样,只是"细枝末节"而已。基辛格在记者招待会上提到要修改的"六七个非常具体的问题",例如关于国际监督、结束越南战争和印度支那停火的关系问题,根本不是无关紧要而是重大的实质问题。这些问题,在协定文本中已有明文规定,而协定的文本,已由美国总统在 1972 年 10 月 20 日和 22 日给越南民主共和国总理的两个照会中加以确认。现在,美国又要加以"修正和改进",其目的显然是给签订协定设置障碍,增加困难。

其实,基辛格提到的还不是美国要想修改的全部。美国不便讲明的,已经由阮文绍和盘托出。阮文绍自 1972 年 10 月 26 日以后大放厥词,提出种种荒谬要求,不是没有来由的。美国合众国际社把这些荒谬要求归纳为七点,涉及停火范围,从越南南方撤军,扩大一对一武器替换的范围,成立三种同等成分的国家委员会是一个"伪装的联合政府",又不是选举产生的,四方签字等等。这实际上是要修改协定文本中的所有主要条款。阮文绍的七点,同美国的"六七个问题"是十分合拍的。所以阮文绍大叫"只有我亲自在停火和和平条约上签了字",和平"才会到来"。① 阮文绍同美国配合得这么好,美国政府却说它在西贡遇到了困难。

虽然北越和美国在会谈过程中都同意有责任取得自己盟友的赞同,以便就协定进行谈判,但值得注意的是,基辛格曾于 1972 年 2 月 9 日在华盛顿举行的一次记者招待会上宣布:"众所周知,我们同北越人进行的所有秘密谈判都是在同阮文绍总统进行充分磋商的情况下进行的。"尼克松 1972 年 2 月 20 日又在白宫举行的记者招待会上宣布:"现在我可以说,我们在巴黎提出的每一项建议都是南越政府和美国政府的联合建议。我们提出的每一项建议都是经过磋商并且听取南越政府以及美国政府的意见后提出的。"②阮文绍现在竟然说协定是美国政府背着他和越南民主共和国政府商定的,美国政府也在散布这样的空气。

值得注意的另一个细节是,基辛格到西贡同阮文绍进行磋商是从 1972 年 10 月 18 日到 22 日。正是在这期间,美国总统尼克松向越南民主共和国政府总理发出了签署日期是 10 月 20 日和 10 月 22 日的两份照会,确认美

---

① 《美国拖延签字的目的何在?》,载于《人民日报》,1972 年 11 月 3 日。

② 《"越南之声"电台驳斥美国政府回避签订协定的借口》,载于《人民日报》,1972 年 11 月 2 日。

国方面把协定文本视为已经完成,并建议以 10 月 31 日为签字日期。也就是说,不存在美国总统发出照会而不知道基辛格在西贡磋商情况的道理。

事实说明,美国所谓遇到了西贡政权方面的困难,不过是尼克松政府把阮文绍当作美国阴谋的喇叭以逃避解决越南问题的责任的借口而已。河内认为,虽然"一定程度上"美国和西贡方面"会出现矛盾",但应该也是不难消除的,"无论如何是"美国政府"做决定"。①

尼克松政府在越南问题上反反复复,它说过的话可以不算数,达成的协议可以不签字。它玩弄这种手法的目的,就是要欺骗世界舆论,继续拖延签订协定,并企图对协议的实质内容加以改变。美国的图谋如果得逞,越南战争势必继续下去,越南和平的恢复也就遥遥无期。河内一系列舆论攻势所达之目的正是试图阻止,至少也要揭露美国政府拖延签字,总期望争得一分,这就迫使尼克松不得已于 1972 年 11 月 2 日晚上,抛出了一篇广播电视讲话。

尼克松在讲话中关于与越南民主共和国政府商定的协定文本的说法大大后退了。他含混地说:"协定中仍然有一些条款必须弄清楚,以便消除所有含混不清的地方。我一直坚持必须解决这些问题,然后我们才能在最后协议上签字。"尼克松又强调所谓存在的"细节"问题,他说:"我对历史的研究使我深信,细节对于一项协定究竟是会垮台还是会长久存在下去能产生影响——同样具有决定性意义的是,所有有关方面对这些细节是什么东西要有清楚的了解。"尼克松又回到了早就被北越拒绝了的他在 1972 年 5 月 8 日提出的条件,他说,"我们准备缔结的解决办法将实现我在今年 5 月 8 日向全国发表的电视讲话中确定的基本目标","我坚持要明确地解决中心问题",其中,他再次提到"在整个印支实现停火","使南越的大约 1 700 万人民有权决定自己的前途,而不违反他们的意见,把一个共产党政府或一个联合政府强加于他们"。

尼克松还把 10 月 31 日签订协定这一期限说成是强加于他的。他声称,"我们不肯被弄得慌慌张张遵守强行提出的 10 月 31 日的限期",美国"不会让任何种类的限期迫使我们达成一项协定。什么时候签订是适当的,

---

① "Memorandum of Conversation, Nov. 20, 1972", *RNNSF*, MF 0501674, p. 11.

我们就在协定上签字,不会早一天签字"。①

对尼克松这篇较基辛格更荒谬的讲话,"越南之声"立即作出强烈反应,指出尼克松越来越清楚地暴露出不想结束战争的意图,认为其"讲话中有许多值得注意的问题",特别指出美国总统国家安全事务助理亨利·基辛格的讲话与美国总统的讲话出入较大,甚至自相矛盾。评论说,基辛格"1972 年 10 月 26 日在华盛顿举行的记者招待会上已承认,河内电台公布的协定草案中的问题是'正确的',然而,美国总统现在却说,协定的一些条款还含糊,需要澄清。这样,尼克松就批驳了基辛格先生的话。基辛格先生说需要进一步讨论的问题不是基本的,可以在一个很短的时间内求得解决。但是,美国总统已经申明,需要重新讨论可能使协定垮台的基本问题、中心的问题"。评论因而强烈质疑:"这是不是美国方面为进而推翻已达成的协议,彻底破坏美国方面通过美国总统给越南民主共和国政府总理照会,商定和确认的关于越南战争的解决办法而进行的舆论准备呢?尼克松多次声称'美国希望有体面的和平,对人人都是公正的和平、牢固的和平'。按他的意思,要想保证这种公正和体面的和平,就必须修改已达成的协议,必须重新讨论已商定的问题。难道恪守诺言是不体面的,背信弃义是体面的?"评论最后说,"他们老是今天要求讨论这个问题,明天又要求讨论其他问题,并且一味采用拖拖拉拉的谈判形式作为屏障来延长侵略战争。我国人民直截了当地告诉美国,他们是无法实现这个丑恶阴谋的。我国人民坚决揭露他们的狡诈和出尔反尔的态度,同时在军事、政治和外交各条战线上坚持和大力促进抗美救国斗争,直到取得彻底胜利。尼克松政权必须对不能早日结束这场血腥战争的状况承担全部责任!"②

上述评论不是一般层面的外交辞令,它们一方面表明恢复和平之艰难,另一方面也说明北越坚决维护已达成的协议的决心。与此同时,不能不引起北越警惕的一个动向是,尼克松政府正在加速步伐武装阮文绍集团。

为继续推行战争"越南化"计划,美国自 1972 年 10 月下旬开始连日把大量军事物资运往西贡。美国国防部发言人弗里德海姆 11 月 3 日承认,美国正在加紧向南越阮文绍集团运送作战物资,他强词夺理地说,美国"运送

---

① 《美国总统尼克松发表电视讲话表明美国将继续拖延签订协定》,载于《人民日报》,1972 年 11 月 4 日。

② 《"越南之声"电台评美国总统 11 月 2 日的电视讲话美国政府出尔反尔的态度愈益暴露》,载于《人民日报》,1972 年 11 月 4 日。

新式武器是为了支持通过谈判达成和平解决办法的努力"。① 在这之前,他还说,"本年度的国防预算'根本不会'因为越南战争取得任何解决办法而'注定要显著减少'","根据越南化计划,美国将继续向西贡提供国会批准的军事装备"②。

事实上,根据美国通讯社发自西贡的消息透露,美国政府正在执行的这项新制定的计划,其援助西贡的军事物资"将远远超过原定为越南化计划提供的装备"。运进南越的物资中还第一次包括四引擎的 C - 130 运输机,这种飞机每架的成本为三百万美元,可以运载三万磅以上的货物,92 名全副武装的士兵、64 名名伞兵或 74 名担架伤员。仅在尼克松发表电视讲话的当天,就有 16 架 C - 130 运输机被交给南越空军。包括该机型的军用飞机的运送工作就从这天开始,美国不但从空中赶运飞机,还由轮船自 1972 年11 月 4 日开始运战斗轰炸机等军用飞机,为此,美国和西贡方面还专门新修造了码头。为了加速给西贡运送新型喷气战斗机,美国甚至迫使南朝鲜和蒋介石集团等把美国供应给他们的 120 多架 F - 5 战斗机转借给阮文绍集团。美国国防部长莱尔德 11 月 5 日说,为了使计划中的另外一些飞机和武器在停火前运到南越,"我们正在把这项计划压缩(提前)大约一年的时间"③。这项计划是这场战争开始以来美国实施的最用劲的一次军事援助,将使南越空军飞机总数增加到两千多架,成为被美国吹嘘的在世界上名列第三位的一支空军力量。

美国政府除了向西贡加紧运送各种飞机外,还在加紧运送坦克、装甲车和军舰等作战工具。到 11 月中旬为止的两个星期里,每天最多有多达 50辆的装甲车辆运抵西贡港。其他军用物资还有 175 毫米大炮、反坦克火箭、弹药、维修设备、飞机的桨叶等。为了加快输送的速度,美国还使用了商业租用飞机。仅 11 月 7 日这一天,至少有 30 架美国军事运输机和商业租用飞机涌进了西贡,载运着 700 多吨给南越的军事装备。合众国际社说,在过去十天中有 5 000 多吨的战争物资用飞机运进了南越。

美国还把侵越美军的大批武器和装备加速移交给伪军。驻越美军司令部 1972 年 11 月 9 日宣布,它将提前在 11 月 10 日前把面积达 6 070 公顷的

---

① 《美国加紧运作战物资武装南越傀儡集团》,载于《人民日报》,1972 年 11 月 6 日。
② 《美国加速把大量军事物资运往西贡》,载于《人民日报》,1972 年 11 月 4 日。
③ 《美国政府把大量武器赶运到西贡》,载于《人民日报》,1972 年 11 月 12 日。

隆平美军基地正式移交给阮文绍集团,连西方国家通讯社都评论说美国"正在把南越变成一个巨大的武器库"①。

这样,人们对美国为什么一味拖延签字、为什么作出了保证又食言的问题就很清楚了。究其原因,美国仍然想在优势上谈判,国防部长莱尔德亲口承认,"我们正在用加速向南越运送飞机和武器弹药的办法来加强谈判"②。

尼克松政府一面继续利用阮文绍来拖延签字,一面加紧武装西贡,致使越南和平的恢复就像地洞里刚刚闪现的一丝光线那样熄灭了。此时此刻,要不要和美国继续谈判就成了摆在北越面前的一道复杂而又微妙的难题,如拒绝会谈,谈判必然破裂,已有的谈判成果就将付诸东流,如接受会谈,又显得过于软弱。

第二节 越南走到谈判的底线

越美重开谈判是在 1972 年 11 月 20 日。之前的 10 月 27 日,美方首先照会越方,口气比尼克松的电视讲话显得温和,表示美国"理解"北越的"不满",建议 11 月 1 日举行私下会谈,必要的话无论多长时间都可以,以便完成协议。而且,美国不会要求在会谈中修改已达成的协议。北越迟至 11 月 4 日才答复,目的就是表明北越并不急迫,不把希望寄托在美国的大选上,并为此建议于 11 月 14 日举行会谈。③ 美方有意将会谈推迟一天举行,并提议进行四天对话。出于黎德寿的健康状况,北越提议 11 月 20 日为会谈日期。这样,越美谈判就定于 11 月 20 日恢复。

值此缔造和平之关头,北越外交部新闻司于黎德寿启程前往巴黎的当天公布了这个消息。11 月 17 日,黎德寿到达巴黎,并向新闻界发表声明,坚持越南和美国之间在协定中业已商定的条款,要求美国抱有严肃的态度通过谈判迅速签订协定。

北越当时就和美国恢复谈判有一个指导方针,这就是"坚决坚持已达成的协议,不超越已达成协定的范畴,不放弃原则",在黎德寿和基辛格恢复会

---

① 《美国政府把大量武器赶运到西贡》,载于《人民日报》,1972 年 11 月 12 日。
② 同上。
③ Luu Van Loi & Nguyen Anh Vu, *op. cit.*, p. 355.

谈当天,黎德寿开始就表明了这个态度、立场。他讲话也比往常强硬,指责美国出尔反尔,指出"要不要签字,要不要拖延战争,要不要和平,完全取决于"美国,越南"抱有很大的诚意,付出了很多努力,但诚意也是有限度的"。① 20 日的会晤持续近六小时,其间,主要是黎德寿代表越方阐述立场,之后越方听取美方陈述意见。

基辛格避重就轻地把协定没有按时签字说成是两国关系改善过程中的"插曲",把要求修改实质问题称之为出于"澄清和精确"之目的。但其实,美国和美国唆使下阮文绍提出的修改或者说他们的论调和行动表明,他们企图取消 10 月 20 日达成的协定的基本原则。这些原则是:美国尊重越南的独立、主权、统一和领土完整,美国完全停止对越南南方的军事卷入,承认越南南方存在两个政权、两支军队和三种政治力量的实际情况,成立由三种成分组成的民族和解与和睦国家委员会,并在越南南方实现民主自由。美国不得对越南南方的任何政治势力或者个人承担义务,不得把一个亲美政府强加于西贡,越南南方人民通过真正自由和民主的普选,自行决定自己的政治前途。《越南人民报》社论指出,"关于越南人民各项基本民族权利和越南南方人民自决权的原则是密切相关的重大原则。这些原则就像协定这座大楼的主要支柱一样,抽掉一根就将拉倒整座大楼","越南人民不接受美国式的和平"。② 然而,基辛格在 20 日会议上所言与越方的上述原则根本背道而驰,主要集中于如下几个方面:

第一,重谈"两个越南""双方共同撤军",北方"侵略""并吞"南方等老调。美国早已通过阮文绍这个传声筒公开叫嚷北越撤军、恢复非军事区是南越对和平的条件,否则不接受任何停火。基辛格则趁会谈间隙再度试探地向黎德寿提出"最重要的问题是武装力量问题",认为黎德寿在这个问题上有比他"能想到的更聪明的办法"。③

第二,抹杀越南南方共和临时革命政府的作用和角色。美国仍企图回避对南方共和临时革命政府及其领导下的越南南方解放武装力量和解放区以政治上的承认,为此,在协定中凡是提到它的段落、字句都代之以"参加会议的有关各方",将各方控制区统称为各武装力量的"驻地"。另外,由于原

---

① "Memorandum of Conversation, Nov. 20, 1972", *RNNSF*, MF 0501674, p. 4., p. 6.
② 《越南〈人民报〉社论"责任将在于谁"?》,载于《人民日报》,1972 年 12 月 4 日。
③ "Memorandum of Conversation, Nov. 20, 1972", *RNNSF*, MF 0501674, p. 14.

定为两方签字的协定,美国提出改由四方签字,这就又涉及如何称呼南方共和临时政府的问题。基辛格提出协定中不写其名称,为公平起见,也不写西贡的名称,只在签字时具体署名。

第三,对一些主要问题进行一些名为措辞上的修改。这些问题是,关于第四章第九款民族和解和睦国家委员会,美国不接受"行政当局"(administrative structure)这个表述方式,要求采用一个淡化甚至不含政府含义的词,称为"管理机关"(administrative organ),也不同意在省市、县等地方建立该委员会机关,对越南南方的选举,美国称其为"民族选举"。第三章第八款关于各方遣返和释放被俘军事人员和被监禁人员的问题,美国的协定文本里写的是"关于各方遣返和释放被俘军事人员和外国平民的问题"。第一章关于1954年有关越南问题的日内瓦协议承认的南越独立、完整应当得到所有国家的尊重,反对把美国单列出来。

第四,扩大武器装备的更新范围。美国提出,不但损耗的武器可以被替换,没有或消耗完的武器也可以得到补充。

第五,整个印支范围内实现停火。

上述更改"均不是细节和技术上的问题,而是一堆原则和实质性问题,都是很大很重要的改变"①。在接下来的几天会谈里,越方代表团度过了谈判以来虽然时间不算最长但确是最为艰苦的时期,特别是一直以来主持对美谈判的黎德寿需要"保持足够的体力和精力",跟比他"年轻得多"②且并不太好对付的基辛格周旋,对于一个六十岁的老人来说,如此漫长的谈判不啻为严酷的考验。

为维护1972年10月20日"关于结束战争、恢复越南和平的协定"这一重要的谈判成果,越方连日与美方就实质性问题多次进行交涉。双方于25日结束第六轮会谈时,胶着于越南南方武装力量问题、南方政权问题和被监禁人员释放问题。现将双方的交涉阐述如下。

协定第一章关于越南人民的基本民族权利,本应是"美国尊重越南的独立、主权、统一和领土完整",美国则反对把自己单列出来,强调"所有各国尊重……"如此改动"不是一个小小的政治问题",但越方决定接受美方的措辞,目的就是换取美国在其他问题上的让步。黎德寿非常明确地告诉基辛

① "Memorandum of Conversation, Nov. 21, 1972", *RNNSF*, MF 0501674, p. 3.
② "Memorandum of Conversation, Nov. 20, 1972", *RNNSF*, MF 0501674, p. 6.

格说:"你们应当意识到这一点(指越方的妥协不是一个小问题),就应当在其他各点上对我们让步。"①但 11 月 22 日的会谈上,基辛格突然转变态度,告诉越方美国接受原来文本的措辞,企图以这个让步换取越方同意武器装备之替换扩大范围,被黎德寿欣然接受。因为北越不但不会因此失去什么,反而所得更多,除了保持基本民族权利的原则不被削弱外,武器替换范围之扩大于越南也一样有利。

第二大问题是,关于越南南方共和临时革命政府的地位问题。这其实关系到承认越南南方有两个政权、两支军队和三种政治力量的实际情况。但是,美国的行动却证明他们仍不肯承认这种实际情况,并阴谋设法取消这种实际情况,取消越南南方共和临时革命政府。对此,越方坚决反对,坚决要求协定文本中必须列出包括越南南方共和临时革命政府在内的四方名称。越南南方共和临时革命政府承认西贡政权为越南南方三种政治力量之一,证明了它自己对正确解决越南南方问题的实际看法和充分的诚意。越方对这个问题的具体处理有一个灵活的提议,就是只要协定序言明确四方名称,其余各处都可以简化为"出席越南问题巴黎会议的有关各方",即便如此,美方还是设法回避问题。1972 年 11 月 23 日,黎德寿就此表示最后的意见。他以历史上没有这样的先例为据,对基辛格说,"到目前为止,我还不曾发现任何一个取得如此程度的协议中不提政府名称,如果你能找到任何协议是两方或三方之间却又不提它们名称的,我让步。而在这点上,我不可能让步",坚持按照 1954 年、1962 年日内瓦协议的做法加以处理。黎德寿还说:"我们已经对你们提出的变更表示接受,而我方还没有提出过任何更改",基辛格显得很诚恳地建议"今天暂且把这个问题摆放一边",并表示"已经理解"黎德寿的观点。②

第三个问题是关于越南南方政权问题,具体包括两个方面:一是越方坚持在越南南方举行"普选",即选举整个的国家机关,非各省、市镇、乡村进行选举,美国所谓的"民族选举"过于含糊。在这点上,黎德寿强调说:"虽然我们考虑你们经常提到的'体面',而且我们也认为一旦签字,我们两国关系开始新的一页,但我们也不接受你们的修改。"③二是越方认为民族和解和睦

---

① "Memorandum of Conversation, Nov. 21, 1972", *RNNSF*, MF 0501674, p. 8.

② "Memorandum of Conversation, Nov. 23, 1972", *RNNSF*, MF 0501674, pp. 8 - 9., p. 10.

③ *Ibid.*, p. 15.

国家委员会作为行政当局,不具有政府职能,但它拥有负责执行协议、确保实施各项民主自由、落实民族和睦的权力。为此,从中央到地方各级都要建立这样的委员会,停火后立即建立,在不迟于三个月内解决南越内部问题。而美方提出的"停火后不迟于十五天"建立委员会,且只是在中央一级单位建立和三方"尽全力"就南越内部事务对话的表态,在北越看来是"极其不确定的"①,北越既已"放弃了组建三种成分的政府和阮文绍立即辞职的要求",美国"竟然对民族和解和睦委员会也想削弱其意义",其"结果就是"越方"在政治方面的要求变得毫无意义"。②

美方于 22 日答复,做出的让步是,恢复"普选"和"行政当局"的提法,但仍不同意在各级基层建立与中央一级委员会相应的下属机关,而只反复说由南方两方协商讨论详细的情况。23 日,美方又提出,如果北越接受协定中载入下列措辞:"体现南越所有政治倾向的成员将由两方平等选择",那么美国准备重新在协定中载入"地方或下级委员会"的内容。

越方的要求是协定第四章的基本问题,缺少一个方面都不完整,因此,越方坚持一揽子解决。就在 23 日这天,北越代表团作出了一个重大决定,把该条款和第三章第八款与南方武装力量问题联系起来,以南方武装力量问题上的妥协换取前两个问题的解决。为叙述方便起见,先来看越方有关协定第三章第八款的要求。

北越不接受美方关于第三章的标题,坚持使用"各方遣返和释放被俘军事人员和被监禁人员"这个标题,如前所述,这不是个标题的问题,而是关系到数万名越共干部和数以十万计的政治犯能否被释放的问题,用黎德寿的话说,这对越南方面而言"是个非常重大的问题","一个不能再让的问题"。③ 北越曾在这个问题上跟美国磋磨了多次,双方 1972 年 10 月 11 日仅这个问题的谈判就用了七个小时,但由于北越确有诚意达成协议,很快在几天后接受了美国的进一步承诺,从而完成了协定。但现在情况有变,美国没有按确定的日子签订协定,又一次对问题加以修改,所以,越方再次要求对方履行承诺,并表示"如果这个问题不解决,那么不可能实现协定"④。黎德寿强调说:"我们认为你们对解决这个问题负有不可推卸的责任,不要把它

---

① "Memorandum of Conversation, Nov. 21, 1972", *RNNSF*, MF 0501674, pp. 17-18.
② "Memorandum of Conversation, Nov. 22, 1972", *RNNSF*, MF 0501674, p. 16.
③ "Memorandum of Conversation, Nov. 21, 1972", *RNNSF*, MF 0501674, pp. 12-13.
④ *Ibid.*, p. 13.

推给西贡,因为这是你我之间的直接谈判。"①

再来看越南南方武装力量问题。黎德寿表示,"所谓北越部队撤出问题"是美国的说法,越方从未承认。过去四年来,越方一直不接受美国这样提出问题,其中有许多合理合法的原因,最合理的原因是越南遭到了侵略。美国意图把侵略者和反侵略者等同起来,企图剥夺越南民族神圣的救国权利,从道义上、政治上都站不住脚。也就是说,北越不同意从美国的角度谈问题,坚持按照协定中达成的共识来解决越南南方的各种武装力量问题,这就是将由越南南方的两方本着民族和解与和睦、平等和互相尊重的精神,在没有外国干涉的情况下,裁减双方武装力量人数并复员所裁减的军队,具体措施由越南南方的两方讨论。

基于上述考虑,越方不同意美方有关"美国和其他非南越部队一起撤出"的措辞,要求协定中所有意味着北越部队的字句都要删除。基辛格很快表示,美国打算收回这项建议,同时试探性提出这样的建议,即北越可将其在南方的部队重新整编,例如往靠近北边的地区去,不过任何其他地方的动静都将被注意到。他还表示协议中可以不写这一点,也就是不要北越作出书面承诺,以事实行动释放善意。②

会谈进行到这里,黎德寿已经非常清楚,要维持已达成的协定,还有两项条款难以解决,他用一种提醒的口吻问基辛格,"你应该估猜到是哪两条",后者佯装不知。黎德寿就说,"第三章和第四章,我们的文本不同",基辛格继续表示"很惊讶",黎德寿告诉他,"一点也不奇怪",并提议暂且将它们搁置一边③,先进行其他条款的讨论。

当会谈涉及印支国家之间的问题时,黎德寿提出将美方有关该条款中的"Indochina states"一词改为"Indochina countries",并建议删除最后一句,因为它暗示美国认为北越有部队在南越的想法。整个协定中有两句话表明美国暗示所谓北越部队问题,这是其中一句。以前的谈判中,美方也提出来过,后来删掉了。如今,基辛格又试图塞回协定里。

基辛格反应道:"如果你们接受以这句话作为本条结尾'……接受把它们的武装力量保持在各自边界线内的原则',那么,我们接受把'Indochina

① "Memorandum of Conversation, Nov. 21, 1972", *RNNSF*, MF 0501674, p. 14.
② "Memorandum of Conversation, Nov. 23, 1972", *RNNSF*, MF 0501674, p. 7.
③ *Ibid.*, pp. 7 - 8.

states 一词改为 Indochina countries'。"(states 既可译作国家,也可译作政府;如作政府解,那么亲美的老挝政府、柬埔寨朗诺政权就变成了老挝、柬埔寨国家的合法代表——笔者注)黎德寿清清楚楚地告诉他说:"最后一句话,我不同意。最初你提出来的时候,我就已经详尽表达过我方看法,你同意去掉。今天你重新提起。既然已经有条款规定,和平恢复之后,越南南方两方应当不再把装备、军队等运进南越,那么就没有必要提出军队应当维持在他们的界线内。你重提的意图就是你们称之为的北越部队应当通过置于自己的边界线内而撤出南越,我们不接受。这对我们是个原则问题,任何暗示你方称北越部队的句子都应删除,这句话就有这种含义,我们不接受。也没有任何条款规定美国部队应当保持在美国国家境内。实际上,我们正待在我们自己国家境内。至于老挝、柬埔寨的局势,你很清楚。印支局势、1954 年和 1962 年日内瓦协议现在已形同废纸。而一旦战争结束,关于老挝、柬埔寨,我们已经说明,外国不得将军队、装备运进南越、老挝、柬埔寨。我们也不会这样做,除了被迫起来反抗侵略,这当然是我们整个民族的事业。过去四年来,我一直向你讲明这一点,因此我们仍保持这个观点。我们已经向对你们做出重大让步,请再次仔细考虑。可以肯定的是,我们不会在这点上有丁点儿让步。"①

基辛格继续喋喋不休地说:"无论如何告诉朋友,和平到来之时却还有一大批不被认为是这个国家军队一部分的武装留在其管辖范围内,是非常困难的一件事。"他还认为,美国不要求北越撤军"已经是一个大大的让步,现在只要求这部分武装返回原籍,且并没有说明原籍是哪里"②。他以为黎德寿会因此有所退让,但没有想到黎德寿说:"我们不接受协定中有任何意味或一看便理解为北越有部队在南越的语句。我们提议就降低战事和遣散军队落实为条款已经是大大的诚意。如果写上你们建议的这条,你们撤走后,两方讨论时,西贡当局就会基于该条款要求北越撤军。"基辛格立即说,"如果没有军队,就不会有要求嘛",黎德寿很坦然地表示,"我已经跟你说明,他们全是志愿军部队,现在受越南南方共和临时革命政府领导"。③

看到自己的设计一时不会被接受,基辛格建议搁置争论,准备再寻机提

---

① "Memorandum of Conversation, Nov. 23, 1972", *RNNSF*, MF 0501674, p. 16 - 17.

② *Ibid.*, p. 18.

③ *Ibid.*, p. 20.

出。黎德寿看出对方仍企图拖下去,就对基辛格说:"你宣称决心尽力尽快解决问题,但你的谈判方法与你所言不相符。枚举签署协定的四个政府名称这样简单的问题,你们都不愿意,简直荒谬。如果你方固执于自己的立场,不可能产生解决办法。一切取决于你们。"①

从上述双方的交涉,特别是黎德寿的讲话中人们不难看到,北越的谈判态度是较为强硬的,因为已经到了它自己的谈判底线或边缘。对这一点,作为谈判对手的基辛格内心是十分清楚的,正因为清楚,所以他感到黎德寿要中断会谈时,抛出了一个也许在他看来不啻"胡萝卜"的提议,这就是把整编北越部队和释放平民问题挂钩处理。他建议说:"把部分武装拉到北边地区整编将大大有利于促进协议,可以不必是决定性力量,本周进行具有实质性的整编将使解决平民的问题变得很容易。"②

他的提议顿时引起越方代表团的议论。因为如果接受美国的建议,在整编部队问题上仅用一个口头谅解来换取数十万计的被监禁人员获得自由,客观地说是非常值得的。至今不清楚的是,北越在这个问题上是如何考虑的,只由美国解密的双方会谈记录看,越方随即反提议,以接受在南越北边整编部分武装换得第三章第八款和第四章第九款的解决。

这个价码似乎有些让基辛格感到意外,他心里盘算而在提议时没有立即说明的是北越在南方的二十万军队。北越的要价在他看来是很高的,他企图要求对方按这个数字整编军队,而不只是采取象征性动作。他小心地说:"我能问顾问先生一个具体的问题吗? 你所说的重新整编部队的人数是多少?"黎德寿反问道:"你方至今对我们关于第三章第八款和第四章第九款的问题做出反应了吗? 如此,我也会对你关于我们问题的反应给出一个合理的反应。我已经反复讲明你们有诚意,我们也是通情达理的人,但如果你们缺乏诚意,继续用不适合谈判的方式谈判,我也坦白告诉你,我是最倔强的人。通过在这里的所有谈判,你应该认识到任何时候你拿出诚意,我总是合理反应,有时候我的通情达理超出你的要求。如果你对我们的建议或需要加以积极回应,那么我也将给你一个妥当的答复。"③基辛格把这番谈话看作黎德寿的"最后通牒"。自和基辛格打交道以来,黎德寿话锋虽凌厉,但

---

① "Memorandum of Conversation, Nov. 23, 1972", *RNNSF*, MF 0501674, p. 32.

② *Ibid.*

③ *Ibid.*, p. 37.

态度从来都很平静、淡定,这次,他却禁不住拍案而起说:"总有我们不能接受的事情:关于三种成分的委员会,建立各级委员会以及委员会的名称有任何改变。这不是威胁或别的什么,这是我们的底线、最后的底线。如果再后退,可以说我们什么也没保留。这就是我们为什么就部分武装在南越北边重新整编形成谅解的原因,就是为了解决这些问题。你应该看到,过去四年来,我们从不接受讨论北越军队问题,但现在现实地说,我们接受在南越北部整编部分武装的确是想解决许多问题。这表明了我方的善意。"①

基辛格表示,重新整编武装只能与第三章第八款挂钩,与第四章第九款无关,他试图抬高要价,对方仅用重新整编武装换取美国接受第三章第八款和第四章第九款那就太便宜了。黎德寿当即建议,越方将与美方就两个问题形成谅解。第一个是在南越北边重新整编部队的人数;第二个是关于在老挝实现停火问题,目的就是为了就第三章和第四章第九款与美方取得协议。基辛格显然不满足于这个答复,因为他说,"那只是个提议,还不是最后的谅解"。黎德寿表示:"作为提议摆在你面前,等你表示想法。你们要求我们整编的军队规模是多少? 希望老挝何时停火? 你们所做的反应是为了解决第三章第八款和第四章第九款。然后,我们再来讨论。但是,我想提醒你,关于第四章第九款,我们之间已经取得一致。"②

基辛格认为,越方原先在第三章第八款有关遣返和释放被监禁人员人员问题上最后接受了美国的提议,"是最重要的让步之一",现在又改变态度,坚决要求被监禁人员和美国战俘同时得到释放,"是完全的改变,也是比本周双方谈判的其他任何内容都大的一个改变"③。显然,美方企图在保留原来的内容的基础上进行下面的谈判。

美国的要求很不合理,因为一般而论,交换条件至少要相当。在美国提出新的要求,而且是北越从不接受讨论的北越军队问题的情况下,北越都准备做出一些妥协。如果让步没有换来第三章第八款协定的进一步改善,那么,北越所让根本没有价值可言,不如就按原先达成的协定处理被监禁人员的释放和遣返问题。北越此时在谈判条件上采取高姿态正是因时制宜的做法。所以,黎德寿对基辛格回忆起1968年美国停炸的时候说:"我没有就军

① "Memorandum of Conversation, Nov. 23, 1972", *RNNSF*, MF 0501674, p. 38.
② *Ibid.*
③ *Ibid.*, p. 39., p. 41.

队撤到南越北边对哈里曼大使吐露过一个字,没有私下谅解,什么也没有。但是停炸后,因为期望和平解决,事实上我们的确重新整编了部队。这是我们诚意的表示。但那个时候为什么没有可能解决?历史情况你都清楚。因此,通过协定条款,明确责任固然重要,但某些谅解比具体的条文更具价值。你在许多地方都是这样谈判的,这一点你比我更清楚。"①

北越和美国重开谈判备受媒体瞩目,11月20日起每天有大量记者涌到这个安静的小镇,冒着巴黎的雨雪和严寒,在别墅的马路对面安营扎寨。美国人或许感到这样的环境于己很被动,所以23日会谈结束后当天晚上,基辛格建议后面的会晤回到最初的地方举行,而且只限少数人参加。越方坦然接受了提议。

24日和25日双方回到达迪路11号举行会谈,这里是黎德寿和基辛格初次见面和会谈的地方,它见证了越美谈判的开始和种种曲折,似乎此时也预示着它将要见证和平到来的那个时刻。美方代表只有基辛格和其军事问题助手黑格,越方则是黎德寿和春水,再加一个翻译。基辛格称之"标志着谈判已经来到了非常严肃的阶段",紧接着他对黎德寿和春水颇具表演性地宣读了与其表态完全不相称的电文,并说此举"不应被理解为官方关系下的外交动作,仅仅是为了传达华盛顿此时此刻的氛围"。② 以总统尼克松名义签发的电文从头到脚都是赤裸裸的战争讹诈,说什么"总统不仅对和黎德寿会谈的内容,也对会谈的调子非常失望","停止对话","不得不恢复武力政策直到对方准备谈判","不要错误地以为我们没有别的选择余地,只有按他们的意见办"等等。

黎德寿不惧威逼,正告对方,北越不能再让的三个问题就是,所谓北越撤军问题、释放被监禁人员问题和民族和解和睦国家委员会的组成问题。越南人民"决不接受一份无异于投降的协议,如果谈判失败,北越将再次起来斗争,尽管这有违它的意愿"③。

基辛格立即和颜悦色地表示,"如果绝大部分北越军队撤到南越北边,政治犯问题就会得到解决,扣留他们没有任何道义基础"。黎德寿问道:"究竟是多少?"基辛格说"如果有差不多10万人,就这一下就可以解决政治犯

① "Memorandum of Conversation, Nov. 23, 1972", *RNNSF*, MF 0501674, pp. 41 - 42.
② "Memorandum of Conversation, Nov. 24, 1972", *RNNSF*, MF 0501674, p. 1.
③ *Ibid.*, p. 6.

问题",黎德寿认为对方"异想天开,跟要求全部撤没有两样"。①

24 日的会谈仅用了一小时二十分钟就结束了,问题悬而未决,美国未达目的,随即故技重施,决定中断谈判,以给越方制造心理压力。这是基辛格在当晚对尼克松的建议,尼克松批准谈判休会一周。第二天会议上,当基辛格提出暂停会谈时,黎德寿表示同意。对剩下的三个问题,基辛格表示美方会认真考虑越方的原则,黎德寿再度申明,北越已经走到了底线,请美方特别关注这一点。②

在这一轮谈判中,除了上述问题外,北越还就另外两个问题阐明了意见。对美国撤军问题,北越注意到美方对执行军事任务的民事人员的撤退至今没有一个明确的表态。不仅如此,自 1972 年 10 月下旬以来,美国向南越增运大量武器的同时,还增运了约万名军事顾问。美方在谈判中为这些人披上"民事"人员的外衣,以训练西贡伪军、保养而非使用武器为名,竟企图长期赖着不走。曾经负责西贡军队训练计划的一名美国高级军官说得更接近事实,他透露说:"即使所有美国军队撤走,越南的停火也不会结束美国人在这里的存在。"③对美方的无理要求,越方强调一个原则,只要是从事、承担军事任务,哪怕是平民身份都要从越南南方撤走,对于小部分牵涉保养装备的民事人员的撤出可以晚于六十天但不超过九十天。至第六轮会谈完毕,双方未就此问题取得一致。

另一个问题是关于非军事区问题。按照 1972 年 10 月 20 日的协议,非军事区不成其为问题。但美方借阮文绍之口,对协议提出多达 69 处修改,其中一处就是叫嚷"恢复非军事区""尊重非军事区"。其实对 1954 年日内瓦协议的产物——非军事区一直在搞破坏的恰恰是美国和西贡政权,自那以来,关于非军事区的规定形同废纸,有关监督也无法落实。这些事实早已说明,美国此刻的目的也不是回归日内瓦协议有关非军事区的规定,而是图谋保住阮文绍政权。北越态度简单而明确,就是各方履行日内瓦协议中关于非军事区的规定。

双方最后约定下次会谈定于 1972 年 12 月 4 日,基辛格提议为节省时间,可以先让专家就议定书草案开始工作。黎德寿拒绝了提议,认为重要的

---

① "Memorandum of Conversation, Nov. 24, 1972", *RNNSF*, MF 0501674, p. 7

② *Ibid.*, pp. 6 - 7.

③ 《越南〈人民报〉12 月 13 日社论"美伪想干什么"?》,载于《人民日报》,1972 年 12 月 14 日。

事情是先达成协议,在此基础上再讨论草案,没有协议,无法讨论别的东西。

此时时间已经接近 1972 年年底,越美谈判还未取得最终结果,就尼克松政府而言,它决不可能把越南战争拖着直到其第二任期开始,而越南的目标是要谈成,当然也有谈不成的准备。这样,关于结束越南战争的越美谈判的一个主流趋势必然是朝着达成协议的方向发展。受此背景驱动,北越和美国很快开始了第七轮谈判。从 1972 年 12 月 4 日到 13 日,双方进行了十天紧张的会谈,是四年来谈判时间最长的一次。由于期待中的来自北越的让步与美国的预期不符,尼克松政府再次使用惯用的伎俩——"以炸迫和",对越南北方进行"地毯式"轰炸。那么,美国在第七轮谈判中的要价是什么呢?

首先来看 12 月 4 日会谈,基辛格给出了他所谓的"最大限度的建议"。关于南方共和临时政府的称谓,美国绞尽脑汁竟然想出如下办法:美国和北越签署一个带序言的文本,其中提到南方共和临时政府,西贡当局单独签署一个带序言的文本,四方交换四个文本;民族和解和睦国家委员会的成员由三方人数均等出任,在这个条件下,美国接受建立基层委员会和同意委员会为"行政当局";越南南方两方一对一遣散武装人员回原籍,如此,美国将利用其影响要求西贡释放被监禁人员;南北越尊重非军事区和对方的领土等等。

显然,美国只提对己有利的条件,于己不利的则回避,而且还有新条件,对这个答复越方是不满意的。鉴于美方从形式上处理了对南方共和临时政府的承认问题,黎德寿下午会谈时集中提出的问题主要是,军队遣散返回原籍后,人员可以自由流动;美国所有从事军队工作的民事人员可以在军队撤出后一个月再撤走;民族和解和睦国家委员会由三方构成,越南南方两方本着平等精神讨论委员会的组成办法,至于委员会称为"行政当局"还是"管理机关",越美各自表述。条款中必须阐明美国尊重越南的独立、主权、统一和领土完整的字样,反对因袭 1954 年日内瓦协议有关的表述,因为 1954 年日内瓦会议是多边会议,其条款规定,所有国家尊重越南人民的民族权利是顺理成章的。黎德寿对基辛格说:"现在是你们跟我们谈判,所以这样的话应该写到协议中去。"[1]两个月内释放被监禁人员,南方解放武装力量为此将进行部分整编。对非军事区问题,劳动党政治局认为,协定必须具体说明非

---

① Luu Van Loi & Nguyen Anh Vu, *op. cit.*, p. 392.

军事区的法律地位将由南北越加以讨论,否则围绕这个问题就会产生许多复杂的情况。① 所以黎德寿带着这些指示精神,在 4 日的会议上,除提出各方按照 1954 年日内瓦协议的相关条款精神履行义务外,还补充了一点,即南北两边将就非军事区的状况和临时分界线两边的活动情况举行对话。

基辛格对越方的态度也很失望,指责越方"破坏协议",黎德寿驳斥道:"是你们而不是我们正在破坏协议,如果你们维持协议一字不改,我们也不再改动任何一个字。"②面对北越的强硬态度,基辛格只好向尼克松汇报说,美国有两种选择,要么回到 1972 年 10 月份的协定文本上去,而基辛格本人认为不能这么做;要么谈判中断,美国必须加强军事压力。尼克松同意基辛格的分析,但为了不使美国看上去是第一个终止对话的,总统训令基辛格,如果谈判陷入僵局,应该休会而不应中断谈判。

1972 年 12 月 7 日,基辛格提出了所谓最低限度的要求,首先表示维持第六轮会谈已达成的更改,放弃三天前刚刚提出的修改要求,其中主要有:民族和解和睦国家委员会和一对一降低战事、一对一遣散军队回原籍,以及南北两边互相尊重领土。但是,美方又补充了一些内容,建议南北两边将不针对对方使用武力和就临时军事分界线两边的活动情况进行讨论。越方认为,"基辛格已经退让了",但所做修改还是较自己多。③ 双方争论的最激烈的是,关于南北两边将不针对对方使用武力和被监禁人员的释放问题,1972 年 12 月 9 号的会谈因此数次中断。

由于非军事区问题一时难以化解,美方在 8 日的谈判中,抛出了一个诱饵。基辛格告诉黎德寿,如果北越同意协定条款中写"南北两边尊重对方领土"或明确表示"四个印支国家",那么美国劝说西贡方面接受签署带有南方共和临时革命政府名字的协定,否则,就连美国也不会在一个带有南方共和临时政府的协议序言上签字。黎德寿口气也很强硬,表示北越"永远也不会签署一份不提南方共和临时政府名字的协定"④,并反提议说,如果协定由四方签字,就署名四个政府,如果是两方签字,可以表示为"美国政府会同越南共和国政府,越南民主共和国政府会同越南南方共和临时政府",假如美方接受提议,越方愿意删除民族和解和睦国家委员会前面的"行政当局"字

---

① Luu Van Loi & Nguyen Anh Vu, *op. cit.*, p. 410.

② *Ibid.*, p. 393.

③ *Ibid.*, p. 398.

④ *Ibid.*, p. 400.

样。问题似乎更复杂了,变成三个问题交织在一起。

关于协定第一章第一款"越南人民的基本民族权利",美方再次提出了修改要求,接受全部内容,但前提条件是将其改放到第四章"关于南越自决权的实施",被黎德寿拒绝。因为,这不是条约的顺序问题,而是关系到原则,关系越南国家统一问题。北越接受美方的提议等于政治上给自己挖陷阱。黎德寿也小做让步,建议第一章第一款这样写:美国和其他国家尊重越南的独立……和领土完整,以避免只提美国。

关于非军事人员撤出南越,越方也有让步,大部分仍在六十天内撤离,但剩下少部分人可以在协定签字后一百二十天内撤离。这个期限和美方的要求差之千里,基辛格提出平民在两年内撤出。

会谈结束时,基辛格对黎德寿说:"美国唯一的要求是自己的体面,把体面和非军事人员、非军事区问题联系起来,一点也不为过。"①

连日会谈后,情况基本上一目了然。虽然非军事区、南方共和临时政府和民族和解和睦国家委员会互为纠结,但此时只有一个问题是核心所在,因为其他两个问题都已有相应的解决办法,如果非军事区问题得到妥善处置,那么这个结便可迎刃而解。但关键就是非军事区问题显得难以化解。

美国有它所谓的"体面",而越南劳动党政治局立场也很坚定,坚决反对美国的模式,认为这会引起许多复杂状况。黎德寿、春水与中央的意见不同,他们认为"如果我们坚持得到一个地位和状况都明确的协议,那么是过于苛刻的。我们应该只就临时分界线两边的活动状况形成约定,因为它已经涉及非军事区地位的问题。按照这个办法,我们就能实现需要,还能显示我方的灵活"②。中央政治局并没有同意他们的看法,于1972年12月8日指示代表团不接受美国的模式。黎德寿和春水根据指示,决定向美方建议:南北方就非军事区地位进行协商,并就临时分界线两边的人员流动作出规定。8号的会谈中,黎德寿就是这样阐述的。双方的僵持局面可想而知。因为第二天还要会谈,黎德寿决定一边向基辛格建议些内容,一边再向中央申明看法。

黎德寿提出,南北两方都将尊重非军事区,并就临时分界线两边的活动情况协商一致。基辛格问:"你的意思是指人员活动情况吗?"黎回答说:"指

---

① Luu Van Loi & Nguyen Anh Vu, *op. cit.*, p. 403.
② *Ibid.*, p. 410.

临时分界线两边的任何情况。"①假如这样措辞,那么就能掩饰彼此的差异,特别是美国所谓南北两方尊重对方领土也可以被理解为属于临时分界线两边的情况。但基辛格又有了新的提议,他建议包括可以允许平民穿越临时分界线在内,在各个方面重新确立正常关系;如果这句话被接受,美方将删除"尊重对方领土"的措辞。黎德寿却没有继续跟基辛格谈这个问题,要待中央的意见而定。

代表团把 1972 年 12 月 9 号会谈情况报告中央后,第二天接到中央批示。劳动党中央的意见指出,"这是美国企图永久分裂越南和把南越变成一个独立的国家,以及为西贡再次提出把北越部队撤到非军事区北边制造事端的巨大阴谋……如果美国准备缔结协定,它不会因为这个问题就不签字。至于我们,不应该期望达成协定就放弃这个原则问题,我们应把立场坚持到底"②。显然,中央是从全局来判断和处理问题的,并不担心美国会单就一个问题而不顾及整个协定,按照这个意见解决也许能获得一个较为满意的结果。

然而,黎德寿和春水第三次对中央提出了不同看法,详细阐述了利弊得失。他们认为,"如果我们退回到把非军事区的地位包括在内的模式,美国难以接受。谈判陷于停顿,战争还要进行下去。一段时间后,谈判恢复。假如我方拒绝对话,美国把责任推到我方身上,我们对外讲明唯一的问题就是非军事区的话,我们将难以解释清楚原因何在。舆论会错误地以为我们不愿意尊重非军事区,仍意图把更多部队派到南越。如果我们同意恢复对话,受到的压力也不轻。我们将只能根据已有的模式提出问题,而它肯定不会被接受。另一方面,北方还将继续遭受巨大损失,继而影响到南越的局势。所以,我们不要处于被动地位,要抓住机会。现在看来,美国需要协议,如我们推得太远,机会将丧失。我们向对方施加压力,效果并不一定明显"③。也就是说,他们以为,以中央的意见处理非军事区问题,弊大于利。这封电报要得到中央进一步的反馈意见,至少要到 12 月 11 日,所以黎德寿和春水自然无法在这天对基辛格进一步明确意向。

1972 年 12 月 12 日,代表团接到中央来电,来电指示两点:一、能接受

---

①   Luu Van Loi & Nguyen Anh Vu, *op. cit.*, pp. 403 - 404.

②   *Ibid.*, p. 411.

③   *Ibid.*

南北方尊重非军事区在自己一端的状况,并很快开始各方面关系正常化的谈判;二、底线是如果美国不接受上面的模式,就采纳美国的模式,但不同意关于平民可以穿越临时分界线的建议。当天下午,黎德寿就按照这些原则对基辛格提出了建议。北越的建议与美方 1972 年 12 月 7 日、9 日提出的几乎相同,唯一的区别是北越不接受平民可以穿越临时分界线。基辛格似乎想确认什么,他立刻问道:"这个活动指的是人员流动吗?"黎德寿加以否认,表示正是美方建议过的内容。基辛格以讽刺的口吻对黎德寿说:"这个曾被你们否定过,牛也会让步吗?"黎德寿微笑着对答:"一头倔牛不会,但对一头灵活的牛来说,那不是问题。"①基辛格也很机敏,表示如果越方同意平民流动,美方就立刻接受。显然,这是北越不可能答应的。黎德寿告诉对方,这个要求超出了他的权限范围。因此,会谈最终没有就非军事区问题形成解决办法。

与非军事区问题的僵持状态不同的是,双方在非军事人员撤出问题和签字形式问题上的谈判获得进展。9 号会议上,基辛格表示,美国非军事人员需要十五个月才能撤出南越,可以说与之前的两年要求相比没有本质变化,北越是不会接受的。黎德寿提出一个交换条件:越方愿意通过口头谅解的形式来解决非军事人员撤出问题。而从 1972 年 12 月 4 日会谈以来一直没有进一步讨论的签字形式问题在 12 日又发生新的变化。美方提议,由西贡和南方共和临时政府分别致信美国和北越,同意他们签署协议。黎德寿则提出,协议分两方签署和四方签署,基辛格起初不同意,但最后,由于黎德寿提出了新的操作方式,他表示予以考虑。越方提议的方法是,北越和美国签署一份议定书,西贡和南方共和临时政府另外签署议定书,但文本的内容完全一样。关于结束战争、在越南恢复和平的巴黎协定最后签字时基本上就是这样做的。

双方会谈进行到这个时候这种程度,已经没有多少实质上的分歧了,遗留的问题不影响双方继续就协议草案进行讨论,或者说双方努力使其不影响会谈。事实上,这项工作已经由专家会议着手近两月了。尽管双方妥协的大方向已经基本清楚,剩下的不过是从措辞上掩饰彼此区别,但是措辞上,甚至那些双方认为已经解决的问题,到了最后成文的时候还是存在不少分歧。1972 年 12 月 13 日由专家参加的会议上,越南技术专家对照越语、

---

① Luu Van Loi & Nguyen Anh Vu, *op. cit.*, p. 408.

英语两个版本的协定及其内容——甄别、核对,提出了删减和修正,共计 17 处。基辛格很不耐烦,以至于挖苦律师出身的刘文利,"美国还没有象刘先生这样细到发丝的专家,我们要给刘先生竖一座像",黎德寿回应说"还要把刘先生对协议所做的修改全部刻上去"。① 基辛格一时无语,只能以笑声掩饰尴尬。

由于分歧一时难以消除,黎德寿建议休会,并建议有些分歧可以通过电报来解决,基辛格接受了提议。他们还商定就下次会晤时间保持接触,双方专家继续讨论议定书问题。在双方即将最后握手言和的时候,一切都显得那么平静,然而,在这貌似平静的外表下却潜伏着汹涌的暗流。

第三节　签署巴黎和平协定

随着 1972 年 10 月 20 日协定的完成,长达四年多之久的越美和平谈判到此可以说已经告一段落,越南人民结束数十年的抗美救国战争也指日可待了。然而,由于尼克松政府出尔反尔,拒绝履行承诺,导致谈判在此重要关头再度陷于僵局。但北越出于诚意,仍然接受了美国的和谈邀请,在巴黎恢复私下会晤。尽管任何谈判本身都不免需要讨价还价,可是,北越面对美国政府企图推翻已经达成的协定,坚决捍卫谈判取得的主要成果,坚持底线不可突破。美国代表团人人寝食难安,每天面对美味可口的饭菜却越来越愁眉苦脸。② 万般无奈之下,美国人把突破口又转向了莫斯科和北京,希望他们能劝告河内采取温和的态度。尽管尼克松和基辛格在他们上台后不久就认识到,他们所谓的"河内共产党的后台"对北越能施加的影响是有限的③,但后来每次谈判面临破裂的关口,他们还是不得不寄希望于莫斯科和北京。

基辛格为准备和黎德寿的 11 月 20 日的会谈,曾于 1972 年 11 月 13 日在纽约会见了当时率领中国代表团出席联合国大会的中国副外长乔冠华。

---

① Luu Van Loi & Nguyen Anh Vu, *op. cit.*, p. 414.

② 基辛格:《白宫岁月》(第四册),第 1807 页。

③ "Memorandum of Conversation, Bangkok, July 29, 1969", *FRUS*, 1969—1976, Vol. VI, p. 319. "Memorandum From the President's Assistant for National Security Affairs (Kissinger) to President Nixon, Washington, October 20, 1969", *FRUS*, 1969—1976, Vol. VI, p. 470.

基辛格向他介绍了美国打算在巴黎提出的新要求，并表示，如果黎德寿在去巴黎途中经过北京，希望中国领导人能施加影响，劝黎德寿采取温和的态度。乔冠华不但没有做出承诺，反而劝美国做出让步。12 月 4 日和黎德寿的会晤结束后，基辛格当晚直接拜会了中国驻法大使黄镇，谈到越南人毫不妥协的立场，基辛格的口气满是失望和愤怒，后来几天他也不断向黄镇通报情况，后者待他"再友好没有了，但甚至不假装北京会出什么力"①。

　　12 月 4 日晚上，远在巴黎的基辛格与苏联驻美大使多勃雷宁取得联系，要求苏联发挥作用。为此，基辛格请求定于 12 月 5 日下午的会谈推迟24 小时。美国很快得到了莫斯科的答复。后者劝美国要有耐心，表示相信河内的和平诚意，并向美国保证北越仍愿意在 10 月文件的框架里签署一项协定，多勃雷宁承诺愿意做进一步调解。至今尚不清楚莫斯科究竟和北越谈了些什么，但从越方对美方的谈话口气来判断，莫斯科的调解显然没有奏效。黎德寿在 1972 年 12 月 6 日对基辛格的讲话甚至有最后通牒的意味，乃至基辛格的越南问题助手约翰·内格罗蓬特认为，"河内的谈判手法是嚣张的，根本是蔑视美国"②。黎德寿说："各自都有各自的困难，现在有两个选择：一、大家回到已基本达成的协议上，即使有改动，也只是细节而非重大问题；二、你们提你们的，我们提我们的。如此，彼此还要讨论，谈判还要拖下去。这两个选择，你们可以任意为之，我们有准备。在我看来，最好的办法是维持协议的主要内容。"③

　　恼羞成怒的尼克松又回头乞灵于战争，决心让河内"为过去十天的行为付出一定的代价"④。这就是于第七轮会谈结束后的第五天，尼克松政府对北越实施代号为"后卫行动"的全面轰炸，这是美国侵越战争以来的最大规模的一次轰炸行动。12 月 16 日，基辛格在白宫举行记者招待会，把在谈判中制造障碍的责任归咎于北越，为美国即将在两天后展开的报复性措施大肆吹风，大造舆论。

　　美国对北越的轰炸持续了十二天。在最初的一周里，美国首次连续出动 B-52 飞机达三百六十架次，因为只有这种飞机无论天气好坏都能全天候飞行，而这个庞然大物起降一次就是三万美元。尽管尼克松政府

---

① 基辛格：《白宫岁月》（第四册），第 1821 页。
② 同上，第 1824 页。
③ Luu Van Loi & Nguyen Anh Vu, *op. cit.*, pp. 396 - 397.
④ 基辛格：《白宫岁月》（第四册），第 1829 页。

精心谋划,不计代价抛洒纳税人的钱,置世界进步舆论于不顾,在越南满目疮痍的土地上疯狂投弹,但它换来的仍不过是越南人民军的迎头痛击。尽管北越在这次"地毯式"空袭中遭到了毁灭性的、史无前例的破坏,甚至位于河内的白梅医院也未能幸免,但是北越依然取得了辉煌的战绩。根据越南人民军参谋部发布的通告,美国有八十一架飞机被击落,其中包括三十四架 B-52,四十三名美国飞行员被俘虏,其中有三十二名是驾驶B-52 的飞行员,难怪西方舆论把这个结果比做"空中奠边府"。美国的损失如此惨重,尼克松这个"一切时代的最大的轰炸手"[1]不能不在意,甚至畏惧。[2] 他内心说不出的胆怯加上美国的一纸照会再度证明了黎德寿告诉基辛格的那句话,"威胁起不到任何作用"[3]。

美国的轰炸还未停止,它就遣使来到北越驻法国使馆递交照会,建议12 月 26 日后恢复谈判。使馆武官武文充接待了美国使者,但北越没有回复照会。不但如此,出席关于越南问题的巴黎会议的南方共和临时政府代表团副团长丁伯诗和北越政府代表团副团长阮明伟在 12 月 21 日举行的第171 次会议上分别发表声明,强烈谴责美国政府对北越的严重战争升级和歪曲谈判真相。阮明伟在宣读了声明之后,宣布第 171 次会议到此结束。随后,两个代表团走出会议大厅。12 月 23 日上午,北越政府代表团发表新闻公报,谴责美国在会谈期间施加压力的战争行动,宣布再一次推迟双方代表和专家会议。

在此期间,12 月 22 日,美国再次建议基辛格博士和特别顾问黎德寿于 1973 年 1 月 3 日举行会谈。照会提出,假如越方接受建议,美国将在12 月 30 日停止对北纬 20 度以北地区的轰炸。对此,北越也没有急于答复,直到 12 月 26 日才回复美方,建议 1 月 8 日进行会谈。第二天,美方回复建议,专家会议和黎基会谈分别定于 1 月 2 日和 1 月 8 日举行,北越表示同意。

几乎所有的美国人,当然也包括尼克松在内在提到这次轰炸时,无论是批评它的还是为其叫好的,总以为是轰炸迫使北越坐回了谈判桌。事实上,如果说被动,尼克松政府更被动。美国的军事压力过去没有征服越南人民,

---

① 《华盛顿邮报》,1972 年 4 月 9 日,转引自威廉·富布赖特,前引书,第 70 页。

② Richard Nixon, *The Memoirs of Richard Nixon*, A Filmways Company Publishers, New York, 1978, p. 737.

③ "Memorandum of Conversation, Nov. 24, 1972", *RNNSF*, MF 0501674, p. 8.

现在更不能做到这一点。无论它用多强大的压力，最终还是要换得一纸"体面"的协议，因此，它更需要讲和而不是相反。更何况此时正值圣诞假期，以往四年的每次会谈从未在节日里进行，这也说明尼克松其实没有多少选择余地，他得签字画押了。

1973年1月13日黎德寿、春水和基辛格的秘密会谈

图片出处：http://news.sohu.com2004042919news220001944.shtml

1973年1月6日，黎德寿乘坐的专机降落到巴黎奥利机场，他一下飞机就被热情的人群包围起来，对越南人民来说，从来没有一个时刻像现在这样充满光明；尽管在黎德寿的背后，越南的每一寸土地和它的人民正饱受着巨大的战争创伤。

越美第八轮，也是最后一轮会谈于1月8日上午11时在吉夫絮伊维特镇那座漂亮的小楼里举行。这次，基辛格一行没有像往常那样在门口得到越方的接待，只有一个法国保安等候在门口。

双方落座后，黎德寿谴责美国对北越的轰炸，敦促美国放弃从实力出发进行谈判的图谋，基辛格也不做辩解，提出下面的会谈是以1972年11月23日还是以1972年12月13日的讨论为基础，他建议以前者为基础。之所以这样，是因为前者包含美国提出的所谓北越撤军的要求。黎德寿拒绝，表示应该在1972年12月13日第七轮会谈的基础上进行下面的对话，因为这样才符合谈话的顺序和谈判的进展。当双方解决了这个问题时，已是下午一点多，双方商定继第七轮会晤的内容进行今后的讨论。下午的会谈一开始，双方先就日程安排达成一致，接着着手讨论非军事区和签字形式问题、谅解议定书和草案原则,最后议定的是签署协定的时间表。

第二天,会谈改在一个美国商人的私宅里进行,主要内容是继续就非军事区和签字形式问题举行谈判,协议能否最终完成取决于这两个问题的结果。围绕非军事区问题,双方的分歧集中到关于北纬 17 度这条临时军事分界线两边的状况。自美国拒绝在 1954 年日内瓦协议上签字,美国及其扶植的西贡当局一直妄图以这条线分裂越南,公然违背和破坏关于非军事区的规定。美国此次提出平民可以在临时分界线两边流动,意图就是禁止北越部队的行动。

越南是一个国家,任何体现越南南北两边是两个国家的条款,越南都不接受,这是一个原则问题。为此,黎德寿提出临时分界线两边的人员流动不局限于平民,范围扩大至一般人员,目的就是希望留下余地。[①] 基辛格同意接受,但有一个附加条件,就是做点补充。这样,措辞就变为:根据非军事区的特殊性质和协定之规定以及附属于协定的草案,在有待讨论的问题中,关于穿越临时分界线的人员问题……双方为此争辩得很激烈。在此次会议上,越方终于作出让步,同意美国最初的建议。之所以如此,主要是越方认为,从实际情形看,南方解放武装力量已经控制了非军事区的南端,如果达成就地停火,它有权驻扎在非军事区南端;美国人妄图限制越南人民武装力量在临时军事分界线两边的行动已没有实际效力。[②]

关于签署协议的方式问题,不是一个技术性问题,实为各方都关注的政治大问题。从 1972 年 12 月以来的短短一个月中,双方提出的方案加起来已达七个。此次,越方提出的办法是,协议在序言开头提出四个政府名称和明确外交部长作为签字者履行职能,但协议的最后署名只提越南民主共和国和美国,被美方拒绝。越方继续提出了一个更加灵活的方案,在它的基础上,经过和美方反复磋磨,最终确定了一个签字模式,即分为两方签字和四方签字。两方签字的文本序言提出四个政府名称,四方签字的文本序言不提四个政府,只写"参加关于越南问题的巴黎会议各方",但签字者的身份功能要加以明示;这两个文本合并称为关于在越南停止战争、恢复和平的协定。最后还有一个小插曲,就是黎德寿和基辛格争论四方是否在同一页上签字。越方认为签字应该在同页,美方执意在四个不同的页面上签字,如同

---

① Luu Van Loi & Nguyen Anh Vu, *op. cit.*, p. 427.

② *Ibid.*

巴黎谈判之初为桌子的形状争辩一样,只是这次没有耗时太久,很快解决了问题。美国接受在同一页上签署协定,具体做法是,越南民主共和国政府和南方共和临时革命政府呈左右平行排列,美国和西贡政权另起一行,左右平行排列。这样,南方共和临时政府和美国的签字位置始终是上下交错的,这从形式上满足了美国不直接承认南方共和临时政府的心态。

随着签字形式问题在 1 月 11 日解决,关于在越南停止战争、恢复和平的协定文本终于得以完成;和双方达成的草案、谅解不同,协议一经形成,作为一种条约义务就不可更改了。此外,双方专家 1 月 11 和 12 日会议,就有待协商确认的问题产生了四项草案和八项谅解议定书。这四个草案分别是:关于美国捐助医治越南战争创伤,关于国际监察委员会和四方联合军事委员会的人员规模,关于控制的辖区和部队驻扎的位置,关于视察监狱的权限问题等。八项谅解中,关系实质问题的有五个:关于美国军队从南越撤出后将军舰撤出距离北越海岸至少三百海里的声明,关于停止美国对北越的侦察飞行,关于释放被监禁在南越的越南平民,关于老挝问题,关于美国执行军事任务的民事人员的撤出问题等。

西方人一般都视 13 是不吉利的数字,但就在 1973 年 1 月 13 日,黎德寿和基辛格举行了最后一次私下会谈,这次会谈标志着历经四年、八轮三十六次的黎基秘密谈判终于划上了句号。会谈主要确定了最后签字的日期和基辛格正式访问河内的日程。在这前所未有的轻松氛围中,基辛格面带微笑,提出最后一个要求,他说,双方在签字仪式上都应该秉承和解、慷慨、热情的态度彼此祝贺,"对美侵略战争胜利"的字眼不要出现,黎德寿开怀大笑。

1973 年 1 月 27 日,本来是一个平平常常的日子,但对越南人民来说它却是非比寻常的一天。这天,在巴黎克莱贝尔大街的国际会议中心大厅里将举行结束战争、在越南恢复和平的签字仪式。上午的仪式还没正式开始,大厅里早已人头攒动,来自世界各地的约千名记者和各大媒体齐聚在此,他们将用镁光灯记录那将成为永恒的瞬间。国际会议中心大厅布置得格外庄严,偌大的圆桌光洁锃亮。越南民主共和国副总理兼外长阮维桢、越南南方共和临时政府外长阮氏萍、美国国务卿罗杰斯、西贡"外长"陈文林代表各自政府出席签字仪式。一个被讥讽为"三四流的农业小国"和一个超级大国面对面坐在一起,这似乎不平衡,但眼前的画面说明它们是如此平等。

1973年1月27日参加关于越南问题的巴黎会议各方在巴黎国际会议中心正式签署"关于在越南结束战争、恢复和平的协定"和附属该协定的三个议定书。图为越南民主主义共和国外长阮维桢签字　图片出处：杨奎松、沈志华等著，李丹慧编《中国与印度支那战争》，天地图书有限公司，2000，香港

美国国务卿威廉·罗杰斯在"和平协定"上签字　图片出处：杨奎松、沈志华等著，李丹慧编《中国与印度支那战争》，天地图书有限公司，2000，香港

越南南方共和临时革命政府阮氏萍外长在"和平协定"上签字　图片出处:杨奎松、沈志华等著,李丹慧编《中国与印度支那战争》,天地图书有限公司,2000,香港

南越政府"外长"陈文林在"和平协定"上签字　图片出处:杨奎松、沈志华等著,李丹慧编《中国与印度支那战争》,天地图书有限公司,2000,香港

签字仪式将在九时整正式举行。巴黎会议的四方代表团成员此时已步入大厅,同时落座在圆桌旁。灯光映衬之下,美国代表团成员的脸色苍白,他们此刻的心情恐怕更加苍白。美国举五十万兵力、一切先进的设备和手段,气势汹汹地扑向万里之遥的越南丛林,结果却打不赢拿竹签当武器的国家和人民,在走投无路的情况下跟越南举行直接谈判,这已经没什么颜面可言了。此刻的仪式只是个形式,早在五个月前,黎德寿和基辛格会谈的时候,后者就坦率承认,美国认为"越南是其他国家共产党代理人,执行北京政策的想法全是一派胡言。你们虽然难以对付,但我们承认你们执行自己的而不是任何别人的政策"①。迄今为止,这是美国对其侵越战争错误的最直接认识,更是对越南抗美救国战争和民族主义革命的最佳注解。一个超级大国打不赢一个"三四流农业小国",这真是任何诗人想也不敢想的奇异的对联式哀歌;一个弱小民族迫使一个超级大国坐下来对话,这真是任何诗人想也想不出的对联式喜剧。

---

① "Memorandum of Conversation, July 19, 1972", *RNNSF*, MF 0501674, pp. 13 - 14.

结　语

随着 1973 年 1 月 27 日巴黎和平协议的签署，越南抗美救国战争终于赢来最后的胜利。这场旷日持久的谈判使得越南问题最终以符合越南根本国家利益为前提得到妥善解决。这场并不对称的谈判淋漓尽致地彰显了一个弱小民族的外交艺术及魅力，它充分证明弱小民族不仅应当而且能够主宰自己的命运。越美谈判不仅是越南独立自主外交的典范，而且充分体现了越南在谈判中的主导作用。

1973 年 1 月 24 日河内人民倾听广播关于签署巴黎协定的情况（越通社）

与国际会议上的谈判不同，作为一个小国，越南要实现民族独立和解放，无论是硝烟弥漫的战场还是谈判桌上的唇枪舌剑，都是它自己的战争，而不是别国的。苏联要把越南问题纳入苏美合作的轨道，中国也有一定的利益诉求，而美国正在蹂躏它的领土，戕害它的人民。因此，争取主动，克服阻力，不管多反复曲折也要按照自己的意愿前进是越南在对美谈判中奉行的根本立场；经过和对手的斗争，也包括妥协从而实现主导权。没有阻力困难,没有斗争,主导的意义和分量也就体现不出来。从约翰逊政府制造"无条件讨论"的骗局到巴黎和谈结束,越南始终把握住与美谈判的节奏,确保决策不受任何因素的影响,特别是 1968 年以前更是如此。近来涉及1965—1968 年越南外交战略的探讨仍一味强调甚至指责"河内没有表现出和对手进行严肃谈判的倾向,更谈不上通过妥协的方式结束战争",约翰逊政府则很有谈判的诚意。"大家公认河内在战争初期的'和平建议'旨在赚取国外的同情,不在鼓励有效率的谈判,一个重要的意图是为了看上去显得灵活和不是很教条。"越南拒绝真正的谈判,阻挡国际调解的可能性,拒绝讨论实质性问题,发起公共外交,在国际场合争取舆论的广泛同情,"并最大程度地加以利用","北越的宣传机器和外交政策精英都不遗余力地争取海外的同情……一个弱小民族为争取统一和国家民族身份而斗争,拒绝恐吓的画面已经被很好地描绘出来了","劳动党领导人不是视外交为解决冲突的手段而是一种战争工具","巧妙地策划着这些行动"。"越南把第三方谈判倡议的失败归咎于美国人不妥协和表里不一,尽管他们自己的好斗程度,如果不是更大的原因的话也不相上下。"①这些充斥着指责、贬低口吻的评论越多就越能证明,越南首先就握住了谈判的主动权——决定谈判的时机。在充分试探对手意图的基础上,和谈才真正到来了。

1968 年巴黎和谈启动,美国把越南问题提交到国际会议上解决的企图也就随之破产,虽然后来尼克松再次妄图召开所谓国际和平会议,但因为越南反对态度之坚决而作罢。巴黎谈判之所以成为越美对话稳固的渠道是由于越南代表团始终坚持维护这个渠道的稳定,从不给美国随意变更的机会;而越南的目的就是和美国直接对话,不接受第三方插手谈判。对中苏两个盟友,越南既不依附于任何一方,也善于听取意见,到最后还是自己决策。

越南在巴黎谈判中取得的每一步进展都具有关键性。第一是不但挫败美国"以炸迫谈"的图谋,而且迫使美国无条件停止对北方长达三年的轰炸,战争负担大大减轻,得以将人力、物力资源较多地投入到南方抗美斗争中去。第二是越南南方政权问题,这正是解决越南问题的核心所在。美国企图把军事问题和政治问题分开,即和越南谈撤军和遣返战俘问题,其余问题都留待越南内部讨论;越南则坚决反对,要求一揽子解决,因为没有战争是

---

① Pierre Asselin, "'We Don't Want a Munich': Hanoi's Diplomatic Strategy, 1965—1968", pp. 547 - 581.

不带政治目的的。美国以自己的利益为转移，但一定情况下跟西贡的利益也是一致的。北越不跟西贡谈，因为它是傀儡，跟美国谈，因为它是侵略者。这迫使尼克松终于同意就政治问题的原则进行对话，美国的双轨制破了产；之后越南南方政权问题的焦点就集中在阮文绍的去留上。北越要求美国撤换阮文绍，不再支持西贡当局本是出于策略性原因，即通过美国和世界其他国家的公众舆论更加使尼克松走投无路，对美国是否答应并不抱幻想。这种策略取得的基本效果就是，美国提议可以让阮文绍在越南大选前辞职，一个更大的收获是越南摸清了美方的真实意图，相信它所谓的要体面的撤军；在此基础上，北越不再坚持阮文绍下台，打算给美国人面子。谈判中不让步也不可能，总要让步，但战场上得不到的谈判桌上也得不到，美国举五十万兵力也未能扶植亲美傀儡政权，就更遑论一纸协议了。美国人一走，两年不到，西贡政权就被挤垮，美国什么也没得到，越南则完成国家统一。

越南谈判代表团由两个梯队组成，第一梯队是以黎德寿、春水为代表的越南民主共和国政府代表团，第二梯队是阮氏萍率领的南方共和临时革命政府代表团。南方共和临时革命政府的成立是越南抗美救国战争发展到一定阶段的产物，随着南方游击区扩大，南方解放武装力量不断走向组织化、正规化，相应地也开展一些外交活动，这就需要一个合法的窗口。南方共和临时革命政府参加巴黎会谈意味着它获得了政治上的合法地位，这不仅有利于顺利地开展南方的政治斗争，而且使美国妄图以保留阮文绍政权来保持越南分裂状态的阴谋遭到政治上的破产。南方共和临时革命政府参加四方会议，在公开场合的外交斗争中有其独立性的一面，但也受北方领导。另一方面，会议上的正式辩论都是照本宣科，也解决不了实际问题。会外活动、私下接触，可以冷静地交换意见，互相揣摩，各自逐渐亮底。双方经过协商和讨价还价，研究出解决问题的具体方案，是较切实际的解决问题的好办法。因此，关于越南问题的巴黎谈判最关键的会谈在于黎德寿、春水与基辛格的私下会晤，越美谈判由此具体表现为黎德寿和基辛格之间的较量。

黎德寿是越南劳动党中央政治局常委，以春水团长的顾问身份与基辛格进行了长达四年之久的接触。和美方的这场马拉松谈判充分表现了黎德寿卓越的谈判素质，他精力充沛，谈判技巧娴熟，面对重重压力从容不迫。作为整个团队的神经中枢，黎德寿参与了从 1969 年到 1972 年几乎所有场次的谈判。每轮会谈之前，他前往巴黎的途中对北京、莫斯科进行过境访问，到达巴黎之后，往往是时差还没颠倒过来就投入了会谈。特别是谈判后期,双方彻夜会谈有时近二十个小时,但黎德寿呈现在美方代表面前的仍是饱满的工作状态,他既要参加会谈,又要在会外同巴黎社会各界接触,会见他们的代表,还要听取越方代表团各方面的汇报,研究情况,作出决策,向中央汇报。

黎德寿和基辛格在诸如国际地位、意识形态等宏观背景和个人经历、性格等微观背景上的差异给他们之间的沟通增加了困难。基辛格是学者型的外交家,幽默风趣,经验丰富,谈到任何问题,他都不会很痛快地表态,说话总是又长又绕,一讲就是几个小时,而且一点也不触及实质问题。这种"蘑菇战术"其实就是他的外交策略。然而,黎德寿从不干扰对方阐明观点,从不主动要求休息,他发言也从不偏离主题,思维敏捷,表达明快,话锋凌厉,很有气势;但词气终不愤激,议题时因受拒而改易,但主意终不至游移,与基辛格的舌战尽显睿智,也不乏风趣。

很大程度上,外交谈判是语言的艺术。与基辛格第一次谈判的开场,黎德寿采取以守为攻、以退为进的方法,请美方首先表达立场和观点。在对方避重就轻、居高临下地讲了一个小时之后,黎德寿不卑不亢地开始发言,也是长篇大论,讲的正是基辛格不想听的越南人民的英雄史,反击的效果很好。黎德寿不仅这次而且以后多次在必要的时候采用历史分析的方法,追溯越南战争的原委,探求越南抗美救国战争的正义性与合法性,通过诉诸道义以维护自身的利益。这样不会招致过多的谴责,也不会花费太高的成本,正如有研究指出的那样,在国际谈判中,弱势一方也能利用其弱小的优势,获取较为有利的结果。[①] 在表达越方对解决越南问题的诚意态度时,他放低姿态,坦率地说"我们越南是小国,没有必要和美国过不去……"中肯的言谈既是事实求是地看待越美双方的力量对比,也使对方避免使用大棒的谈判手法,正可谓以柔克刚,这样的例子很多。再比如,谈到要求美国迅速从越南撤兵问题,他借用美国国内政治和新闻媒体的炒作向美方施压,谈到美国对越南的战争赔偿,巧妙地借用尼克松的讲话等等,这些都戳到了对方的痛处,令基辛格很难堪。

黎德寿在谈判中从不失镇定从容,更不会以终止谈判来要挟对方让步,相反当基辛格惯用终止会谈威胁越方时,黎德寿总是彬彬有礼地接受。即

---

① 郑华:《从中美关系解冻系列谈判看周恩来谈判艺术》,载于《当代中国史研究》,2008 年第 15 卷,第 2 期,第 10—15 页。

使是占据了主动,他也会心平气和,表现出良好的个人修养。让基辛格留下深刻印象的一次是,在双方"即将完成谈判的前夕",河内遭到了美军轰炸,他向越方道歉说,"在我们谈判期间,这样的行动是不合适的",未料黎德寿很平静地说,"在我们会谈一开始,我就已经知道了,但我没有跟你提出来。我是希望立刻开始我们的对话。但既然你现在提了出来,我对你善意的态度表示赞赏,并转达我国政府对贵方的声明"①。

基辛格个人的经历和他所代表的意识形态都注定了他厌恶共产主义,他最初对他的对手不说厌恶,至少也没有好感,但就是这样一个人,在频繁地接触了黎德寿以后对他说:"我个人从来不隐瞒我对顾问先生的敬重,历史让我们成了对手,但我们不会轻视对方,我也从未轻视北越代表团的其他任何一位成员。"②傲慢的基辛格还这样评价谈判对手,"战争之神如果在观察这场谈判,决不会认为河内来的人是代表一个不发达国家的。他们头脑复杂,行动一致,擅长巧妙处置有细微差别的各种方案,而且永远是耐心的"③。通过对他们谈判话语的再现和分析,可以看到,以黎德寿为核心的越南谈判代表不辱使命,他们在与超级大国的外交谈判中做到了有理、有利、有节,强烈彰显了一个小国独特又高超的谈判水平和外交艺术。

走笔至此,笔者有这样几点感受:

第一,越南在和大国谈判中最明显的特点是采取积极的民族主义,国家所追求的目标是独立自主,因此,外交观上是道德主义先行。

第二,妥协解决和战术变化相结合是弱小民族坚持奉行独立自主外交的重要支撑。从一定程度上说,美国本身的战略收缩和大国关系格局的变化也是不可或缺的,因为这些改变给越南外交的充分实施提供了较充分的空间,但是,大国关系的变化只是客观现实,小国能否善于利用则是主观问题,越南的自主性在这方面体现得尤为明显。它认识到解决问题的机遇已经出现,并抓住契机,以空间争取时间,将越美谈判终结在大国冷战关系走向缓和这样一个转折的时刻,而不是更晚。在国际关系的博弈中,力量强弱的对比是客观常态,但这并不意味着弱势方就一定处于劣势,在一定时期一定范围内总有其可以作为的空间和余地,所谓弱国无外交不是绝对真理,从

① "Memorandum of Conversation, Nov. 11, 1972", *RNNSF*, MF 0501674, p. 30.
② "Memorandum of Conversation, Nov. 22, 1972", *RNNSF*, MF 0501674, p. 18.
③ 基辛格:《白宫岁月》(第三册),第 1308 页。

这个意义上讲,越南以小博大的外交也才具有现实生命力。

第三,巴黎谈判还深刻表明,大国那种自以为是、可以左右小国的想法和做法完全错误,小国、弱国的正当利益和要求必须得到应有的尊重,也能够得到尊重,大国不能决定小国的命运。在二十世纪后半期,民族独立与解放的历史潮流中,弱小民族在改变、推动国际关系民主化方面起到了不可估量的作用。今天与上个世纪殖民主义和民族解放斗争的时代渐行渐远,但是,在国际政治中以大欺小、以强凌弱的强权政治仍屡见不鲜,广大发展中国家,特别是弱小民族和国家成为世界经济发展的牺牲品。尽管国际社会今天已经广泛呼吁关注弱小国家的发展问题,西方发达国家也有责任帮助发展中国家,然而,广大发展中国家不应被动等待,而应为谋求自身的发展环境敢于斗争、善于斗争,只有这样方能在并不有利的游戏规则中趋利避害,有效地维护国家权益。

参考文献

（一）英文档案

1. *Foreign Relations of United States*（FRUS）1964—1968，Vol. VI，Vietnam，Jan.-Aug.，1968.

2. *FRUS*，1964—1968，Vol. VII，Vietnam，Sept. 1968-Jan. 1969.

3. *FRUS*，1969—1976，Vol. VI，Vietnam，Jan. 1969-July1970.

4. *FRUS*，1969—1976，Vol. VII，Vietnam，July1970-Jan. 1972.

5. *The Richard Nixon National Security Files（RNNSF），1969—1974：Kissinger's Secret Vietnam Negotiations*，A UPA Collection from LexisNexis，Microfilrms（MF）0501673，MF 0501674，Center for Cold War International History Studies，East China Normal University.

6. *Twenty-four Soviet-Bloc Documents on Vietnam and The Sino-Soviet Split，1964—1966*，Cold War International History Project Bulletin，Issue16，Fall 2007/Winter 2008.

7. *75 Years of the Communist Party of Vietnam（1930—1975）：A Selection of Documents From Nine Party Congress*，The Gioi Publishers，2005.

（二）英文书目

1. Asselin，Pierre，*A Bitter Peace：Washington，Hanoi，and the Making of the Paris Agreement*，Chapel Hill：University of North Carolina Press，2002.

2. Berman，Larry，*No Peace，No Honor：Nixon，Kissinger and Betrayal in Vietnam*，The Free Press，2001.

3. Bundy，William，*A Tangled Web：The Making of Foreign Policy in the Nixon Presidency*，New York，1998.

4. Cooper，Chester L.，*Lost Crusade：America in Vietnam*，New York，

Dodd，1970.

5. Dallek，Robert，*Nixon and Kissinger：Partners Power*，Harper Collins Publishers，2007.

6. Gaiduk，Ilya V. ，*The Soviet Union and the Vietnam War*，Ivan R. Dee，Chicago，1996.

7. Gelb，L. and R. K. Betts，*The Irony of Vietnam：The System Worked*，Washington，D. C. ：Brookings Institution Press，1979.

8. Goldman，Eric F. ，*The Tragedy of Lyndon Johnson*，New York，1969.

9. Goodman，A. E. ，*The Lost Peace：America's Search for a Negotiated Settlement of the Vietnam War*，Stanford，CA：Hoover Institution Press，1978.

10. Herring，George ed. ，*Secret Diplomacy of the Vietnam War：The Negotiating Volumes of the Pentagon Papers*，University of Texas Press-Austin，1983.

11. Ho Chi Minh Selected Works，Vol. VII，Su That Publishing House，Hanoi，1980.

12. Kahin，George，*Intervention：How America Became Involved in Vietnam*，New York，1986.

13. Kimball，J. P. ，*Nixon's Vietnam War*，Lawrence：University of Kansas Press，1998.

14. Kimball，Jeffrey，*The Vietnam War Files：Uncovering the Secret History of Nixon-era Strategy*，University Press of Kansas，2004.

15. Kissinger，Henry，*Ending the Vietnam War*，Simon and Schuster，2003.

16. Kissinger，H. ，*A la Maison Blanche*，edited by Little Brown and Company，1979.

17. Kraslow，David and Stuart Loory，*Secret Initiatives for Seeking Peace in Vietnam*，New York，1968.

18. Krepinevich，A. F. ，*The Army and Vietnam*，Johns Hopkins University Press，1986.

19. Langguth，A. J. ，*Our Vietnam：The War，1954—1975*，New York，

Simon and Schuster，2000.

20. Lawson，Eugene K.，*The Sino-Vietnamese Conflict*，New York，1984.

21. Lind，Michael，*Vietnam*，*The Necessary War*，Free Press，1999.

22. Logevall，F.，*Choosing War：The Lost Chance for Peace and The Escalation of War in Vietnam*，Berkely：University of California Press，1999.

23. Luu Van Loi & Nguyen Anh Vu，*Le Duc Tho-Kissinger Negotiations In Paris*，The Gioi Publishers，1996.

24. McGarvey，Patrick ed.，*Visions of Victory：Selected Vietnamese Communist Military Writings*，*1964—1968*，Stanford，1972.

25. McMahon，Robert，ed.，*Major Problems in The History of The Vietnam War*，*Documents*，*Essays*，2th edition，University of Florida Press，1995.

26. McNamara，R. S. and J. G. Blight，*Argument Without End：In Search of Answers to the Vietnam Tragedy*，New York：Public Affairs，1999.

27. Nixon，R.，*The Memoirs*，A Filmways Company Publishers，NY.，1978.

28. Papp，Daniel S.，Vietnam：*The Views from Moscow-Beijing-Washington*，MC Farland Co. INC.，North Carolina，1981.

29. Porter，Gareth，*A Peace Denied：The United States*，*Vietnam and the Paris Agreement*，Bloomington：Indiana University Press，1975.

30. Schulzinger，Robert D.，*A Companion To American Foreign Relations*，Blackwell Publishing，2003.

31. Shawcross，William，*Sideshow：Kissinger*，*Nixon and the Destruction of Combodia*，Simon and Schuster，1987.

32. Taylor，Jay，*China and Southeast Asia：Peking's Relations with Revolutionary Movements*，New York，1976.

33. Webb，Willard J.，*The Joint Chiefs of Staff and The War in Vietnam 1969—1970*，Washington，D. C.：Office of The Joint Chiefs of Staff，2002.

34. Odd Arne Westad, Chen Jian, Stein Tønnesson, Nguyen Vu Tung and James G. Hershberg ed., *77 Conversations Between Chinese and Foreign Leaders On The Wars In Indochina*, Cold War International History Project Working Paper, No. 22, May 1998, Washington D. C.

35. Wilson, Harold, *The Labour Government 1964—1970：A Personal Record*, London, 1997.

36. Willbanks, J. H., *Abandoning Vietnam：How America Left and South Vietnam Lost Its War*, Lawrence：University of Kansas Press, 2004.

(三) 英文文章

1. Anderson, D. L., "One Vietnam War Should Be Enough and Other Reflections On Diplomatic History and The Making of Foreign Policy", *Diplomatic History*, Vol. 30, No. 1, Jan. 2006.

2. Anderson, D. L., "The Vietnam War", edited in Robert D. Schulzinger, *A Companion To American Foreign Relations*, Blackwell Publishing, 2003.

3. Asselin, Pierre, "Kimball's Vietnam War", *Diplomatic History* (30), Jan. 2006.

4. Asselin, Pierre, "Update on Vietnam's 'New Evidence'", *Passport：Newsletter of the Society for Historians of American Foreign Relations*, Vol. 37, Issue1, April 2006.

5. Asselin, Pierre, "'We Don't Want a Munich'：Hanoi's Diplomatic Strategy, 1965—1968", *Diplomatic History*, Vol. 36, No. 3, June 2012.

6. Carland, John, "Abandoning Vietnam", *The Journal of Military History*, Vol. 70, No. 1, 2006.

7. Chris Connolly, "The American Factor：Sino-American Rapprochement and Chinese Attitudes to the Vietnam War, 1968—72", *Cold War History*, Vol. 5, No. 4, November 2005.

8. Girling, J. L. S., "Nixon's 'Algeria'-Doctrine and Disengagement Indochina", *Pacific Affairs*, Vol. 44, No. 4, Winter 1971—1972.

9. Hoffmann,Stanley, "An Algerian Solution?", *Foreign Policy*, No. 2, Spring,1971.

10. Kelemen, Paul, "Soviet Strategy in Southeast Asia: The Vietnam Factor", *Asian Survey*, Vol. 24, No. 3, Mar. 1984.

11. Kimball, Jeffrey, "Fighting and Talking", *Diplomatic History*, Vol. 27, No. 5, Nov. 2003.

12. Kissinger, Henry, "Vietnam Negotiation", *Foreign Affairs*,1969(1).

13. Lacouture, Jean, "North Vietnam Faces Peace", *International Affairs*, Vol. 49, No. 4, Oct. 1973.

14. Lien-Hang T. Nguyen, "A Bitter Peace: Washington, Hanoi, and the Making of the Paris Agreement by Pierre Asselin", *The Journal of Asian Studies*, Vol. 63, No. 1, Feb. 2004.

15. Lüthi, Lorenz M., "Twentry-four Soviet-Bloc Documents on Vietnam and The Sino-Soviet Split, 1964—1966", *Cold War International History Project Bulletin*, Issue16, Fall 2007/ Winter 2008.

16. Matusow, Allen J., "Nixon as Madman", *Reviews in American History*, Vol. 27, No. 4, Dec. 1999.

17. McMahon, R. J., "US-Vietnamese Relations: A Historigraphical Survey", in W. I. Cohen, *Pacific Passage: The Study of American-East Asian Relations on Eve of the Twenty – first Century*, New York: Columbia University Press, 1996.

18. Mueller, John E., "The Search for the 'Breaking Point' in Vietnam: The Statistics of a Deadly Quarre", *International Studies Quarterly*, Vol. 24, No. 4, Dec., 1980.

19. Overholt, William H., "Nixon's Trip to China and its Consequences", *Asian Surey*, Vol. 13, No. 7, July 1973.

20. Pickett, William, "Vietnam, 1964—1973: An American Dilemma", *The Journal of Military History*, Vol. 56, No. 1,1992.

21. Qiang, Zhai, "Negotiations: China and the Vietnam Peace Talks, 1965—1968", *The Pacific Historical Review*, Vol. 68, No. 1, Feb. 1999.

22. Rai，Lajpat，"Nixon Tactics in Indochina"，*Economic and Political Weekly*，Vol. 8，No. 21，May 26,1973.

23. Ruane，Kevin，"Putting America in Its Place? Recent Writing on the Vietnam Wars"，*Journal of Contemporary History*，Vol. 37，No. 1，Jan. 2002.

24. The Society for Historians of American Foreign Relations Review，"Roundtable on Richard Nixon and the Vietnam War"，*Passport*，Vol. 43，Number 3，Jan. 2013.

25. Sane，G. D.，"Nixon Tactics in Indochina"，*Economic and Political Weekly*，Vol. 8，No. 42/43,Oct. 20,1973.

26. Sculz，Tad，"How Kissinger Did it：Behind the Vietnam Cease-Fire Agreement"，*Foreign Policy*，No. 15，Sum. 1974.

27. Sullivan，Marianna P.，"France and the Vietnam Peace Settlement"，*Political Science Quaterly*，Vol. 89，No. 2，June,1974.

28. Thee，Marek，"U. S. — Chinese Rapprochement and Vietnam"，*Journal of Peace Research*，Vol. 9，No. 1，1972.

29. Walker，Stephen G.，"The Interface between Beliefs and Behavior：Henry Kissinger's Operational Code and the Vietnam War"，*The Journal of Conflict Resolution*，Vol. 21，No. 1，Mar.1977.

30. Young，Marilyn，"The Mad Bombers"，*Diplomatic History*，Vol. 24，No. 1，Spr. 2000.

31. Frank C. Zagare，"A Game-Theoretic Analysis of the Vietnam Negotiations：Preferences and Strategies 1968—1973"，*The Journal of Conflict Resolution*，Vol. 21，No. 4，Dec. 1977.

(四) 中文档案

1.《俄罗斯解密档案》,华东师范大学冷战国际史研究中心网站。

2. 中华人民共和国外交部外交研究室编:《周恩来外交活动大事记》,世界知识出版社,1993 年。

3. 中共中央文献研究室编:《周恩来年谱(1949—1976 下卷)》,中央文献出版社,1997 年。

4. 1972 年《人民日报》。

（五）中文书目

1. ［俄］阿纳托利·多勃雷宁：《信赖：多勃雷宁回忆录》，世界知识出版社，1996年。

2. ［美］戴维·哈尔伯斯坦：《出类拔萃之辈》，三联书店，1973年。

3. 杜敦信、赵和曼主编：《越南老挝柬埔寨手册》，时事出版社，1988年。

4. ［美］弗农·阿·沃尔特斯：《秘密使命：沃尔特斯回忆录》，商务印书馆，1982年。

5. 广西社科院印度支那研究所：《中越关系史大事记》，1980年。

6. ［英］亨利·布兰登：《美国力量的收缩》，三联书店，1974年。

7. 胡海波编著：《1961—1975越南战争启示录》，黄河出版社，2009年。

8. ［美］基辛格：《白宫岁月：基辛格回忆录全集》，世界知识出版社，2003年。

9. 姜长斌主编：《1955—1971年的中美关系缓和之前：冷战冲突与克制的再探讨》，世界知识出版社，1998年。

10. 李丹慧编：《中国与印度支那战争》，天地图书有限公司，2000年。

11. 吕桂霞：《遏制与对抗——越南战争期间的中美关系（1961—1973）》，社会科学文献出版社，2007年。

12. ［美］麦克纳马拉：《回顾：越战的悲剧和教训》，作家出版社，1996年。

13. ［美］莫里斯·艾泽曼：《美国人眼中的越南战争》，当代中国出版社，2006年。

14. ［美］尼克松：《尼克松回忆录》，商务印书馆，1978年。

15. ［美］尼克松：《不再有越战》，世界知识出版社，1999年。

16. ［美］尼克松：《六次危机》，商务印书馆，1972年。

17. ［加拿大］切斯特·朗宁：《朗宁回忆录——从义和团到人民共和国》，孙法理译，中国工人出版社，2008年。

18. ［美］斯帝芬·格劳巴德：《基辛格：一个智者的画像》，上海人民出版社，1974年。

19. 沈志华、杨奎松主编：《美国对华情报解密档案》，东方出版中心，2009年。

20. 陶文钊、牛军主编：《美国对华政策文件集》，世界知识出版社，2005年。

21. ［美］塔德·肖尔茨：《和平的幻想——尼克松外交内幕》，商务印书馆，1982年。

22. 〔美〕威廉·富布赖特:《跛足巨人》,上海人民出版社,1976年。

23. 〔美〕沃尔特·艾萨克森:《基辛格:大国博弈的背后》,国际文化出版公司,2008年。

24. 〔柬〕西哈努克:《西哈努克回忆录——我同中央情报局的斗争》,商务印书馆,1979年。

25. 谢益显:《中国外交史:中华人民共和国时期 1949—1979》,河南人民出版社,1988年。

26. 辛华编:《英语姓名译名手册》(修订本),商务印书馆,1983年。

27. 云水:《出使七国纪实——将军大使王幼平》,世界知识出版社,1996年。

28. 张海涛:《尼克松在白宫——祸起萧墙》,世界知识出版社,1991年。

(六) 中文文章

1. 《解密档案:美国打算有条件地放弃南越》,载《参考消息》2006年5月29日。

2. 李丹慧:《中美缓和与援越抗美——中国外交战略调整中的越南因素》,载宫力等编《从解冻走向建交:中美关系正常化进程再探讨》,中央文献出版社,2004年。

3. 李丹慧:《中苏关于援越分歧:1965—1972》,摘自华东师范大学冷战国际史研究中心网站。

4. 李丹慧:《黎笋谈中越关系》,摘自华东师范大学冷战国际史研究中心网站。

5. 〔美〕罗伯特·舒尔辛格:《约翰逊政府、中国和越南战争》,载姜长斌主编《1955—1971年的中美关系缓和之前:冷战冲突与克制的再探讨》,世界知识出版社,1998年。

6. 牛军:《中国、印度支那战争与尼克松政府的东亚政策 1969—1973》,载《冷战国际史研究 V》,世界知识出版社,2008年。

7. 史文涛:《现代版的"西西里远征":摩根索对越南战争的批判》,载《外交评论》,2013年第4期。

8. 郑华:《中美关系解冻过程中的巴黎渠道》,载《当代中国史研究》,2008年第4期。

9. 郑华:《从中美关系解冻系列谈判看周恩来的外交艺术》,载《当代中国史研究》,2009年第2期。

附录一：

关于在越南结束战争、恢复和平的协定^①

（协定文本由越南民主共和国和美国签署）

越南民主共和国政府，在越南共和国临时革命政府的同意下，

美利坚合众国政府，在越南共和国政府的同意下，

为了在尊重越南人民的基本民族权利和南越人民自决权的基础上结束战争和重建和平，同时促进亚洲和世界和平的巩固，

已经就如下条款达成一致，并将致力于尊重和实施之：

第一章　越南人民的基本民族权利
第1款

美国和其他所有国家尊重1954年越南问题日内瓦协定所承认的越南独立、主权、统一和领土完整。

第二章　停止敌对——撤出军队
第2款

从格林威治时间1973年1月27日24时起，南越全境将进行停火。

美国于同一时刻将停止其针对越南民主共和国领土、由陆海空军执行的所有军事行动，不论这些军队位于何处；同时停止对于越南民主共和国领水、港口、海港和航道的布雷行动。一旦本协定生效，美国将排除、永久性消除或者摧毁北越领水、港口、海港和航道内的所有水雷。

本款中所提及的敌对活动的完全停止，将是持久性的，无任何时间限制。

第3款
各方致力于保持停火和确保持久而稳定的和平。

一旦停火生效：

---

① Luu Van Loi & Nguyen Anh Vu, *Le Duc Tho-Kissinger Negotiations In Paris*, The Gioi Publishers, 1996, pp. 491 – 510.

（1）在等待撤军计划实施期间，美国军队和其他与美国和越南共和国结盟的外国军队将就地待命。第 16 款中描述的四方联合军事委员会将决定其存在的形式。

（2）南越双方武装力量就地驻扎。第 17 款中描述的两方联合军事委员会将决定各方控制的区域和驻扎活动。

（3）南越各方正规军队所有军种和武装以及非正规力量将停止针对彼此的所有攻击活动，并将严格遵守下列条例

——禁止所有地面、空中和海上军事行动；

——严禁双方任何敌对活动、恐怖主义和报复性行为。

第 4 款

美国将不再继续其军事干预，或者干涉南越内部事务。

第 5 款

自本协定签订起 60 日内，第 3 款第(1)条所指的美国及其他国家，将从南越完全撤出其军队、军事顾问、军事人员，包括与绥靖项目相联系的技术性军事人员及军事人员、武器装备和战争物资。在同一时段内，上述各国派往所有准军事组织和警察力量的顾问，也都将撤出。

第 6 款

自本协定签订起 60 日内，第 3 款第(1)条所列出的美国及其他国家驻南越所有军事基地将完成撤除。

第 7 款

从停火实施直至本协定第 9 款第(1)条和第 14 款所规定的政府组建，南越双方都不接受引入军队、军事顾问，包括技术性军事人员在内的军事人员、武器装备、军需品和战争物资。在南越双方组成的联合军事委员会和国际控制与监督委员会的监督之下，南越双方将获准按照件对件、同等特征和性能的原则，定期更换其在停火后摧毁、损坏、耗损或者用完的武器装备、军需品和战争物资。

第三章　被俘军人和外国平民、被俘和被羁押文职人员的遣返
第 8 款

（1）各方俘虏的军事人员和外国平民的遣返，将与第 5 款所指的撤军同时进行，而且其完成不得迟于同一天。各方将自协定签署之日当天交换上述被关押的军事人员和外国平民的完整名单。

（2）各方彼此帮助获得有关行动中失踪军人和平民的信息,确定阵亡者墓地的位置并加以看护以有助于遗体的挖掘和运送,以及采取任何其他,例如为掌握有关那些仍被认为作战失踪人员的信息而可能用到的措施。

（3）关于遣返被关押在南越的越南平民的问题将由南越双方根据1954年7月20日《关于在越南停止敌对的协定》第21款（2）条的原则解决。南越两方为消减苦难和千万家庭团圆计,将秉承民族和解和睦之精神,从旨在结束仇恨和敌对状态出发,解决上述问题。南越两方将于停火生效后90天内尽最大努力解决这个问题。

第四章　南越人民自决权的行使

第9款

美国政府和越南民主共和国政府致力于遵守关于南越人民自决权的如下原则:

（1）南越人民的自决权是神圣的、不可剥夺的,应当受到所有国家的尊重。

（2）南越人民将在国际监督之下,通过真正自由和民主的大选,来自行决定南越的政治未来。

（3）外国不得强加任何政治倾向和特征于南越人民。

第10款

南越双方致力于尊重停火和维持南越和平,通过谈判解决所有争议事务,避免所有武装冲突。

第11款

停火之后,南越双方将立即:

实现民族和解与和睦,结束仇恨和敌意,停止针对已与一方或者另一方合作的个人和组织的所有报复与歧视行为;

确保人民的各种民主自由:个人自由、言论自由、出版自由、集会自由、政治活动自由、信仰自由、迁徙自由、居住自由、工作自由、财产所有权、追求自由事业的权利。

第12款

（1）停火之后,南越双方应立即秉持民族和解与和睦、相互尊重、互不消灭的精神,进行各种咨询,以建立起一个由三个同等部分组成的民族和解与和睦全国委员会。委员会将按全体一致原则运作。在民族和解与和睦全国委员会已经承担起其功能之后,南越双方将就较低层次上各委员会的组成进行协商。南越双方将尽快就南越内部事务签订一份协定,并尽最大努力以在停火生效后 90 天内完成之,以与南越人民对于和平、独立和民主的强烈愿望保持一致。

(2) 民族和解与和睦全国委员会将承担任务,促进南越双方对于本协定的实施,实现民族和解与和睦,确保各项民主自由。民族和解与和睦全国委员会将组织第 9 款第(2)条所规定的自由和民主的大选,决定这些大选的程序与形式。即将举行的大选所要创立的各项机构,将通过南越双方的协商而达成一致。民族和解与和睦全国委员会还将决定经南越双方一致同意的地方选举的程序与形式。

第 13 款

有关在南越的越南武装力量的问题,将由南越双方来解决,秉持民族和解与和睦、平等与相互尊重的精神,不容外来干涉,并与战后的情势保持一致。在南越双方将要讨论的问题中,包括采取步骤来削减其军事效力,以及遣散被削减部队人员。南越双方应尽快实现此点。

第 14 款

南越将奉行和平与独立的外交政策。它将在互相尊重独立和主权的基础上,不论政治与社会制度如何,与所有国家建立各种关系,接受任何国家不附带任何政治条件的政治与技术援助。南越将来对于军事援助的接受,将置于第 9 款第(2)条所规定的南越大选所创建的政府掌管之下。

第五章　越南的统一及北越与南越的关系
第 15 款

越南将在北越与南越讨论和达成协定的基础上逐步实现和平统一,任何一方不得强制或并吞,不允许外来干涉。统一的时间由北越与南越协商达成一致。

统一之前:

(1) 北纬 17 度军事分界线只是临时性的,并非政治或领土边界,遵照 1954 年日内瓦会议最后宣言第六段之规定执行。

(2) 北越和南越在临时军事分界线己方区域内尊重非军事区。

(3) 北越与南越及时举行旨在恢复不同领域的正常关系的谈判,包括平民跨越临时军事分界线流动的问题。

（4）北越与南越不得加入任何军事联盟或者军事集团，禁止外部势力在他们境内保留军事基地、驻军、派驻军事顾问和军事人员，一并遵照1954年日内瓦协定有关越南问题之规定。

第六章　联合军事委员会、国际监控委员会、国际大会

第16款

（1）越南问题巴黎大会参与各方将立即指派代表组成四方联合军事委员会，确保各方在实施本协定的如下条款方面采取联合行动：

第2款第一段，关于在整个南越实施停火；

第3款第（1）条，关于美军和该款中提到的其他外国军队执行停火；

第3款第（3）条，关于南越所有各方间实现停火；

第5款，关于美国和第3款第1条提到的外国军队从南越撤出；

第6款，关于美国和第3款第1条提到的外国拆除驻南越军事基地；

第8款第（1）条，关于各方被捕军事人员和平民的遣返；

第8款第（2）条，关于各方获取有关作战失踪军事人员和失踪平民信息互相支援。

（2）四方联合军事委员会将遵循协商和全体一致的原则运作。分歧将提交国际监控委员会。

（3）四方联合军事委员会将在本协定签定之后立即开始运作，在美国和第3款第（1）条提到的外国军队完成撤军和完成各方被捕军事人员和平民遣返后60天内终止其各项活动。

（4）四方将立即就四方联合军事委员会的组织、工作程序、活动方式和费用开支达成一致。

第17款

（1）南越双方将立即指派代表组成双方联合军事委员会，确保南越双方在实施本协定的如下条款方面采取联合行动：

第2款第一段，关于在四方联合军事委员会已经结束其各项活动，在整个南越实施停火；

第3款第（2）条，关于南越两方的停火；

第3款第（3）条，关于四方联合军事委员会停止其活动之日，南越所有方面停火；

第7款，关于本款禁止部署军队到南越和其他各项之规定；

第 8 款第(3)条,关于被捕和被羁押在南越的越南平民的遣返;

第 13 款,关于南越两方削减战斗力和规模正在削减的部队复原;

（2）分歧将提交国际监控委员会。

（3）在本协定签定之后,双方联合军事委员会将立即就旨在于南越实施停火和维持和平的各项措施和组织达成一致意见。

第 18 款

（1）在本协定签定之后,将立即创建国际监控委员会。

（2）直至第 19 款所规定的国际大会作出决定性的安排之前,国际监控委员会将就与控制与监督如下条款的实施有关的各项事务,向四方汇报:

第 2 款第一段,关于南越全境实施停火;

第 3 款第(1)条,关于美军和该款中提到的其他外国军队执行停火;

第 3 款第(3)条,关于南越所有各方之间停火;

第 5 款,关于美军和第 3 款第(1)条提到的外国军队从南越撤出;

第 6 款,关于美国驻南越和第 3 款第(1)条提到的外国驻南越军事基地的拆除;

第 8 款第(1)条,关于各方被俘军事人员和外国平民的遣返。

国际监控委员会将为履行其任务而组建各支控制小组。四方将立即就这些小组的位置和行动达成一致意见。各方应当为其行动提供便利。

（3）直至第 19 款所规定的国际大会作出决定性的安排之前,国际监控委员会将就与控制与监督如下条款的实施有关的各项事务,向南越双方报告:

第 2 款第一段,关于在四方联合军事委员会已经结束其各项活动,在南越全境实施停火;

第 3 款第(2)条,关于南越两方停火;

第 3 款第(3)条,关于四方联合军事委员会停止其活动之日,南越所有方面停火;

第 7 款,关于本款禁止部署军队到南越和其他各项之规定;

第 8 款第(3)条,关于被捕和被羁押在南越的越南平民的遣返问题;

第 9 款第(2)条,关于在南越举行自由和民主的大选;

第 13 款,关于南越两方削减战斗力和规模正在削减的部队复原。

国际控制与监督委员会将为履行其任务而组建各支控制队。南越双方将就这些队伍的位置和行动达成一致意见。南越双方应当为其行动提供便利。

（4）国际监控委员会将由四国代表组成：加拿大、匈牙利、印度尼西亚和波兰。委员会主席一职由成员轮值，具体任期由委员会决定。

（5）国际监控委员将遵循尊重南越主权的原则而履行其任务。

（6）国际监控委员将遵循协商和全体一致的原则运作。

（7）国际监控委员将在越南停火生效之后开始运作，正如第18款第（2）条关于四方规定，国际监控委员将于委员会完成有关这些条款的任务之时停止其一切活动。正如第18款第（3）条关于南越两方的规定，国际监控委员将应根据第19款第（2）条做出安排的南越大选后组建的政府的要求停止其活动。

（8）四方将立即就国际监控委员的组织、活动方式和费用达成一致。国际监控委员与国际大会的关系，将由国际委员会和国际大会商定。

第19款

各方同意在本协定签字后30日内召集一次国际大会，以承认经签定的协定；确保战争的结束，在越南维持和平，尊重越南人民的基本民族权利和南越人民的自决权，促进和确保印度支那地区的和平。

从越南问题巴黎大会参与各方的利益出发，美国和越南民主共和国将提议如下各方参加国际大会：中华人民共和国、法兰西共和国、苏维埃社会主义共和国联盟、联合王国（英国）、国际监控委员四国、联合国秘书长，以及参与越南问题巴黎大会的各方。

第七章　关于柬埔寨和老挝
第20款

（1）越南问题巴黎大会参与各方将严格遵守1954年《柬埔寨问题日内瓦协定》和1962年《老挝问题日内瓦协定》，这些协定承认柬埔寨和老挝人民的基本民族权利，即这些国家的独立、主权、统一和领土完整。各方将尊重柬埔寨和老挝的中立。

越南问题巴黎大会参与各方致力于避免利用柬埔寨和老挝的领土来侵犯彼此或者其他国家的主权和安全。

（2）外国应当结束在柬埔寨和老挝的所有军事活动，完全撤出并避免向这两个国家重新引入军队、军事顾问和军事人员、武器装备、军火和战争物资。

（3）柬埔寨和老挝的内部事务应当在没有外来干涉的情况下，由这些国家各自的人民来解决。

（4）印度支那各国之间存在的各种问题，必须在相互尊重独立、主权、领土完整和互不干涉彼此内部事务的基础上，由印支各方解决。

第八章　美国和越南民主共和国的关系
第21款

美国期望本协定将迎来一个与越南民主共和国及印度支那所有人民和解的时代。在追求其传统政策时，美国将促进弥合战争创伤和越南民主共和国乃至整个印度支那的战后重建。

第22款

战争的结束、越南和平的恢复和本协定的严格执行，将为美国和越南民主共和国在相互尊重独立和主权、互不干涉彼此内部事务的基础上，建立新的平等互利的关系创造条件。与此同时，这将确保越南和平的稳定，促进印支和东南亚持久和平的维持。

第九章　其他条款
第23款

关于在越南结束战争恢复和平的巴黎协定将于该文件一经越南民主共和国外长和美利坚合众国政府国务卿签署，以及同样条款的文件一经越南民主(共和国)政府外长、南越南方共和临时政府外长、美利坚合众国政府国务卿和越南共和国政府外长签署立即生效。本协定和协定草案将被所有有关方面严格加以执行。

本协定于1973年1月27日在巴黎完成，分越文本和英文本。越文本和英文本都是正式和具有同等效力的。

越南民主共和国政府　　　　　　　　美利坚合众国政府
阮维桢　　　　　　　　　　　　　　威廉·罗杰斯
外长　　　　　　　　　　　　　　　国务卿

关于在越南结束战争、恢复和平的协定
（协定文本由参加关于越南问题巴黎会议的各方签署）

参与越南问题巴黎会议的各方，为了在尊重越南人民的基本民族权利和南越人民自决权的基础上结束战争和重建和平，同时促进亚洲和世界和平的巩固，已经就如下条款达成一致，并将致力于尊重和实施之：

（协定文本一至八章内容与越南民主共和国和美国签署的协议相同）

第九章　其他条款
第 23 款

本协定一经参加关于越南问题的巴黎会议各方的全权代表签署立即生效。与会各方将严格执行本协定及协定草案。

本协定于 1973 年 1 月 27 日在巴黎完成，分越文本和英文本。越文本和英文本都是正式和具有同等效力的。

越南民主共和国政府	越南南方共和临时革命政府
阮维桢	阮氏萍
外长	外长
美利坚合众国政府	越南共和国政府
罗杰·威廉斯	陈文林
国务卿	外长

（石志宏　翻译）

索　引

后　记

　　这部专著是以我的博士论文为基础的。五年前的寒冬时节,我终于完成了毕业论文的撰写。那时,有些相关的重要资料,如《美国外交文件集(FRUS)越南卷》还没有完全出齐(当时只出到 1970 年 7 月)。出于谨慎,我想等后面的材料补充完整些再进一步完善论文。想起从着手研究到论文答辩结束的一千多个日夜,往事历历在目,辛苦疲乏却不曾有丝毫倦怠,反觉平静而喜悦。记得有两次,我激动兴奋得睡不着,一次是获得尼克松国家安全档案(1969—1974)之《基辛格的秘密越南谈判》这份宝贵的资料。(缩微胶卷共计 15 卷:1—8 卷按时间顺序列出谈判的问题和情况进展,8 卷的大部分—15 卷主要是备忘录、电报。)本书的视角和观点主要就是根据黎德寿和基辛格详尽的谈判记录而形成的。2006 年 12 月,我得缘来到华东师范大学国际冷战史研究中心,又正巧得知他们正计划从美国购买一批档案,其中就有关于越美谈判的。约一年半后,我专门到华师在朋友的帮助下拿到了它,回来后将这些资料全部打印出来,仅黎德寿和基辛格会谈的记录就达1500 页之多。没有这批材料,我恐怕无法将研究进行下去。还有一次也是和资料有关。我从越南邮购了一批资料。2005 年越南国家政治出版社(National Political Publishers)出版了《关于国家统一的斗争》,涉及河内对美国从 1954—1975 年的干涉的反应,对于认识越南的决策极有价值。可惜,我不懂越语,但我想总有办法解决的。在导师的帮助下,我找到一个越南留学生,请他帮忙翻阅。他的中文不是很好,他口述我记录,通常两三个小时的沟通也只能留下至多两三百字的笔记,交流的机会也只有三次,加上其他原因,这项工作进行得较为粗略,但总好过将之束之高阁。诸如此类的情形还有很多,在此,我只是想表达一个对历史研究自觉痴迷和严谨的人的心情。

　　这本书凝聚了我的心血,但也绝不是举个人之力就能做到的。我首先要感谢我的导师、南京大学计秋枫教授。我很幸运成为他的第一个博士,导师给了我很大的思考空间和不断的鼓励,就像涓涓溪流引导着我克服前进道路上的障碍。我的感激之情唯有铭刻于心,借拙著出版之际向导师表达我深深的敬意。南京大学历史学院朱瀛泉教授、洪邮生教授、谭树林教授、中美文化中心蔡佳禾教授都从不同的角度对本书提出了修改意见。洪老师的课有一种使人在轻松中收获多多的感觉,他的睿智、君子风骨令人敬仰。蔡佳禾教授审阅了部分章节,能得到蔡老师的教诲是件非常幸福的事,老师的笑容仿佛春天的阳光,温暖而明亮。我还要特别感谢南京大学历史学院卢明华教授,卢老师如蜡烛般燃烧着自己,照亮了他人,给我提供了很多有价值的材料和与本研究有关的学术动向。每次和他老人家谈学习,话人生,都让人倍感振奋。我还要感谢南京大学历史学院申晓云教授,她帮助我联系了她的学生阮英章,书中引用的越语《关于国家统一的斗争》是我根据阮英章的口述整理出来的。我还得到了华东师范大学国际冷战史研究中心沈志华教授的关心与指导,沈老师深厚的学识令人敬仰,平易近人令晚辈如沐春风。李丹慧老师沉静雍容的风度给我留下了深刻的印象。我在此还要衷心感谢广西社会科学院东南亚研究所马金案老师。我和马老师素未谋面,只是在邮件里交流学术,给我有益的启发;马老师的热情、学识令人感佩。

我的师弟吴骏和石志宏在我烦恼的时候施以援手,吴骏在我不知道的情况下帮我查阅了一些资料,令我非常感动。本书附录《关于在越南结束战争、恢复和平的协定》最初由石志宏翻译部分章节,现在我将其未译出的补充完整。华东师范大学历史系的周娜和梁志为我提供了热忱无私的帮助,没有他们接待,我也不会很快掌握那批珍贵的档案。在修改书稿的这段时间里,南京大学出版社的郭艳娟编辑、施敏编辑都付出了很多辛劳,三十万字的书稿逐字逐句地推敲,花费的心血可想而知,官欣欣编辑的校对工作同样繁重,出版社的赵庆老师为本书的设计和书中所附图片的处理贡献了他的智慧,对他们耐心、细致的帮助致以衷心的谢忱。

在这里,我不能不提到我的亲人,特别是孩子的父亲在自身工作压力下承担了不少家务。还有我的女儿,在她五岁的时候,我开始攻读博士学位,没有太多时间陪她玩耍,她却非常关心我的进度,经常问我什么时候写完,女儿就是我内心强大的动力。正是有了他们的理解和支持,我才最终得以完成本书的撰写工作。还有很多很多师友这么多年来对我的生活、学习、工作给予支持、关心,在此无法一一列出他们的名字,更道不尽彼此间的心意,唯有心怀感恩。

最后,我要衷心感谢南京大学—约翰斯·霍普金斯大学中美文化研究中心为本书的研究、写作乃至出版所提供的重要帮助,感谢中心副主任石斌教授对拙著的大力推荐以及中心各位领导和老师在学术上对我的鼎力支持。对学者来说,钻研的精神很重要,但如缺乏足够的研究条件真是令人沮丧的事。可是我很幸运,因为中美文化研究中心图书馆向我敞开了大门,在我写作的几年间,那里完备的学术资料给我提供了不可或缺的营养。其实不仅仅是那几年,从硕士阶段我就和中心的图书馆密不可分了,所以,我和中心的缘分很深,对图书馆那幽静的读书环境非常向往。当时没有想到后来真的和中心建立了更深的联系,而不仅仅是图书馆了。2012 年秋天,我有幸成了中心的访问学者,在国际问题研究所做研究员,有一间办公室,有更多机会来感受中心的美好;虽只有半年时间,交流学习拓展了我的眼界。那里的人们也很友好,微笑友善随处可见。在这样的氛围里埋头研究很愉快。正是在中美中心的大力资助之下,这本书得以顺利出版。文中如有错误,概由我本人负责。由于水平有限,敬请读者批评指正。

程晓燕于南京
2015 年 12 月